教 育 原 点 丛 书

Philosophy of Educational Practice

教育实践的哲学

余清臣 / 著

北京师范大学出版集团
BEIJING NORMAL UNIVERSITY PUBLISHING GROUP
北京师范大学出版社

　　或许有点夸张地说，我们现在面临的是一个相当散乱的教育世界。在今天的教育世界中，教育的理想和追求越来越个性，教育的现实和行动越来越独特，教育中的关系和格局越来越交织零乱。这样的教育世界使教育中的人既清晰又迷惘，对自己清晰，对整体迷惘。今天的教育对独立性、个性和独特性的追求及坚守比以往任何时候都更加强烈。同时，无论是教育理论研究者还是教育实践者，越来越能明显地感受到看不清楚这个教育世界，以致一些执着的教育理论者和实践者不得不放弃看清整个教育世界的尝试，把有限的精力专注地投入到以自我为幸福源头的个性而独立的天地中。教育世界的整体性被忽略和被解构了，开始消逝在一个由各种话语构成的复杂境况中。如今的教育也步入了话语引领和概念建构的复杂性时代。在这个时代中，所有自信、发展、创新一定程度上都在教育的话语演化本身中得到确认，不断更迭出的新话语也在积极引领教育的追求和行动，甚至关于教育的话语也开始成为教育的追求和行动。

　　从教育实践者的角度来看，散落和动变是今天这个教育实践世界的两个核心特征。在现实的教育实践中，新的元素层出不穷，对新鲜和多元的执着使教育实践者更加着力涂画自身特殊的色彩。只是，五光十色的教育实践也可能让人眼花缭乱和不知所措。在争奇斗艳之后，不少教育实践者只留下一团自说自话的话语或言论，这种灰烬感多少会让人感慨。动变是现今时代的一个基本特征，只有变化是不变的。具体到教育世界，改革和创新成为教育世界动变态势的两个代名词，也是几乎没有争议的教育实践追求。只是，今天的教育改革和创新有时让人陷入无地立足的窘境，没有确定性的窘态在动变的教育世界中更加常态化，从话语或言论出发的教育实践行动强化了这种动变的可能性。

教育研究领域的处境也不容乐观。从一般意义上讲，教育研究领域是专门生产话语的主导领域，今天笼罩教育世界的话语云雾状态也与教育研究领域直接相关。当代教育研究领域的活力状况与多元化思想的开放性和包容性有关。基于人类思想领域对普遍真理思想的解构，教育研究领域也突破传统的研究框架，接纳了多样性教育研究及理论创新，使今天的教育研究越来越为相对主义精神所萦绕。虽然实证的量化研究试图举起科学和真理的大旗，但它在教育研究中终究只是多样教育研究方式中的一种。理论与经验、历史与现代、科学与人文、量化与质性，这一系列的教育研究方式在它们自身之间的对立与差异中进行着话语的生产。出于相对主义立场对个性的保护，人们就不难理解教育研究生产出的众多话语所呈现的云雾状态了。

教育哲学研究需要砥砺前行，哲学本身的自我终结之路也让教育哲学面临着各种合法性和合理性的质疑。如今，关于教育哲学能干什么的发问是比较响亮和普遍的，而对这个问题的回答却是纷乱的。当然，从事哲学思考的人可以用问题回应问题，也可以坦然自若地不去回答。但就教育哲学本身的研究行动来看，当今回应价值与技术质疑的一个主要方式是理性的反思与批判。把"爱智慧"变成反思与批判，这样的哲学一方面继续着和各个领域的交谈，另一方面却难以不被嫌弃"话太多""太让人烦"。在各种教育科学研究专注于揭示教育的现象世界中的真理的今天，教育哲学要么重回哲学经典的世界中找寻"思想之根"，要么以反思与批判的姿态同教育实践的各个领域交谈。无疑，这也表明今天的教育哲学已经进入了更专注话语或言论的时代。

很多话语都在努力占据主导地位，但在普遍真理面临某种解构危机时，这些话语也开始被人怀疑和审视。话语自身也有不足，一个根本的问题是经常性地缺少"实际"或"现实"的支撑，进而缺少实在感。从根源来说，今天话语地位的提升主要是因为人类认识领域几乎放弃了对整体世界的普遍认识，越来越在具体层面和事物上强调细节的发现和认识。细节的认识是独特的，因而也是相对的，谁也不能轻易凌驾于谁。所以，今天的哲学和教育哲学开始更多地关注细节事件并强调对特殊的关注，也就越来越远离了对普遍的认识。20世纪的哲学领域，自我终结的努力结果是让普遍认识的空洞性和简化性得以呈现。但是，相对其他学科来说，哲学独特的力量恰恰在于它的普遍视野和宏大格局，不追求普遍和体系的认识就等于放弃了最为独特的力量。

　　教育理论人和实践者都需要对教育世界有体系性的认识，这种体系性认识的基本价值体现在它带给教育理论人和实践者以格局和境界，它能够让人获得宏大的格局和高位的境界。在追求对教育世界宏大格局和高位境界的认识中，"静态"和"简化"是需要克服的两个核心问题。今天对教育世界的体系性认识需要承认其历史的生成性，不能在自己认为的永恒真理的框架中强硬套装历史性的新事物，要让思想随着事物而进步。今天对教育世界的体系性认识不能简化教育世界，使用简单的思维来观看复杂的世界本身就是重大的缺陷。所以，在对教育世界的观看中进行思想修炼才是获得教育世界体系性认识的可行路径。

　　本书是在对世界和教育世界的观看中进行思想修炼的结果，虽以追求并获得对教育实践世界的高位目光和普遍视野为旨趣，但究竟是否如愿，还需要经过时间和读者的检验。对教育世界的观看离不开俯视的目光，这是出于格局和境界而选择的立场。当然，思想修炼一定是动态的过程，现在呈现在大家面前的就是写作时的状态。对教育世界进行观看，具体的方式可以有很多，我主要采取在各学科的相关研究中穿行以及在现实的教育世界中穿行的方式来进行观看。在这种穿行式的观看中，我试图在思想中拼接教育实践世界的动态图景。在拼接中，我努力做到追求普遍但不忽略细节，强调体系但要防止僵化。虽然自圆其说在今天快成了人文社会领域评价思想认识的唯一标准了，但是只强调"自圆其说"，无疑只是在强化这个领域的相对主义和虚无主义。在人文社会领域，格局和境界应该努力成为思想认识评价的核心标准。一种思维看到的东西在另外一种思维中没有反映，这就是格局不同的表现。一种思维能够把另外一些思想解释通透，而另外一些思想难以反过来把这种思维解释通透，这就是境界不同的表现。

　　在对教育实践世界的观看和思考中，我有幸结识了给予我很多启发和让我开阔眼界的师友，结识他们是我人生的幸运。在 2017 年 8 月，我由国家留学基金委员会公派到印第安纳大学布卢明顿分校访学。这里充裕的时间、安静的身心和简约的生活促使本书的写作更加连续而深入，以至于回头再看初稿，我对这些文字既陌生又亲切。对这个问题的深入研究也是我主持的国家社会科学基金教育学一般课题"基于实践立场的教育理论实践应用机制研究"（课题批准号：BAA170021）的一部分。本书很明显直接对应了课题中的"实践立场",虽不成为按照结题要求而出版的专著,但也是该课题不可或缺的研究内容。写作是思考和表达不断交织和转换的过程,也是一个时常让人困惑和烦躁的过程。在写作和修改中,我特别感谢宋兵波和郭兴举两位兄长,他们不仅提出了很有启发性的建议,还给出了宝贵的具体修改建议。在本书的编辑过程中,责任编辑张爽做了大量的编辑校对工作,在此表示特别感谢。感谢孙海利同学对本书注释信息的具体查询和校对。此外,本书的写作也得到很多师友的关注,在此一并感谢。

余清臣

于美国印第安纳州布卢明顿

2018 年 3 月 20 日

目　录/

/导　论　教育实践的哲学观看 /·· *1*

/第一章　教育实践 /·· 32

/第二章　人性与利益 /·· 67

/第三章　空间 /·· 107

/第四章　时间 /·· 154

/第五章　权力与影响力 /·· 203

/第六章　策略 /·· 258

/导　论　教育实践的哲学观看 /

有人曾经问我：作为教育哲学的研究者，我是不是更应该在比较年轻的时候沉淀下来多做做学问？我明白这个问题的意思。确实，从开始工作到现在这些年，我作为一个以教育哲学研究和教学为主业的工作者，去了很多学校，参与了不少教育实践项目。这样的"状态"显然不符合传统教育哲学专业从业者的定位和风格。但就个人而言，我更倾向于认为不同的道路会有不一样的风景，在相同的道路上看不到别样的风景。今天的教育哲学学科，一方面其自身价值面临质疑，另一方面其研究方法的科学性也备受争议。当然，面对这样的质疑，教育哲学可以选择哲学一贯具有的超脱态度，也可以选择直面质疑去尝试改变。到目前为止，我个人更喜欢"穿行于教育理论和实践之间"，去观看教育实践的运行，去尝试拼接教育实践的多样图景。

为理解教育实践开设课程

我从本科开始学习教育学专业，后来进入教育学原理专业完成硕士和博士阶段的学习，除了学习一些作为通识教育的课程之外，主要学习的还是各种教育学专业课程。这些教育学专业课程多数是关于教育目的、原则和规范的内容，仅有教育社会学、教育人类学、教育史等课程涉及了教育领域中现在或过去发生的"现实"。除了这些仅有的课程之外，如果我还想了解教育世界中发生了什么，只有通过教育实习、见习这条途径了。

在读博士期间，我随课题研究团队开始进入不同的学校，由此我开始意识到自己学习教育学专业的一个重大不足：对教育现实没有概念，不知道教育世界中有哪些现实，又无法对看到的教育现实进行清晰的定位。我虽然脑海里有各种教育理论，但是到了各种教育机构之后，整个是蒙的，不知所措。当然，此时我的选择有两个：一是不考虑教育的现实是什么，只顾用自己学到的规范性教育理论来评判和"指导"教育工作；二是向教育实践者学习，试着积累教育现实经验并不断让它丰富起来。第一个选择很快就被证明了"会遇到不小的抵制"，在"博士站位高"的礼节性回应中，也附加着拒绝的意思，甚至暗含讽刺。第二个选择表明自身准备在教育现实面前"自学成才"，但这面临的问题是不一定有那么多机会进入各类教育机构，即使我了解了不少教育现实，也未必真有见识。事实上，这种做法未见多少成效。在对教育学科专业性的怀疑中，在虽不甘心但仍不断积累自己教育见识的努力中，我心中的这个纠结一直没有破解。

2011年，对这个纠结的破解开始迎来了希望。那年，我向全国教育科学规划领导小组办公室申报了"实践教育学范式研究"的课题并获准立项。我想，这个课题能够立项的一个重要条件就是，早在博士论文写作期间，我就开始阅读有关教育实践的各学科经典，包括哲学、社会学、管理学、心理学等。在检索和深入分析这些文献后，我发现很多学科在理解教育现实方面都有经典著作，不仅有具体的研究，而且还有很多通观性的著作。在哲学、社会学、管理学、心理学等领域，通观性研究实践的思想者或学者就有亚里士多德、康德、马克思、福柯、布迪厄、戈夫曼、西蒙、米德等人。我还更为欣喜地发现，教育学界也有很多比较通观性地研究教育实践的学者，如阿普尔、弗莱雷、卡尔、石中英、李政涛、刘云杉等。在那几年，我以"实践"作为关键词和主题词，撰写并发表了一些学术文章。这些前期研究成果应该是这个课题获准立项的重要依据和前提基础。

自那时起，我借助参与学校文化建设和校长专业发展项目的机会，又深入更多的学校和相关教育机构，参与讨论并处理了各种各样的现实教育事务，自己之前发展比较缓慢的对教育现实的见识，较快地得到了丰富。课题的立项进一步推动我去整体性思考如何理解教育现实的问题，因为只有比较完整而深入地理解了教育现实，我才能回答实践转向的教育学研究如何进行的问题。

当前，很多学界同行对"××论"形式的体系化研究和课程表现出厌烦，个中缘由可能是这种思想取向的"套路"化及其内在的"占山头"意识。但是，长期养成的哲学思维习惯还是促使我不自觉地去尝试探讨建设一门以理解教育现实为宗旨的通观性课程。2013 年，我的工作单位推进研究生培养方案改革，"教育实践哲学"课程列入教育学原理专业研究生培养计划的专业选修课程系列之中。从 2014 年开始，这门课正式开设，每年开课一次，到目前已经进行了四轮。

2015 年，我考虑到课程名称可能包含的歧义，将"教育实践哲学"改成了"教育实践的哲学"。最初使用的"教育实践哲学"名称，包含"教育的实践哲学"和"教育实践的哲学"两种可能的意思。从字面上看，"教育的实践哲学"是使用哲学领域中称为实践哲学的资源和视角来看教育，这并不是这门课程的初衷。这门课程的意图是帮助学习者深化对教育现实的理解，为提升教育实践奠定智慧基础，这门课程因而最终定名为"教育实践的哲学"。改名后的课程更加直接地表示出这是一门关于教育实践的哲学课程，其核心定位是为理解教育实践以及为培育教育实践智慧提供哲学维度的思想支持。这门课程的具体目标定位为：其一，以哲学的方式把握教育实践，形成对教育实践的高位眼光和普遍性理解，从而去追求教育实践的智慧；其二，以哲学的方式理解教育实践的关键要素，培养改进教育实践的思维与能力；其三，用哲学的方法分析与批判当代教育实践的典型问题，为这些问题的解决提出建议；其四，以教育实践为中心议题拓宽教育理论知识视野，丰富教育哲学知识。

"老到"的教育实践者很明智

在参与各种教育实践的项目活动中，我认识了不同的教育实践者，更准确地说是见识到了形形色色的教育实践者。坦率地说，教育实践者的群体内部是复杂多样的，视野有大有小，能力有高有低，思维有灵活有僵化。当然，在了解这些之后，我关于教育实践者的观念也调整了。过去，教育理论者对教育实践者要么容易"低看"，要么容易"高看"。"低看"的姿态认为教育实践者没有什么价值，就是理论的执行者或常规的职业工作者。"高看"的姿态认为教育实践是很复杂很有挑战的，能够长时间从事教育实践工作是非常了不起的。见识了很多教育实践者之后，我发现教育实践者所从事的工作本身以及工作方式、质量都存在比较大的差异。我越发意识到，那些更加有水准的教育实践者所给予我的那些非常宝贵的见识，需要我更加仔细地琢磨。

"老到"的教育实践者

如果一个教育实践者非常优秀，我们用来形容他的日常词语有：聪明、精明、智慧、思维活、眼光毒、出手准……与这些词语相比，我更喜欢人们经常使用的"老到"一词，当然也有人用类似的"老辣"一词。什么样的教育实践者是"老到"的？我的脑海中会浮现一些人和一些事。

前几年，很多学校因为受制于上级教学要求，没有时间开设自主课程或自习课程，一所高中学校直接减少了高考科目的课，换来了学生更多的自主学习时间。该校校长在解释这种做法时说："政策要求开齐开足所有学科课程，对于高中生来说，国家主要担心很多学校不开设或少开设非高考科目课时，而增加高考科目课时。但是，我们培养高品质的高中生的目的是培养会自主学习的人，这就需要有足够的自主学习的时间。这个时候我们的努力方向是：向高考科目要时间，给高考课程减少课时，以留出足够的自修自研时间。"当他人问起高考科目时间减少怎么保障质量时，他的回答是："我们提出三个'不教'：学生会的上课不教，教了学生也不会的上课不教，学生自己能学会的上课不教。"这样的思考在当时的教育界是非常新颖的，也是非常突兀的，很多中学校长很难做出这样的思考和行动。

另一件事是关于"看人"的。有一次我和一位校长到一所学校参观，被参观的学校有一些年青老师参与引导和带队，半天的参观活动结束后，这位同去的校长对接待我们的其中一位年青老师说："有没有打算换个学校工作？"我调侃他在"挖墙脚"，并问他为什么看中这位并没有突出表现的老师，这位校长回答："这位老师引导我们坐车时，不是被动地等我们先上，而是考虑到后座不方便，直接和我们招呼一声自己先上，把最方便的座位留给了我们。另外，别看她大部分时间没怎么表现，但是当她到会客室与接受访谈的几位学生对话时，你会发现她既能与学生亲切交流，又能到位地引导谈话。"事后，这位年青老师调到了这位校长所在的学校。几年后我再见到这位年青老师时，她已经是同龄人中的佼佼者了。我不得不感慨，优秀的校长在识人用人上具有独到的眼光，人们常说的眼光老辣，应该就是这种表现吧！

所谓"老到"，我的理解主要是指经验丰富、成熟、老练，做事情"拿捏"到位，既能照顾大局，又能直指问题要害。这样的状态无论是对于教师还是对于校长来说，都是可以期待的。按照古希腊亚里士多德的观点，作为实践智慧的明智是处理可变的实践事物的德性，其核心就是"善于考虑对于他自身是善的和有益的事情"[1]。这种"老到"也可以用明智来替代，明智本身也意味着做事情"拿捏"到位，既全面把握又切中要害。

读书与心智

社会上流行着一种说法，其中一个版本是："读万卷书不如行万里路，行万里路不如阅人无数，阅人无数不如名师指路，名师指路不如自己去悟。"这应该是说学习之道，等于给学习的各种途径列出了一个等级体系。这里还有一个意思没有明确说出，即能适用这个等级体系的学习内容应该是生活或人生这等复杂变化之事。这个说法在教育界也经常被提起，除了指老师教导学生之外，可能更多的时候是指教育实践者如何自我学习和提升。

按照这个说法，教育实践者要想成为"老到"或"明智"的教育实践者，可以选择的途径有：读书、行路、阅人、拜师和体悟。根据这个说法，教育实践者完全可以通过这些途径去提升自己，向"老到"和"明智"迈进。只是，这里还需要去理解为什么能够把这些途径排列成等级。按照这个等级来说，教育实践最好的学习方式是个人体悟，这可就与之前提到的课程以及这里写出的书没有什么关系了。按照等级体系来揣摩内在的逻辑，我认为这个说法应该是按学习能带来的收获大小、类型来排列的。一般认为，"读书"主要收获的是间接性的各种知识，"行路"作为践行主要收获的是经验，"阅人"收获的是鲜活的见识阅历，"拜师"收获的是指点，"体悟"收获的是内在的道理感悟。如果按照这个常理，这个等级体系完全成立的话，教育实践者完全可以在这个序列下成长。实际上，这个说法的歧义和矛盾是非常明显的，譬如，关于读书，我们也容易找到其他说法证明其重要性。

今天，读书的价值不只有被看低的时候，还有被推崇和抬高的时候。关于读书重要性的说法有很多，既有"书是人类进步的阶梯"的说法，也有读书是"通往高贵"和"提升气质"的主要途径的说法。在这种有高有低的评说中，我们更应该仔细思考

---

[1]　亚里士多德. 尼各马可伦理学[M]. 廖申白，译. 北京：商务印书馆，2003：172.

读书自身的内涵和作用。细思起来，读书肯定不是人类唯一的学习途径，甚至不是最好的学习途径，因为就"最好"来说实在无法谈论标准。但是，面对把读书与行路、阅人、拜师、体悟分离的思维，一个需要正视的问题是：读书和这些途径能完全分离吗？很多作者会把自己的经验、阅历、接受的指点和自己的体悟写在自己的书里，事实上我们看这些书也能得到作者通过其他途径得到的收获。通过读书得到这些收获与通过其他途径得到这些收获，最大的不同是间接和直接的方式的不同，而不是有和无的差别。有时确实可以说直接的收获看起来更好，但这只是一般来说。如果考虑不同学习途径需要的现实条件，读书不受那么多现实条件约束的优势就越发明显。读书经常会节省时间，甚至还会帮学习者省钱，更重要的是读书会提供现实中根本没有的机会。而且，读书本身是一个能够把其他众多途径的优势和效果通过自身反映出来的途径。毫无疑问，读书绝不可能也无须取代其他途径，但是它可以作为一种受条件约束相对较少而收获多样化的途径来为学习者所采用。教育实践者的学习可以选择读书，可以把读书作为一条有自身特点的通往"老到"和"明智"之路。

从学习的内容来看，今天学习教育实践的人也经常对教育实践的做法情有独钟。这种倾向主要表现为：一是将学习教育实践理解为就是学习方法和技术，二是将学习教育实践理解为向掌握方法和技术的一线教育实践者学习。这种情况在教师职后教育中更加明显，那些一线名师、名校长的报告以及直接指向某种教育方法、教育技术应用的报告尤其受欢迎。确实，很多一线教育实践者的经验或教育方法技术具有跨情境性的优势，具有现实的应用和借鉴价值。但是，跨情境性的内容若真被用在具体的情境中，就需要复杂的"跨"的动作了。例如，一位名师介绍小组合作学习的分组经验，强调要把不同基础的学生分成一个组，"取经"的老师真要在自己的课堂中也这样分组，就要面对自己学生现实的各种差异。这些差异是否都在那位名师介绍的经验中，似乎不能完全确定。到目前为止，教育中的经验、技术和方法还没有完全达到极其精细的水平，不费心思就能很好应用的情况几乎不存在。因此，老师们学习方法技术，学习师傅经验，面临的最主要挑战是情境、变化和自由空间的挑战。情境包含客观条件、人的状况、人际关系状态、社会规范、历史文化传统等一系列因素，在具体使用一种教育方法和技术时，我们需要考虑其与这些因素的兼容水平。变化意味着各种因素会发生改变，而且各种因素改变的方向和程度并不相同。具体使用一种教育方法和技术时，人们不只要适应静态的情境，而且要适应动态的情境。自由空间主要指每位教育实践者拥有应用、不应用和部分应用特定方法技术的或大或小的自由度，自由度中的不同选择会导致不同的效果，随意处置并不合适。

总之，教育实践中的"老到"和"明智"本身就意味着花更多的"心思"，只有"心思"更加通透和明亮的人才可能逼近更"老到"的明智状态。因此，教育实践者的实践学习需要考虑如何通过读书让自己的心思更加通明，这是一个将现实性和理想性统筹考虑在内的选择。

自主空间与品质层次

从联合国教科文组织 1996 年发布的《教育——财富蕴藏其中》到 2015 年发布的《反思教育：向"全球共同利益"的理念转变?》，它们在描述教育发展的形势时都使用了各种代表剧烈变革的词汇："喧嚣""狂热""人类活动范围的世界化走向""信息传播全球化""相互依赖""危险重重"和"社会复杂性"；"复杂程度不断加深""日新月异""瞬息万变""错综复杂"和"前所未有"。从这些词汇可以看出，关注教育事业发展的国际组织一直以来都清醒地意识到：今天的教育处于一个剧烈变革的社会。社会不仅在变，而且在剧烈地变，没有章法地变。在这样的环境下，除非教育自身是极其聚合的结构，否则根本不可能不受影响。

从教育本身的结构特征来看，教育不仅不是极其聚合的结构，而且是相当松散且开放的结构。教育内部各种因素之间的联系经常是有条件的、时紧时松的，教育还在不停地接纳着新的内容和新的思路。所以，面对这样剧烈变革的社会，教育要做出相应的变革。而且，由于缺少了更多的内部结构的稳定支撑，教育的变革幅度不会太小。很多从事教育领域工作的人常会感慨，教育缺乏自主性，常沦为社会其他部门的手段和附庸；因为没有坚定的自主立场，教育在社会其他部门面前有时不得不委曲求全。这一方面是由教育自身作为其他部门的后备人才培养工具的定位所致，另一方面是由教育内部结构不稳固所致。过多的松散和开放，只能让教育自身缺少应对外部合理或不合理需求的独立自主性。总之，今天的教育在剧烈变革的社会背景下只能做出相应的变革。

在很多社会变革的思潮中，教育构成了一个必要的组成部分，其基本思路的一个代表就是《教育——财富蕴藏其中》，它把教育当作"必要的乌托邦"。什么是乌托邦？虽然它在定义上有很多种，但乌托邦总体可理解为对未来的确定预期。乌托邦是指向未来的，不是着眼于现在的。乌托邦是指一种预期，而且是具有确定性的预期。把教育作为"必要的乌托邦"，就是让教育不要仅仅立足于当前，也不要只看过去，而是要着眼于未来，要把对未来的确定性预期当作一个事实教给学生。所以，在社会变革的背景下，教育不仅会因为自身内部结构的不坚强而需要改变，而且还会因为不能立足于特定的当前情况或历史状况而必须做出改变。社会学研究者刘精明看到："教育的变革与发展，对于国家、民族之强盛的重要意义已是不言而喻。自20世纪80年代开始，世界范围内掀起的教育变革潮流，接二连三地涌起。"[1]变革已经从社会领域延伸到教育领域，成为教育领域的基调。所以，今天我们想把教育工作做好，固守传统显然很不现实。虽然有些教育工作者发现对学生进行经典教育可以保持其稳定性，但是别忘了今天的人并不能只靠经典生活，现实社会的很多新生主题在经典中并不能找到与之匹配的内容。部分教育工作者可以以经典教育的不变应对变革的压力，但是作为教育整体来说这是不合适的。即便在某些教育工作者负责的语言或文化教育活动内部，只教经典也容易显示出不充分性。教育实践者现在需要直面这个变革的时代，需要意识到因为教育的结构松散和开放而带来的必然的自主空间，而且不能只着眼于当前的必然的自主空间。

教育实践者拥有多重的必然的自主空间，但是拥有自主空间并不等于拥有了随意性，教育实践是有导向的。评价是这几年的热门话题，对教育实践的评价也非常多，从具体课堂教学到一个业务部门或学校的教学，都开始出现了越来越细的评价。当然，每种评价都有背后的导向，但并不是每个导向都能被广泛地认同和接受。因此，很多教育实践的评价方式只能局限于一时一地，或者说局限于某种特定权力的界限内。

那么，今天教育实践到底有没有更为稳定的标准呢？我想，如果有的话，这种标准更多地指向了一种相对粗线条的方向和原则。国家制定颁布的《国家中长期教育

---

① 刘精明，等. 转型时期中国社会教育[M]. 沈阳：辽宁教育出版社，2004：前言，1.

改革和发展规划纲要（2010—2020 年）》提出："倡导教育家办学……创造有利条件，鼓励教师和校长在实践中大胆摸索，创新教育思想、教育模式和教育方法，形成教学特色和办学风格，造就一批教育家。"这个表述应该说比较鲜明地代表了这种粗线条的方向，即努力创新探索和追求品质层次。这个规定没有去限定什么样的办学实践是更好的，而是通过"教育家"来指示创新探索和品质层次。从同陶行知教育实践一样被公认的教育家办学实践来看，这种带有品质层次的创新探索实质上就是在复杂而开放的环境中，能够根据形势实施自主而有品质的实践行为。陶行知曾提出，一流的教育家有两个特征——"敢探未发明的新理"和"敢入未开化的边疆"。这个说法比较明确地表达了教育家不墨守成规和追求品质层次的观点。

教育实践者不墨守成规，追求品质层次，事实上就是要求教育实践者能够实施智慧的教育行动。这两个具体的方面在智慧的教育行动中统合起来。确实，今天很多具体的教育实践领域仍在强调效率和一般化的质量标准，例如，在日常课堂教学中强调分数，在学校评价中强调升学率。此外，还有很多评价也通过量化的方式把对教育实践效果的追求变成对效率的追求。教育实践若追求特定的效率指标，会催生以这个特定指标为核心的手段，并且这个手段会在确定性和效率的方向上影响发展。所以，现在的教育实践拥有很大的方法和技术应用空间，这些方法和技术在特定教育实践效率指标上的确定性和效率也维护了它们的位置和价值所在。但是，仅有方法和技术还是不够的，一个重要的问题是教育实践的特定效率指标本身存在的不充分性。

一个相对松散和开放的教育系统，提取的任何确定性效率指标本身都要经受时间带来的挑战和其他因素变化带来的冲击。就升学率来看，一所学校拥有较高的升学率会因为大家更加关注名校升学率而面临新的评价，也会因为新的教育政策不再把升学率作为唯一指标而淡化。所以，教育实践要追求的理想状态是超越具体确定性的效率指标的状态，是不只考虑这些指标的一种状态。高水平的教育实践者需要对可能的复杂变化保持敏锐的感受，能够进行自主思考和自主选择，最终能够实施智慧的行动。

今天，被大家更长久推崇的探索性教育实践者们会对变化时刻保持一种敏感，能够自主思考并让自己的教育实践显得更智慧。得到当前教育实践领域较多认可的北京十一学校前校长李金初认为:"校长要善于改变自己的思维方式。当'等'、'靠'、'要'不行时怎么办?就必须突破常规思维方式,靠'闯',靠'创',靠'改革',寻找非常规的发展道路。"①这里的"突破常规思维方式"和"寻找非常规的发展道路"就是探索性的反映,也是对变化的应对。顾明远先生对他的一些评价也印证了这一点:"从李金初校长身上,你会感受到那种来自教育家的激情、勇气、智慧和创造力。他善于发现新情况、新问题、新趋势,善于捕捉新机遇,采取新措施,建立新机制。"②智慧的具体做法可能是直指具体方向的,但是智慧本身的构成一定包含对整体局势的把握。没有对整体局势的考量就无法定位哪些是新情况,哪些是旧问题,也无从知道哪些是突破口,哪些是顽固的堡垒。

今天的教育实践界流传着代表新理念的教育实践格言:"一流学校靠文化,二流学校靠制度,三流学校靠校长","一流领导在思想,二流领导在建章,三流领导在乱忙","一流教师求风格,二流教师重规范,三流教师享清闲","今天的教育要从正确做事到找正确的事做"。所有这些说法都隐含着对不墨守成规的思考的重视,也体现着对品质层次的追求。

智慧实践与哲学学习

什么人学习哲学?我原来比较粗浅地认为主要是学生、学者、政治思想工作者和业余爱好者。在很多人的印象中,学习哲学的人要么高深莫测,要么恬淡出世,都不是特别入世的样子。我改变这种想法是在听到了一个朋友告诉我一个消息之后。这位朋友在某个哲学学院工作,他说他们单位向社会办讲课班的主要对象是企业的老总,这个班叫管理哲学班。当我问及管理哲学班是否能招到人以及主要学什么时,他说这个班已经办了很多年,主要教授一些中西方哲学理论、哲学思维方式和管理哲学专题。他还补充说,这个班的规模一直没有扩大,主要是企业最高层领导愿意学哲学,其他人的学习意愿可能并不强烈。在这个消息的指引下,我找到了一本出

① 李金初. 一个校长的教育创新思考:北京十一学校改革发展20年:1987—2007[M]. 北京:教育科学出版社,2012:72.

② 李金初. 一个校长的教育创新思考:北京十一学校改革发展20年:1987—2007[M]. 北京:教育科学出版社,2012:序一,4.

版已久的《领导哲学》，书中关于哲学的作用是这样写的："在管理的武库中，最具威力的武器还是哲学。"①这句话或许包含了对管理哲学的有意抬高，但也表达出两个核心意思：一是哲学在管理中可以成为很实用的思想，二是这种手段如果应用得好应该是非常有威力的。

那哲学到底能对实际管理有什么作用呢？我后来也接触了一些企业高管，他们认为哲学的威力主要表现在思维方式上，哲学会修正和改变对世界、社会以及企业的看法，这种看法的最大特点是宏观通透的和在不断更新中提升的。后来，我阅读了英国管理哲学家汉迪的许多著作，从《组织的概念》到《非理性的时代》，从中能够直接体会到他作为管理哲学家所具有的纵横驰骋的视野以及精准的问题定位。他在书中基于未来发展趋势对教育提出了"学习是经验，在宁静中获得""发现自我比发现世界更重要"和"学生是员工"等观点，他在看待学习、学生与学校关系等问题上也表达了很多精到的看法。基于这些认识和感受，我开始在思维层面尝试将哲学学习与实践者的视野、思维、独到观点建立起关联。

就教育领域来说，哲学的学习到底能产生什么用处，这确实是个不太容易说清楚的问题。从我以往为教育实践者授课的经历来说，多数情况下教育实践者还是比较喜欢听一些具体主题和做法的，讲这些内容更容易受到他们的欢迎。我的有关教育哲学的讲座比较受欢迎的经历只有两次，一次听众是教研员，一次听众是骨干校长班学员。由于给教研员的那次讲座是按照听众的需求来准备的，我当时问他们为什么想听哲学类型的课程，他们给的回答是：想进一步提升，只能学一下哲学了。当然，并不是随便拿出一些哲学知识就能让这些经验丰富的教育实践者"心满意足"的，他们想听与他们实践经验有关但又超越具体做法的"哲学"。那次上课得到他们积极回应的内容是有关教育问题解决的主要思维方式的对比，以及与教学、课程、管理有关的理性、知识、民主、自由等哲学知识。这个经历让我感觉到，哲学学习可以对教育实践者赖以行动的知识前提、价值观前提和思维方式进行反思，更为实际的最终的帮助可能是重构或优化这些方面，进而去实现不同于方法技术的提升与

---

① 克里斯托弗·霍金森. 领导哲学[M]. 刘林平，万向东，张龙跃，译. 昆明：云南人民出版社，1987：16.

改进。在这个方面，石中英教授在教育哲学的定位中阐述过教育哲学的主要作用，他认为，从事教育实践需要学会对教育实践进行反思和追问，进而改进作为教育实践基础的知识观与价值观，从而内在地提升教育实践内涵与品质。[①] 另一位教育哲学研究者周浩波也说："教育哲学至少应该完成如下一系列为其他教育研究所不能取代的任务：1. 从根本上理解教育；2. 重构教育生活。"[②]这个观点中的"从根本上理解教育"和"重构教育生活"也表达了哲学对教育实践起作用的不同层面和不同角度。

从教育哲学学习与教育实践的更实质的联系来说，哲学帮助教育实践者对教育理解得更根本和更全面，这是比较关键的一点。在历史层面上，哲学的类型确实非常多，但是其核心都是为追求智慧而思考。而且，哲学不仅思考外物和自身，更为特别的是把思考本身作为对象去思考，这是哲学能够和其他专业相区别的核心要素。正是在思考各种思考中，原来离散的思考才能有机地聚合，才能让人在更大、更有机的视野中确定紧要的因素。对于教育实践者来说，用对思考的思考来编织自己的更为开阔的有机大视野，也是非常必要的。只有如此，教育实践者才能保障自身更多地做出精准的定位和选择恰当的方式，也才更能接近"老到"的状态。

教育理论学习与研究的实践质感

在学习和研究教育理论的近20年间，我一直困惑于如何能够把教育理论学习和研究得更好，这实在是一个让人非常纠结的问题。当年我怀揣着对学问的向往来到大学学习教育理论，那时的基本信念就是教育理论是一门学问，而且这门学问只要做得好就能对社会和教育产生积极的作用。随着研究的深入，我越来越发现事实并非如此。一是教育理论作为一门学习与研究的学问不一定那么高地被"公认"，二是教育理论也不会自然而然地对社会和教育产生积极的理想作用。在后一个方面，"教育理论脱离实践"的批评由来已久，持续不断，虽然这里面有很多复杂的原因，但从教育理论本身进行深入的反思和反省也实属必要。

---

① 石中英. 教育哲学[M]. 北京：北京师范大学出版社，2007：26.
② 周浩波. 教育哲学[M]. 北京：人民教育出版社，2000：8—9.

教育理论的科学与实践之争

教育理论要成为一种理论，首先要具有独立性，它和其他理论必须有所不同，而且不能够被其他理论替代。在教育学界，独立形态的教育理论一般是从夸美纽斯的《大教学论》开始算起的，我想教育理论之所以能够"独立"，主要是因为《大教学论》中的主题具有专门性，其思想具有体系性，以及其内容主要依据自然法则而建立。但是，教育理论的事实独立问题并没有在夸美纽斯那里得到解决。此后，教育学界一直在探讨如何建构一个独立的理论体系：有依据伦理学和心理学的探索，如赫尔巴特；有艺术理论方式的探索，如乌申斯基；也有建立在社会科学和实验科学之上的探索，如梅伊曼和拉伊。可以说，这样的探索不一而足，莫衷一是。自教育学作为独立形态理论出现的近 400 年来，关于教育理论的性质、类型或者范式的讨论还在摇摆中。有人认为，这或许就是教育学总体上属于人文知识领域的表现。但是，这种说法也不十分准确，教育理论本身并不像文史哲理论那样主要关注思想领域的事情，而主要关注人类社会活动的知识领域，虽然它存在内在的分歧，但也经常像经济学那样具有主导性的理论体系。

较近的一次关于教育理论性质的著名纷争，发生在 20 世纪五六十年代，参与争论的双方是奥康纳教授和赫斯特教授。奥康纳并不承认原有的教育理论是一门理论，认为那不过是一个"尊称"而已。他说："总结以上的讨论，我们可以说，'理论'一词在教育方面的使用一般是一个尊称。只有在我们把心理学或社会学上已被充分确认的实验发现应用于教育实践的地方才有根据能够称得上理论。"①他之所以反对将原有的教育理论称为理论，主要是认为过去被称为教育理论的内容广泛地存在形而上学的部分、价值判断的部分和个人经验的部分。他认为教育理论要称为理论，一定要走科学化的道路，要将心理学或社会学中的实验发现应用在教育实践中才行。这样的观点当然不能得到传统教育理论的支持者和人文教育思想的支持者的认同，因为

---

① 奥康纳. 教育理论是什么[C]. //瞿葆奎. 教育学文集：教育与教育学. 北京：人民教育出版社，1993：484.

这种观点不仅会取消已经被奉为信条的传统教育思想，而且这在事实上等于宣布非常庞大的已有的教育体系本身是个"错误"。事实上，这种立场在今天也得到很多人的认可，其主要的好处是能够被其他自然科学学科的研究者和支持者认可，因为实验体现了普遍接受的实证精神。但是，进一步说，如果指望教育理论由此得到更高的独立地位，还是非常困难的。一方面，这种教育理论在根本上是对心理学或社会学实验结果的应用，而且很多人还会认为这是"简单应用"，其地位很难提高。另一方面，如果主要依靠心理学或社会学等少数学科来支撑，教育理论想实现独立也很困难。这种思路还有一个更难解决的问题：如果心理学或社会学还没有得出实验结果，教育实践的现实需要则无法及时顾及。当然，这个思路还可以深入探索。

与奥康纳批评传统教育理论不同，赫斯特完全从教育理论的实践性方面为教育理论辩护。他认为抽象的实验结论不能顾及具体教育实践的复杂因素，因为教育理论需要在承认教育实践复杂性的基础上产生，因而进一步提出："如果我们想发展理性的教育实践，现在就必须这样做起：考察当前的实践，考察当前的实践实际上包含的规则、原则，考察实践者在描述那种实践的特征和决定应该干什么时所运用的知识、信念和原则。"①实质上，赫斯特一是比较坚持维护教育实践的复杂性，二是比较坚持从教育实践本身来发展教育理论。其实，很多学科都要面对怎样对待复杂性的问题，就像经济学也要考虑如何对待人的非理性特征一样。奥康纳教育科学的思路，就是心理学中常用的"控制"或社会学中常用的"忽略"的思路，以"理性人"为基础假设的经济学主要采用的也是"忽略"的思路。赫斯特在应对复杂性时，可以说主要采用的是"模糊处理"或"整体处理"的思路。这种思路保护了复杂性的完整性，但也在一定程度上损失了精度和具体性。这种实践性教育理论的观点最终要维护的是对教育实践的指导或规范价值，从根本上讲，他并不想以追求教育理论本身的精确或实证来牺牲对教育实践的实际指导和规范价值。

教育理论的科学化探索在今天还是有别于奥康纳的主张的，他主要是使用科学方法来研究教育现实经验。在当前，教育科学的探索起到的主要是一种揭示作用，

---

① 赫斯特. 教育理论［C］. //瞿葆奎. 教育学文集：教育与教育学. 北京：人民教育出版社，1993：454.

使用量化研究的方法来揭示教育经验的科学事实存在，使用质性方法来揭示教育经验的人文现实大量存在。相对于奥康纳的思路，今天的教育理论科学化强化了对教育经验自身的研究，但也相对淡化了应用的环节。但是，教育理论在根本上是指向教育应用的理论的。

教育理论的科学与实践之争也催生了教育理论的体系化观点和思路。它开始把教育理论理解为一个家族，而不是单一的人。在教育学历史上，很多人都意识到教育理论是作为一个家族而存在的，如涂尔干、维尔曼、杜威等学者。布列钦卡曾提出一种比较有影响的教育理论家族观，他把教育理论分为三个板块：提供规范的教育哲学，提供目的手段关系的经验科学理论的教育科学，提供行动指南的实践教育学。①这类教育理论的家族观具有启示意义，它推进了对教育理论的认识，将教育理论从原来作为一个整体在外部进行认识推进到现在深入教育理论内部进行复杂性认识的阶段。

对实践的支持缺乏力度

可以说，今天已经处于教育理论蓬勃发展的时期，教育理论的研究者在数量上已经非常庞大，教育理论刊物和出版物每年也会刊印大量的理论研究成果。按理说，这种良好的态势可以使教育理论者安心研究了。然而，事实远非如此，来自教育界另一个领域的质疑和压力从没有减弱过。

反思精神是理论研究者比较崇尚的精神。"教育理论脱离实际"成为教育理论界面临的巨大挑战，我们需要慎重反思和应对。我国教育理论界非常注重教育理论的实用效果，对这一挑战的反思与挑战的出现几乎是同步的。在反思中，教育理论研究者主要在教育理论与实践的应然关系、教育理论的生产、教育理论与实践人员各自的问题等方面进行了思考。对于这个问题，有些教育理论人员比较坦然，提出教育理论适度脱离实际既是教育理论发展的结果，也是教育理论能够对实际起作用的保障。这背后的意思包括：如果教育理论与实际完全一致，也就无须教育理论了。

---

① 沃尔夫冈·布列钦卡. 教育知识的哲学[M]. 杨明全，宋时春，译. 上海：华东师范大学出版社，2006：4-28.

此外，还有教育理论者看到了教育实践者本身的问题，受教育政策制约，对教育理论没有积累或者太急迫地想"拿来就用"，都导致了教育理论显得不够联系实际的现状。这些观点说出了一些问题，如果教育实践本身特别强调教育理论能够"随时随地待命"地听从调遣，这也不合理，确实需要在认识和态度上做调整。教育理论不会自然成为教育实践者手边的"工具"，原因包括：有些教育实践的需要还没有找到或产生合适的对应理论；有些教育理论本身也需要教育实践者提前体验；有些教育理论本身就是为了改变教育实践者自身而设计的，并不是为解决具体问题服务的。

不过，"教育理论脱离实际"中的教育理论自身的问题肯定不能被否认，认识自身的问题也有利于增加改进的机会。今天的教育理论自身面向实践是否有问题呢？在这个方面，教育理论本身存在问题也是无须质疑的。有先见的一些教育理论研究者对这个问题进行了比较广泛的研究和深入的思考，针对研究问题和研究方法提出了很多批判。在研究问题上，已有的反思主要针对"主观"和"臆造"，指出了不少研究没有问题意识，或者问题主要来源于研究者的想象，而不是现实状态等问题。在研究方法上，已有的反思主要批判研究过于玩弄学术概念，过于沉迷于思辨。在这些反思的指引下，关注直接来自教育实践的问题，使用不脱离教育经验的量化和质性的研究方式进行研究成为今天教育理论研究领域的新风尚。虽然教育理论研究领域也出现了行动研究的类型，而且原有的纯理论研究并没有消失，但是针对教育实际问题的量化和质性研究的新格局还是比较明显地占据了越来越重要的位置。

但是，"教育理论脱离实际"的状况在这种新格局下并不见得会真正好转，也很难一下子实质上好转起来。在教育理论的家族观下，原有的教育理论主要是提供规范的广义的教育哲学板块，这个方面已经有了比较丰富的积累。现在强调对教育实际问题的量化和质性研究，这实际上在着力建设教育科学的板块。然而，最为重要的、能够提供行动指南的教育理论板块还没有得到更大的丰富。提升对教育世界的认识并不能直接转化为教育实践最好做什么的行动指南，如同休谟问题中"是"与"应该"存在着内在分离，如果我们想得到"应该"的结果，还得增加一些必要的条件。进一步来看，教育实践的行动指南不算"应该"，而算"最好做什么"，这比"应该"少了一些强制，多了一些具体。总体上说，现在的教育理论状况与提供行动指南的状态还有很大的距离，教育理论的实践教育学板块需要加强。

相较于解释教育经验的教育科学，提供规范的原有教育理论似乎与教育实践更近一些，但是这种"近"的优势因"武断"和"板起面孔"而被抵消了。原有教育理论的"武断"在根本上是因为坚持了一些现在看来很有问题的根本信念，如本质主义信念。石中英教授针对教育理论的本质主义信念做了这样的理解：本质主义认为"事物的性质不是处于同一个平面或同样的地位，其中有一些性质对于事物来说是'本质的'方面，而另外一些则是'非本质的'或'附属的'方面"，在这种信念指导下的教育理论以揭示教育的本质自居，无论是在接受新问题新变化的弹性上还是在规范行为的态度上都不免表露出"武断"的姿态。[1] 李政涛教授揭示了传统教育理论研究的四种假设：一是等级假设，理论高于实践，理论化的实践必然高于非理论化的实践；二是趋同假设，实践应向理论靠拢，最终在理论的山巅之上实现一直吵嚷不休的教育理论与教育实践的天下大同；三是提升假设或拯救假设，实践如干涸的大地，需要理论人普降甘霖，实践人如迷途的羔羊，需要理论人引领着走出泥潭；四是空降假设，既然实践人对理论如此渴望，理论人只要乘着飞机，向实践的大地空降理论的种子和干粮，就能达到目的。[2] 通过这些假设，我们可以清晰地想象出这种假设前提下的教育理论对教育实践的"不屑"态度和"板起面孔"的姿态。今天教育理论家族正在壮大教育科学板块，这个板块的教育理论虽然"冷静"，但总体上更平视教育实践。只是，这种平视不等于有帮助。这些教育科学理论最后给出的简要建议，多数情况下不能让教育实践者感到满意，毕竟得体的行动指南还需要做很多细节工作。

拥有实践素养的教育理论学习与研究

在解释"教育理论脱离实际"的问题时，有研究者说："教育理论集团与实践集团自分离并相互独立以来，实际上已构成了两种本质上完全不同的生活方式。尽管两者都在'教育'的名义下生活着，但基于自身行动的根基的差异，对'教育'的理解、态度、价值都是具有质的不同的。缺乏实践的理论是无用的，而缺乏理论的实践则

---

① 石中英. 本质主义、反本质主义与中国教育学研究[J]. 教育研究，2004(1).
② 李政涛. 论教育实践的研究路径[J]. 教育科学研究，2008(4).

是盲目的。"①这一观点表达了一个重要的现实，即教育理论和教育实践虽然同属于教育界，但目前已经分为两个集团。已经分为两个集团的教育理论与教育实践各自具有自己的独立性，也是可以理解的，毕竟两个领域的工作状态是不同的。有更多时间做脑力劳动的教育理论者无形中会忽略实践的现实条件，会跨过教育行动所必需的时间绵延，也会把教育的事情想得更美好或更丑陋一些。但是，教育实践者一般不会这样，现实的任务、问题、条件和时间就在面前，即使抽出行动之余的时间去思考，教育实践者也要先思考这些具体的事情。所以，教育理论即便不脱离教育实践，也要以它们之间具有差别作为基本前提。

虽然教育理论有自己的世界，但教育理论世界的独立性需要以对教育实践有帮助为基本前提，对教育实践有价值才能证明教育理论有价值。因此，完全脱离教育实践的教育理论的学习与研究很难在教育界真正立足，教育理论的学习与研究需要有实践素养作为底色或保障，拥有了实践素养，教育理论的学习与研究会在解决问题的能力方面有所不同。

虽然教育研究的问题可以想象，也可以从教育实践中发现，但没有实践基础的想象和发现，就有从根本上脱离实践的危险。教育理论学习者只有具备实践素养，在学习教育理论时才会清楚自己学的教育理论指向了什么领域，才能更加整体地判断自己所学教育理论的价值。当然，在看待行动研究这样的研究方法时，教育理论学习者也会有特别的热情。没有实践素养的教育理论学习者，可能会因为这种研究方法不够规范和确切而轻视它。对于教育研究本身而言，更为严重的是研究没有指向价值的问题，教育理论的问题要从思考和行动两个方面来判定价值。缺乏实践素养的教育研究者，会缺少教育研究问题的关键来源，也难以阐释自己所研究问题的实践内涵。这从根本上阻碍了教育理论学习和研究的最终实效。

当然，实践素养也会在教育理论的学习和研究能力上显示出差异，进而导致效果和价值上的差异。具有实践素养的教育理论学习者容易把学习的教育理论丰富化，即能够通过充实教育理论核心概念的现实所指而深化理解。在教育理论研究上，是

---

① 周浩波. 教育理论与教育实践[C]. //瞿葆奎. 元教育学研究. 杭州：浙江教育出版社，1999：200，202.

否具有实践素养带来的差别可能会更大，最核心的差别是能否从教育实践本身中发现教育理论未曾关注的元素甚至框架，能否敏锐地发现教育实践本身的新生长点和新变化。如果具备洞察教育实践的能力，教育理论研究者会容易到达教育实践的深处和关键处，由此既能提升自身的理论品质，又能得到实现实践价值的可能。

对于教育理论的学习者和研究者来说，教育实践的素养在高位上就包括理解教育实践的素养，能够了解纷繁的教育实践现象并进一步洞察教育实践的素养。教育理论对教育实践的价值和贡献需要从教育理论的学习和研究本身着手，需要从教育理论的学习者和研究者本身着手。虽然理解教育实践的道路比较漫长，但是否踏上这条路会有质的区别。这里所说的教育实践素养与教育实践的哲学之间的关系，可以从"理解"和"洞察"这两个概念来定位。如果说面对文字时理解是一个语言技术的话，那么面对现实世界时理解就成了思想和精神世界的活动，也成了从根本上把握世界的活动。只有从根本上把握了世界，所谓"洞察"才有内在的基础和保障。这样的指向和目标才使理解教育实践层次上的教育实践素养与教育实践的哲学产生关系。

教育哲学理论的实践转向

在教育理论的家族中，教育哲学是一个非常重要的组成部分，经常被人认为是最高层的教育理论板块。关于教育哲学理论能做什么，还存在着很多不同的看法。在一般人心目中，作为高位的教育理论，教育哲学主要代表着对教育最为宏观而抽象的认识，当然这通常也意味着它是一种深入的认识。所以，教育哲学理论也经常被认为是非常高深的或艰涩的，是主要探讨抽象问题的理论。

但是，一直被认为处于高位的教育哲学理论也经常被认为是一种空洞的或玄虚的教育理论，只具备书斋学者的精神锻炼方面的价值，而不能对教育实践有实质的帮助。这样的看法其实在教育界很常见，一些教育实践者在听到我们从事教育哲学研究之后，有时也会不太友好地表达这种看法。当然，其中一个原因可能是有一些教育实践者因为不理解教育哲学的内容和表述方式而对它有微词，另一个原因可能是教育哲学理论在发展过程中确实出现过远离日常教育实践的倾向。

成为明智的教育实践者需要理解教育实践，而理解教育实践需要对教育具有整体观，建构对教育的整体观就需要对教育进行哲学式的思考。因此，教育哲学对教育实践者成为明智的教育实践者具有独特的价值。当然，这种说法的前提是教育哲学也需要"匹配"这样的定位。从教育哲学的发展历史来看，它并不是天然地与这样的期望相"匹配"的。

教育哲学在历史上出现过不同的类型，对教育进行哲学的思考出现得较早，但独立形态的教育哲学的产生却比较晚。早期对教育进行哲学的思考多分散于思想家的政治、伦理和社会思考中，这些教育思考多数属于教育哲学的范畴。教育哲学学者弗兰肯纳曾经区分了三种形式的教育哲学，一种是以特定理念和理想为基础建构教育世界的思辨教育哲学，一种是提供教育规范的规范教育哲学，一种是分析核心概念的分析教育哲学。所谓思辨教育哲学带有明显的想象性，它不为理解教育现实，而要构建理想的教育世界。如果从思辨教育哲学的学习和研究来理解教育，那这种"理解"很难达到"理解"的效果，除非思辨教育哲学中的思想已经成为现实的指导思想。相比之下，规范教育哲学就要现实一些了。弗兰肯纳认为规范教育哲学主要探索"包括在教育过程中应该做什么或不应该做什么的判断及其原因"，其基础主要是伦理学以及从哲学、科学和常识中得到的作为前提的事实。① 从这种教育哲学中，我们可以认识到教育应该怎么做的规范和启示，但不能对教育实践进行深入理解。这种教育哲学把对教育的理解封闭在对教育规范的探讨中，其对教育的理解并不那么完整和显露。相比之下，分析教育哲学更着眼于语言形式的教育存在，其对教育概念的解释代表了对教育的一定理解，但很难与教育实践本身相契合。作为传统教育理论的教育哲学很有价值，但它的一个核心不足是对教育实践的关照容易出现虚幻、简化和浮光掠影的问题。在这种情况下，如果有人期望以从传统教育哲学中获得的教育理解去很好地对应现实的教育实践，这肯定是行不通的。

这些年来，教育哲学实践性不足的问题越来越受到教育哲学研究者的关注，这与整个教育理论界反思教育研究的实践性相关。其实，关于教育哲学理论要不要提升实践性的问题，即使到目前为止也存在着不同的声音，哲学本身具有的超脱更容易让一些教育哲学研究者坚持深刻思想的想法或者坚称"深刻的思想就是实践"。个

---

① Frankena, W. Toward a Philosophy of the Philosophy of Education[J]. Harvard Educational Review, 1956(2).

别研究者坚持无实践性的研究取向本身没有问题，毕竟个人学问的价值追求可以有更大的自主性和自由度。然而作为一个领域来看，教育哲学首先是一个具体层面的教育理论板块，其本身肩负着教育理论整体领域的哲学功能和责任。从功能定位来说，教育哲学比普通哲学更加具体而中观，这样的教育理论板块需要与教育本身的理论与实践紧密相连。

英国学者卡尔在探讨教育理论的发展时，对教育哲学提出了一个观点，认为教育哲学应该走实践化的道路。他认为教育哲学应该探讨教育实践活动的伦理规则，指出："教育实践不能受某个固定目的所引导，也不能受限于某些固定律则之实作形式，它乃受教育活动内含之伦理规准所引导之实践活动。此伦理规准用来区分真正教育与非教育活动；好的与不好的教育实践活动。"①从这个观点来看，虽然卡尔更强调教育哲学的实践属性，但是其出于延续亚里士多德的实践思想而采取了规范教育哲学的思路，这种教育哲学的训导姿态也会与教育实践产生内在的距离。当然，能够提出教育哲学的实践属性本身就是一种开创。在国内教育哲学界，金生鈜教授也明确提出了教育哲学是一门实践哲学的观点，这个观点与亚里士多德的实践立场相近。从这些年教育哲学的发展态势来看，英、美等国和中国国内的教育哲学研究者都非常关注教育实践问题的研究，特别是对公共教育哲学问题的研究。在寻求通透的哲学追求中，我个人也曾提出过当代教育哲学发展的实践转向问题，其主要思路是：教育哲学要追求教育实践中的有用性，就需要做到整体地理解教育实践。整体地理解教育实践应该是非常重要的方面，教育哲学的历史发展并没有把这个方面的教育哲学做到位。我们不能整体地理解教育实践，思辨教育哲学的理想建构容易太过虚空；我们不能整体地理解教育实践，规范教育哲学的姿态更容易流于武断；我们不能整体地理解教育实践，分析教育哲学的层次更容易出现悬浮状态。

追求整体理解教育实践的教育哲学不是实践转向的教育哲学的全部内涵，但构成了核心的组成部分。整体理解教育实践的教育哲学，一定要以承认教育实践的自在性为基本前提，要内在地承认教育实践的复杂性。这样的教育哲学需要深入地关注实践，理解教育实践需要教育哲学，而新的教育哲学也在理解教育实践中不断生

---

① 威尔弗雷德·卡尔. 新教育学[M]. 温明丽，译. 台北：师大书苑出版社，1998：114.

成。面对教育实践的复杂性和自主性，教育实践的理解者需要带着更加复杂的系统眼光和头脑来理解，过于规范或狭隘的视角和思维容易导致教育实践"削足适履"的问题。把复杂的教育实践放在规范的认识框架中，这是很多教育科学研究容易出现的状况。因为科学的逻辑强调这样做，它们并没有以整体理解教育实践为目标。但是，追求整体理解教育实践的教育哲学不能如此。这里要特别指出的是，对教育实践进行整体把握的教育哲学并不是教育哲学的全部，但今天对教育哲学的学习和研究因为有了它才会与实践更加亲近，这样才能为理想建构、规范厘定、概念澄清的其他各种教育哲学的发展提供关键的认识论基础或元思想成分。

对教育实践要有高位眼光与普遍视野

本书已经多次提出了教育实践需要进行哲学的探索，目的在于整体理解教育实践，实现对教育实践的更深入把握，从而为明智的教育实践奠定认识理解的基础。到目前为止，这还只是一种期待和最为粗略的"草案"。这之前所做的探讨表明了教育实践的哲学是必要的，这是教育实践的哲学能够成为现实的目的和动力。教育实践的哲学所具备的可行性基础是什么，以及这种对教育实践寻求理解的教育理论领域的基本框架是什么，这些都需要更为具体的论证和描绘。

哲学是思想的修炼

哲学界有一句话：想逼疯哲学家，追问哲学是什么就可以了。其实，很多学科领域的核心概念都是众说纷纭的，但这并不是这些学科领域的致命伤。很多概念都在被不断地重新定义，艺术、教育、管理、技术、爱、公正、自由等一系列概念莫不如此。我认为只要满足三个主要条件，就会出现概念内涵纷争的局面：概念所指并不十分确切，概念所在领域有明显的建构空间，人们愿意不断思考这些概念。如果这三个条件都存在，我们完全可以说对这些概念的不断追问和回答就是一种建构，这种做法也是这些学科领域不断进步的阶梯。从这个角度来讲，过于苛求严谨的概念内涵的确定性，并无太大的必要。具体到哲学领域和哲学概念上，哲学家们对它们执着思考，会让哲学是什么的问题表现得更为突出。哲学领域执着的思考导致从多个方面深入问题内部，同时表现出哲学家们通过更新哲学内涵来升级哲学的热情。

哲学作为一个概念，其相对公认的古希腊文的原意是爱智慧。这里可以做一个小的辨析，哲学不直接是智慧本身，而是对智慧的追求。这个澄清有两个非常重要的含义：哲学是一种态度和追求，哲学是过程和方式。这两个方面的含义可能与很多人理解的哲学不同，特别是与愿意把哲学当作知识体系的人的理解不同，因为知识体系的建构与智慧的原意有不小的差别。事实上，在哲学原典精神的感召下，历史上的哲学家们从不同的角度追求智慧。如果哲学的爱智慧原意可以看作对智慧的追求，那么从不同的角度来接近这个目标是可以理解的。在哲学史上，诸多大哲学家选择的接近智慧目标的路线是不同的。正是因为选择了不同的路线且走了过来，这些大哲学家才能得到更多的承认。亚里士多德选择的路线是把哲学探索看作寻求最高原因的基本原理，这是形而上学的思路；黑格尔选择的路线是缔造真理的王国，这是辩证法的旨趣；马克思选择的路线是探索改变世界的哲学，这是行动哲学的精神。除此之外，还有很多不同的路线，这些路线相互对比可以显现出很大的差异，但从追求智慧来看它们都相同。

在接近智慧的过程中，孙正聿教授总结了八种典型的哲学观，具体是：普遍规律说、认识论说、语言分析说、存在意义说、精神境界说、文化批判说、文化样式说、实践论说。① 这些哲学观各自对应着某种或某些哲学流派。普遍规律说主要对应亚里士多德的形而上学，认识论说主要对应理性主义哲学，语言分析说主要对应分析哲学，存在意义说主要对应存在主义哲学，精神境界说主要对应中国传统儒学和理学哲学，文化批判说主要对应致力于批判的西方马克思主义，文化样式说可以在罗蒂的后实用主义哲学中找到，实践论说主要对应马克思主义哲学。就八种具体的哲学观来看，哲学作为一门学科确实存在着不可调和的内在冲突，是否能够成为学科值得质疑。但如果真要据此否定哲学的学科性，也显得操之过急。因为没有去提炼共性就认为哲学内部不可调和，这是武断的。这里所说的共性不是追求智慧的共性，而是更加具体的共性，是能够更具体指示方向和路径的共性，也是能够代表哲学特质的共性。

在提炼各种哲学观的共性方面，孙正聿教授进行了比较深入的探索，他认为哲

---

① 孙正聿. 哲学通论：上卷[M]. 长春：吉林人民出版社，2007：32—55.

学就是反思。在比较常识、科学和哲学的思维差异之后，孙正聿提出："哲学是一种'反思'的思维活动，或者说，是一种'反思'的思维方式。"①他进一步认为反思的目的是把握"思维和存在的关系"。事实上，这里将哲学共性概括为反思，还包含一个比较重要的前提性观点：哲学是一种思维方式。如果将常识看作基于日常语言的非概念思维，那么科学就是基于概念的确切思维，而哲学就是一种对思维的思维。如果对三种思维的优缺点进行分析，我认为三者的差别还是比较大的。常识作为日常思维的好处是融于现实，容易被理解，但是其缺点是容易模糊，容易游离，很浅显。科学思维的好处是能够提供确切的专业认识，能够比较好地把握静态的存在和有规律的存在，但其缺点是不能很好地面对无规律的存在或不断建构的世界。哲学思维与科学思维一样是概念性的思维，但是相较于科学思维，哲学思维的一个突破是尽力在思考原有思维的过程中向存在的未知领域和未存在的未知领域迈进。当然，哲学这样做的前提是高质量的反思，即高质量地对已有思考进行思考。孙正聿教授对反思的主要理解是以思想作为对象，其思考的基本方式有本体论、观念论、概念论、实践论、语言论、存在论和文化论，基本特征有超验性、批判性、综合性和前提性。这些理解都是方向性的，也提供了关于反思的基础性认识。

但是，有一些问题需要进一步提出：哲学的反思到底要追求什么效果，本身要具备什么独特的风格。并不是只有哲学关注反思，目前称为思维科学的领域就关注反思。这个领域的基本做法就是找出思维的基本要素，然后根据思维的基本原则对思维要素进行审视，进而对思维进行改进。在这个过程中，思维科学同样进行反思，而且还把反思作为一种研究对象。所以，仅从把反思作为手段的角度来确定哲学自身的特质现在看来还不够。对哲学内涵的追问需要在找到反思作为途径之后，进一步追问哲学反思的风格和特质。

事实上，使用"哲学是什么"来探求哲学的存在本身并不合适。追问"哲学是什么"本身是认识层面的提问，对这种提问的回答主要在认识层面。但是，我们今天的认识并没有达到能够比较深入地认识非认识领域事物的水平，对情感、意志乃至生命的认识还在路上，甚至刚起步。比如，人是非纯粹认识领域的事物，目前对人是

---

① 孙正聿. 哲学通论：下卷[M]. 长春：吉林人民出版社，2007：181.

什么的回答不会那么完备，因为我们对人有太多的方面没有认识。对于哲学而言，情况也是如此。哲学本身是不是纯粹认识领域的事物，对这个问题的回答应该是不确定的。哲学本身很难说是纯粹认识领域的事物，或很难说主要是认识领域的事物。因此，对哲学的定义很难在认识层面一下子做到非常具体和精确。但是，这并不是说不能得出关于哲学的基本认识，至少我们可以得出性质和方向的认识。

从"爱智慧"的原点出发，哲学本身更为内在的属性是态度和行动。"爱"是态度也是行动，"爱"作为态度以对象为方向，作为行动以智慧为目标。就"爱"本身作为态度和行动来说，哲学的行动本身是对智慧的不断接近，带着热情和期待地接近。今天这样的哲学意蕴在不少其他种类的哲学那里已经淡化了，不少哲学形式太过于追求静态的逻辑结构，或者过于偏重认识层面而没有行动的热情，这样的哲学意蕴在西方苏格拉底和柏拉图时代的古典哲学中最为明显。当代法国哲学家皮埃尔·阿多在对西方古典哲学的研究中，发现了作为生活方式的哲学，这种哲学可以这样理解：哲学是为"智慧"做的准备练习；哲学是一种精神实践；超越"片面、偏颇的自我"，提升到一种"在高处的目光"，获得一种"普遍性的视野"①。对哲学这种非纯粹认识领域的事物的理解，要求我们对其进行属性定位，从这里获得的启发是：哲学是作为精神实践的思想修炼。哲学作为思想的修炼，表示出它是一个动态的体系。在饱含追求和态度的行动体系中，哲学的基本定位是思想的修炼，根本目标是获得智慧，具体目标是拥有高位的眼光和普遍的视野，具体方式是不断克服片面和偏颇的反思过程。

哲学体系是一个行动的体系，是一个思想上的行动体系，这个体系运作起来就能展示出一系列具体的哲学表现：哲学是对生活和世界进行的理性审视；哲学是对世界的理解而不是解释；哲学是对思维边界的跨越；哲学一边在建构逻辑框架，一边又在修正逻辑框架；哲学可以是严谨的逻辑论证，也可以是热情的表达和说服；哲学在存在领域的思想修炼产生了存在论，在认识领域的思想修炼产生了认识论，在道德领域的思想修炼产生了道德哲学。哲学是一种思想修炼的说法虽然表面上使

---

① 皮埃尔·阿多. 作为生活方式的哲学：皮埃尔·阿多与雅妮·卡尔利埃、阿尔诺·戴维森对话录[M]. 姜丹丹，译. 上海：上海译文出版社，2014：1—9.

人感到玄虚，但实质上表达了哲学是一种行动机制的存在。在这个机制的不停运作中，哲学还会产生更为丰富的表现以及由此而来的认识。

教育哲学的哲学性与教育性

对教育实践的哲学探索本身是教育哲学领域的一部分，与之相对的是对教育理论或思想的哲学探索，当然，这里还可以细分。由于对教育实践的哲学探索在这里指向对教育实践的理解和把握，因此能够与之并列的还有为教育实践确定规范的教育哲学的具体领域和板块。所以，这里对教育实践的哲学探索比较具体，我们在教育实践与教育理论的对象区分中取向了教育实践，在规范和理解的功能目标定位中偏向了理解。但是，教育实践的哲学作为教育哲学大家庭的一员，定位其需要理解教育哲学，这将为教育实践的哲学提供非常重要的学科领域背景和借鉴资料。

教育哲学的出现一般会从 1848 年德国人罗森克兰兹出版的《教育学体系》开始算起，到现在有不到 200 年的时间。但是，有一点要明确：教育哲学的实质性思想和观点并不是这个时候才开始出现的，这个时间只是标志着教育哲学作为一个相对独立的领域出现了。作为一个相对独立的领域，教育哲学的出现并不意味着确定了严密的目标定位和框架体系，这些都是在后来的发展中不断更新和变化的。可以说，在对教育哲学的定义和理解上，教育哲学领域基本上从始至终都在进行着更新，几乎每一个期望做出建树的教育哲学研究者都发展着自己对教育哲学的理解。这一点应该也表明，教育哲学走上了通过不断更新对"教育哲学"的理解来推进学科发展的道路。这也表明了教育哲学学科和领域内在的人文特征。

在教育哲学的探索中，关于教育哲学的方向与路径有很多不同的说法，存在着不同层面的差异和分歧。这里我们可以从两个层面来说明不同的教育哲学观。在第一个层面上，教育哲学是哲学学科的分支还是教育学科的一脉，即教育哲学的第一性是哲学性还是教育性？在这个方面，杜威、吴俊升和桑新民的观点是把教育哲学的哲学性作为第一性。杜威本身既是哲学家又是教育学家，但是他更为重要的还是哲学思想，教育学是哲学思想的组成部分。杜威提出："如果我们愿意把教育看作塑造人们对于自然和人类的基本理智和情感的倾向的过程，哲学甚至可以解释为教育的一般理论。除非哲学仍是符号式的或字面上的，或者仍然是少数人情感的放肆，或者仅仅是专断的教条，那么，哲学对过去经验的审查和哲学的价值纲领，就必然要影响行为。……教育乃是使哲学上的分歧具体化并受到检验的实验室。"①这段话的最后一句是教育学界经常引用的话。吴俊升受杜威影响，也接受了这样的立场，他认为："教育哲学的发生，由于教育与哲学的关系的确认；其目的在于探究教育所依据的哲学的根本原则，并批评此等根本原则在教育的理论和实施上所生的影响。"②国内的桑新民教授对教育哲学的论述和定位也是以哲学为中心的，他认为："教育哲学是哲学的应用学科，又是教育的基础理论。哲学是世界观和方法论，教育哲学是教育观和教育研究的方法论。"③他首先把教育哲学作为哲学的应用学科，同时也指出这种应用学科又是教育的基础理论。

对于教育学来说，这样的立场和逻辑并不罕见，几乎每一个被教育学使用的学科都会认为它们在教育学中的对应学科是自己的应用学科，由此造成了不算罕见的论调："我们学科在你们教育学中的应用能发挥那么大的作用，教育学没啥。"这种论调对教育学科的伤害不小，其对教育学科独立性是根本否认的，对教育学科价值的漠视带来的伤害也是巨大的。不过，这种否认和漠视也是虚妄的。别的暂且不说，这里就"应用"而言，是否就一定低位，是否就一定很简单和没有创造性？广泛理解不同学科关系的人不会轻易这么认为。众多的技术工程专业都广泛应用了物理学知识，但是没有几个人会因此否定这些技术工程专业的专业性。因为人们看到这些技术工程专业对物理学的应用并不简单，即使是物理学的研究者也不能轻易做好这些专业。当然，这并不妨碍这些技术工程专业对物理学的学习和尊重。教育哲学定位为哲学的应用学科本身只是一种观点，如果有人仅依此认为教育学没有自己的东西，就不免武断了。对从事教育学学习和研究的人来说，我们不能因为是"应用"就开始只偏重对来源学科的学习和研究，如果一个教育哲学研究者关注哲学甚于关注教育，这恐怕是自己放弃自主性的做法。

对教育哲学的另一种定位就是把教育哲学看作教育学科的一员，把一般哲学面向的大世界转变成教育这个具体的世界。如果说一般的哲学家是在广阔的大世界中

① 约翰·杜威. 民主主义与教育[M]. 王承绪，译. 北京：人民教育出版社，2001：347－348.
② 吴俊升. 教育哲学大纲[M]. 福州：福建教育出版社，2011：32.
③ 桑新民. 当代教育哲学[M]. 昆明：云南人民出版社，1988：23.

进行哲学思考的，那么教育哲学家就是在教育世界中进行哲学思考的人。范寿康在国内比较早地提出了他的康德式教育哲学观，认为："凡百学科都有共通的假定及固有的假定，而所谓哲学实乃研究这种假定的科学，所以我们也叫它做科学的科学。……研究教育学的假定的哲学，我们叫它做'教育哲学'。"①按照这种对教育哲学的理解，教育哲学的研究就是为教育学科进行立法，确定那些最为根本的原则和出发点。美国教育哲学家诺丁斯也从教育性来定位教育哲学，认为："教育哲学是对教育及其问题的哲学研究。……教育哲学从哲学的视角来研究教育。"②黄济先生作为教育基本理论的研究者，对教育哲学也从以教育性作为第一性的立场来认识，他提出："教育哲学的研究对象，应当是用哲学的观点和方法来分析和研究教育中的根本理论问题。"③在接受教育哲学第一性为教育性的立场之后，石中英教授也做了自己的个人理解："21世纪的教育哲学则应体现新的哲学精神，把自己看成是从'哲学的角度'帮助教育者对困扰自己的任何教育问题的理论'批判'与'反思'，其目的不是获得'高级的教育知识'，也不是为了实验教育哲学家们的某些理论观点，而是为了唤醒并促使教育者更好地理解与他们密切相关的教育生活，使之不断获得认识、了解和重建教育生活的意识、知识、能力和信念。"④很明显，这个教育哲学的立场已生活化和实践化了。

把教育性作为第一性的教育哲学观，也存在着差异和分歧，这是又一个层面的差异和分歧。虽然这些教育哲学观都是把教育性作为第一性，但是它们关于研究对象和目标的层次定位不同。有些教育哲学观认为教育哲学研究的都是教育中的重大或根本问题，另外一些教育哲学观认为教育哲学应该研究更广泛的教育问题，不必限制教育哲学的应用范围或者"过于清高"。所以，这样的分歧在教育哲学领域也可以表现为理论取向的教育哲学和实践取向的教育哲学之间的分歧，即有些教育哲学比较崇尚一种思辨活动，而另外一些教育哲学追求对实践产生影响。当然，这里所说的实践取向的教育哲学具体上是一个多成分的集合领域，这些教育哲学观比较倾向的是规范性实践取向。

① 范寿康. 教育哲学大纲[M]. 福州：福建教育出版社，2007：8.
② 奈尔·诺丁斯. 教育哲学[M]. 许立新，译. 北京：北京师范大学出版社，2008：导言，1.
③ 黄济. 教育哲学通论[M]. 太原：山西教育出版社，1998：318.
④ 石中英. 教育哲学[M]. 北京：北京师范大学出版社，2007：21.

传统上对教育哲学定位的两个层面的分歧从根本上来源于不同的哲学观，哲学观的变迁和认同造成了不同教育哲学观的出现和分立。在这种情况下，有人会追问哪种教育哲学观正确，这样的问题对于这类学科并不太合适。每种教育哲学观都是时代趋势和个人选择的产物，经过时间冲刷还能屹立的教育哲学观都可以成为教育哲学家族的成员。只是，今天需要寻找适合这个时代趋势且能够把教育哲学引向智慧目标的教育哲学观和领域。

在思想修炼中把握教育实践

对哲学的不同理解影响着教育哲学的立场和定位，也影响着教育哲学的对象领域，以往教育哲学观上的分歧都反映了对哲学理解的不同。如果把哲学理解为普遍的思想理论体系，那么教育哲学更需要的是对普遍哲学的应用；如果把哲学理解为一种视角和方法，那么教育哲学就是教育世界内的哲学探索活动。如果把哲学理解得很高，那么教育哲学就应该研究那些根本的教育问题；如果把哲学看得很平常，那么教育哲学就会关注那些平常的教育问题。那么，从今天来看，哲学发展的趋势应该怎么把握呢？这确实需要厘清思路。

西方的启蒙哲学造就了对永恒真理和普遍解放的追求，同时也确定了人类作为主体的中心信条，但是这种框架在今天受到了后现代主义的强烈挑战。作为对主体性和现代性的反叛，后现代主义主要否定了启蒙哲学的基础主义、表象主义和普遍主义，提倡对多元、情境和他者的追求和保护。在这种趋势和转变中，哲学观也发生了巨大的变化。后现代主义的思想家反对高高在上的哲学，不承认哲学凌驾于其他学科之上的"王位"，认为哲学应与具体的文化相交融。由此，哲学开始进入从"大写"到"小写"、从"王者"到"平民"、从"单一"到"多元"、从"普遍"到"特殊"的发展轨道。因此，今天的哲学不能再为了普遍而忽略特殊，为了单一而忽略多元，为了总体而忽略个体。

在后现代思潮的推动下，当代哲学开始进入关注特殊性的时期，哲学研究开始关注具体问题，开始关注细节。但是，关注细节和关注具体问题的哲学也面临着一个根本的挑战：没有体系，不能形成整体的世界观。因此，今天的哲学不能只专注于细节和具体的问题，把各种细节和具体的问题编织成整体是另一项非常核心的任务。可以这么说，后现代哲学并不能真正推翻普遍性体系，其最有力的影响是把对细节和具体问题的关注带入普遍性体系。所以，今天要建设的普遍性体系不再是忽略细节的粗略普遍性，而是一种具体的普遍性，是包容多样性的普遍性。这种哲学观既是哲学的新趋势，也是对哲学作为思想修炼的核心精神的复兴。

在以思想修炼为中心的哲学观之上，今天的教育哲学需要特别发展在教育实践上的思想修炼，需要在对教育实践的反思中不断超越片面、偏颇的视角，获得对教育实践的高位眼光与普遍视野。这就是本书全部的思想逻辑。在理论上学习和研究教育实践的哲学，在行动上坚持修炼的姿态，使用反思的方法，以祛除思想的片面性和偏颇为重点，追求眼光的升华和视野的扩张。如果再结合对教育实践进行哲学探索的初衷，这里还可以补上一句：实现对教育实践的整体把握，生成教育实践上的智慧。

对教育实践进行思想修炼，第一个环节就是收集关于教育实践的各种思想认识。今天，对教育实践具体问题的研究和思考太多了，一系列教育哲学都在不同程度地做着这样的事情，如教育哲学、教育社会学、教育管理学、教育经济学、教育心理学、教育文化人类学等。不仅在教育学科之内存在着教育实践具体问题的思想认识，而且在教育学科之外也存在着大量的教育实践上的对具体问题的思想认识与同具体问题密切相关的思想认识，如哲学、社会学、心理学、政治学对社会实践的思想认识。因此，要想通过反思来编织具体的思想认识以形成整体把握，首先需要搜集具体的思想认识。

对教育实践进行思想修炼，第二个环节是对具体的思想认识进行反思审查。反思是对思想的思想，是对思考的思考。这里反思的具体做法是，首先要注意坚持超验性、批判性、综合性和前提性的基本原则，即要注意不要停留在具体经验上，要甄别和祛除不合理的部分，要从多个方面进行，要对不明显的假设进行考察。在反思的具体方式上，以往的哲学观主要给出了七种方式可供选择，包括本体论、观念论、概念论、实践论、语言论、存在论、文化论。当然，在更具体的做法上，思维科学对思考要素的分析之结论也可以使用，如对每个思想认识的目的、问题、信息、概念、假设、观点等要素进行审查。

对教育实践进行思想修炼，第三个环节是对反思审查后的具体思想认识进行拼接。这个环节需要明确我们对教育实践的基本思维框架是复杂的系统观，这是到目前为止既能够包容有序性又能够接受无序性的整体思想框架。在复杂的系统观的指引下，教育实践的哲学对反思审查后的具体思想认识按照有序性和无序性进行分类联结，在这种审查后的具体思想认识和解析中树立有序性的主体结构，然后把不能纳入这个结构的具体思想认识按照主题置放在系统中的大致区间。

教育实践的哲学在学习上和研究上没有质的区别，因为学习和研究本身都需要一样的修炼，最大的区别就是学习者会用研究者留下的方法和理解作为帮手。在具体做法上，学习和研究教育实践的哲学可以尝试以下五件事情：

(1)寻找被大家公认为智慧的一位教育实践者进行广泛交流；

(2)找一本卓越校长或教师的自传进行研读；

(3)搜集关于教育实践具体问题的重要研究进行反思练习，最后尝试拼接对这个教育实践问题的多样认识；

(4)从准备、实施到反思全程参与一次教育实践活动，对活动中的思想认识进行反思，并尝试用已积累的教育实践眼光和视野对活动进行分析；

(5)阅读一本关于一般社会实践的著作。

/第一章　教育实践 /

在一次学生论文答辩活动中，有位老师问我：很多哲学家常说实践应该是自由的，那教育实践是这样吗？我回答说：不全是这样，只有核心区域的教育实践是这样的。他追问道：那自由的教育实践真是核心的教育实践吗？教育实践和一般实践有不同吗？确实，今天的教育实践绝不是自发的人类实践活动，而是一个被不断改造和加以控制的实践活动，这是这位老师产生这些疑问的最为重要的现实缘由。众所周知，一个概念的定义要以这个概念所指示的现实为准。但在事实上，有一些概念总能折射出定义者满怀的热情和期待，教育领域的很多概念就是这样。作为教育实践的旁观者和思考者，我认为最好还是先了解一下教育实践究竟是什么吧。

实践是行为层面的生活世界

"观看"教育实践，必须首先界定"实践"这个概念。概念是汇集思想的工具，一个概念会在不同的历史时期汇集不同的思想。当然，个人并不能随意在概念词语之下把自己的思想加进去。在名词之下汇集思想顶多是概念生成或转变的第一步，更重要的步骤是这种汇集得到社会性的承认。就实践这个概念来看，关于实践的思想史已经汇集了不同版本的思想，我们需要从中探索出一条适合的路线。

自由的实践很宝贵

在思想史上，实践这一概念从西方溯源居多，因为在正式的研究文献中这个概念的系统思想是从亚里士多德的实践思想开始的。当然，对亚里士多德的实践思想不能孤立来看，因为他的实践思想既根植于古希腊的语境，又与他的其他思想结合在一起。

在古希腊，实践(Praxis)一词本身就存在了，这并不是亚里士多德独创的，其意思被认为先指有生命的东西，后又指日常生活。在这个基础上，这个概念被亚里士多德用来指人的特有实践。在亚里士多德的思想体系中，他看待事物的一个基本思维框架是四因说。他在古希腊其他哲学家探讨世界本原和本质问题的基础上，把事物的存在根据和条件分为四因，即质料因、形式因、动力因和目的因。相对于质料因，后面三个也可以统一为形式因。这样的事物认识框架是比较深刻的，有着明显的系统性，可以用来看待世界的全部存在。在这个认识框架中，形式高于质料，形式决定着事物的根源和本质。所以，亚里士多德的四因说非常注重从事物的形式因素方面来认识事物。人的行为在重要性上不言而喻，它因此也就成为亚里士多德的主要认识对象。

在亚里士多德对人的行为的认识中，他主要根据行为的目的把人的行为分为思辨、实践和制作。在今天的语境下，思辨明显地属于非行为的心智范畴，比较容易与其他两种类型相区分，而直接表现为行动的实践和制作之间的区分则需要认真考察。在两者的关系上，亚里士多德提出了"实践不是一种制作，制作也不是一种实践"[①]。可以说，这种观点是对实践认识的一个里程碑，把人的行为分为两种类型，奠定了"实践二元论"的传统。具体来看，亚里士多德对实践的切分直接依据它们不同的目的状态，一个目的在行为内部，一个目的在行为外部。有研究对亚里士多德的实践与制作的区分思想做了概括，主要是：实践是德性的实现活动，制作要依据自然的原理；实践的理性是明智，制作的理性是理智；实践以自身为目的，制作以外在的事物为目的；实践是无条件且自由的，制作是有条件且非自由的；实践是终极完满的，制作是片面手段的。[②] 这个概念是比较全面的，从内在属性、规范类型、目的指向、核心特征、层次定位五个方面进行。这也指示了我们以此为起点广泛理解实践的空间。

根据亚里士多德本身的思想和对这种思想的解读，我们可以看到这种实践思想

---

① 亚里士多德. 尼各马可伦理学[M]. 廖申白，译. 北京：商务印书馆，2003：171.
② 丁立群等. 实践哲学：传统与超越[M]. 北京：北京师范大学出版社，2012：7—11.

实质上就是要把那些不受客观条件限制的、目的直接指向的、需要在动态环境中自己把握的行为独立出来，以对应那些需要考虑客观条件的、目的间接指向的、可以追求在确定条件下进行的行为。如果参照古希腊社会同时存在自由民和奴隶的情况，就可以看出与自由民生活明显相对应的行为被看作实践，而奴隶要从事的行为就被归为了制作。这种区分在一定程度上有历史的局限性，它不仅是思想认识的结果，而且还是当时社会阶层状况的一种反映。

虽然亚里士多德的区分有一定的历史局限性，但是这种观点至少给了我们三个非常重要的启示。

启示之一，人类的行为可以分为相对自由的一类和相对不自由的一类。相对自由的一类更能体现人的精神，更与人的实践有关。相对不自由的一类本身既代表着人类需要接受自然世界的客观制约，又意味着我们可以转化客观规范为我所用。人在制作的状态中，虽然不那么自由，但也是有可能转换外部的强制力量的。

启示之二，自由和不自由的区分与其说适用于"类型"，不如说适用于"层次"。事实上，人的很多行为都可以在内部做出自由和不自由两个层次的选择，而不是把行为划分为类型。拿种花来说，为了让花开需要浇水，而浇水是不自由的行为，那么沉浸在浇水行为中并享受不同浇水方式带来的快乐就是超越性的行为了。

启示之三，对人的行为的关注重点应该放在那些自由的行为上。虽然亚里士多德因为行为的等级而关注了实践，但是对作为实践的自由行为进行关注本身确实需要更多的注意力。由于这类行为是自由的，就不能通过自然的客观要求来预测和规范，又很难通过社会规则达到完全强制。所以，我们对这种自由行为的关注可以更多一些。

工具化的实践并不低级

推崇自由的德性行为，轻视那些不自由的制作行为，这样做确实显得非常"高尚"，但有时也难免"清高"。这种区分对待在一定程度上就是在身心二元区分、物质与精神二者区分之后，重心轻身、重精神轻物质的一种立场。这种立场确实能够推动人文领域的"发展"，但这种失衡的"发展"更可能导致的是对一部分人特别是地位低的人的压抑。"劳心者治人，劳力者治于人"，正是这种精神和立场的一种结果。

从根本上去触动重德性行为而轻制作行为的等级观点，出现于西方近代文艺复兴和自然科学发展的背景之下。文艺复兴复苏并进一步发展了人文精神，虽然这里的人文精神本身也有重视德性的可能，但是人文精神的复苏更大的成果是"祛魅"，使西方从中世纪神学的禁锢中觉醒。回归人的世界，以自然的观点看待世界，一个重要的成果是自然科学的发展。在自然科学发展的背景下，重德性轻制作的实践等级观就显得不合时宜了。

直接批判德性实践观的思想家是培根，他的《新工具》一书对德性实践观进行了比较深入的批判。在学术上，如果坚持德性实践观，一个重要的结果就是充分发展伦理学、政治学甚至是神学，而忽略自然科学技术的发展。中世纪神学统治西方，本身也与这种重德性轻制作的精神有关。这种关系当然并不绝对，培根正是从古希腊以来的学术传统出发进行批判并开始提出他的观点的，他非常不满意的一个方面就是这种学术传统轻视自然哲学，重视道德哲学、政治哲学和神学。他认为，实践在这种情况下只能成为形而上学之上的所谓"幻术"，改变这种状况的根本做法就是将实践转变到物理学之下的机械实践。[①] 这种主张实际上是坚持两个根本的转变：从注重道德哲学到注重自然哲学；从超越功利到功利性。

文艺复兴和启蒙哲学留下的一个非常重要的思想遗产是开始重视功利性。关于功利性，不论在西方还是在中国经常是被否定的。利欲熏心、见利忘义、小人喻于利等说法都体现了中国传统思想对功利的否定性看法，虽然中国传统思想对功利还有一些积极的说法，但儒学对功利的看法总体上是否定的。否定功利确实能够更多地避免"恶"的出现，但是这也禁锢了人对自然界探索和改造的热情。同时，虽然伦理学和政治学更与人类社会的幸福直接相关，但是这里一定要意识到的一个问题是：人类不能不回应自然，不能任由自然摆布，学会从自然中获益本身也是人类社会发展的核心需要。

道义和功利本身是人类社会的两个必要的主题，它们本可以平行地发展，人类也本可以付出更多努力让两者深度结合，现在却被两种极端的立场阻碍。重道义轻功利和轻道义重功利在不同的历史时期都带来了社会的失衡发展，今天同样需要提

---

① 培根. 新工具[M]. 许宝骙，译. 北京：商务印书馆，1984：117.

防这样的失衡重演，但现实情况依然并不乐观。

生产劳动的实践很基础

马克思是人类历史中一位划时代的哲学家，以马克思为核心的一批思想理论家不断丰富和完善着马克思主义的理论体系。马克思主义理论非常关注实践概念，并把它作为其核心思想的重要内容之一。

当马克思说"哲学家们只是用不同的方式解释世界，而问题在于改变世界"的时候，他的哲学立场已经非常清晰了，他是反传统的一位哲学家。对于马克思反传统的理解可以从与他同时代的哲学家和稍早流行的哲学思想来谈，在他之前和与他同时代的哲学家主要坚持抽象和认识传统。抽象的主要代表是辩证法，它非常强调形式概念和逻辑，超越了具体事物。认识传统的主要体现是对认识论的执着，追求探寻揭示世界真理的方法。马克思对抽象和认识传统的反叛，主要的一个方面就是强调具体和行动，而劳动就是这种具体和行动取向的核心代表。

在马克思的时代，科学技术和资本主义社会已经得到较大的发展，这就为他提供了一个更加关注现实和技术意义实践的社会背景。所以，在马克思那里，最为基础的实践就是人的生产劳动，生产劳动不仅创造了人类，而且还是人类社会能够不断发展升级的核心力量。虽然，也有人批判过马克思过于关注生产劳动的观点，认为生产劳动这种形式对应的是生物的人，而没有把人作为高层级的生命。但是，从思想体系来看，这种做法也有非常大的好处，即这个概念有更大的包容性。生产劳动不仅可以涵盖人类比较基本的劳动行为，而且还可以把人类的高级理智行为作为更高级的劳动形式纳入这个概念的内涵范畴之中。这里以对人性的认识举例。如果说人是道德的生命，这个表达就会遭到现实社会中一些人的并不道德的质疑。但是如果说人都是追求利益的生命，这个表达可以通过把利益概念扩大到精神层面来涵盖人类高层次的道德行为。所以，在概念使用上，使用看起来层次不高的概念有涵盖面广的好处，而使用层次比较高的概念有利于做出精准的定位，确定高位的追求，但也经常要付出准确性不足的代价。

把生产劳动作为基础的实践可以说偏向了制作实践的内涵，但两者并不相等。制作实践本身是自然取向的和科学取向的，而生产劳动虽然具有明显的制作元素，但是远不止制作。生产实践虽然以生产为核心目标，但是这里的生产已经被马克思和伙伴们赋予了非常内在的意义，即就生产本身来说也不能算是纯粹的技术实践行为。除了技术元素之外，人类的生产劳动实践有明显的社会价值和意义，必然包含作为社会关系的生产关系的内涵。从是否包含社会关系内涵来看，纯粹的制作实践或者培根的物理实践观都不涵盖社会关系的内涵，而生产劳动实践却具有了非常丰富的社会关系内涵。所在，在一定程度上，也可以说生产劳动实践观是以制作实践为起点并对德性实践进行整合的尝试。

作为马克思主义者，毛泽东对实践的论述也是非常著名的，他在《实践论》中明确提出："马克思主义者认为人类的生产活动是最基本的实践活动，是决定其它一切活动的东西。"[1]他在著作中特别提出了实践与真理的关系，提出"通过实践而发现真理"和"通过实践而证实真理和发展真理"[2]。实际上，这是对马克思生产劳动实践思想的发展，在社会实践作为高级生产劳动实践的基础上，提出了劳动具有相对于认识的基础地位。这构成了马克思主义生产劳动实践观的重要组成部分，加深了对实践地位及其与认识关系的了解。

关于实践和认识的关系，本身就是一个复杂的问题。从实践发现真理，主要是针对现实的调查研究来说的，也是对现存的物质自然实践进行认识的一个关键途径。当然，人的认识来自实践，但并不意味着认识只能机械地反映实践或现实，因为这样既不能反映现实的深处，也不能反映现实的可能未来。今天，社会上有不少人片面地强调了从现实进行认识，强调认识只能紧扣眼前的事实，这样做的后果就是让人的认识停留在感性水平。即便，有研究方法通过量化的方式把感觉经验量化，进而通过计算来进行深刻地"揭示"，这顶多也只是一种从感性认识出发的方式。除了这种方式之外，逻辑演绎和合理想象都是可以进一步深化和拓展认识的。所以，认识从实践中来并接受实践的检验，本身是纲领性的指导意见，需要在方向和精神的认识高度寻求"落地"。

---

① 毛泽东：毛泽东论教育[M]．北京：人民教育出版社，2008：18.
② 毛泽东：毛泽东论教育[M]．北京：人民教育出版社，2008：35.

技术时代的人文实践复兴

崇尚科学技术实践的培根曾深刻地批判了德性实践观，认为那是一种幻术。但是，在现代社会中，形势发生了反转。作为制作的科学技术实践今天已经占据了主导地位，现代社会开始进入以科学技术为主导逻辑的时代，技术合理性成为人类社会运行的根本法则。如果说，在中世纪西方德性实践异化成压抑人性的锁链，那么今天的科学技术实践业已构成人类福祉的威胁之一。

一方面，科学技术实践对人类的威胁表现为科学技术本身的发展使人类面临着被奴役、失业和毁灭的危险。虽然有人认为科学技术使人类获得解放，但现实是它解放了一部分人而奴役了另一部分人。虽然有人认为科学会节约人力，但现实经常是人类的劳动时间总体上并没有减少，而面临着失业的人数却时有增加。虽然有人认为科学技术能够赋予人以力量，但是这种力量也有可能使人走向毁灭，核生化武器甚至是正在受到热议的人工智能据说包含这种可能性。

另一方面，科学技术实践本身的控制和改造精神已经渗透了整个社会。技术给社会带来的远不只是各种人造物，随之而来的还有基于效率追求的控制和改造精神。在现代社会，控制和改造的精神已经遍及各个领域：经济上的计划和预算越来越成为发展的"圭臬"，教育上的课程教学越来越精细，社会生活交往中的语言使用越来越功能化和规范化了……在这个意义上讲，在今天这个科学时代，人们更要忧虑的是人的存在问题，以及人如何不被压制、奴役而保持对智慧的追求。正是在这种环境下，伽达默尔提出了让人类行为回归到作为生活方式的实践状态中去的观点。

在《科学时代的理性》一书中，伽达默尔认为："'实践'这一语词和概念置身其中的概念系列，其自身规定根本不是从与理论的对立中获得的。正如约西姆·利特尔在其书中已经指出的那样，构成实践的，不是行为模式，而是广泛意义上的生活。"[①] 在这个观点中，伽达默尔把实践从行为的层次推及生活的层面，探讨实践不是探讨行为的问题，而是探讨生活的问题。在对人类生活和存在的时代的忧虑中，他对实践提出了这样一些思想：实践是社会理性的条件；实践堕落为掌握社会生活的技术；

---

① 伽达默尔. 科学时代的理性[M]. 薛华，等，译. 北京：国际文化出版公司，1988：79.

实践的品质有：社会性，自身目的性，批判性和反思性；回归"生活世界"的实践哲学。

通过发展作为制作实践的科学技术，人类确实可以获得尽可能多的物质财富，但是只有这个方面会对人产生两个后果：一是科学技术的确定性让普通人越来越不去思考和用心，毕竟科学技术保障了不用费心也有实际效果的状态；二是对社会关系和精神的忽略容易在科学技术社会中导致压抑性的社会关系，科学技术实践在让一部分人成为支配等级的同时，让另外的大部分人成为被支配的对象。这两种后果在今天已经不再仅是一种可能性，而是具有明显现实性的一种事实方向。在技术和机械的情境下，不少人已经成为沉浸于舒适状态的人。虽然个人处于被支配的地位，且丧失了自主性而成为被控制的对象，但是安逸的生活状态让这些人满足。今天的科学技术的发展并不是让每个人平等地享受到了好处，而是一部分人从科学技术发展中获得了更大的收益，攫取了巨额财富并成为社会支配阶级，另一部分人却只能得到更多的控制和面临更严重的失业威胁，在社会的底层越陷越深。

在今天，意义的消减是非常普遍的事情，实践也不例外。在发展主义和消费主义的意识中，生活与实践在今天被简化为表层的、直接的和规范技术化的行为。在很多人的心目中，实践就是工作、娱乐、消费或参加各种规范的活动，社会交往也比较强调具体的规范。就连吃饭也越来越技术化了，关于营养和饮食的文章层出不穷，一天应该吃多少食物，应该怎么吃，不应该吃什么，在这些文章中应有尽有。似乎按照这些技术指南，我们就可以得到健康而幸福的生活保障。我们虽然不能轻易否认这些技术指南的价值，但是也应该看到这不是生活的全部。一方面，人不是按照图纸来生活的，虽然我们这个社会试图给出更多的生活图纸；另一方面，真要按照图纸来生活，就会越来越面临空心化的精神问题。什么东西都是既定的，都是想好的，那剩下的就是不用多想就直接接受吧。如果这些生活技术是完备的，倒还好说，但现在的问题是这些所谓生活技术并不完备，而且这些生活技术的背后是特定社会秩序的框架。这就是问题的深层次上的关键之处了，在社会舆论中无所不能的各种技术本身是有缺陷的，而这些技术背后潜藏着各种特定支配性的社会结构。

从人的更高属性来看，那些能够体现人类意志自由的领域是最为重要的领域，这是人作为生命体的最佳表现区域。这个最佳表现区域的定位特别需要考虑人在哪些方面是不自由的，是有很多顾忌的。从根本上说，人要顾忌的是不以个人意志为转移的自然世界，这是人存在的环境，是对人的生存构成根本限制的环境。人类虽然从表面上看通过技术创新和认识能力进化，提升了自己在自然世界中的自由度。但是，从深层来看，技术创新和认识能力进化，并不全是提升了人类的自由度，而且还包含着让人类更加深刻地认识到自身受到的环境限制，以及通过技术把这种环境限制延伸开来的境况。如果说，技术的应用给人类带来了限制，那么这种限制有一部分是来自自然世界对人类限制的延伸的，另一部分才是技术的设计者特别是掌控者"植入"的限制。一句话，技术本身包含着延续自然世界的限制力量和掌控者"植入"的限制力量。所以，想更多地彰显自由意志，就要避开或翻转这种限制力量强的区域。但是在今天，翻转既不可能也没必要，毕竟这种限制力量有相当一部分来自自然世界及其延伸部分，这是需要接受的部分。但是，今天的技术限制并不是全然的，完全没有到所有角落都被规范的境地。而且，那些不被规范的且人类能达到的世界就是人类意志自由最为重要的领域，即人类自由实践的领域。在自由实践的领域，这些实践首先是社会的，即每个人都有自由意志，这种实践需要考虑其他人的自由意志。其次，这种实践本身就是目的，因为这是排除自然限制力量的领域，从是否实施行为到怎么实施行为都是个人意志的反映，因而可以断定这类行为本身就是目的。最后，这种实践是批判性和反思性的。由于，这种实践本身从头到尾都是要个人选择的，所以也是从头到尾都需要思维参与的，要想做到更好，这需要反复地审查个人的选择思维。这种对思维的思考和审查就是批判性和反思性的核心内容。

人的生活有不同的层次，最高位的层次一定是自由意志得到更多施展的层次。从关注和呵护实践的高位人性和自由性来说，对人的实践进行观看和思考应该把注意力放大到生活的层面，在关注技术化和规范化层次的基础上，更加注重对自由性的人类行为的关注。今天，对人的实践进行探索，不能只坚持德性实践或制作实践，而应该把这些实践放置于生活的大世界之中进行统筹，这样才能真正理解人类的实践图景。

观看实践的大视野

理解实践需要建立有关实践的清晰而连贯的世界观，这是最为核心的理解性任务。只有具有了这样的世界观之后，人才能找到自己的位置，找到自己怎么和周围发生联系的方向。所以，在哲学的世界中，世界观的建构非常重要，但这是今天容易忽略的哲学问题。在今天，世界观问题非常容易被遗忘，即便"三观"(世界观、人生观、价值观)的说法近来再一次成为热点。然而，"三观"中更引人注意的是价值观，其次是人生观，而一般列为"第一观"的世界观却容易成为忽略的对象。似乎，世界观要么是不言而喻的，要么是无从置喙的。当然，不去深谈世界观还有一个可能，那就是认为关于世界的认识已经可以由科学提供了，哲学无须关注这个问题。但是，科学事实上并不能承担全部的世界描绘工作，虽然物理学越来越清晰地描绘了自然世界，从宏观到微观；但是人文世界的描绘还远在路上。更为困难的是，自然世界和人文世界结合后的整体世界很难由自然科学或社会科学单独承担，在这个方面，哲学就责无旁贷了。

哲学并不是一个只关注普遍和整体的领域，哲学本身能够也已经对很多具体问题进行了探索。但是，哲学对具体问题的关注和探讨离不开普遍和整体的背景，离不开将世界观作为基础的需要。虽然，有人说今天的哲学已经进入特殊主义的时代，因为今天的哲学研究者开始广泛地关注具体的问题，开始使用更为精确的方法。但是，如果没有这种普遍和整体作为支撑，那些具体的探讨还有多少哲学的味道？与其他学科的相对独特性又如何显示呢？在哲学研究领域，只关注具体问题、视野狭隘是当前必须反思的根本性问题。

对实践这个主题来说，思考实践的历史是非常悠久的，对实践的认识也是非常丰富、深刻而富有变化的。在思想家们对实践的关注中，无论其思想具体处于什么时代和采用什么角度，能够被历史记住的实践思想都是大视野下的深度思考。亚里士多德对实践的理解与社会理想有密切的关系，与对人的定位有内在的对应，在人的行为分类大视野上开始重点关注直接反映人类自由意志的行为，并把这种行为称为实践。培根则是从时代转型的背景出发，开始深刻反思并把自由意志的行为称为实践的合理性，确立了制作实践的重要地位，这与其所处时代的人性解放有深刻的对应性。马克思把实践的核心地位放在了生产实践之上，事实上等同于建立一个以生产实践为核心的世界尺度，这个尺度不仅能够衡量自然世界，还能衡量人文世界。更难能可贵的是，这个尺度能够把低级和高级的人类社会都涵盖进来。这确实是一个宏观而不失重点的视野。当然，更大的宏观还可以把更多尺度包含进来。但是，科学技术的发展如果到了成为支配中心的时候，人的行为就容易滑落为技术化的规范行为，进而带来了对自由意志行为的排挤。保护自由意志的行为领域就是保护人的独特地位，这个说法到目前为止还是合理的，特别是在技术社会中这是非常需要强调的一点。从目前社会对人工智能等新技术的恐慌也能看出，与技术伴随而来的是一种控制的力量和触手。伽达默尔把实践与技术相对立，突出实践的生活性和智慧追求，这是对技术时代人的行为被支配危机的回应。

在思想的历史变迁中，对实践的大视野是需要坚持的，这就是：实践的世界就是生活的世界，实践的形式是行为的形式，实践就是行为层面的生活世界。虽然伽达默尔认为把实践与理论相对立的做法本身是有问题的，但是从行为和非行为的形式区分来说，理论与实践确实有对立的必然和需要。理论与实践的对立主要可以深度切入理想与现实的问题，认识与行动的问题，蓝图与实施的问题。那么，如果要深入理解实践，这里最需要的一个核心区分恰恰是亚里士多德意义上的实践与制作，或者是德性实践与制作实践，抑或是自由实践与规范实践。在这种区分中，不同的实践领域有了边界，有了对实践进行分区探讨的可能。在对实践的分区中，实践可以分为自由意志的实践和制作技术的实践。探讨这两种实践的不同属性和原则，以及它们之间的交织关系，是描绘实践世界的核心任务之一。这个方面正是理解实践的具体工作。

从实践思想变迁的总体情况来看，对实践的理解有这样一种趋势：在实践范围上，从狭义的实践到广义的实践，即从自由意志的行为到生活本身；在实践的追求目标上，从超功利的实践、功利的实践到本体的实践；在实践的最高原则上，从德性的明智、制作的理智到整体的智慧。

教育实践是教育名义下的行为世界

在不算长的职业生活中，我在学术观点上得到的直接批评不多，一方面应该是因为自己还远未到"招眼"的水平，另一方面也许是因为自己一直追求平稳的观点和表达。在少数几次被直接的批评中，有个非常触动我的批评是说我对教育太冷静了，少了"教育人"应有的热情，也少了"教育人"应有的规范姿态。确实，从现实来看，我们会发现教育是一个热情和规范充盈的世界，"教育人"大都涌动着对人完满发展的期待、规范人的热心、推动社会进步的动力。但就个人而言，我在这些方面的"表面温度"要偏低一些。我的一个根本想法是，热情急迫的心态确实有利于"教育人"激发参与教育行动的热情和动力，但是这样的状态对理解世界而言并不是那么必要。因为热情和急迫的状态可能会让人对那些不规范的教育事务不能"直视"甚至不能"忍"，如果这时不能冷静下来，那些看起来不规范的教育事务就不能进入自己的世界观之中并放置到合适的位置上，在思考教育问题时就很难将其作为必要的背景意识。当然，我只是想表达一个立场，即面对教育问题是热情期待还是冷静直观，这是一个核心问题。

教育实践定义的规范与自然立场

当前对教育学界陷入"概念丛林"现象的批判已经越来越深入了，今天的教育领域确实出现了越来越多的新名词、新概念，而且不少新名词、新概念无论是在清晰性上还是在价值性上，都存在着不同程度的问题。有时候，一些新名词、新概念成为教育领域混淆视听、扰乱正常认知秩序的麻烦制造者，特别是在一些人别有用心地炒作教育名词和概念的情况下。例如，在今天的学校文化领域，各种学校文化"概念品牌"攀比成风，鱼龙混杂，这让人们越来越丧失对学校文化建设的热情和对学校文化建设质量的判断力。这个问题在今天确实有必要提出来，有必要进一步批判和澄清。

其实，与"概念丛林"现象类似的还有"观念丛林"或"理念丛林"现象，这是比"概念丛林"现象更内在、更普遍的现象。这里所谓"观念丛林"主要是指在概念名词的表层之下又存在一个"丛林"的状态，各种理解和观念在此汇集交织甚至交锋。在某种程度上可以说，教育领域中几乎每一个重要概念之下都存在着一个这样的"观念丛林"。如果认为面对"概念丛林"现象采用快刀斩乱麻的态度可以有效实现教育的概念净化的话，那么在面对"观念丛林"时还继续坚持这种态度就不一定适用了。到了理念的层面上，我们会发现，很多理念看似制造了困难，但是直接采用清除的态度也不免武断，因为其中不少观念有逻辑的合理性和现实的必要性。就教育实践本身而言，"教育实践"概念的各种理解和观念几乎已经呈现出明显的"丛林"状态。

关于教育实践的定义，现在已经有很多版本，较正式的版本是《教育大辞典》对教育实践的定义。《教育大辞典》认为："人类有意识地培养人的活动。……教育实践活动在人类最基本的社会实践活动中产生和发展起来，并与人类其他实践活动紧密联系，但又具有不同的特点和相对独立性，是教育理论产生和发展的基础，是检验教育理论正确与否的标准，但又需以教育理论为指导。"①《教育大辞典》对教育实践的这个定义不仅说出了教育实践是什么，而且还说出了教育实践的来源和价值。但就具体的定义来说，这里的解释是比较笼统的，笼统就是把一般教育的概念定义再说一遍，很多时候教育被解释为"有意识地培养人的活动"。虽然这个定义新意不多，但也表达了一个基本立场：教育实践可以是一个层面上的教育世界。这里提出的教育实践与教育理论的关系是马克思主义实践观的基本反映，是认识来源于实践并在实践中检验发展思想的另一个角度的表达。

在对教育理论发展方向的思考中，英国教育学者卡尔也深刻地关注了教育实践的概念，他对教育实践的定义和理解已经深入到属性和内在原则的层面上了。卡尔认为：教育实践并不是能够按照一种完全无思维的或机械的方式完成的机器人式的行为；实践活动之特质显示于其反省性的活动上；一种有意识地做出的有目的的活动，在某种程度上，这种活动只能根据缄默的、最多只在一定程度上得到阐述的思维图式来理解；教育实践不能受某个固定目的所引导，也不能受限于某些固定律则之实作形式，它乃受教育活动内含之伦理规准所引导之实践性活动。② 这里把卡尔分散在不同地方的对教育实践的理解汇总起来，有助于概览他对教育实践的看法。与《教育大辞典》的定义不同，卡尔开始对教育实践做了规范性限制，先把那种"无思维的"和"机器人式的"行为从教育实践的内涵中排除出去，并特别指出了教育实践内涵范围的核心，即"反省性"和受伦理规范引导。很明显，这是一个设置了内在标准的教育实践定义。

在对元教育学问题的深入探索中，郭元祥和周浩波两位学者都给出了自己关于

① 顾明远. 教育大辞典[M]. 增订合编本. 上海：上海教育出版社，1998：773.
② 威尔弗雷德·卡尔. 新教育学[M]. 温明丽，译. 台北：师大书苑，1998：62，98，114.

教育实践的定义，分别是：以一定的教育观念为基础展开的，以人的培养为核心的各种行为和活动方式①；教育实践指现实教育活动中感性的职业性行为方式的综合，它们既包括人们的教育、教学、管理、行政、决策的行为，也包括与此相匹配的组织方式、制度、礼仪等物质性活动方式。② 这两种定义之间已经有很多不同了。第一种定义和正统的教育概念保持一致，突出了行为和活动的形式。第二种定义明显地强调了教育实践的职业性，从职业的角度来理解的教育行为才是教育实践的范畴，这实际上已经在具体形式上扩大了教育实践所指的范围。

石中英教授更是把教育实践的具体所指范围放大了，他认为："教育实践"的定义是"有教育意图的实践行为"，或者"行为人以'教育'的名义开展的实践行为"。③ 这个定义中的"以'教育'的名义"是一把可以涵盖更大范围的"大伞"，其下可以容纳更多真假、虚实和对错的教育行为。但这也可能是别的研究者比较难以认同的地方。邬志辉教授把对教育实践的定义内心化和日常化了，提出："教育实践是教育的日常生活形式，是实践活动者经历的内心体验。"④这个定义很明显地强调了教育实践作为日常生活的存在形式，其内在于教育实践活动者的内心。

从上述对教育实践概念的表达中，我们可以比较明显地看出对纵横交织的教育实践概念的不同理解和观念。在这些理念和观念的差异和分歧中，一个最为明显的分歧是教育实践内涵是否要有规范的标准。在这个问题上，有些教育实践的定义就没有设置标准，特别是把教育名义下的一切行为都列入教育实践的观点。但也有很多定义或明或暗地设置了内在的标准，"培养"就内在地植入了积极影响的标准，而把"无意识的"和"机器人式的"行为排除在教育实践内涵之外。总体上看，教育实践的内涵领域已经呈现出理解和观念上的交织状态。

"丛林"的修剪或穿越

无论是面对"概念的"还是"理念的""观念的"丛林，一个核心的问题就是怎样选

---

① 郭元祥. 教育理论与教育实践关系的逻辑考察[J]. 华中师范大学学报(人文社会科学版)，1999(1).
② 周浩波. 教育理论与教育实践[C]. //瞿葆奎. 元教育学研究. 杭州：浙江教育出版社，1999：186.
③ 石中英. 论教育实践的逻辑[J]. 教育研究，2006(1).
④ 邬志辉. 论教育实践的品性[J]. 高等教育研究，2007(6).

择基本的应对思路。以往应对"丛林"状态的主要思路是修剪，要让那些交织、杂乱的状态变成条理规范或整齐划一的状态，这种思路的主要工作就是修剪。面对"概念丛林"，修剪的工作就是祛除那些被判定为扰乱视听的"假""虚"和"错"的概念。如果真能顺利地达到这个效果，也算是非常理想的状态了。然而，现实的困难是"假""虚"和"错"的判断标准经常是存在争议的，即一部分人眼中的"假""虚"和"错"在另外一些人那里却是"真""实"和"对"。前几年出现的教育研究问题的真假讨论，就出现了一部分人认为是"真问题"，而在另外一部分人看来是"假问题"。最后，很多人也慢慢地意识到在这个问题上经常是"横看成岭侧成峰"，处于不同的立场的人会得出不同的判断。

"丛林"状态看起来使人由此陷入了无解的境地，甚至最后走向了虚无的立场。事实上，不必如此悲观，这个问题还是有出路的。"横看成岭侧成峰"的状态有时并不是绝境，之所以会让人有"绝境"的感觉，其实质的问题是：不选择角度或想站在全部立场去看问题，而且还想达到简单清晰的效果。但是，换一种思路，即从某一个立场和角度出发，这种应对就非常可能了。这是穿越的思路，而不是修剪的思路。

要穿越教育实践概念背后的"观念丛林"，一个核心的任务就是分析这个"观念丛林"的地形。从目前所汇集的教育实践定义来看，这个概念的地形有四个比较"险要"的争议地区：教育实践是否应该设一个规范的标准(通常为"真"教育的理想化标准)；教育实践是否一定是理性的(或理念指导的)；教育实践是否应该限制在核心教育活动的领域内；教育实践是否能够不加限定地定义为一种"生活方式"或"生活世界"。

教育实践是否应该设置一个规范的标准，即是否只涵盖那些被认为符合教育理想的成分。一般说来，定义教育实践容易自然地强调教育实践的教育性，毕竟这种教育性是"属加种差"中的"种差"，即教育实践与一般社会实践的主要差别是教育性。但是，这里的一个核心问题是教育性到底是精神性、功能性还是系统性。所谓精神性的教育性是指教育领域中经常提出的爱学生精神和对学生成长担负责任感之类的精神方向。所谓功能性的教育性就是教育行为系统总体上都指向教育的功能，都能在实现教育功能的功能链条中找到自身的定位。所谓系统性的教育性主要是指教育作为一个复杂系统本身的主题是教育的，这个系统运行起来就构成了教育的世界。这三种教育性的层面就构成了跨过这个争议的三个选择，当然不同的跨越方式会得到不同的效果，即到达不同的境地和收获不同的见识。在理解教育实践与一般实践的差别上，一个常出现的偏差是无形中放大差别的比重。事实上，无论在构成上还是在总体特征上，它们之间的共性都比差别大得多，但就是比重不高的差异构成了教育实践个性的重要方面。这个现象在很多事物的认识中都会出现，比如，通过人与动物的差别来认识人。

教育实践是否一定是理性的，即感性的或无意识的教育行为是否能够成为教育实践的组成部分。在这个争议上，我们也可以进行具体的立场分析。坚持教育实践的理性标准，其实质是在坚持教育实践行为的主体性，从而为保障教育实践的精神性奠定基础。因为，对于保障教育实践主体性和追求教育精神来说，感性的或无意识的教育行为既不能反映教育实践者的主体地位，又不利于主动践行教育精神。一些人认为感性的或无意识的教育行为属于教育实践范畴，这对于教育实践的功能性和系统性的理解是非常必要的，因为很多感性的或无意识的教育行为本身就是教育实践功能和教育实践运行系统的一个必要部分。例如，从功能角度来看，一个人技术性地做出指导行为，本身也应该是教育实践的一部分。但是，这样的行为从精神性看，就不属于实践领域的教育行为，甚至不能称为"教育"行为。

关于教育实践是否应该限制在核心教育活动领域内的争议，实质上也是源于教育的精神性、功能性和系统性的分歧的。从教育精神性来看，更能反映教育精神性的行为是师生直接交往的行为，稍微外围的行为是学校的德育、教学、课程和管理的组织行为。但是，在这个角度上，很少有人接受后勤工作以及教育行政管理工作是教育行为。但是，这对于功能性和系统性的教育观来说，后勤和教育行政管理都是教育行为，都发挥着不亚于直接进行师生教学行为的作用。

关于教育实践是否可以接受不加限定的生活世界这种内涵定位，实质上是教育实践概念的底线的边界问题。把教育实践作为生活世界，确实有利于在更广阔的范围内理解教育的精神性、结构性和系统性，有利于把行为和意向、行动和思考这些基本的二元层次性元素联结起来。但是，这里的问题是如果把教育的意向和思考都纳入教育实践的内涵，那么教育实践就成了教育生活、教育世界的同义词，这带来一个直接的后果就是完全可以删除同义词中的大部分概念了。坚持把教育实践限制在行为的形式之上，就是要聚焦于行为要素，以此为突破口来理解和改进教育实践。

教育实践世界的"教育"之名

教育实践是什么？面对由已有定义形成的"观念丛林"，我们当然可以选择用教育定义的剪辑来厘清思路。这种做法被很多理论研究者使用过，经常从概念的词源、构成法、用法、定义、跨文化等不同的角度来确定"最应该的那个定义"。在流派方面，分析哲学和分析教育哲学是专门从事这类分析的流派，他们主要追求通过澄清核心概念来达到厘清思想的目标。但是，从分析哲学的前、后期发展状态的转换就可以看出，想得到一个词语的用法是非常困难的。早期的分析哲学追求使用严格的逻辑来分析语言的定义，一个核心目标是确定最符合逻辑的含义或定义。但是，这个流派长期的努力证明了这样严格的数理逻辑思维在语言分析方面是有问题的，所以他们后来转向了日常语言分析。转向日常语言分析就是认可了语言已经形成的复杂世界，试图通过分析让这个世界重回简单，这是违背发展趋势的，也基本上是不可能实现的目标。所以，后期的分析哲学多是分析现实语言世界的。

面对教育实践的"观念丛林"，我们目前需要采用的姿态不是修剪而是穿越。如果要穿越某一个地方，首先需要知道它的起点和终点。在起点方面，一个基本的定位应该是一种心态：不急迫规范教育，尊重已有的教育世界，试图通过行动来追寻作为"教育人"的意义。就这片"观念丛林"的目标终点来说，这里主要的目标就是获得能够观看教育实践的"眼睛"，特别是获得能够达到"高位""普遍"而"不失具体性"的"眼睛"。从"高位""普遍""不失具体性"的角度来看，这里对教育实践的定义就需要更加宏观一些，但还得保持具体一些。

从把教育实践作为世界来看的立场出发，这里要强调教育实践世界的两个基本属性，即历史性和复杂性。教育实践的历史性是指教育实践世界的存在不是新生的，而是经历了一个比较漫长的历史时期，而且教育实践的世界在未来还会继续存在，还可能继续发展。教育实践的复杂性在这里主要是指教育实践的多样化并存或多元化构成的状态，这主要是因为，教育实践不仅有国家的、地区的、发展水平高低的区别，还有民族的、文化的、技术的区别；教育实践不仅包括教学、课程、德育等师生直接交互的行为，还包括行政管理、教育传媒、后勤服务等一系列更为纯粹的教育"后台"工作。"高位""普遍"而"不失具体性"的"眼睛"一方面能够睁得足够大，以容纳教育实践世界广阔的历史和复杂的情况；另一方面要足够"敏锐"和"有神"，以能够捕捉广阔教育实践世界中的那些重要景观。

在以往关于教育实践定义的差异中，内在的分歧可以追溯到教育实践定位的精神性、功能性和系统性的分歧。教育实践定位的精神性取向就是要强调教育实践能够处处体现教育的使命、责任和情感，只有体现了这些因素，其精神性才能构成教育实践的一部分。但是，要从很具体的行为来说，教师公式化地指出学生读错了字和教师心怀期待地责怪学生读错了字，真的不容易轻易区分。教育的使命、责任和情感经常是内隐的，也在不少时候是"被包裹的"。"刀子嘴豆腐心"不只存在于一般的社会生活中，教育中也时有存在。如果严格以教育的使命为界限，那么很多"表面冷静内心澎湃"的教育行为就可能被排除，而那些"虚情假意"的教育行为却可能被收入进来。这样的倾向不利于获得更为"高位""普遍"的"眼睛"。从根本上说，教育的精神性能够清晰地存在于人的内心和教育行为原则的层面上，能够在人的内心表达上和教育思想方案中直接找到，但是其在教育的具体行为层面经常是内隐的和渗透性的。在以教育行为为主要线索的观看活动中，教育的精神性存在也多在深处体现。

在教育实践定位的功能性取向上，那些能够完成教育任务的行为都能够取得一席之地，这样就能保障一定的"高位""普遍"效果。但是，这里对功能的理解经常是理性化的，这样就容易出现对具有"模糊"功能的或"反面"功能的教育行为的忽略。如果一位老师自然地问候一下学生，这个行为是否具有教育功能是比较模糊的，这个行为长年累月可能有积极影响，而且这个行为也可能是故意的间接行为。在教育领域，"反面"的教育行为也是时有存在的，比如，"激将法"类的行为就容易表现出"反面"的特征。

在教育实践定位的系统性倾向上，特别是教育实践进入复杂系统性理解时代之后，那些所有与教育关联的行为都构成了教育实践的一部分。虽然所有的行为都包容在教育实践之中，会产生散乱感，但复杂系统性的立场可以通过有序性和无序性的互补交织框架来处理这个问题，也可以通过系统自动组织的动态机制在时间上将有散乱感的教育行为梳理得清楚一些。一方面，教育实践定位的系统性倾向可以使教育实践获得最为广泛的定义范围，尽可能把非常边缘化的"教育"行为包含进来。另一方面，教育实践定位的系统性倾向也可以把重要的具体行为凸显出来，这样也可以把过于扩大化之后带来的非常边缘化的"教育"行为相对放置到非常边缘的位置。

在追求"高位""普遍"而"不失具体性"的"眼睛"中，穿越教育实践的"理念丛林"就找到了系统性倾向并以之作为主导方向。这种主导方向可以保障教育实践者获得最为广阔的视野，同时通过内部的定位和动态机制把核心与边缘的教育行为区分开来，并建立起其内部的动态关系。但是，坚持以教育实践定位的系统性倾向为主导，并没有否定教育实践的精神性和功能性，因为精神性依然是教育实践系统性的内在原则，功能性依然是教育实践系统性的核心机制。把教育实践看成一个复杂的系统，我只想说：教育的核心精神在教育实践的系统中渗透，教育的功能在教育实践的系统中总体运转，但是历史和复杂的教育实践不容易根据渗透的精神和总体运转的功能来划出边界，即便据此划出了边界也可能非常武断。

据此，穿越教育实践的"理念丛林"可以收获这样的核心观看框架：教育实践的主体是可以使用"教育之名"的行为人；教育实践的内容是行为人以"教育之名"实施的所有行为和活动；教育实践的内涵是行为层面的教育生活。在这个核心观看框架之外，还要心怀这些意识：教育实践要内在地渗透教育的热情、情感和责任；教育实践要整体上实现教育的功能机制。

蕴含大道的自在教育实践世界

人文精神是一种以人为思想和行动原点的精神，它把人作为世界的核心，把人的价值和需要作为世界最高的需求。这本身就是人类历史上存在的思想框架之一，但是在今天人文精神是这个时代的核心特征，在颠覆"神"的主宰位置之后人取而代之。在人文精神的时代，世界是需要按人的需要来改造和建构的，而且人们也相信世界本身能按照人的需要由人来改造和建构。作为主宰，人容易出现的一个不良倾向就是自我膨胀和唯我独尊的世界主宰意识，人仿佛能够轻易改变一切。对教育实践来说，人是否能够轻易改造它也是一个需要深入思考的问题。在人文精神下，一个比较容易持有的态度是教育实践本身就是人建构的产物，人既能赋予它想要的属性，也能改变它的内容和形式。当然，这个想法的问题是比较明显的，人类创造或制造出来的、但自身后来不能完全掌控的东西并不罕见，打开"潘多拉魔盒"的事情在人类历史上时时发生。现在不少人说，人工智能可能就是下一个正在打开的"潘多拉魔盒"。

理论和反思引导下的教育实践

在把机械的、无意识的教育行为排除到教育实践之外后，教育实践在卡尔那里就完全属于自由人的世界了，教育实践是一个人为的行为世界。卡尔提出教育实践具有四个方面的特性，分别是：教育实践受理论引导；教育实践受实际情况之紧急事件影响；理论在教育实践中的应用应该依靠智慧与审慎的修正；教育实践的特质在于反省性。[①] 我们可以对这四个方面做出进一步的思考和解释。

教育实践受理论引导。到目前为止，这个观点都是有争议的，特别是不少教育实践者完全可以以自身的现实经验来证明这个观点有问题。提出这个观点的学者，除了一部分人对教育理论怀有纯粹的信仰之外，还有一部分人对教育理论进行了广泛的理解。对教育理论进行广泛理解就是把教育理论理解为一种普遍存在的思想认识，与其说教育实践受教育理论引导，不如说教育实践受思想认识的引导。但是，还有人提出自己没有什么思想认识但还是能做出实践，这也被辩称这恰好表明有些思想认识是潜在的、缄默的。当然，这样的争论是没有尽头的，因为这个方向是通往深层融合的状态，提出谁指导谁或谁影响谁都只是一个方面，它们的交织融合状态才是比较确定的。对卡尔来说，得出这个观点主要是因为把机械式的和无意识的行为排除在教育实践之外。此时，他的教育实践肯定是自主选择的和有意识的行为，这类行为当然可以说成是受理论引导的。当然，此处的理论还不全是系统的概念思想体系，还需要为日常的散碎观念留下空间。所以，从这些情况来看，教育实践受理论引导的观念主要是个人偏向的观点，其他不同的观点还有很大的存在空间。

教育实践受实际情况之紧急事件影响。这个表达包含两个层次的观点：一是教育实践受实际情况的影响，二是有时教育实践的实际情况很紧急。教育实践本身作为一种行为，其决策要受到信息、性格习惯、价值观、人际关系、文化背景等多种因素的影响，其实施要受到他人阻滞、条件制约、社会氛围、事态趋势等方面的影响。所以，这一系列影响都是实际的，都是因具体实践而异的。当然，教育实践的

---

① 威尔弗雷德·卡尔. 新教学[M]. 温明丽，译. 台北：师大书苑，1998：113—114.

技术化工具和方法会尽可能避免教育实践不受这些决策因素和环境因素的不利影响，但是这种避免的效果并不绝对。其实每种技术都追求确定性的效果，这是技术能够实现效率的核心保障。但是，每种技术由于思路不同和手段各异，其应对环境无序性的挑战在效果上迥然不同。比如，有些教师通过小组合作的方法来激发学生参与的积极性，但是如果有些小组出现非常不积极的学生，那么这种小组合作的方法就要受到很大挑战。教育实践会受到实际情况的影响，并且这些实际情况有时非常急迫。有些老师在学生提出"挑衅性"的问题时就需要很快做出回应，留给教师思考的时间非常少。所以，类似教育实践的实践工作经常都要求实践者有"即兴应对"的意识和能力。所谓"即兴应对"就是没有时间做出更多准备情况下的应对，非常考验实践者本身的见识和一种近乎本能的反应。对教育实践者来说，如果想把实践工作做得完满，平时不仅要有广泛阅读和深刻体验，还要把决策和实施的时间尽可能缩短，以备急迫之需。

理论在教育实践中的应用应该依靠智慧与审慎的修正。这实际上是说，教育理论对实践来说具有不充足性。理论在教育实践应用中的修正可以分为两个方面：一是应用之前的修正，二是应用中和应用后的修正。理论在应用前的修正主要基于这样的原因：理论主要对以前的理论生产和实践经验负责，但这并不意味着能够完全对应此时应用的情境。如果理论是来自规范化的理论生产过程，理论和教育实践场景的内在对比就更明显了，理论生产经常追求的普遍性、抽象性和主题限定性与具体教育实践场景截然不同。所以，理论需要尽可能在教育实践之前得到修正。在教育实践应用中和应用后得到修正，也意味着我们要关注教育实践的基础性，及其对教育理论的反向作用。这个方面的立场和马克思主义的实践观很类似，特别类似于毛泽东对实践与认识之间关系的看法。虽然卡尔强调理论引导实践，但是他还是不得不承认实践的基础性或本体性，从这个方面来看，他还是承认理论对教育实践并不能轻易达到完全的决定作用的。从理论与实践的内在关系来说，理论对实践不该具有那么强的决定作用。毕竟理论作为一种思考的产物本身既不可能顾及全部和具体情况的现实因素，又不可能通过其支配的行动来改造一切环境因素，这就在根本上造成了理论不可能决定教育实践的全部现实状态和效果的局面。因此，理论在先期引导了教育实践之后，教育实践后来出现的状态变化和效果状况就对理论本身具有重要的反照意义。通过教育实践的这种反照作用，理论可以获得修正自身的机会和线索。从强调"智慧和审慎"的要求来看，卡尔在这个过程中强调理论在教育实践中的应用所做出的修正不是随意的和不知所措的，而是有章法且机灵的。强调章法是对理论修正的规范性要求，而强调机灵就是很高的要求了。智慧本身的重要特征是机灵，主要是能够根据环境情况做灵活的调整。要达到机灵的状态确实是非常难的，即使非常努力也有失败的可能性。但是，在为机灵而做出的努力中，抓住相对稳定的要点是非常重要的，这些要点至少可以包括这些方面：广阔的见识、对环境的敏感、对核心追求的坚守、对多样手段的精熟。

教育实践的特质在于反省性。如果教育实践不能被纯粹技术化和机械化，那么从根本上说教育实践者可以依靠的就是反省了。从一般的生活经验可以知道，没有技术化和机械化的行为，如果对教育结果要求还比较高，那教育者只能是非常用心的。所以，教育实践对很多实践者来说经常出现自得其乐的沉浸和身心疲惫的煎熬两极分化的状态。对于愿意用心且能够从中获得愉悦的教育工作者来说，这个过程是非常快乐的，能够享受到自由思考和自主追求的乐趣。但是，对于强调工作效果、保障和完成工作的教育工作者来说，这个过程是非常劳心的。从卡尔本身的观点来说，他赞同这种用心在教育实践中占有核心地位，所以把反省性作为特别的特质提出。当然，也有很多人并不那么认同教育实践一定让实践工作者那么用心的立场，有些人至少会认为有些教育实践能够让教育实践工作者个体省点心。反省性也表达了教育实践者的用心方式，即强调反复地用心和指向自身的用心。这意味着对教育实践者来说，用心不是一次就可以的，需要多次反复。而且，这种多次反复的用心还要以自身为中心，即要围绕自身和自身的想法来展开反复的思考。

教育实践是丰富的生命世界

从一般观念来看，教育实践主要被理解为行为，如果只是看到这个层次确实还有不少遗憾。一个重要的遗憾是关于教育实践更为深刻的地位和价值，即无法明白发展和提升教育行为到底有哪些更大的意义。在这个方面，把教育实践理解为世界的观点就又深入了一步。把实践理解为世界，可以追溯到古希腊的实践观念，也可以找到解释学和现象学的实践思想源泉。在教育领域中，把教育实践作为教育世界的看法也深受这些思想资源的影响。

从现象学的基本立场和观点出发，邬志辉教授认为教育实践的特征主要体现为复杂性、丰富性和生命性，他在进一步分析的基础上又提出卓越的教育实践具有情境性、智慧性和反思性的观点。① 这个观点可以看作现象学对教育实践认识的一个代表，从生命性、丰富性、智慧性和反思性等也能反映出现象学基本观点的主要特征。相对于卡尔对教育实践的观念，这里比较特别的观点是对生命性和丰富性的表达，再加上他在教育实践定义中提出的"日常生活形式"这一表达，共同构成了这种立场的核心色彩。

如果没有任何背景地说出"教育实践是生命的实践"，就会经常招致很多人的笑话，毕竟多数人认为这就是一个常识性观点。但是，如果考虑到教育实践中还经常存在的压抑人性和压抑生命的情况，这种表达就具有了特别的意义。其实，教育领域有很多这样的表达，如果平白无故地说出这些表达可能会招致很多人的不屑，但是如果结合具体的教育发展形势，应该会有更多的人接受这些表达。比如，如果对当前的教育发展提出"学生是人"，这个表达的深刻意义是要反对教育中存在的不把学生当人的现象和问题。教育实践是生命的实践，这本身也是在说教育实践是生命的形式，是教育实践参与者在其中生存发展的世界，它不能只被当作实现教育目标或实现教育社会使命的工具。

教育实践是丰富的，这个观点又进一步坚持了对教育实践的宏大视野。在定义一个事物的过程中，如果为了定义的清晰性和条理性而把杂乱的部分从定义中排除掉，这种做法只能是达到某种理论目的的方便选择，不能成为这个事物定义的长久选择。对教育实践的定义来说，这种现象也是需要反省的。教育实践世界确实存在着不清晰和没有条理的区域，如果为了深刻探究清晰而有条理的那个部分而坚持某种狭窄的教育实践定义，这在特定立场上虽可以理解，但不会得到普遍认同。若这里提出教育实践具有丰富性，这确实是一种世界观立场的重申。

教育实践是一种日常生活形式，这个观点说出了教育实践的基础地位。其实，从日常性的内涵来说，教育实践具有日常性，一方面是说教育实践本身现实存在着，

---

① 邬志辉. 论教育实践的品性[J]. 高等教育研究，2007(6).

教育实践者不能脱离；另一方面也说明它具有一定的重复性，即具有日复一日的节奏。如果说教育实践有创新或者需要创新，这没有问题，但是在提倡创新的同时一定要意识到教育实践还有不断重复的惯性。教育实践的重复性保障了教育实践世界的基本稳定，如果缺少了这种稳定性，教育实践世界一方面确实可能增加创新，另一方面也可能出现崩溃。虽然，有不少教育学者强调教育实践者要用心，但是如果用心太多，会让除少部分人之外的大多数人身心疲惫，无法招架。

把教育实践当作一个世界的观点，确实非常有利于理解教育实践的广泛存在和内在的丰富性，也非常有利于理解教育实践的改变需要全面考虑的平衡性。当然，更进一步说，教育实践世界也是教育实践者的生命家园，生命本身就在这个家园中存在和发展。这个教育实践的家园由生命建构出来，又会因生命力的施展而改变。

自在的教育实践逻辑蕴含大道

对一个事物的探索，既可以从外在的方面归纳事物的表现特性，也可以从内在的方面透视事物内在的组织体系。当然，对很多事物的认识并没有完全区分这两个方面，好多时候是交融在一起的。但是，对于一个简单的自然存在物，这样交融在一起没有什么问题，只不过代表着不同的认识思路或阶段而已。但是，对于复杂的人类创造物，这个问题就是一个问题了。教育实践就是这样的一个需要区分认识角度的认识对象，也是需要在此基础上进一步反思认识思路的对象。

多数时候，人们对教育实践的认识不做内、外视角的区分，即不强调区分是从人的主观认识框架出发来认识的还是从教育实践本身的存在状况来认识的。当然，教育作为明显的人类创造物，特别容易被从人对教育的主观思路来认识其实践属性。这样的思路应该是非常容易理解的：由于教育是人类的创造物，其基本组织思路一定是人的创造思路，所以人类教育实践思路可以直接作为教育实践本身的思路及认识思维。

布迪厄是当代法国的一位思想家，其社会学和哲学方面的成就尤其突出。他在对人类进行大量经验研究的基础上，提出了不满足于对社会的纯粹主观主义和客观主义的解释，他致力于寻找人类社会实践的逻辑。当他更多地从实践本身来解释实践的时候，他发现实践本身的逻辑根本不是人类的话语逻辑，他提出实践本身的内在逻辑特性是：非话语性、紧迫性、总体相似性、非连贯性……①虽然这些逻辑特性显得角度各异，但是它们有一个共同的特征：都不轻易随人类思想而转移。实践是庞杂的，没有人类思想的清晰和条理。实践是紧迫的，没有人类思想的从容和悠闲。实践是总体相似的，没有人类思想的精益求精。实践是非连贯性的，没有人类思想的整齐推理线条。但是，这一点没有影响实践是人类创造物的事实。如果深刻地想，人类创造物和人类的思路不一致，这是一个非常正常的现象，其中有两个方面的原因比较重要。一方面，人类在创造事物的时候不一定使用完美的思路。虽然，思想家进行思想创造的时候一般会强调思路的清晰完整，但是创造事物的人并不一定这样，有时会比较随意，有时也会错乱或者依靠说不清楚的灵感。所以，试图使用思想家的高位思想逻辑来代替实践的现实组织思路，经常是行不通的。另一方面，人类在创造事物的时候不能只遵循思想的原则，还要经常遵循事物的原则。人类是在具体世界中创造事物的，那些人类不能掌握但又反受其制约的条件构成了人类创造事物时不得不屈从的对象。比如，环境变化很快，使人不能长时间思考和追求精益求精，此时的人类就得屈从这样的情形。所以，实践作为人类的创造物不和人类的思想追求一致是非常正常的现象，毕竟创造实践的人和进行思想的人并不一致。

在对教育实践内在逻辑的探讨中，目前有三种思路比较典型。一是承认教育实践自在性的思路。石中英教授在布迪厄实践逻辑思想的启发下，特别探讨了教育实践的自在逻辑，他用了一个非常形象的比喻：教育实践是一辆"自带轨道的火车"②。这个方面的揭示确实带来了一个理解教育实践的新立场，即承认教育实践世界对于当前理解者的预先存在性。二是从教育实践者的价值追求来认识和把握实践的内在组织思路。金生鈜教授认为："教育实践及其目的是终极的，具有合目的、合理性和合道德的根本品质，是规范性的价值行动，不是实现其他目的的技术行为。"③从这个观点就可以看出，这个思路比较强调教育实践的高位原点，毕竟这个原点是教育实践组织运行的最理想的核心。三是从教育实践者的价值追求和实施思路来理解教育实践的内在组织逻辑。刘庆昌教授在对教育实践的逻辑进行分析时，提出："教育的

---

① 皮埃尔·布迪厄. 实践感[M]. 蒋梓骅，译. 南京：译林出版社，2012：114—140.
② 石中英. 论教育实践的逻辑[J]. 教育研究，2006(1).
③ 金生鈜. 何为教育实践？[J]. 华东师范大学学报(教育科学版)，2014(2).

道义性是教育实践的基点，教育的理智性是教育实践的灵魂。进而，教育实践的基本逻辑会表现为教育道义的逻辑和教育操作的逻辑。"①在这个观点中，无论是道义性还是理智性都是教育实践者应该追求的原则，一个是意志的原则，一个是行动的原则。三种教育实践的内在逻辑，确实都非常内在，都是对教育实践内在组织思路进行探索的结果。那么，面对这三种观点交织的局面该如何穿越，这也需要分析地形并找准此岸和彼岸。

虽然三种观点都在探讨教育实践的内在组织思路，但是它们的视角是非常不同的。具体来看，这些视角的差异有三个方面：教育实践与教育实践者，现实与理想，个体与类。首先，教育实践的内在组织思路在教育实践本身和教育实践者的角度之上具有不同的反映。由于教育实践是历史的创造物，是已经比较自在运行的世界，这和教育实践者的主观教育实践追求肯定存在着主客观的差异，所以会有很多不同。其次，理想的教育实践和现实的教育实践在组织思路上不同。如果从教育实践者的主观理想方面来把握教育实践，这基本上是从人类对教育实践的理想方面来认识定位的。但是这种理想一旦要通过行动变成现实，这个过程就会受到很多外界条件的制约，现实的教育实践基本上可以说是教育实践的理想与所处环境和解的产物。最后，个体的教育实践和类的教育实践不同。类不能轻易抽象为个人，这样就容易忽略他们的现实性和相互之间的复杂关系。对教育实践的认识来说，教育实践本身总体上是教育实践者的类的创造物，这和抽象为教育实践者个体创造物的综合体并不相同。就现实来说，很可能会出现一些教育实践者这样建设之后，另一些教育实践者去那样拆除的局面。这些都是三种观点共同组成的观念的要点。

这里对教育实践的探讨还是以理解把握教育实践的追求为起点的，以形成对教育实践的高位目光和普遍视野为重点。在这样的路线上，教育实践的内在逻辑首先是自在的逻辑，这是理解把握者首先要承认的。承认了教育实践逻辑的自在性，就意味着要真切地去观看现实的教育实践。虽然现实的教育实践世界不完全等同于我们此后要创造的教育实践状态，但是它却会构成我们此后创造教育实践的基底。但是，观看自在的教育实践对理解把握教育实践来说是一个动态的过程，是在不断反

① 刘庆昌. 教育实践及其基本逻辑[J]. 山西大学学报(哲学社会科学版)，2015(3).

思和超越中进行的宏观和高位的把握。在此，不可忽略的要点是，作为一个类的教育实践者总体上怀有较强的教育追求，这种教育追求会通过多样的行动化方式历史性地转化为现实的教育实践。这是在教育实践内在组织思路上的一个纵向线索，即教育实践者作为类的教育追求，教育实践者作为类的多样化行动方式和现实的教育实践。与之相对，教育实践内在组织思路的横向线索，可以概括为：历史上无数教育实践者个体各自的教育实践，其复杂交互而形成了多元宏观教育实践样态。

教育实践在现实中已经成为一个具有自主性的大世界，其中包容着"教育"之名下的无尽行为，以对教育的高位追求为代表的教育之道都会被这个世界溶解和消化。但是，被溶解和消化的教育之道并不自此消失，而以具体不可见但可"折射""透视"的方式在教育实践的现实世界中存在。概言之，教育实践是大道蕴含其中的自在世界。

教育行为世界的系统构造

在当前，国内学界把教育哲学多归属于教育学原理的学科专业之中，这里对教育实践的哲学探索因而也属于教育学原理的范畴。有人曾经问我，教育学原理是什么意思？我一时语塞，因为教育学原理在我进入这个领域之前就在那里，就是那个样子。我确实可以说出教育学原理包含哪些主要的知识板块，也可以说出在教育学原理领域内存在的一些研究方向。但是，这似乎还不是对教育学原理的完备解释。对教育实践的哲学探索确实有一种要探讨教育实践原理的意思，但是这个原理到底包括什么呢？这似乎可以从生物学和机械学获得一个关键的启示，即一般来说阐释原理要和揭示构造联系起来，把主要构成及其相互交织的关系揭示出来就是描绘原理的核心任务了。

社会结构与个体自主的互动体系

在知识领域，一直有自然学科与人文学科之分。当然，更为细致的一个分类还会加上社会学科。这样的分类是在思想史上逐渐形成的，但也是有明确的现实基础的。区分自然学科、人文学科和社会学科，一个明显的现实基础就是各自的研究对象和领域不同。

对自然世界进行研究，难度在于自然世界有博大和变换的特点，现在这个时代很明显对自然世界的探索在宏观和微观上都开辟了前所未闻的新领域。在奥妙无穷的自然世界面前，人类原有的认识不断被打破。但是，总体上看，人类在对自然世界进行探索时可以置身于研究对象之外，当然也有一些例外，譬如，在研究微观世界中的主客观交融现象时。但是，如果认识的对象转换到社会和人文领域之中那就完全不一样了。人文领域的研究在其对象上主要是人的精神及其产物，这个领域需要更多地从"主观"上来阐释，唯有如此才有可能认识这个领域的内在世界。

现在比较"摇摆"的一类研究是社会研究。作为研究对象，社会现象一方面不是完全的精神现象及其产物，因为具有精神的人在建构社会的过程中要受到非常现实的制约，如物质条件的制约、不同思路差异带来的制约、历史文化传统的制约。而且，一些制约因素会在相当长的历史时期内存在着，这就会带来社会现实的客观性。另一方面，社会现象作为研究对象还具有主观性的特点，即社会是由拥有主观精神世界的人建构的。在不受那么多制约的领域中，具有主观精神世界的人有着非常大的自主空间，也能对社会发展变化带来非常大的影响。当然，在客观性和主观性之间，也会存在一个争夺的领域，或者说是强互动的领域。

对社会现象的研究会因为单纯偏向主观性、客观性或者两者兼顾而形成三种立场。纯粹的主观性立场比较容易走向追求普遍理论的方向，追求普遍理论比较注重使用研究者建构的主观框架来嵌套社会世界，遇到不能嵌套的复杂因素要么直接忽略，要么改变主观框架的抽象层次。追求普遍理论容易出现的问题是太主观，有时表现为武断，偶尔也表现为一厢情愿，而且也容易滋生自满情绪。在主观倾向的研究中，质性研究在今天越来越成为替代普遍理论方式的一个主要选择。质性研究比较强调真切性和解释的核心地位，这在应对普遍理论的武断和自满方面是非常必要的。当然，主观偏向和视野偏小是对社会进行质性研究会出现的"问题"，有时也可以反过来看成特点。今天，对社会世界的研究也非常流行客观性的方式，特别是在以实证方式进行的社会研究中。客观对象的研究越来越量化，这是一个基本的时代取向，社会研究也不例外。量化研究的基本思路是提取要素并赋值，这样既通过要素照顾到整体框架，又通过赋值做到水平和程度的精细定位。当然，这种研究方式在确定要素以及对要素进行的量化定位中，也会出现抹杀主观精神要素和隐藏未经检验的主观倾向的问题。

正是在对社会研究的纯粹主观化和纯粹客观化方式进行批判的基础上，法国学者布迪厄提出了他的社会研究框架，总体上算是一种兼顾主观和客观的综合立场。布迪厄社会学理论的一个基本立场是特别强调社会实践活动中的结构与习性两个方面，习性作为行为倾向系统在结构中运行并促进结构的发展。[①] 在这种立场中，结构是社会实践中的客观性一面，习性是社会实践中的主观性一面，两个方面的有机结合就构成了有机的社会结构。虽然，布迪厄本身的社会世界经验研究是民族志方式的，但是他对社会研究的基本立场却是复合而有机的。在这种立场下，他具体应用了习性、场域、资本等基本概念以及兴趣、策略、游戏、时间等具体概念来解释社会世界。

在对教育实践的要素解读中，石中英教授的立场与布迪厄的实践观是内在一致的，他认为教育实践是"兼容主观性与客观性的文化的存在"[②]。这个观点与布迪厄的直接观点有所不同的是该观点突出强调了"文化"作为教育实践的总体属性，教育实践的主观性和客观性交融在"文化"的层面上。在这个理解的框架下，他提出了教育实践的基本要素，包括习性、意图、时间和空间。在对习性的理解上，教育实践的主要内容是："正是由于习性的存在，使得充满偶然和意外的教育实践活动获得了某种连贯性和必然性；正是由于习性的存在，使得个性迥异、任务不同的教育实践工作者能够产生共同的感知、策略和评价系统，彼此之间有一种自然的熟识感和亲密感，比较容易产生心灵的共鸣。"在对空间的理解上，文章具体提出："空间不仅构成了实践的'舞台'，而且也直接影响到行为人的实践意图与行为。不了解实践行为对于特定空间的依赖性，就不能真正地理解实践行为。"

两位学者的实践要素观和教育实践要素观都是建立在社会结构和个体自主二重性框架下的要素分析结果之上的，虽然具体给予不同要素以不同程度的重视，但是其基本思路并没有差异。这种思路总体上描绘了具有生命力的社会实践者在软硬程

---

① 皮埃尔·布迪厄. 实践感[M]. 蒋梓骅，译. 南京：译林出版社，2012：79—92.
② 石中英. 论教育实践的逻辑[J]. 教育研究，2006(1).

度不同的区域化世界中做出了不同的行为，这些行为最终影响着世界格局的变迁。

表演体系的要素

俗话说"人生如戏"，这也是很多人经历雨雪风霜之后的感慨。在社会学理论中，有一种坚持"人生如戏"立场的理论具有很大的影响力，得到了很多人的认同。当然，之前我和一些教师在正式场合谈论这个观点时，也有人提出了反对的意见，主要认为这种观点太不严肃或者鼓励了不严肃的态度。事实上，从理论阐发的角度来看，这种理论是非常严肃的。只是这种理论采用了一种隐喻的表达方式，虽然它收获了普遍可理解性，但失去了严肃感。这就是语言表达的一种两难选择。虽然很多人都希望深入浅出，但是很多浅出的表达为了追求表达的大众性而在一定程度上付出了降低内涵的代价，就像为了减轻苦瓜的苦味而煮一煮却使其营养元素流失一样。

社会学中的"人生如戏"理论主要是拟剧理论，属于互动论的大范畴。这个领域的理论主要研究人与人如何在社会中互动，如何根据自身的理解来选择和实施行为。拟剧理论的代表人物是戈夫曼，《日常生活中的自我呈现》是其代表作之一。在他的理论中，戈夫曼认为整个社会已经和剧场一样分割成了很多区域，不同区域的人进行着不同的表演行为。在表演中，人们按照角色的特征扮演着自己被赋予的角色。但是，人们的角色扮演是个性化的，个体在表演中进行着自我的印象管理，也不断建构着自我。这是拟剧理论的基本逻辑，也体现了自我与社会规范之间的互动。在这种理论中，戈夫曼使用的要素概念有表演、区域（前台与后台）、剧班、印象管理和自我等。虽然，戈夫曼的这种理论由于使用剧场的隐喻而需要做出很多逻辑补救，如认为前台和后台的相对性。但是，这种理论就分析具体的关键行为来说却有简单明了且有独特色彩的优势。正因如此，这种理论得到了很多研究者的青睐。

国内学者刘云杉、李政涛对教育实践的解释就深受戈夫曼拟剧理论的影响。刘云杉在区分日常生活的制度性和民间性之后，从前台、后台、情境、个人（角色）、自己（自我）等方面解释了作为日常生活的学校教育实践。① 虽然她的这个研究不是以教育实践者作为唯一的主体视角的，但是作为教育实践者的教师和校长都是这个研

---

① 刘云杉. 学校生活社会学[M]. 南京：南京师范大学出版社，2000：175-390.

究的核心主体。其实，从角色作为社会学基本概念的现实来看，把人作为表演者不是拟剧理论的独有观点，整个社会学领域本身就比较普遍地认同把人作为表演者来看的立场。当然，这时的表演早已不是具体的职业行为，而是一种视角化的机制和方式。李政涛对学校教育的解读也是从表演这个视角进行的，他从"表演""剧场""角色""自我"等方面解释了学校教育的实践机制，并在这个解释的基础上提出了对教育的生命价值追问。[①] 有些人认为把教师解读成表演者是对教育工作的亵渎，但是细想起来这句话也可以说反映了对表演工作的亵渎。其实，这里的表演早就不是工作，而是一种机制，一种包含"表演""观看""剧场""角色""自我"的理论视角。在工作意义上来看，有质量的表演是生活的高位展现，反映着现实生活的一切善恶美丑，而且演员在高质量的表演中也实现着升华。

尽管对表演还有一些争议，使用表演的视角来理解实践和教育实践本身就是一种富有新鲜感的研究，其带来的新鲜视界本身也可以帮助人们进一步观看教育实践的世界。

教育实践的"目的—手段"系统

到底该如何把握教育实践，确实是一个复杂的问题。具体说来，在对教育实践的把握中有三个方面的重大问题需要直接面对：一是由教育道德情操带来的对行动的相对轻视，二是教育实践要素的复杂体系，三是教育实践的复数性。

在教育领域，教育的道德情操要素在地位上是不寻常的，提起教育马上就能想到爱、责任、公正、尊重等品格。当然，这样的情况不只在国内的教育领域，也不只在受儒家思想影响的东方文化圈，在整个社会范围内都比较容易强调这些道德品格。要是从世界范围内的教育来看，教育领域确实可以说是一个崇尚道德的领域。如果一个领域非常崇尚道德情操，这个领域比较容易发生的事情是热烈的赞美和批判，而比较不容易做的事情是冷静地观看。在极个别情况下，理性的谈论都可能成为禁忌。毫无疑问，这里的批判和禁忌都是有指向的，指向的是那些违反和轻视道德情况的现象和做法。观看教育实践容易招致批判，是因为观看本身意味着不要带

---

① 李政涛. 表演：解读教育活动的新视角[M]. 北京：教育科学出版社，2006：47-301.

有或不要过早地带有过于强烈的情感色彩，观看比较忌讳热情和激动。一般来说，教育道德情操容易对追求功利的事情反感，经常不去区分唯利是图和取之有道。从中国传统文化的一个思想渊源来看，见利忘义、利欲熏心等说法明显地折射了利与道义的矛盾。其实，中国文化本身也是丰富的，"五福"本身就包含着富有，而"三立"本身也有"立功"。虽然，这里都可以解释出道义的内涵，但是这与不能容忍的态度之间还是相差很大的。在对教育实践的理解上，比较容易出现的问题是冷静地观看教育实践会被认作冷酷。如果把教育实践中的功利要素拿出来或者说没有特别突出道德因素，就容易被认为偏离教育的内在特征。

如果要观看教育实践，那么教育实践的图景(现象图景与研究图景)本身也构成了一个可能的障碍，因为教育实践具有复杂的、有时是令人眼花缭乱的图景。教育实践本身不是直白的世界，它有层次性和动态性的特征。所谓层次性是指教育实践有外在/内在、表现/机制、技术/道义等多种层次切分的维度。所以观看者如果只看到了一种表现，并不意味着这是比较全面的把握，也可以说对教育实践的全面把握永远在路上。虽然到目前为止，我们还是坚持教育实践在历史发展中具有较为稳定的要素，但是这里的稳定是相对的。一方面，那些不那么稳定的因素也是教育实践的构成，而且还可能遮盖教育实践的其他表现，从而影响对教育实践的观看。另一方面，稳定的教育实践要素也是会变化形式的，也可能以非常陌生的状态出现。这也是观看教育实践要克服的困难。

教育实践本身不是某一个人的教育实践，也不是某一种单一思路的教育实践。教育实践本身是众多教育实践者共同创造出来的，这些教育实践者处于不同的历史时期，带着不同的想法，具有不同的能力，要应对不同的环境……所以，任何把教育实践等同于单一教育实践者的抽象行为都是有危险的。如果真要这么做，我们一定要确定出能够涵盖教育实践者相互影响的途径要素，否则就是对教育实践的简单化。其实，这样的问题在学术研究上并不罕见，不少学科都出现过把作为类的人看作个体的人，然后用对抽象个体人的研究来代替对人类的研究。在这个方面，教育研究中很多基于抽象个体提出的教育目的观就是这种做法的典型表现，比如，如果理性思维对抽象个体最为重要，那么就要把理性思维的培养作为最为重要的单一教育目的。

可以说，我们在确定教育实践观看要素时，也会遇到各种观念分歧和冲突的情形。我自己在博士毕业论文中就没有过多去考虑教育的道德情操色彩对教育行为的影响，只使用利益、权力、策略、谈判等概念来解释师生交往的实践。在论文答辩时，有答辩委员认为论文中的观点"不可爱"。当然，这种"不可爱"更实质的问题就是对教育中的道德情操因素没有投入足够的重视。但是，这种探索也让我得到了不一样的收获。一个最为重大的收获是我看到了教育实践者之间出现分歧和纷争的必然性，也看到了这种分歧和纷争的现实解决机制，即"力量的较量"。虽然，不同的教育实践者在向对方施加力量时，可以采用不同的方式，从而也可能产生作用于对象的不同情绪反应，但是这种力量的施加本身是现实存在的。商量、讨好、威胁、找帮手等方式都是师生作为教育实践的参与者经常采用的行为方式。

要真正穿越教育实践观看要素上的观点纷争，就需要有明确的出发点和出发方向。这里对教育实践采用了观看的基本立场，而且最终是要获得对教育实践更加高位而普遍的理解。因此，冷静的观看是必要的态度，这就要充分尊重教育的道德情操，也要知道这个方面并不是教育的唯一，甚至不是直接观看的重点，因为道德情操经常被观看到的具体要素吸收和溶解；紧抓核心要素，但是不能封闭，注意核心要素的形式变化，并为可能的新要素留下空间；在对抽象教育实践行为进行要素分析的基础上，要充分关注联结不同教育实践行为的要素。

现在面临的核心问题是教育实践中最为基础的因素和框架是什么。在以布迪厄和戈夫曼为代表人物的观点中，这些基础因素都各自呈现了一个系列，但由于两者的表达风格有差异而不容易形成统一的说法。这里还是要寻找能够直接探讨实践结构的研究结论，看看有什么启发。在对行动的结构进行研究中，功能主义学派的帕森斯是有比较深入研究的学者之一。他认为环境中的行动要素主要包括：遗传和环境因素，在"手段—目的"关系的中介部分中包含的因素，在终极价值体系周围的因素。[1] 他的这个观点在理解教育实践中可以发挥很大的作用，因为这个观点满足了几个方面的需要：一是抓住了"手段—目的"这个核心结构，因而提供了对普遍教育实

---

① 塔尔科特·帕森斯. 社会行动的结构[M]. 张明德，夏翼南，彭刚，译. 南京：译林出版社，2012：811－812.

践行为的基础框架，而且中介部分的元素的范围本身也为各种形式的交互留下了空间；二是抓住了遗传和环境因素，特别是环境因素可以提供人与世界的联结通道；三是特别强调了与目的相关的终极价值体系及其相关因素，这有利于深刻理解教育实践行为反映出的基础与取向。在这种要素结构的启发下，观看教育实践目前可以集中于三个方面：终极价值与目的要素、环境因素、"手段—目的"体系因素。这里要说明一下，帕森斯提出的遗传因素与其他很多因素的基础关系，可以被分解在其他一些因素中，如人性因素。

在终极价值和目的要素上，教育实践的观看可以特别关注人性与利益两个方面。人性作为人的基本属性代表着人的内在倾向性，也包含着人存在和发展的基础和方向。因此，对教育实践的观看在第一位上是对教育实践者作为人的观看，对人性本身的把握也是对人作为教育实践者根本取向的把握。当然，只有人性太过笼统。在以往很多研究的启发下，这里把利益当作附属的概念要素。此处的利益更多地接近动机，是包含多种表现形式的复合体，不是单一的物质利益要素。当然，教育实践者在实践中也追求很多形式的物质利益，但绝不只这些。比起人性要素，利益要素可以更具体，因而也可以作为具体情境解释中的价值要素出现。

在环境要素上，教育实践的观看可以紧抓空间和时间两个要素。虽然，一般来说教育实践的环境要素一定包含各种物质资源，但是这些物质资源本身在很多情况下被以空间与时间的形式分配。在今天对空间和时间已经进行了丰富的人文研究的基础上，空间与时间作为教育实践的两个核心环境要素可以把那些附着其上的物质条件包含其中。我之所以找到空间和时间两个环境要素，是因为受到自然科学的启发，自然科学今天也特别强调从空间和时间两个基本向度来观看世界。只是，在对教育实践这种社会世界的观看中，空间和时间要融入人文的内涵和尺度中。

在"目的—手段"中介因素上，教育实践系统的观看可以主要选择的要素，是权力与影响力、策略。权力与影响力是非常重要的行为能力和基础，权力与影响力在教育实践中不仅扮演着个体教育实践者保障教育目标实现的基础因素，而且还扮演着不同教育实践者之行为的联结因素。因为，权力与影响力状况改变着不同教育实践者相互联结的教育实践行为的过程与最终结果。策略是教育实践者选择实践行为的决策思路与结果，策略从思路上联结着实践者的目的与具体的行为。教育实践的策略直接塑造着教育实践的具体形态，也是教育实践智慧最为完整的表现形式。教育实践中的自主空间是教育实践策略存在的前提，而教育实践者的主体性是教育实践策略的内在基础。

　　在确定这样的教育实践观看框架和要素之后，后面的内容就是分别从各个要素来理解教育实践，进而在高位而宏观地把握教育实践的基础上修炼教育实践智慧。

/第二章　人性与利益 /

　　我的博士论文中有一个主要观点：交往中的师生都是追求利益的人，利益是师生交往的推动力。一位参加我博士论文答辩的师长后来说："我从教那么多年，带了那么多学生，就是无法认可我和学生交往是从利益出发的。"对于这个问题，我只能回应道："'理性'有时是很'冰冷'的。"我也无法让这一回应与带有温度的教育情怀相匹配。另外一位老师，在看完论文的这一部分后，也直接评价："观点太赤裸，确实有贬低的意思，虽然从认识上还能够自圆其说，但人性和追求不是纯认识的事情。"得到这样的回应和评价，对于我来说是有风险的，对观点的感受有时容易被转移到观点提出者的身上。此后，我在很长时间内都在想究竟该以什么样的温度来关照教育实践者的内在情怀和心思。后来，见识越多，我就越感觉教育实践者的温度大不相同。我作为旁观者，在观看时需要对亦冷亦热的态度进行包容，也需要适时进行心态调整。

在现实与期待之间的人性

　　自从学习了教育学，我就不断地听到这样的一种观点：教育学是有关人的学问，理解了人也就理解了教育学。甚至，还有一种观点认为："对人的认识需要以人性为中心，理解了人性也就知道教育该向哪个方向努力了。"从听到这些观点的那时起，我就开始重点关注人性问题，开始阅读不同的人性观点。只是，读来读去发现有两个问题最为头疼：一是不同思想家的人性观不尽相同，有时还直接冲突；二是有些人性观感觉与平时看见的人有距离，读起来感觉像被提升教育了一番。当然，还有一个比较让人不淡定的事情，那就是几乎每个有影响的人性观在教育中都能找到教育学说，无疑，这些教育学说经常也是互相冲突的。该相信哪个？究竟可以带着哪些人性观点来观看教育实践？这是需要做出选择的问题。

人性的善恶区分

今天的教育界确实已经成为一个教育的"概念丛林""理念丛林"或"观念丛林"了。之前，我经常使用"理念丛林"的说法，有朋友提出了不同的意见：理念应该是比较高位的，很多人说的根本达不到理念的水平。当我环顾教育实践界的现实之后，我发现理念在今天确实已经成为处于较高地位的词汇，"有理念"已经成为对人的表扬。所以，为了避免分歧，这里会使用"概念丛林"或"观念丛林"。为什么称为"丛林"？"丛林"旨在表达一种交织、缠绕甚至互为争斗、令人迷惘的状态。例如，今天的教育界既有人提出"尊重信任学生"，又有人提出"不能对学生让步"；既有人提出"为国教子"，又有人提出"培养一个完整的个人"。确实，这些教育观念是有分歧的，甚至是直接对立的。在这些不同的教育观点后面，一个突出的差异是对学生、对人的认识与定位不同，而对人的认识和定位就是人性观的内涵。

什么是"人性"？这个词的基本意思容易回答，人性就是人的属性。这是一个形式的定义，但要具体到实质就复杂了。关于人性的定义，有两个分歧最为突出：一是人性是先天的还是后天的，二是人性要不要以区别于动物为界限。一般情况下对人性的理解有一种比较自然的倾向，那就是指天生的性质。《荀子》提出："生之所以然者谓之性……不事而自然谓之性。"但是，这里面临的一个问题是：后天发展中呈现的属性是不是人性？例如，人们在阐述自身和建构自身中的倾向性是否可以算人性中的组成部分。在是否区别于动物性上，不同观点的分歧比较明显。虽然很多观点把人性理解为人的属性或人生而具有的属性，但是也有不少观点为了表明人的特殊，就特别提出了人性是人区别于动物的属性。在《辞海》中，人性的解释是："人区别于其他动物的共性……马克思主义认为，人性是人的自然属性和社会属性的统一……一定的社会关系是形成人性的决定性因素。"[①]作为一个比较正式的解释，这里的人性定义具有广泛代表性，把人性作为区别于其他动物的属性，这是在人性定义

---

① 辞海编辑委员会. 辞海[M]. 普及本. 上海：上海辞书出版社，1999：1399.

中非常值得琢磨的。

"属加种差"是普遍被接受的一种定义模式，如果按照这个框架来理解，可以发现它把人性理解为区别于其他动物属性的特性。在"属加种差"模式中，人与其他动物不同的属性可以看作"种差"，但是这里没有"属"的问题。忽略属的问题，确实可以让人性显得很高贵，但是这也在一定程度上没有做到实事求是。比如，人和动物都有"趋利避害"的倾向，如果没有强调这种共性，结果就是直接忽略了这个方面。不过，从现实的情况来看，虽然人类的趋利避害有文化性和个人思想性的调节作用，但是在根本上还是对利害的衡量。其实，忽略人和动物共性的思路模式在认识人的过程中很常见，很多时候我们把人理解为理性的、道德的、能制造工作的甚至高级的动物，都或多或少地包含了对其他动物的贬低和对人的抬高。毕竟，有些动物有点理性，有些动物没有那么恶，有些动物能操作简单的工具……当然，把人从其他动物中区分出来，有利于刻画人的独特地位，也有利于维护人文主义把人作为世界价值原点和中心的定位。

如果把人性理解为属性，这些属性实质上是非常广泛的，层面也是多元的。人是物质世界的一部分，人有物质的基本属性，这是常识。人是生物的一种，人有生物的基本属性也是必然的。人有心理活动，人在心理活动上也有一些属性。人本身是社会的产物，人在社会交往中也有一些比较明显的社会化倾向和属性。所以，对人性进行研究的视角和学科都非常多，物理学、生物学、心理学、社会学、伦理学和哲学都对人性积累了比较丰富的认识。比如，在心理学领域，一本名为《社会性动物》的书成为社会心理学的经典著作之一，这里面的从众、攻击性、自我辩解等方面都表现了人和其他动物的共性。① 正是在这个意义上，冯友兰认为："人不仅是人，而且是物，是生物，是动物。所以凡是一般物、一般生物、一般动物，所同有之性，人亦有之。"②从这个观点就看到了人作为一种多层次的存在本身具有的属性也有很多层次和方面。

在众多对人性认识的角度和领域中，最为典型的角度还是从善恶的角度来认识

---

① E. 阿伦森. 社会性动物[M]. 邢占军，译. 上海：华东师范大学出版社，2007：9-217.

② 冯友兰. 三松堂全集：第4卷[M]. 郑州：河南人民出版社，1986：93.

人性，即从道德的角度来认识人性。为什么中西方都容易倾向于从善恶来认识人性，这确实是一个值得思考的问题。在这个方面，我认为从善恶来认识人性至少有两个方面的好处：一是标准比较简单，相对直观且易于把握；二是分出善恶之后有利于确定人们相互交往的基本原则和态度，价值和意义非常大。这两个方面的好处在其他角度那里并不具备，有些角度用来把握人性就比较复杂，也不直观。在中国，关于人性善恶的思想有很多。从先秦开始，就出现了"性善论""性恶论""性无善无恶论"和"性三品"等一系列基于道德善恶维度的人性观。性善论的代表是孟子，他提出："恻隐之心，仁之端也；羞恶之心，义之端也；辞让之心，礼之端也；是非之心，智之端也"，"仁义礼智，非由外铄我也，我固有之也，弗思耳矣"①。性恶论的代表是荀子，他提出："人之性恶，其善者伪也"②。"性三品"是董仲舒的观点，他在《春秋繁露》中提出："圣人之性，中人之性，斗筲之性，""名性不以上，不以下，以其中名之"。虽然，三者的观点具体各不一样，但这三者都有统一的角度，即善恶的角度。在西方，从善恶来把握人性是比较经典的做法。西方学者斯密不仅是现代经济学的开创者，而且对道德人性也有深刻的研究。在学界，大家原来知道他奠定了"理性人"的假设，但是他对人性的理解并不只是把争取最大收益的理性人作为唯一内涵，他还从道德角度来看待人性。在他的著作《道德情操论》中，斯密给出了"道德人"的人性观，具体认为：人性是有道德的，每个人都有同情心和正义感。③ 当然，在西方从道德方面把握人性的不只是斯密，神学的很多学者都是从善恶的角度把握人性的，当然这种把握以"性恶论"居多。由这些表述可以看出，从道德善恶角度来把握人性在思路上确实比较直接，也容易被人们广泛采用。

每种教育思想都有人性观的立场和内涵，反过来，不同的人性观也催生着不同类型的教育思想。从善恶出发，教育思想的基本思路一定是"抑恶扬善"了。基于性善论的观点，教育就是要帮助人的善得到完满的发展，并使外部的不利因素不影响善的发展。在这个方面，儒家的孔孟教育思想非常典型。儒家教育思想特别是孟子的教育思想比较崇尚"学问之道无他，求其放心而已矣"，提倡充分发展人的善，理

---

① 《孟子·公孙丑上》.
② 《荀子·性恶篇》.
③ 亚当·斯密. 道德情操论[M]. 谢宗林，译. 北京：中央编译出版社，2009：1—103.

由是"人皆可以为尧舜"。在具体德育方法上，存心养性、立志养气和反求诸己等做法明显反映出建立在性善论之上的呵护观点。这些都是典型的性善论教育观点。可以这么说，性善论教育观点是一种呵护观，即建立在人性本善基础上的教育观念。在一定程度上来说，卢梭的《爱弥儿》中的教育思想也是非常典型的呵护教育观。

如果要从性恶论来阐发教育思想，化训观是必然的基本选择了。所谓化训就是化解与规训的综合，化解人性中的恶性，规训出人性中的善性。在这个方面，荀子所说的"化性起伪"就是最为典型的代表。这里的化性就是要祛除人性中的恶，为善留下空间。所谓的"伪"特别值得关注。今天来说，伪是不好的事物或特征，毕竟大家都崇尚真。但是，这样的观念有一个基础的假设，那就是认为自然的就是合理的，真实的就是好的。这样的思想在中国传统文化中是根深蒂固的，当然这种观点的主要流派是道家思想，道家认为自然的就是好的，但是如果自然状态本身有缺陷呢？例如，一般都认为自然的食品是好的，所以有机的、绿色的食品要贵很多。但是，真要从粮食和蔬菜的起源来看，那些未经人工驯化即改良的粮食蔬菜不一定健康美好。今天的有机食品多是人工改良之后的产物，虽然没有像其他食品那样施用更多肥料和农药。不仅是食品，其他领域也一样。在社会交往中，很多人都喜欢人能够自然不加掩饰，但是如果没有掩饰的人本身有缺陷，那么这种不掩饰经常会变成对他人的伤害。所以，从这个角度来看，文明也是一种需要戴上面具的公开行为。回到性恶论的教育思想上来，所谓"起伪"就是改造、改良和建构的意思，把那些恶的特点和特质化解后建立起善的特点与特质。从性恶论出发的教育思想在西方也有，赫尔巴特论述训育时就特别提到了学生的恶性。

从善恶来认识人性是直接的，而且这样认识后的观点非常有利于明确指引人的行动。亲近和呵护善，远离和改造恶，这些都是趋利避害的基本倾向在人类观念和行动中的反映。但是，使用善恶这样的维度来认识人性，一个明显的不足就是太简单了。而且，善恶本身也会随着人类需要的变化而变化。因为，善本身代表着对人类的好，但对人类好的东西也要根据人类的需要来定。比如，在初次见面的场合学会一点掩饰，不能说是纯粹的坏事，反而经常会起到保护作用。此外，用善恶观念来认识人性，容易遇到很多无法谈论善恶的问题，毕竟做出善恶判断本身是一种非此即彼的思维，这种思维遇到复杂事物就很难立足。比如，人的从众特点有不好的一面，有时会让人不动脑子地跟随和迷狂。但是，在没有时间做出判断的时候跟大众保持一致，是一种生存的智慧，其正确性的概率也是非常可观的。从这个角度来看，这种行为能为人带来好处。在很多认识中，人类认识容易出现的一个大问题就是使用简单的框架来把握复杂的事物。面对复杂的人性，人们要更加多元而复杂地看待。即便在道德善恶的领域，人们也提出了"无善无恶""有善有恶"和"素丝论"的调和观点。当然，复杂的世界本身还可以从另外的角度来观看。

神性与群体性

对人性的把握不仅可以选择道德善恶的维度，还可以选择一个类似的把握角度，这就是人属于谁或什么。关于人属于谁或什么，今天的答案可能非常强调人自身，其实这种观点已经是被启蒙之后或被个体观念影响之后的历史产物了。在人类社会的早期，很长时间里人并不认为自己属于自己，而认为自己属于更高位的主体。当尼采说"上帝死了"和福柯说"人死了"的时候，我们可以从中找到一些线索和反映。

在相对弱小状态下的人类面对世界时，他们不得不承认自己的渺小和受摆布的基本情况。无论是今天认为的各种自然现象还是生活的厄运抑或幸运，都会让人感到这不是自己能控制的，仿佛在人身处的世界背后还有一股神秘的控制力量。人在这种状态下不是自己的主宰，而是被这股神秘的力量所主宰。这是人类关于神意识如何产生的一般解释思路。后来，在不同的历史时期，关于神的多样化的观念和意识发展为不同类型的宗教观念和意识。宗教观念和意识相对于远古时期的神的观念和意识来说，更加体系化和制度化，所以神学很久以来都是一个学科门类。今天虽然有些特别，但也在相当的领域内存在发展着。在体系化的宗教观念中，对于人性有一个基本的理解角度：人是属于神的。而且，在很多时候，人不仅是属于神的，还是属于远低于神的且需要不断努力向神靠近的状态。

石中英教授从宗教神学和夸美纽斯、福禄贝尔、小原国芳等教育思想家的思想中提炼出了宗教人性观的基本要点，具体包括：人是神的创造物；人贵有灵性；人类借助精神可以体会或达到永恒的世界或神的精神；人有原罪，寻求救赎是人永生的责任和使命。[①] 当然，这种观点只是一种形式化的概括，不同的宗教对人性有更具

---

① 石中英. 教育哲学[M]. 北京：北京师范大学出版社，2007：70—82.

体的认识。这种形式概括主要展现了人性如何在从属于神的地位中得到刻画和描述。人是神的创造物，这突出地指出了人处于属于神的位置。人有灵性和借助精神可以接近神的精神，说明了人性具有不断发展的可能性和可能方式。人有原罪，体现了人性发展的必要性。"宗教人"的几个方面的要素构成了一个简洁且核心的人性结构体系，包括基本定位、发展的可能性和发展的必要性。这里不谈具体的宗教信条和立场，按把人放在从属地位的思路来说，这种思路在今天还是值得反思和回味的。当代社会有一个普遍意识，即人是主宰，人能在自己的世界中找到到达完满境界的途径和可能。仅从人是主宰的普遍意识来看，这种意识首先就不是人类一直有的，"宗教人"的意识证明了人在那个时期并不是作为主宰来定位自身的。有人认为，人作为世界主宰相对于以前是一种进步，这里更坚持人作为世界主宰的意识主要来源于人类力量的不断强大。弱小的人类不可能有将自己作为世界主宰的勇气，只有感到自己的力量在不断加强时才会有更加普遍的想法。当然，这种想法的合理性还需要进一步的检验和思考，现今很多事情冲击着这种认识。

在人的力量不断增强特别是在人类群体力量日益增强的情况下，人属于群体的共识不断得到强化，并发展成为一种重要的思想类型。人属于群体的意识在历史上很早就产生了，特别是在国家出现以后。在思想上，中西方思想家们明确强调，人属于群体的意识与国家这种形式有着比较明显的历史联系。先秦时期的很多思想家强调国家的地位和重要性，强调人的价值根源于为国家做贡献，儒家的思想在这个方面非常明显。在古代西方，人从属于国家的意识很早就产生了，亚里士多德提出"人是天生的政治动物"，就是典型的代表。人属于群体的定位在近代得到了进一步的强化，其背景是人属于个体的观念和制度带来了很多矛盾和问题。所以，在一定程度上来说，人属于群体的定位产生在建立于个人主义之上的资本主义体制问题和矛盾频发的背景下，群体意识在人类历史上得到再一次的强化。在这个方面，有不少近现代的思想可以作为代表，其中可以找到：马克思主义对人源于社会关系总和的强调，结构功能社会学对结构优先于个体思想的阐发，法西斯主义和军国主义对民族和国家的极端思想。在人属于群体的思想中，这里的"群体"本身可以有很多层次，包括国家、民族、社会和文化。与一些观点不同，我认为卡西尔的文化人思想也有以人属于群体来定位人性的一面，因为文化人思想建立在人生活于群体中这样的思想框架中。卡西尔认为人是符号性的动物，即坚持人的本性在于创造和使用符号(文化)。① 但是，需要承认的是，卡西尔是从个体的本能角度来谈论文化人的，所以卡西尔的符号人或文化人性论有一些自然人性观的色彩，有一定的两面性和模糊性。当然，如果是从狄尔泰到斯普朗格、里特等人的思想那里看到的"文化人"形象，其更加偏重人的文化社会性，更加直接强调人类文化的基础地位。与卡西尔的符号人类似，后面要谈及的游戏人也有这种两面性：一面是从群体性来定位人性，另一面是从自然倾向来确定人性。人属于群体，人的本性适合以这样的一种认识去把握：人的本性是群体存在和发展的基础，群体的价值是人的最高价值，人的本性在群体的存在发展中得到定位。

从人属于神或群体的定位来看，这种人性观对应的教育思想一般采用的立场是教化，这里所谓教化就是通过教育让人更加具有归属意识和奉献能力。具体来说，认为人属于神的人性立场的教育强调人对神的归属意识和奉献能力，认为人属于群体的人性立场的教育强调人对各种群体的归属意识和奉献能力。具体来看，强调人属于神的教育思想一般比较重视在培养人的一般素养之外加上虔信，然后根据对神的各种信条进行自身的学习和修炼。具体来看，强调人属于群体的教育思想特别强调人对群体的忠诚，把教育目的总体定位在为群体培养有价值的人上。可以说，这些从人的归属确定人性的教育思想都特别强调归属意识的教化，然后在此基础上进行各种所需能力和意识的教育。

从归属定位来确定人性，实质上就是承认人的个体脆弱性，但同时看到人又与某个强大的力量具有相通性。在人属于神的定位中，神的力量是强大的，且人与神是相通的，是能够把自身投入到神从而获得庇护和实现价值的。在人属于群体的定位中，群体的力量是强大的，人是群体的一员，人通过把自身投入到群体而得到保护并实现价值。但是，这种思路最容易出现的问题是压抑个体或个人的倾向。因为人从属于神或群体，这个定位是人最根本的定位，在这个定位下人的其他属性都是次要的，都是不值得提出或强调的。在这种定位下，人容易被定位为没有个体特性的芸芸众生，即个性不被承认或重视。但是，这种对个性的压抑实质上不是必然的，

① 恩斯特·卡西尔. 人论[M]. 甘阳，译. 上海：上海译文出版社，2004：36.

只有那些太极端的立场才会极力放大个人的上位主体地位，而压低下位的个人特性。实质上，如果能够既尊崇个人的上位主体地位又包容下位的个人特征，这样的人性立场才会更有生命力和解释力，也更能得到个人的极力配合。从这个方面来看，人在认识和思维上的两极化立场虽然是比较普遍的，但经常也是有害的。两极化立场的最大弊端就是视野狭隘、思维简单，在认识和思维中只能容下一个方面，一旦某个方面地位高一点就容易出现把其他方面完全排斥的立场。这是要不得的，也是提倡思想修炼的哲学所极力反对的，思想修炼的目标是把眼光放高和把视野扩大。如果从人的归属定位来看人性会存在一定的缺失的话，那么这个缺失的主要方面是个人层面的人性内涵。在人类思想认识的历史中，这个方面的思想认识是非常丰富的。

人的自然倾向性

在对不同人性观的介绍和认识中，我越发感觉人性实质上是多维度和多方面的，现在更多的分歧和差异是，到底哪个维度和方面的人性是重要的。如果再深一层看，很多强调特定层面的人性观点既有人类社会的需要，也是人的力量状况发生改变的结果。如果说，将人性从善恶维度进行解读是一种以人的需要和追求为原点的定位逻辑，那么把人归属于神或群体则主要从力量状况上来认识人性。确实，如果观念中有神存在的话，这种观念自然会认为无论群体的人力还是个体的人力都是微不足道的，都要臣服于神的至上位置。如果观念中没有神，那么群体的人力就容易被看作无穷的。特别是当人类进化到一定阶段之后，人类与环境的力量对比发生了变化，人类整体开始显示出巨大的影响自然和改造自然的能力，虽然还不能说人类能够控制自然环境。但人类群体力量会随着进化而提升，人类个体的力量也是如此，人类进化到特定阶段，个体也会得到更多的承认和关注。特别是在人从属于神的观念压抑下，个体的人性特点被忽略和抹杀了，这种极端情况也会在特定时期激起反弹。从个人属性来看人性的观点，就是这种反弹的结果。

从历史来看，个体立场的人性观在人类历史上作为一种普遍影响的观念潮流始于文艺复兴时期。在冲破宗教神学禁锢后，文艺复兴时期的思想家们开始从古代经典中找寻思想源泉，思想家们不仅重新提起，而且还进一步弘扬和发展了这种人性观。在思想领域的神学色彩淡化之后，文艺复兴时期的思想家更深入地追问人性问题，一种重视人的自然属性的立场开始取得了越来越多的认同。自然人的观点以人的自然属性作为根本属性，开始把个体的、自然的人作为核心的人性和认识对象。文艺复兴之后的蒙田、卢梭、裴斯泰洛齐等人都是这个方面的代表。事实上，这些思想家重视人的自然属性，但并不意味着他们不重视人的社会性。只是他们认为只有在自然性得到保障和充分发展的前提下，人类的社会性才能有保障。这是一个自然性和社会性的先后问题。所以，自然人与社会人两种人性观的差别不在于是否承认人的社会性，而在于自然性和社会性哪个方面是更根本的问题。在传统的观念中，自然人的思想一般都被概括为崇尚天性的人性观。只是，在理解天性的时候，一般只限于把人性作为生物个体而表现出的一般倾向，或者把人理解为一种外力不能轻易侵入的"小宇宙"。

在广义的自然人思想中，人的自然倾向确实有很多方面的展现，由此一些原来被人们当作独立人性观的思想事实上也是自然人的一种。人有趋利的本能，所以斯密在建立现代经济学时就以此为基础提出经济思想，在人性方面他具体指出："我们期望的晚餐并非来自屠夫、酿酒师和面包师的恩惠，而是来自他们对自身利益的关切。我们不是想他们乞求仁慈，而是诉诸他们的自利心；我们从来不向他们谈论自己的需要，而只是谈论对他们的好处。"[①]从这一表述可以看出，斯密是从人的自然倾向层面来揭示人的自利倾向的，并不是从论述人类社会的经济结构开始来定位人性的。虽然，斯密之后建立了一种经济体系，但是这种社会层面的经济体系在后面，而出发点恰恰是这种自然倾向性。

斯密对人性的探索奠定了经济理论的基础，而卢梭的探索则是政治层面的。卢梭对人性的理解是从人的自然性的高贵来认识的，所谓高贵其实就代表着崇尚和推崇的意思。卢梭说："自然状态下的人，与其说是邪恶的，不如说是野性的。他们的情绪很少激动，又受到十分有益的约束，只注意防备可能受到的伤害，而不蓄意去伤害别人，因此不会动辄就陷入十分危险的纷争。"[②]从这个表述来看，卢梭从根本上认可的人性是人原初的自然倾向性，只有这种没有受到文明制度约束的自然倾向性

---

① 亚当·斯密. 国富论[M]. 唐日松，等，译. 北京：华夏出版社，2005：14.

② 让-雅克·卢梭. 论人类不平等的起源和基础[M]. 高煜，译. 桂林：广西师范大学出版社，2002：98.

才是善的。和斯密一样，虽然卢梭后来也论证了社会某个方面的制度，但是这种论证是以个人的自然属性作为基础的，而不是反过来从社会性来演绎人性的。

如果按这个思路，很多被独立出来或被归类为其他类型的人性观，都可以属于广义的自然人性观，或者包含着这种自然人性观。例如，前面说卡西尔的符号人关注了人的社会性，因为创造和使用符号都是社会层面的能力，都是在人际交往和互动层面使用的能力。但是，这种创造和使用符号本身何尝不是个人的自然倾向性呢？其实这种使用符号指代意义的原初能力在其他动物那里都能看到类似的倾向，在原始人那里更是如此。所以，从这个角度来说，卡西尔的符号人或文化人定位有着自然人的内涵。同样的情况还有荷兰学者赫伊津哈，他创造性地提出了游戏人的观念："另有第三个功能对人类及动物生活都很贴切，并与理性、制造同样重要——即游戏。"①针对人类的游戏属性，他的观点主要是人能够不出于直接需要而心无旁骛地投入其中的特性，并认为这种特性才是人类文化的基础。从这些观念和表述方式来看，虽然赫伊津哈看到了人类文化的基础，但是这种社会性存在的文化基础是人的自然倾向性。

当然，与斯密和卢梭的人性立场来源类似，一种从人类个体理性思维能力出发来揭示人性的观点也可以算作以人的自然倾向性为中心的立场。当然，这里的"理性人"不是经济学中的追求最大满足的人，而是能够进行理性思考和认识的人。这种人性形象从笛卡尔开始出现，黑格尔和康德进一步使这种形象得到完善。这种立场一般认为：人和其他动物的最根本差别是人有理性，这种理性使人能够超越具体性进行认识和欲求，这种理性也是人类能够实现自由的根基，人类社会完全可以建立在这种理性之上。论述这种人类能力的基础是从个人的能力出发，当然它也可以算从自然倾向性出发。

一般来说，建立在自然倾向性上的人性立场的教育观比较强调中心最大发展的原则。所谓中心最大发展就是紧抓那个作为中心的自然倾向性，通过保护和促进的各种方式使其得到最大的发展，最终把最大发展的中心自然倾向性作为社会构建的基础。比如，卢梭的教育思想就特别强调人的天然善性，这使其通过自然教育的方

---

① 约翰·赫伊津哈. 游戏的人[M]. 多人，译. 杭州：中国美术学院出版社，1996：前言，1.

式得到最大的完善和发展。类似的教育观点也可以在蒙田、裴斯泰洛齐、黑格尔、康德等人那里发现，虽然他们具体重视的自然倾向性各不相同。仅从这些不同的自然倾向性的相互比较中就能发现，以个人的自然倾向性作为人性的立场的优点是能够容易发现和印证这些自然倾向性的基础性，而且有利于把个人从宗教和群体的禁锢中解放出来。但是，这样的立场缺点也比较明显，对自然倾向性或某种自然倾向性的强调既容易挂一漏万，也容易造成过于强调个体性而相对忽略人的全面的社会属性。当然，并不是每种强调自然倾向性的人性立场的教育观都一定忽略社会性，但是容易忽略比较全面的社会性，如强调游戏性的人性立场的教育就容易忽略经济、政治领域的社会性教育。

人性的常态与理想

美国思想家赫希曼在梳理资本主义胜利之前的政治论争问题时，发现文艺复兴之后的思想家关于人性有个重要的转变，即特别关注真实的人。他引用斯宾诺莎和维柯的观点来表明，这个时期思想家开始特别意识到对人的理解不能"按喜欢的样子"，而要按"人的真实存在的样子"[①]。从这个发现来看，关于人性的认识在人类历史上至少可以形成两种类型：一种是偏常态的类型，另一种是带有理想的类型。

事实上，人类普遍存在的思想类型总有积极与消极、乐观与悲观、冷静与激情、简单与复杂、事实与理想的区分。关于人性的理解也不例外。有时人们不禁会问，为什么会有这些区别？难道不可以以事实为基础吗？这其实是实证主义的基本思想，不能依靠经常靠不住的内在思想来得到一致的想法，只能通过不可否认的最大共识的现象得到认识。当然，这样做的损失也是显而易见的，在少了一些冒险的基础上追求确定而牺牲了深远。虽然，借助对数量的数学运算能够找到现象背后的深层机理，确实也补救了一部分牺牲的深远目标，但终究只是一种类型的补救。当然，收获也是巨大的，确定性就是一种很有用的属性。人对事物的认识是为了知道，但这只是一般意义的目的。事实上，很多人去认识某个事物还具有更多目的，并不只是

---

① 阿尔伯特·赫希曼. 欲望与利益：资本主义胜利之前的政治争论[M]. 冯克利，译. 杭州：浙江大学出版社，2015：11.

为了知道，尽管有人选择了以见识多的领域为专业。在知道之后，很多人还是为了改造、确认、批判或构建一些内容。这些背后的目的至少是一种导致不同认识立场的原因，这一点可以明显地从探讨人性的人在提出人性观之后又急切地做了什么得到证明。

有一个原则还是要坚持，不能轻易对人的动机进行评判和奖惩，这确实是思想自由的领域。但是，有时却需要对人的动机做一些探讨和讲述，不然好多主观的心结无法打开。其实，人类把人性定位为与动物不同的属性，就能感受到一种热情的期待和明确的追求。期待人应该有更文明更高级的思想和行为，这确实是人类自我中心倾向的反映，也构成了人类发展的一个动力之源。当然，这种做法是比较冒险的，容易一次次被迫承认人类在现实中没有比其他动物更强。要是从一些生命特征来说，人类跑得没有猫狗快，强壮不如虎豹。如果一直过于强调人类优于其他动物，容易造成人类的狂妄和对自身的定位过高，今天有很多领域都存在着不给常人留路的问题。有思想家确实论证了平庸的坏处，但是人类在发展自身时还需要意识到平庸的存在是现实的情况。用平庸的缺陷刺激一下很多人就可以了，但是如果在众多社会活动中都不给人的平庸状态留下包容，这样的做法就是刻意拔高了，也容易形成一种虚伪的状态。所以，现实中经常会出现的状况是高尚与虚伪、高水平与虚假时有相伴。

从常态来看的人性多是从人类现状来看的人类属性，这些属性都是现实存在的，都是不用过多努力就具有的。抓住这些方面来认识人，确实可以获得广泛的现实基础，但是容易出现的问题是缺少引领的力量，缺少高位目标的定位。从很多人的言论中可以感觉到，这种担心是比较普遍的，比如，安于现状的说法主要还是偏向负面的意思。在伦理学和德育领域，有不少人提出了底线伦理和底线德育，这样的伦理和德育确实没有那么多的压抑感，让人感觉到可以很日常地做到。在一定程度上说，能够在日常生活中坚守的伦理道德才是具有现实性的道德。不过，这样的立场容易出现的问题是放过了人类自我超越的机会和可能，虽然超越的机会和可能并不常有，但是如果这么轻松地放过，就失去了跨层次发展的宝贵机会。所以，提倡常态人性、底线伦理和低位德育的观点，要警惕容易出现对超越的机会和可能的忽略，要尽可能在理论观点中追加这样的思想成分。

处理思想认识的对立，现在比较可能的一个办法是在更大的格局中进行互补性调配。比如，对于人性的理想和常态立场是相互对立的思想，处理这种对立状态可以建立一个人性的二元互补格局，两种立场分别放置到二元的位置上并建立它们之间的有机联系：人性常态是基础，可以由此作为构成人类日常生活世界的认识根基；人性理想是高位目标，可以作为构成人类超越化生活的价值理想和方向。在人性理想的立场上，那些把人类理解为具有神性、社会性、善性和高贵天性的人性思想都可以成为指引人类超越常态的目标和激励。在这种日常与超越、基础与目标的对立互补中，一种更大的人性观格局出现了，原本只有对立的两种人性立场获得了可以相得益彰的可能。

今天，对人性的研究不再是思辨独霸天下了，在不少领域中，对人性的很多研究开始追求量化或基于经验现实的方法。如果从确定性和确切性来说，对人性进行不同形式的调查确实是缺乏的，无论是量化的调查还是质性的调查。当然，在很多人性观点已经被思辨地提出的情况下，今天的很多调查在意义上主要是确证、细化、修正和颠覆。这些情况都是可以接受的，因为学术本身就应该发展为一个丰富的世界，而不是一家独大或只有规范约束的地方。但是，丰富的世界不能只是基于经验的研究。基于经验的研究，在根本上要揭示的是已经存在或表现为可见事物的事情和道理，但是对于还在生成的或还没有被发现的事情和道理就没有那么大的把握了。一般来说，经验研究主要基于对人性表现的描述、解释或数字计算，但无论是解释还是计算，只要一离开那个经验本身就减少了充分性和确切性。离得越远，充分性和确切性就损失得越多。所以，对处于人性深层的属性进行的研究不能只从经验研究来进行，还必须考虑借助思辨的方式增加切入的可能深度。在多元的研究方式中，对人性的理解争取做到确切与互补。

行动中的人性

关于人性还有一个重要的区分需要明确，即普遍状态的人性认识和行动状态的人性认识。这里进行这种区分，主要考虑的是很多教育思想对人性的认识都是对人性的普遍认识，这种普遍的人性认识虽然对建构普遍化的教育思想有益，但是其与观看理解教育实践并不对应。

从日常现实来看，普遍状态的人性和行动状态的人性并不一样，一方面在于角度不同，另一方面在于状态表现不同。在普遍状态下，人的那些具体表现可能被忽略或概括到总体表现中。比如，人在遇事时慌乱、缺少章法的表现，在普遍状态的人性认识中有可能被忽略，或可能仅仅被概括为"趋利避害"的一个具体表现。普遍状态下的人性认识强调根本性的认定和定位，或强调那些被认为最重要的特征。只有这样，对人性的认识才能构成最根本的认识，也才是最有价值的认识。所以，无论是对人性做出善恶的判断，还是对人性做出归属神或群体的定位，本身就是一种寻求"根本"和"普遍"的人性立场。

在教育思想的构成中，对人性的根本或普遍认识是非常重要的。教育学者穆尔曾经对人性与教育思想的关系进行了深入的研究。他认为教育理论从根本上是一种实践性的理论，这种理论最大的特点是强调目的与手段的对应关系与规范，认定哪种手段是实现特定目的的最有效方式，是教育理论最为核心的结构内涵。由此，他认为在教育理论的建构中一定具有三种假设，分别是：(1)关于目的或种种目的的假定；(2)关于受教育的人的本性的假设；(3)关于知识的性质以及教授这些知识的合适的方法的假定。[①] 虽然，穆尔对教育理论的界定和理解到目前为止还没有得到教育界的普遍共识，但是这种实践性理论模式无疑是教育理论的一种主要形态。在这种背景下，穆尔对教育理论三种假设的揭示也说明了教育理论与人性假设之间的紧密关系。具体来说，人性假设对教育理论的影响主要体现在教育目的和手段上。从教育目的来看，人的根本属性是什么的看法从根本上指引着教育的努力方向，积极的根本属性需要教育来加强，消极的根本属性需要教育来消解和优化。从教育手段来看，人的根本属性也决定教育的应对方式或教育手段，触及本性的教育手段本身也是教育有效性的根本保障。

若转到理解教育实践的需求来说，对人性认识的角度和需要就开始有很大不同了。教育实践一定是人的教育实践，所以不能离开人性是基本的定位。但是，教育实践中的人不是总体的人，而是行为中的人，更具体地说是教育行为中的人。这一

---

① 穆尔. 教育理论的结构[C]. //瞿葆奎. 教育学文集：教育与教育学. 北京：人民教育出版社，1993：492—494.

点意味着不能直接用普遍状态的人性认识来理解教育行为中的人，这种思路的基本逻辑依据是行为中表现的人性不等于人性的普遍状况。一个善的人可能在行为中表现出不善，或者表现出急迫的目标达成倾向，而这种倾向很可能被划分到不善的状态中。

总体来看，观看教育实践需要的人性立场是行动中的人性，是在行为状态中表现的那些基本属性和倾向性。与普遍状态的人性观相比，这种行动中的人性更具体一些，也更需要在行动本身的结构框架中得到进一步诠释。"价值观—目的—手段—环境"是对行动中的人性进行诠释的一个根本框架。

教育实践中的行动化人性

虽然有人说，高尚的人在哪都是高尚的，有能力的人在哪都是有能力的，但是这句话也只能笼统地说，并不能构成现实的规律和规则。从日常的一些现象可以看到，一些表面上非常温和的人，做起事情来也可以非常干练。同样，一个平时非常慷慨的人，有时候也可能斤斤计较。从理想化状态来看，每个人的表现都是人总体品质和能力的反映，但是这并不意味着人在具体时刻的表现都与总体品质、能力非常近。教育实践是一个教育实践者具体行动的世界，因而不是作为一般化的世界而存在，其特定的配置也会让身处其中的人展示出另外一种状态。

教育实践者的表演性

在研究教育实践要素时，有人根据戈夫曼的拟剧社会学理论解读教育实践要素。这种解读在人性观点上的体现就是把教育实践者视为表演者，认为教育实践者在行动中的最大特点是表演性。当然，如果直接和很多人说教育实践者就是表演者，或者说教师和演员一样，很多特别热爱教育的人会非常不同意，会认为这是对教育使命和热情的玷污和贬低。当然，和以往的立场一样，如果说把教师和演员联系在一起是对教师的贬低，那种观点本身或许是对演员和表演行为的贬低。

一般来说，整个东方社会对教师都是比较尊敬的，至少在日常舆论中教师的地位是比较高的，诸如太阳底下最光辉的职业、人类灵魂的工程师等。当然，这里所说的教师一般可以扩大到广义的教育工作者。但是，在此基础上有两种倾向不能随便接受，一是不给教师实质上的尊敬，二是坚持要给教师比其他职业高出许多的尊敬。在第一种情况下，如果不给教师实质性的尊敬，而只是一种说法上的尊敬，这实质上就是一种名声上的"绑架"。这对实质的教育发展没有什么好处，只会增加对这个职业和整个社会的虚伪性体验。在第二种情况下，一些教育工作者由于被说成是"太阳底下最光辉的职业"而自认为高人一等也是要不得的。不少人应该还记得，有一种说法叫"职业不分高低贵贱"，我想这种说法的完整意义是对社会有用的职业不能过于区分高低贵贱。确实，如果把教师职业当作职业的最高等级，对整个社会来说是不太好的事情。所以，有些说法是代表社会对教育工作者的赞美，但是这在处理职业地位的问题上不能走得太远。

很多热爱教育职业的人都有这样的一种感受：当听到教育使命的时候，当接触那些饱含温情的教育思想的时候，当想起那批天真无邪的学生的时候，内心都会涌动着对教育的激情和澎湃的爱心。但是，当进入教育实践工作一段时间之后，不少人会感觉热情消退，原先的感觉都消失了。当问及原因时，有一句话经常被提起：每天面对具体的工作和任务，哪能保持原来的感觉。社会上也经常会出现这种现象，一个人的社会位置变了，周边的人会发现他说的话和以前的立场不一样了。有人说这就是"位置决定脑袋"。从实质上看，教育实践者进入实际工作之后热情消退和"位置决定脑袋"的道理是相通的。位置变了，考虑的事情不一样了，感受也就不一样了。

在日常生活中，一些人说自己不喜欢被别人贴标签，如"模范""女强人"和"好人"等。事实上，在教育生活中一些人也不愿意接受"太阳底下最光辉的职业"或"灵魂工程师"的说法。但是，所有社会性的标签都能够拒绝掉吗？这肯定是不能的。想拒绝"女强人"的人不一定想拒绝"女人"，一般更不可能拒绝被称作"人"。在这个社会中，人能够拒绝的只能是一些或一类标签，但是不能拒绝所有标签。这个社会就得靠各种标签来维系，在一定程度上可以说，没有标签就没有了社会。

标签代表着社会的组织机理，有着深厚的根基。社会是由一群人构成的系统，但是一群没有关系的人构不成社会，社会的存在本身就意味着这群人必须有关系。但是，并不是每种关系状态都是好的，一个健康积极的社会一定包含着既稳定又积极的关系，这样才可能实现人类社会和个人对完满而丰富状态的理想和追求。稳定的社会关系虽然不是美好社会的唯一要求，但一定是美好社会的基本要求之一。构建稳定的社会关系需要建立关系的支撑点，这就是不同的人在关系中所处的状态。良好的社会关系会对人在关系中的状态提出要求，这就是角色位置。社会存在着很多不同的位置，人可以在不同的位置间转换和停留，甚至去创造新的位置。一个人在已有的社会角色的位置上不做停留，这几乎是不可能的，即使角色的位置创新或切换过程可以在一些时候游离出已有的社会角色的位置。在关系中，社会角色位置本身意味着特定的权利、责任和行动要求。虽然这些权利、责任和行动要求并不会那么细致缜密，总能留些空间和弹性。但是，社会的框架具有强制性，需要去遵守，否则要么创新去突破，要么被压制。

在教育实践领域，道理是一样的。虽然近几十年来教育实践领域出现了一些新的角色，如信息技术教师和网络管理员、专职培训教师等，但是对个体而言，自己进入教育实践领域基本上就面临着一个教育实践角色位置，不同的教育实践角色位置有着不同的权利、责任和行为规则。这些教育实践角色位置可以看作表演的剧本或脚本，教育实践者需要按照给予的剧本和脚本去行动，可以有自己发挥的空间，但要更大地突破剧本或脚本还是会遇到巨大的阻力的。所以，把教育实践者比作演员，把教育实践者的人性状态概括为表演状态，在这个方面是有道理的。

就具体的研究来看，把教育实践者的人性形象和状态描绘成"表演人"的学者的代表之一是李政涛，其《表演：解读教育活动的新视角》是这一观点的代表性学术著作之一。在这本著作中，他提出："以学校为基本的时空载体，以表演'者'、角色和观看（者）之间的互动交往关系为基本关系基础的教育剧场，是发现知识（意义）与建构知识（意义）的场所，是自我和人本身生成的场所"，"教师的称呼首先是一个角色性的称谓"[①]。从这些表达可以看出，把教师当作"表演人"的一个最根本的思想基础是"角色"。事实上，教师作为表演者是多层次的。从根本层次上看，教师和其他任何教育实践职业一样，在履行角色要求的意义上是"表演人"，比如，教师和学校后勤管理员在这一点上是一样的。但是，实际要和学生进行教育交往的老师，还有一

---

① 李政涛. 表演：解读教育活动的新视角[M]. 北京：教育科学出版社，2006：47.

个具体的"表演人"层次，即在学生面前的"表演人"。教师上课教学，特别是教师站在讲台上面对学生时的教学状态，更是基于教案和各种教学规范的"表演人"状态。

在社会学的"表演人"内涵上，戈夫曼认为：人的生活是一种表演的生活；人在生活的社会舞台中表演，这种社会舞台中进行着有规则的特定活动；人追求以道德的面貌完成社会化的义务来获得利益。[①] 这是一幅富有特色的社会图景，社会人作为"表演人"的形象跃然纸上，而且具有比较广泛的解释力。社会人要进行社会的活动，就要面临自己所在位置附着的社会规则，且这个位置的规则都具有特定的针对性，面对不同行动规则的社会人又能比较整体地构建这个有机的社会。

有限理性的教育实践者

如果把教育实践者描绘成"表演人"主要着眼于教育实践者在行动上对角色规范的遵守，那么把教育实践者描绘成"有限理性人"则主要着眼于教育实践者的决策对人性进行的把握。当然，这里的"有限理性人"从根本上来自对"理性人"思想的一种修正和完善。

不少人对"理性人"的说法是心存疑惑的。确实，在有关人性的思想史上，存在着两种"理性人"的思想。一种"理性人"思想是经济学的，一种"理性人"思想是主体性哲学。仅从学科定位就能看到这两者的差异，即来自不同的学科领域且对应着进行不同解释的不同现象层面。从笛卡尔开始，理性论开始成为文艺复兴之后近代哲学的一种主要思想潮流，这个变化的更大背景是认识论开始取代形而上学成为西方哲学的主要类型。关于理性，不同的哲学家有很多具体的说法，但总体来看，理性实质上还是逻辑思维。笛卡尔关于理性人的一个核心看法就是，人是肉体和灵魂的结合体，而理性是灵魂的核心。当然，这样的理性人在黑格尔和康德那里能找到类似的表达。所以，近代思想家开创的理性论哲学把西方对人性的主流认识转向到以理性为最核心的属性，人可以被概括为能够进行理性思维的动物。在康德那里，理性成为支配人认识和欲求的最高能力。所有这些观点事实上都在描绘一种普遍化的人性观，一种能够和"宗教人""社会人""文化人"并肩的普遍人性观。从思路类型

---

① 欧文·戈夫曼. 日常生活中的自我呈现[M]. 冯钢，译. 北京：北京大学出版社，2008：212—217.

来看，这种理性人的普遍人性观主要是一种对人的自然倾向性进行的概括，这种一般化的个人确实在成长中能够表现出水平不等的理性能力和特征。当然，这种水平不等在概括的过程中被忽略了，这种忽略事实上为以此为基础的各种思想认识出现偏差埋下了伏笔。

在人文社科思想领域，"理性人"还有另外一个著名的版本，即斯密奠定的现代经济学人性基础。斯密主要以人追求最大利益满足的本能作为他经济学的理论基石，即他奠定的现代经济学以人的"利己心"和"自利"为中心。这样追求利益最大满足的人性形象在功利主义哲学中得到进一步论证和完善，追求最大快乐成为功利主义哲学流派最为典型的人性表达。这种"理性人"明显是行动中的人性论版本，是描述在经济活动或社会活动中的人如何调控自身行动的基本倾向和属性的。所以，这个版本的"理性人"作为行动中的人性观，比普遍性的"理性人"更具体，更能在"目的—手段"这样的框架中定位人的属性。当然，行动中的"理性人"经常显得不怎么高尚，有时甚至有些低下。所以，坚持这种人性观的功利主义流派也经常被人诟病，这种诟病背后，就是认为其把人性贬低了。就个人看法来说，如果把这种追求最大利益和最大满足的"理性人"看成对人性的贬低，这里面有一个问题可能被忽略了，即人的这种属性是人在行动状态中的属性。虽然不能说人在行动中都是世俗的，但是人在更多的行动中是以"目的—手段"模式来决策和行为的。确实，在行动中也时有一些更高尚的表现，这些表现也可以通过对"利益""满足"和"快乐"的升华理解来涵盖进去。就个人感受来说，平时比较平和的人，一旦进入各种事情的"局"中就很难那么淡定了，毕竟"局"中经常带着纷争、挑战和危机。所以，更加明显地追求目标的达成也是一个比较自然的现象。

行动状态的"理性人"立场有时也可以被称为"经济人"，毕竟这种"利己"的追求更为典型地反映在经济活动中，而且也是作为现代经济学的人性基础出现的。但是，仅在经济学的范围内，这种追求最大满足的"理性人"假设本身也开始被批评和招致不满。行动中的"理性人"被批评不仅因为其贬低了人性，还因为它不够现实和有效。哲学家波普尔认为科学理论都是可以被证伪的，这其实也在说明证实的困难。行动中的"理性人"虽然不是纯科学理论，但也是一个可以被证伪的理论，人们在现实中并不是理性地追求最大满足的人。"理性人"假设被证伪的主要问题出在三个内涵上，即自利性、最大化和一致性。证伪的基本逻辑是：人在经济活动中并不全是自利的，经济活动中存在着利他行为；人在经济活动中并不总是追求利益最大化，环境的限制会让决策非常不理性；人在经济活动中并不是一致的，不同的行为方式会在经济活动中出现。"理性人"在经济学中奠定了自己的核心地位，当然证伪"理性人"的努力也主要是在经济学领域。在经济学理论发展中，通过证伪"理性人"假设而被认可的学者有很多，其中最为著名的有纳什、西蒙、卡尼曼、塞勒等。在对"理性人"证伪的过程中，一种新的修正版"理性人"诞生了，即"有限理性人"。

西蒙对"有限理性人"的刻画和解释是比较细致的，是"有限理性人"的重要阐释者。西蒙在对人的行动"目的—手段"链的分析中看到：人们运用知识致力于发现对每种备选方案的唯一可能结果的认识，但是实际上并不可能完全达到这种效果；人们在行动决策中的选择还要受价值偏好的影响。① 正是在这种情形下，西蒙认为如果要把人在决策中的状态看作理性的状态，这种理性是根据价值的主观评价来选择偏好行为的理性，因而只能是有限的理性。从西蒙的这些观点来看，他是通过知识和价值观两个方面来说明完全理性的不可能的，因为知识和价值观在现实情形中是不充分的和主观的。从现实的行动人状态来看，这个观点是很容易被接受的。在现实的情况下，一个人很难通过逻辑思考获得足够的知识，一是信息不够，二是时间不允许。比如，去买一件衣服，人们没有时间去获得关于这件衣服质地和价格的所有信息，而且知道这些信息的人也不会轻易给出这些信息。又比如，在玉石领域，有人说"黄金有价玉无价"，其实就是说"喜欢就好"，这特别能够说明价值倾向在决策中的作用。

在有关教育实践的具体研究中，有一些研究借助"有限理性人"解读现实教育实践中的人性形象。学者周彬在解读教育政策的制定实践中涉及"有限理性人"的观点，提出："教育个体面临着一个永恒的问题，有限的可支配资源无法满足无限的需求。有限的可支配资源，既表现为巴纳德提出的有限行为能力，西蒙提出的有限理性，以及有限的可以自己支配的物质资源；还表现为可支配资源只能在有限的领域内使

---

① 赫伯特·A. 西蒙. 管理行为[M]. 詹正茂, 译. 北京：机械工业出版社, 2007：66—75.

用，它们具有或多或少的专用性。"①从表述可以看出，这里对有限理性的解释主要从资源的有限性来理解，认为有限理性本身构成了有限资源的一个方面。有限理性人的思想也被用来解释教学设计行为，有研究者提出："教学设计的限度在于教师理性能力的有限性和教学系统的复杂性，是教学系统的复杂性和教师本身的理性的有限性共同决定了教学设计的限度。"②在这个研究中，有限理性的原因被确定为复杂性和能力，有限的能力不能掌握复杂的存在，从而导致教学设计是有限理性的人进行的有限理性活动。

教育实践的比较利益人图景

"理性人"存在着不同层面的两种形象，一种是普遍的理性思维形象，一种是追求最大满足的行动形象。这两种形象确实都有理性的一些基本特征，即用心地思考和追求。但是，两种形象带给大众的道德感受却不一样，毕竟用心地思考怎么获得最大利益的人总让人感觉不可靠不踏实。为什么两种同样名字的人性观能产生这些差异呢？难道仅仅是因为层面的不同吗？对这个问题的一些回应应该从理性本身说起。

在社会学者韦伯的著作中，一个关于理性的重要区分是价值理性和工具理性的区别。他提出这样一个对比性观点：工具理性的社会行动追求完全理性地权衡目的、手段和后果；价值理性的社会行动追求无条件地实践对终极价值的趋近。③ 在这个理性的分类框架中，我们可以看到一种重要的差异，就理性本身来说存在着不同的类型或不同的领域。这样的差异可以在"目的—手段"框架中得到集中展示。在一定程度上可以这么认为，所谓价值理性可以看作是集中在目的领域的理性，其主要的运用对象和领域是那些更值得追求或能够作为追求的价值。在这种终极价值的确证和践行中，这里所运用的理性更多地体现在思想和精神层面，其能够被接受的标准是符合逻辑思想的原则或已经被认可的公理。当然，事实上，那些能够成为终极价值的理性还存在独断和相对的立场。所谓独断的立场是确定某种终极价值后不容置疑

---

① 周彬. 教育政策基础的经济分析[D]. 上海：华东师范大学，2003：1.
② 王春华. 教学设计的理性及其限度[D]. 济南：山东师范大学，2014：113.
③ 马克斯·韦伯. 经济与社会：上卷[M]. 林荣远，译. 北京：商务印书馆，1997：56—70.

的立场，而相对的立场是终极价值会因文化、社会、时代等方面的不同而不同。虽然这两个立场的分歧有时非常激烈，但是独断和相对的价值思维都是精神领域的基本思维方式。

相对来说，工具理性就非常不同了。在"目的—手段"框架中，工具理性主要在目的与手段的联系中运行，而两者的联系可以有很多维度和层面。从定义来看，工具理性是在联结目的和手段的过程中以后果为核心的指示，效果越好说明这种联结越好。作为核心指示的后果并不是精神层面的存在，更多的是指现实的存在。一旦从现实的层面来衡量后果，那么工具理性就可以明显地显示出物质性和功利性，特别是在祛魅、去神圣甚至是去灵魂化的时代。虽然，工具理性在以后果为指示的目的和手段匹配中，肯定运用了基于逻辑思维的思想，也在此意义上确实可以称为理性。但是，工具理性必然存在基于现实考量的物质性和功利性，作为理性在事实上已经狭隘化，甚至由于缺少了目的本身的更多理性衡量而导致了总体上的非理性化。

鉴于行动中的或经济学领域的"理性人"很可能出现事实上的"反理性"问题，一些人更愿意称这种人性形象为"经济人"或"利益人"。不仅在学术界，广泛的社会领域都很在意概念使用的问题，古代中国思想家就提出"名不正则言不顺"的说法。所以，先不管事实如何，名称和概念的不同使用方式就会产生不同的效果，所以仅仅是概念的使用方式的变化就特别值得关注。从概念的使用效果来说，如果把行动中或经济学的"理性人"变成"经济人"或"利益人"，当然会影响这个概念和观点的接受与使用范围，也会影响由"理性"带来的地位和好感。但是，这种影响换来的回报是概念和观点的精准性，也进而可能得到更多的优化机会和可能性。因此，行动中的"理性人"为了有更加精准的效果和尽可能获得优化的机会，也可以被称为"利益人"。而且，"利益人"的称呼也更精准地对接了功利主义的思想渊源。

在对教育实践的观看和理解中，"利益人"的改良版——"比较利益人"曾被我用来作为教育实践中的人性观。这里使用的"比较利益人"主要受一些公共管理领域的研究的启发，这种研究认为，虽然人追求利益的满足，但是这个过程应该更为精准地表达为：人具有在比较和衡量中追求利益满足的属性。[①] 这样的人性观点所加入的

---

① 陈庆云，曾军荣，鄞益奋. 比较利益人：公共管理研究的一种人性假设[J]. 中国行政管理，2005(6).

"比较和衡量"是很有意义的，它可以把对人性的进一步关注和深化认识指引到探索"比较和衡量"的个体化机制上来。在把"比较利益人"作为构成实践教育学的人性基础时，这种人性形象被描述为："比较利益人"是一种在比较和权衡中追求利益满足的人性形象。这种形象蕴含的人性假设认为，多种形式的利益是个体行为的直接动因；真正驱动个体行动的因素是个体在特定情境下确定的居于支配地位的利益即当下利益；直接驱动个体行动的当下利益是个体进行权衡的结果。① 事实上，比起"有限理性人"，这种"比较利益人"在思想实质上是类似的，都强调人在追求满足时不可能达到最大化，这种追求的过程是有限的和个性化的。但是，这里使用"比较利益人"的最大优势应该是直接引入"利益"这个概念，这个概念可以成为深入理解教育实践框架中"价值观"和"目的"要素的一个核心视点和角度。

教育实践的利益追求与动力

在日常的很多活动中，动机是大家特别想知道又特别不容易知道的方面。在具体的现实生活中，想了解一个人的动机还是非常困难的，很多人都感觉被别人知道动机会非常"危险"。这种"危险"既是一种面临被道德批判的危险，也是一种被人容易判断出行动倾向而陷入被动处境的危险。但是，知道别人的动机对人而言又具有很大的诱惑。俗话说"知己知彼，百战不殆"，这里的意思包括知道了别人的动机既能判断这个人的行动方向，又能比较主动地确定自己的行动框架。虽然，教育实践直接表现为教育名义下的各种行为，但是如果想观看并理解这些行为，就要尽力"知其然还要知其所以然"，这就离不开对教育实践中的人的核心动机的解读。

通过利益理解社会关系

提起利益，很多人心中常会浮现谋划、算计、争夺、贪婪、不择手段等措辞，这些措辞多是负面的，是从旁观者角度得到的"主观判断"。如果不是作为旁观者，而是作为主体，在眼前摆着各种诱人的利益之时，很多人脑中浮现的措辞就很可能

---

① 余清臣. "比较利益人"：实践教育学的人性假设[J]. 教育研究，2009(6).

不是这些了，也许会不知不觉参与到利益游戏中并觉得"理所应当"。这是一种比较奇怪的对比，人们从中能看到，利益具有让人"忘乎所以"的魔力。

有时，利益对人来说是比较凶险的。从中国传统文化来看，虽然有"天下熙熙皆为利来"的传统社会观，但是更多的思考其实是对利益的防范。所谓防范其实就是不能轻易被利益引诱，因为被引诱之后可能出现很危险或有害的结果。从结果来看，人们对利益的防范通常会注意到三种情况：一是利益的物质化危险，二是利对欲的激化，三是利义对立。所谓利益的物质化危险是指人们一提到利益就倾向于只想物质的方面，而物质方面的利益本身确实容易让人出现重大的行为偏差。《资本论》中的一段注释引起过很多人的共鸣，这就是："一有适当的利润，资本就会非常胆壮起来。只要有10％的利润，它就会到处被人使用；有20％，就会活泼起来；有50％，就会引起积极的冒险；有100％，就会使人不顾一切法律；有300％，就会使人不怕犯罪，甚至不怕绞首的危险。"①从这段著名的描述中可以看到，物质利益对人的作用力是巨大的，以致让人进入不顾生命的疯狂状态中。在利对欲的激化方面，"利欲熏心""物欲横流"是比较传统的说法，即一旦特别看重利益，强烈的欲望就容易占据内心。在利义对立方面，中国古代强调的"君子喻于义""小人喻于利"体现得比较明显。在这种对立中，君子和小人是做人层次和境界的对比，义和利也代表着不同的层次和境界。事实上，对利益的看法在中国传统上是有一定分歧的。但是在总体上比较崇尚道义纲常的古代社会及其延续的传统中，"天下熙熙皆为利来"的自然利益观就容易被淹没，而"仁义礼智信""温良恭俭让"的崇高道义占据主流。

崇尚道义并不必然导致"禁欲"或者"节制"，但是很多道义方面的具体条目起到的作用是让人更在意精神方面的原则和追求，同时限制或忽略个人的欲望和对利益的欲求。但对欲望或利益的限制和忽略，有时也会出现扼制人的活力的问题，使激发人类活力少了一条重要的有效途径。这个道理的反面例子在现实中并不缺乏，有不少社会组织和教育组织只是通过给成员以精神激励来激发成员的干劲和活力，这种做法的结果是越来越无效的。一方面，长期的精神激励早已把这条途径的效用发

---

① 这出现于《资本论》一书所加的注释中，原文作者为邓宁格，这是其在《工会与罢工》一书中的一段话。马克思. 资本论：第一卷[M]. 北京：人民出版社，1953：839. 引文有改动。

挥殆尽，一般很难再有更多的效果。另一方面，成员此时比较缺乏的物质激励的效果会比精神激励好很多。有人可能有顾虑，成员过于依赖直接的物质激励会陷入贪欲之中，但并不是每个组织都会长期实施单一的物质激励，用坦然的态度对待利益，充分发挥这些物质利益带来的效用，是一个不错的选择。

不少思想家看到了"禁欲""节制"可能对人的活力和创造力起到的压制作用，这样的看法用在分析近代资本主义制度如何成功这一问题上也同样有效。这里不再过多重复社会学家马克斯·韦伯对资本主义和新教伦理之间关系的研究，只需了解，实质上解放了人的物质欲望的新教伦理就是对资本主义制度的精神支撑。在这个方面，美国学者赫希曼的一个研究深入到了利益与资本主义之间的内在关系层面。他认为，虽然在中世纪，贪欲、性欲和权欲都是被抑制的对象，但是在近代思想的启蒙中，人们对待欲望的方式不再是单一的抑制，而开始采用驯服的思路，这种驯服的核心思想是驯化利益背后的贪欲以对抗其他类型的欲望。[①] 所谓驯化，其实就是把代表对物质欲望的利益放在理性的框架内规范起来，为社会组织所用。以物质为基础的利益具有现实的基础和可以计量的可能，其被理性化之后可以成为社会组织的基本形式。以利益为基础来组织社会的一个根本好处就是，能够持续地、可预测地用利益不断激发人们参与社会活动特别是参与经济生产的热情，从而比较充分而可靠地发挥物质欲望对人类的激励作用。当然，资本主义世界兴起的这种利益逻辑要付出把利益概念狭窄化的代价，即利益简化为经济和物质层面的好处。

从词源来说，利益本身的含义是非常广泛的。在中文中，利益的词典解释一般是"好处"。可以说，这是一个包容性很强的意思。具体来说，所谓"好处"就是能够给人带来好的事物，而这本身包含太多方面了。缺乏物质的人会感觉物质就是好的，寻求爱情的人会感觉爱情是好的，而有理想和追求的人会感觉实现理想和追求才是好的。虽然这个解释的广泛性有点让人无所适从，但这也是利益概念的一个主要优势，即这个概念具有包容多样化的能力且适合用于宏观地认识事物。从词语的价值来说，完全可以通过该词的使用范围来对一些概念做出区分，比如，一个人的不同

---

① 阿尔伯特·赫希曼. 欲望与利益：资本主义胜利之前的政治争论[M]. 冯克利，译. 杭州：浙江大学出版社，2015：36—43.

称呼需要在不同的场合做出区分。虽然在经济学、管理学或其他一些物质主义的思想中，利益作为"好处"主要是经济的、物质的好处，但是这样的定位是存在这些领域和人们有这些思想框架的原因，而不是利益概念本身存在的原因。这就如同境界高的人眼中所看到的"好处"经常是精神的追求和实现。从英文的词源来说，利益对应的主要英文单词interest本身就经常翻译为"兴趣"，其源自拉丁文Interesse，原义是"处于……之中"。这种词源的interest(利益)在意义上是非常广泛的和普遍的，可以包括"关心""渴望""好处"。虽然经济学、管理学或其他一些物质主义思想中的利益是经济利益，但是在追求对"利益"进行宏观和深刻认识的哲学领域，至今坚持把"利益"理解为广泛的好处。《哲学大辞典》把"利益"解释为"人们通过社会关系表现出来的不同需要"①，其他关于利益主题的哲学研究也有这样定义利益的做法："一定的客观需要对象在满足主体需要时，在需要主体之间进行分配时所形成的一定性质的社会关系的形式"。② 虽然具体的表述强调的重点不太一样，但是在这类哲学的"利益"定义中，"需要"这个概念的使用非常突出且具有共识。由此也可以看出，从"需要"的角度来解读"利益"才是更加普遍地理解"利益"的一条基本途径。

利益是需要，但这样的观点应有所限定，因为两者如果完全一样确实也没有必要去制造不同的概念。利益应该不完全是需要，至少不是完全在"需要"的意义上来使用。例如，"我需要活动一下发酸的胳膊"，此时的需要怎么也不会想到使用"利益"来表示。但是，如果有人不让"我自由活动"，此时"我活动一下发酸的胳膊"就完全可以使用"利益"来表示了。所以，在哲学定义中，作为需要的利益概念一定要加上"社会关系"的限定。对利益概念来说，"社会关系"限定的是存在形式，即只有"社会关系"中显示的需要才能称为"利益"。利益作为表达需要的独立概念，其能够独立的根本原因是其具有不一般的存在形式，甚至可以说其独立是为了展示自身的"社会关系"状况。利益，是为理解社会关系而生的概念。

教育实践中的利益很多样

提起教育领域，不少人会多一些敬意。尽管教育中存在着各种问题，无论是教

---

① 冯契. 哲学大辞典[M]. 上海：上海辞书出版社，2001：842.
② 王伟光. 利益论[M]. 北京：人民出版社，2001：74.

师还是教育管理者都有个别人做出了有损教育颜面的事情。但总体而言，教育工作者付出多于回报的状况、教育工作的压力水平、不少优秀教育工作者的道德情操以及充满使命感的教育理念都让很多人对教育实践另眼相看。在这样的情况下，哪怕只是使用平常或冷静的态度来谈论教育实践，也会让一些人感到多多少少对教育有些不敬。但是，我们有时不得不"冷静"地去观看和理解它，因为仅靠热情的期待和高尚的使命感的引领，复杂的教育实践并不能轻易持续优化。

虽然从不否认整个教育实践界有很适宜的"人文温度"，但这并不意味着教育实践领域就一定比其他实践领域"更有温度"，也并不意味着教育实践领域的每个具体领域都有很高的"人文温度"。人类社会生活所需要的"人文温度"是有限度的，可以有"人文温度"稍高的领域，但是一个庞大的领域处于长久的"炽热"状态在历史上是没有的，似乎也不利于"健康"。在教育实践领域中，一般来说越是日常的地方，"人文温度"就会越低一些。如果要具体说出哪些领域是日常的教育实践领域，这并不好说，这些领域太多又太细碎。但是，这里可以提出一个判断的标准，即越是日复一日做差不多事情的领域就越是日常的教育实践领域。日常教育实践领域的"人文温度"会低一些，其根本的原因主要在于日复一日地做差不多的事情。人日复一日做差不多的事情时，一种接近于生命本能的倾向是尽可能让自身变得自动化一些，尽可能减少一些注意力和情绪的投入。一旦事情变得日复一日，很多事情也少了新鲜感，注意力和情绪也会因此而减少。所以，在观看社会活动时，"日常化"是一个特别值得重视的现象，这种现象的出现表示社会活动已经进入到惯常化、自动化或类本能化的水平了，此时的社会活动容易展示出一种较为稳定的模式或形式。

由于具体的教育实践生活具有日常化的领域和特征，所以在教育实践中使用广义的利益概念还是比较合适的，特别是考虑到利益概念本身的广泛包容性之后。反过来，如果把教育实践中的动机因素都称为道德情操，问题反而更大。一方面，那些日常的教育实践领域会把热烈的道德情操变得平淡甚至无形；另一方面，日常的教育实践领域确实没有出现那么多关于道德情操的人或事，甚至有屡见不鲜的反情操和反道德的事情。面对这种情况，人们要么分领域使用不同色彩的概念，要么就选择使用那些总体上比较中性且包容性强的概念。

一方面，理解教育实践中的利益要素需要从利益的根本内涵出发，这就要具体地理解利益内的"社会关系"形式。利益是以社会关系的形式存在的需要，这里隐含着这样一个意思：还有很多需要不以社会关系的形式存在。事实上，利益的概念就是来自对个体需要的满足来源的区分。每个个体都天然占有或多或少的资源，或者是有能力自然地做不少事情，这里所说的"天然"和"自然"既是可以轻易实现的意思，又是轻易不受影响和不被剥夺的意思。比如，举手投足就能满足不少需要。在这种状态下能满足的需要，可以是心理学对人类的需要进行研究的对象，但这还不是利益指涉的内涵对象。人还有一些需要在满足时要得到他人的各种"配合"，这里的"配合"有时是有为的，有时是无为的。比如，有人需要更多的精神满足，这个时候就需要别人更多的认可或需要别人表现出因为此人而更加愉悦的状态。如果一个追求精神满足的人做出了帮助别人的行为，但是被帮助的人没有任何反应，此时就很难让人精神满足。这里的"配合"还有不受打扰的意思，比如，一个想清静的人需要别人不去打扰和制造噪声。在一定程度上可以说，人类就是在思考社会关系时才开始使用利益概念的，用来表示参与社会关系的人所具有的诉求。在那些更偏向个体的领域中，一般不使用利益的概念，也不会把此时的个人诉求放在利益的名义下。在这个意义上说，利益存在于社会交往及对其的思考中。

另一方面，理解教育实践中的利益要素也要从需要的内涵上来具体认识。如果从利益的现代世俗意思来说，利益好像只反映了人的物质或财富需要。但是，这肯定是一种比较具有时代局限性的看法。如果跳出特别强调经济和物质的具体时代，利益就是使用社会关系来保障的所有需要，其涵盖面并没有限制。从具体的需要范围来说，即便在教育实践领域，使用教育社会关系来保障的需要也是全方位的。按照比较经典的马斯洛需要层次理论对需要的分类，教育实践中使用社会关系保障的需要即利益，可以包括：生存的利益；安全的利益；归属与爱的利益；尊重和自尊的利益；认知的利益；审美的利益；自我实践的利益。虽然，教育理论一般不会想到在教育领域中要保障学生的生存需要或利益，但事实上这客观存在。比如，在学生困了要休息的问题上，生存的利益或需要就会在此时的社会关系中作为主题出现，这个方面最典型的事例，是老师上课要怎么管理睡觉的学生。从社会学观点来说，教育世界就是学生的一个生活世界，进入其中之后学生的一切需要都要在其中追求满足。对于教师来说，教育同样是进入之后追求各种满足的一个生活世界。所以，在教育实践中，人的每一种需要都可能转化为需要靠教育中社会关系来保障的利益。

就利益对教育实践的作用来说，导向和激励是最为核心的两个方面。尽管功利主义的先驱爱尔维修并没有专门针对教育领域提出利益是人的推动力，但是这样的道理放在教育实践理论中有明显的适用性。虽然从这个道理出发，推论出教育实践者"无利不起早"未免武断，但是一点都不包含利益因素的教育实践行为是否能够出现，真的很难说。尽管，有不少教育实践者说自己没有明显追求某种利益满足的意识，因而自己的教育实践行为就是不包含利益要素的。但是，这种说法没有逃过一个基本的思维逻辑：没有意识不等于利益就不存在，无意识状态下的利益追求和满足是广泛存在的。很多时候，这种无意识的状态就是教育实践日常化的结果，因为日常化中的规则保障了教育实践者无须关注自己能得到什么，因为能够得到什么是这些规则已经保障的。一个在平时工作中对师生相处没有感觉的教师在退休之后感觉"空落落的"，此时日常教育生活的断裂处就显示出了隐藏于日常教育生活之中的利益"筋脉"。利益作为需要，一方面提供了教育实践行为的方向，不仅包含无意识的方向，更包含有意识的方向。教育实践领域并不是结构僵化的领域，相反这个领域还存在很多自主的空间或结构的弹性，教育实践者既有可能也有必要建构自己的主动行为风格。在建构自己的主动行为风格中，没有利益就没有了自己的目的，也就没有能够作为行为风格内涵的手段和方式。另一方面利益作为需要，其最为直接的功能就是调动人的热情和积极性。在一定程度上，与其说利益是人的推动力，不如说需要是人的推动力。人的各种需要构成了人的动机基础，从根本上激发着人去为这些需要付出努力。在教育实践中，如果说"无利不起早"是贬低，那么"为了理想而奋斗"就比较符合教育的崇高境界了。两个说法在一起就明显体现出了追求或需要对人的推动作用。

教育实践是行动的世界，是行动就需要有动机因素来引导和激励。在很大程度上需要内外社会关系来支撑的教育实践世界中，教育实践者的各种动机因素可以直接归为利益。虽然在强调经济作为社会中心领域的时代，利益会比较自然地被看成经济利益，但是社会生活中的现实利益有着复杂多样的形态。

利益广泛存在于教育实践中

利益作为关键词越来越多地出现在教育实践研究中，最为典型的领域就是教育政治、政策和管理研究的领域。有人提出政治就是利益的分配，虽然这作为一种政治观有一定的局限性，但是作为一种研究政治和教育政治的视角既需要也很现实。在对教育中各种政治性问题的研究中，利益就是分析这些教育实践问题的核心视点。教育改革是一种典型的政治性教育活动，在对这些活动的研究中，利益被用来洞察教育改革的道理和过程。马健生教授在对教育改革的研究中特别关注动力、阻力和争斗现象，提出："在许多情况下，教育改革的进行，没有人受损就不能有人受益，社会成员可以按照改革的(潜在)获益者和(潜在)受损者来分类，这就决定了教育改革过程不可避免地会遇到一部分人的抵制"，"社会成员分成明显的利益集团"，"每个人都想把教育改革得对自己更为有利"[①]。其实，研究教育改革是非常困难的，因为对很多人来说改革的出台过程具备了"黑箱"的效应。但是，说教育改革中充满争斗还是有依据的，比较常见的依据就是网络媒体、专业杂志和学术讨论中并不罕见的"火药味"言论。特别是在有些"火药味"言论和表达者的身份有明显相关的时候，利益就明显可以作为教育改革实践的核心因素了。虽然，很多教育改革实践中的利益诉求只存在于参与者心中，或参与其中的小圈子里，但是广泛存在的教育改革实践会因为逐渐增多的哪怕很小的研究，而越来越清晰地展现出其中的利益要素。况且，很多教育改革的参与者还会在事后去表达。研究教育实践的各种"黑箱"，阅读回忆录和事后听当事人口述都是比较现实的一种方式。

吴康宁教授对教师教育改革进行了比较深入的社会学分析，他认为地位与利益构成了这个领域改革的两大制约因素，具体提出："任何改革都会使原有利益格局发生变化，都有可能发生利益冲突，都有一个利益调整问题"，"迄今教师教育改革的一些重要事项之所以进展缓慢而艰难，原因固然是多方面的，但其中一个十分普遍的要害性原因，便在于因利益冲突而产生改革阻抗，在于面对这种阻抗缺少行之有效的利益调整措施，以至于未能充分调动'利益攸关方'参与改革的积极性"[②]。这段引文展现了教育实践者对教育改革实践的一种利益世界观，教育改革实践就是利益世界的一次调整和重组。这种世界观对教育研究者的一个核心启示是：只为教育发

---

① 马健生. 教育改革阻力的利益性质思考[J]. 教育科学研究，2002(12).
② 吴康宁. 地位与利益：教师教育改革的两大制约因素[J]. 当代教师教育，2009(3).

展描绘蓝图只能解决方案或方向问题，这种蓝图的落实特别需要集体行动的支撑，而利益是这种集体行动的核心因素。可以说，没有利益格局的支撑就没有集体行动的支撑，也就不会让蓝图成为现实的图景。

从传统来说，师生互动的实践领域一般不使用利益概念作为分析工具。但是，这样的传统随着师生关系日益恶化和教师越来越职业化的趋势而逐渐改变。这种改变的原因主要在于原有师生互动的"温情基础"逐渐被淡化和消解了。在现代社会，工具理性和功利化的思路在很多领域造成了专业主义的盛行，以及管理主义的蔓延。在教育实践中，如果说中国教育传统比较崇尚师生间的温情的话，那么当前这种温情越来越淡漠了。教师职业的专业化带来的一个重要后果就是教师戴着"面具"对待学生，这样的情况会取得规范教师行为的效果，但坏处是降低了教师行为的情感温度。在今天这个比较崇尚物质主义的时代，学生和家长对待教师也越来越实用化和功利化了，他们把教师当作满足学生教育需求的职业人员，与这种职业人员打交道当然以规范和功利取向为主是比较好的选择。

当前的师生交往领域不是一个平静的领域，大多数教师面对越来越有自主意识的学生，发现不好"对付"了，教师与学生发生对立和争执的可能性越来越大。极端的师生互动问题也屡见不鲜，教师伤害和欺凌学生，学生对抗和伤害教师，这两类事情都发生不少。在这种背景下，师生互动的研究不能停留在立规矩方面，也不能只是展示"太平"。真正的研究要建构理想，也要洞察现实。因此，对师生互动冲突的直接研究在全世界范围内出现了。在这类研究中，利益又成为经常使用的概念工具。在现象学的启发下，学者波拉德认为利益是分析教师互动行为的核心概念，提出支撑教师互动行为的当下利益有：自我形象，工作负担，健康和紧张，快乐，自主、秩序和指导。[①] 这样的观点比较新鲜，因为它不再以"美化"的倾向来描述教师的行为动机，而是以非常自然的风格来展示教师的即时动机因素。保持教师良好的自我形象，不要有太多麻烦；保持健康和不那么紧张；多一点快乐；专业行动顺利。这些都是教师在与学生互动时的支配性动机。从这里我们可以得到一种感触：哪个领域的社会关系越紧张似乎就越适合使用利益概念。当然，这种适合不仅是意思上

---

① Woods, P. Teacher Strategies[M]. Croom Helm, 1980：36-40.

的，更是情感色彩上的。

无论在什么社会领域，一旦牵涉管理问题，社会关系就不会简单。在教育管理领域，虽然人们在教育名下多会从教育道义的角度来实施管理，但是也不会淡化作为管理领域特色的复杂社会关系特征。在福柯思想的启示下，鲍尔对学校进行了一个微观政治学视角的研究。与传统的学校管理研究不同，他主要使用了"权力、目标多样性、冲突、利益"等概念组成的微观政治框架，由此看到了利益在学校组织管理实践中明显存在："教师致力于追求他们自身和群体的既得利益"，"资源(社会的和物质的)、职位和名誉都是至关重要的"，"教师的利益可以分为既得利益、思想利益和自我利益"[①]。也许，管理就是这样的一个领域，让进入的人有更强烈的诱惑和危机，诱惑是对利益的期待，危机是对利益失去的害怕。虽然每位教师对自身利益的意识程度不同，甚至有个别老师不在意自身的一些利益得失，但是作为整体的教师还是能够明显地意识到利益的得失可能的，也会毫无疑问地为自身利益的得失而行动。

当前，对教育实践中利益的研究与关注，不仅局限在传统社会关系复杂化的领域，还出现在一些原来比较超脱的社会关系复杂化的领域。教学领域一直被视为教育中的专业领域，也是特别强调对艺术和技术特征进行关注的研究领域，但是已经有研究使用"利益"来观看这个领域。有研究认为教学活动中师生的被动关系主要是教学的人性被遮蔽，避免此问题需要关注教学利益，由此提出：师生的主体性发展的教学利益构成师生在教学活动中的核心利益；师生的主体性发展的需要是主体性发展的教学利益生成的关键；教学利益客体是师生的主体性发展的教学利益生成的外部推动力。[②] 这里所谓教学的人性就是教育要以人为目的的特性，或者说教学要以人的发展为目的的特性。虽然，与之前很多研究使用利益概念来透视已有的教育实践不同，这个研究使用利益概念主要为了构建今后的教育实践，但是这种对利益概念的使用过程终究还是在观看教育实践。这种用法在遵循着一个已有逻辑：在社会关系复杂化的背景下使用利益概念。

① Ball, S. The Micro-Politics of the School[M]. London：Methuen, 1987：13-17.
② 刘伟. 教学利益论[M]. 福州：福建教育出版社，2015：112-138.

在教育实践领域使用利益概念，在这个物质时代有物化教育实践的风险。但是，利益概念本身的包容性及其与社会的内生关系，使利益概念成为观看教育实践的一种重要选择。在对教育实践中的利益观看后，人们可以发现多种形式的利益正是教育实践者参与复杂社会关系的根本动因，它最终影响着甚至决定着教育实践者的社会行动的方向和力度。

教育实践智慧的人性与利益深度

所有观看本身都是一种理解，继而引发了完善片面认识和修正偏颇理解的过程，最终得到越来越高位而普遍的眼光和视野。所有这一切都是走向哲学核心目标的一条道路，这个核心目标就是智慧。对实践这个动态领域来说，智慧就是明智，教育实践者的智慧就表现为明智的教育实践行动，在日常状态下也可以表现为一种"老到"的感觉。在教育实践中对人性和利益的观看，就是明智的教育实践行动的一种努力。

"老到"的教育实践者能够直面人性与利益

从时间来说，世界可以有过去、现在和未来三个时态。在层次上，世界可以有现实和理想的区分。做了这些分类之后，对世界的看法就复杂起来了。对于喜欢简单的人来说，这种复杂是一种痛苦。但是，对于人来说，每种复杂其实是一个空间的打开，都是新的发展和可能，当然也可以带来新的定位。物理学虽然被认定为科学，但是其本身具有的哲学属性在对空间维度的开拓中得到明显的展现，从二维到三维、四维，以至更多维。教育实践是一个世界，这个世界当然也可以有过去、现在和未来的状态区分，也可以有理想与现实的层次区分。虽然，寻求高位眼光和普遍视野的人在目标上要追求理解所有的状态和层次，但是对于观看来说，注意力放在过去和现在的现实之上是非常合理的选择。无论把教育实践和教育实践者想象得多么美好，对于观看和理解的任务来说，先从现实的教育实践看起都是非常重要的。其实，在日常生活中，说一个人很"现实"多数情况下意味着这个人不求虚名，不会被幻象所诱惑，紧抓那些实实在在的事物。虽然，观看和理解教育实践并不意味着只关注现实的教育实践，但是现实的教育实践一定是重中之重，这是任何理论设想都不能替代的领域。如果考虑到，人们已经在很大程度上证明了教育实践具有自在逻辑，那么这种对现实教育实践关注的立场更不能让出核心的位置。

观看和理解现实的教育实践就要关注人，就要观看和理解教育实践者。"老到"的教育实践者是明智的教育实践者，这种明智离不开"眼力"。所谓"眼力"就是观看事物的能力，特别是观看动态事物的能力，不能从动态的事物中观看出核心要素，就谈不上"眼力"，也不能谓之老道。在日常生活中，人们把老道的教育实践者在眼力上的表现称为"毒"或"贼"，这看似是道德情感上的否定，但却明显包含着对能力的认可。所谓"毒"或"贼"，是说这种眼力很精准很到位。对看人来说，特别需要一个整体的认识框架，而且这个认识框架一定是认识现实的、行动中的人的框架。对于认识人来说，人性是提供框架的一个重要概念和层面。但是，就以往关于人性的各种思想来看，很多人性观并不能提供对现实的、行动中的人进行理解的框架，因为它们过于从提出者自身的期望出发来看待人性了。这种出自提出者期望的人性观容易出现的另一个倾向就是太过普遍化，不能直指行动中的人性层面。从行动的层次把握人性，一定要聚焦在人的行动决策和实施层面，一定要关注"目的—手段"这条链及与其紧密相关的因素。当然，这不是完全忽视社会人、文化人、道德人等人性观之可能的价值，只是对更精准地把握人性的一种追求。从更加精准到位地把握行动中的人性来看，表演人、有限理性人和比较利益人等观点提供了可以选择的思想认识，虽然它们看起来并不相同，但是其内在相通的内部逻辑更值得重视。

对行动中人性的认识，可以有多个选择，从表演中的角色扮演机制到比较利益人在权衡中寻求满足的机制，当然还有在有限选择中做出具有价值观倾向的有限理性机制。但是，所有这些机制中有一个明显的共通要素，即利益。在教育实践的观看与理解中，使用利益概念是一个不同寻常的做法，因为教育的寻常色彩是温情和道义。但是，利益并不属于温情和道义的类型，有时恰恰相反。

从利益来解读教育实践，特别需要处理的问题是利益概念在当代的唯经济和唯物质色彩。对这种唯经济和唯物质色彩的处理，在根本上要回到利益的原初意义。从中、外词源来看，利益的原初意义是各种好处，即对人好的东西。但是，利益并不是一般状况的好处，不然这个概念就没有了自身的特点。利益作为一个特别概念，其特别之处就是它存在于社会关系之中。可以说，只有在社会关系中显现的好处才能称为利益，不在社会关系层面显现的好处可以归为一般的需要。在这个意义上看，利益是为了理解社会关系而生的概念。当然，这个观点还可以更加精准。社会关系可以有不同的情感色彩，至少包含分享、交换和等级等基本类型。可以说，对于处理分享之外的社会关系，利益都是非常合适的概念。所以，更加精准的表达是，利益特别适合世俗的社会关系。对于分享之类的情感关系可以通过广义的利益概念来涵盖。利益的广泛适合性主要来自其原初意义的广泛性：利益是对人好的东西，利益是关心和期待，分享关系中也存在人的关心和期待。

洞察教育实践中的人性和利益

就像不能否认教育实践有理想与现实两个层次一样，这里也不能否认教育实践具有日常和非日常两种形态。教育实践的现实性是指实际已经发生的教育实践活动，而理想性的教育实践是指设想的或期待的教育实践活动。作为设想和期待的教育实践活动，由于只是观念性的存在，本身只受思维与想象能力的制约，有时候天马行空既是特点也是优势。或许有些人会因为这种天马行空而贬低这种形态的教育实践，这种逻辑有一定的偏颇之处。有时候过多的想象和设想确实显得不实际，过于单纯，但是它们却有召唤的精神作用。虽然并不是每一种想象和设想都有召唤的作用，但是那些美好的、诱人的教育实践设想通过召唤作用引发的实践热情也是不容忽视的。现实的教育实践活动有时候没有那么美好，这主要是因为现实的教育实践者要与其所处的环境妥协，同时会出现情绪和状态的高低起伏情况。即便一个非常明智的教师，在状态不好时也会出现在同学生对话时随意说话的情况。所谓"智者千虑，必有一失"，其实这样的必然有时也是状态起伏的结果。日常的教育实践是重复性的教育实践，也是一种惯性状态的教育实践。拥有很多热情的改革派有时最见不得这种状态的教育实践存在，总认为教育实践的发展需要不停地创新。但是，这些激进的教育实践改革派可能忘了，打破惯性本身就需要付出更多的注意力和精力，并且会造成波动的局势。在今天的教育实践领域，"教育改革疲劳"就是一种比较常见的问题，这种问题的实质就是过于频繁地打破惯性，造成教育实践者的注意力和精力跟不上节奏，从而导致身心俱疲。日常的教育实践是教育实践的基调，在这个基础上可以量力实施一些非日常的教育实践。当然，非日常的教育实践是偶发的教育实践，既包括客观条件造成的偶发性，也包括教育实践者积极追求带来的偶发性。如果处理得当，教育实践者主观努力的非日常教育实践可以成为日常教育实践变革的契机和来源。

人在不同的世界状态中表现不同，这个道理放在教育实践中的人性状态问题上同样适用。在教育实践中，教育实践中的人大多数时间处在现实的教育实践中，也处于日常的教育实践中。这是理解教育实践者人性的基本定位。在现实的教育实践状态中，教育实践者要顾及具体的环境条件，要在这种现实的考量中做出自己的决策和实施行为。在这种状态下，教育实践者会出现按照环境赋予的角色规范而行为的属性，这就是"表演人"的状态。同样，由于现实中会有时间、信息和资源的限制，教育实践者在这个时候也会表现出不完全理性的"有限理性人"状态。在现实的教育实践中，教育实践者的"有限理性"主要表现为在个体性的比较衡量中出现追求各种利益的状态，这种状态就是"比较利益人"的状态。所有这些人性状态在最根本的层面上一致反映出人是在外在环境制约下的自主个体，人的自主性可以体现在很多方面，但是自主的程度在现实中要受到外在环境的制约。把握了这个人性共识，也就等于找到了把握教育实践中人性基调的模式。但是，我们在教育实践中把握人性时，一定要为超越性的人性状态留下可能性的空间。虽然在大多数情况下现实的人会自主地顾及外在环境的制约，但是在少数情况下教育实践者是可以出现超越性的状态的。这种超越性的状态不顾现实的制约，只遵从心目中的理想标准和原则。当然，这种超越性状态的教育实践者的人性状态主要对应非日常和理想的教育实践状态。虽然，这种超越性和非日常的状态并不常见，但也不十分罕见，特别因为教育是一个非常崇尚情感道义的领域。

把握人的行为就要特别关注动机，虽然内在的动机经常是隐藏的，但是把握动机之后收获的主动性是让人不能放弃这种努力的动力。由于教育实践本身的社会性，也由于现实的教育实践在大部分时间内社会关系状态的世俗化，从利益的角度来理解教育实践中的动机因素是总体上合适的选择。但是，在使用利益概念来把握教育实践时，利益概念本身的广义性一定要坚持，不能把所有的教育实践动机都归结为物质化或经济化的好处。利益概念本身所表示的好处一定包含着精神层面，一定可以解释那些为了成就感和心安状态而实施教育实践行为的现象，即让那些最为高尚的教育实践行为至少在理性上可以得到利益概念的解释。只有更大范围地张开利益概念的"内涵之网"，才尽可能地把更多的教育实践现象纳入进去，虽然不一定做到在情感上特别让人舒服，但至少可以做到在理性上让人信服。

在使用利益概念把握教育实践者的动机时，我们一定要特别注意"即时性""例行化"或"日常化"特征。这里所谓"即时性"就是当时当地性，即对教育实践者利益追求的把握一定要立足于当时当地的情况。一个平时品德状态不错的教育实践者有可能在特定的时候追求"打发"学生后带来的轻松，一个平时没有那么爱心的教育实践者也可能通过真心地帮同事而追求精神满足。所以，在这个时候不能用"成见"代替"一事一议"，虽然一个人长期的价值观状态影响着不同利益追求的出现概率。这里所谓"例行化"或"日常化"就是传统、制度或惯例，它已经把教育实践者的利益追求溶解进去，处于其中的教育实践者已经无须再有意识地追求。比如，现在很多教师一般不会意识到自己的日常师生互动与每月固定部分的工资收入之间的联系，因为每月固定部分的工资收入已经"理性化"或"日常化"了。但是，如果某一天日常的师生互动停止了，或者每月固定部分的工资收入取消了，很多人就可以清晰地看到两者之间的关系了。

直指人性与利益的教育实践行动

对教育实践中人性与利益的理解构成了对教育实践深层要素的把握。虽然这种把握不仅会影响对教育实践的认知，还会影响关于教育实践的世界观、价值观和人生态度，但是最为完整的影响还是显示在行动之上。行动是教育实践智慧的最直接形式。

对于教育实践者来说，广义的行动并不仅仅是直接对外在的对象和环境做什么，也包括对自己做什么。在理解人性在教育实践中的位置和影响之后，教育实践者直接能做的是反思和调整自身行为的人性基础。俗话说"知人者智，自知者明"，如果教育实践者要做到明智，离不开一种自知的意识。如果教育实践要自知，就要知道要自知什么。在了解教育实践的人性基础之后，自知自己的人性状态就是自知的一个核心内涵，这也可以看作为对自己人性的诊断。诊断的模式可以根据行动人的"目的一手段"框架，确定自身怎么面对外在环境的制约以及怎么实现自主的情况。当然，自知不是终点，之后还必须加上自我的反思与调整。在确定自己的人性状态之后，教育实践者就要反思自己的状态是否合理，支撑原有人性状态的基本想法有哪些，可以从哪个方面调整。比如，一个自认为原有的人性状态为太过有限理性的人，此时就要反思哪些方面让自己的理性受限制，是否可以通过改善信息、时间和资源来调整。

透过人性，教育实践者不仅可以自知也可以知别人，不仅可以调整自己也可以调整他人。在社会活动中，直接接触的人与人之间基本的行为联系方式是互动。所谓互动就是双方的行动互相受对方行动的影响，所以教育实践者想让自己的教育实践行动更加明智，就要积极地理解周边其他教育实践者的人性状态，并努力影响他人的人性状态。一个在非常不合理的水平上做出对比和权衡进而追逐利益满足的同事，对教育实践者来说不仅是负面的，而且还是非常危险的。在这种情况下，通过一些价值观的"感染"甚至"冲击"来影响这位同事，才有可能让同事出现更为积极的"比较利益人"状态。

根据利益在教育实践中的存在逻辑，教育实践者可以从自身动手进行优化，方向是培养意识和学会分析调整。既然利益是教育实践的重要因素，也影响着教育实践的总体状态，那么教育实践者就需要有对教育实践利益追求的自我意识。教育实践者需要意识到，自己有利益追求是正常的，这绝不表明自己不道德。在正视之后，教育实践者需要分析自身在从事教育实践中的利益目标，反思这些利益目标的合理性，进而去调整优化自身的利益目标。在反思自身利益目标的合理性上，价值和技术的两个维度都要考虑。所谓价值的维度，就是反思自身利益目标的价值合理性，即是否不违反教育的道义和人际的准则。所谓技术的维度，就是反思自身利益目标的技术合理性，即是否为现实可行的利益目标。

同样的道理，我们掌握利益在教育实践中的存在逻辑之后，教育实践者也可以用该逻辑来影响相关人员的利益目标。在互动的逻辑下，教育实践者需要相关联的教育实践者做出合适的教育实践行动。如果想让对方的教育实践行动更加契合自己，那么教育实践者就要学会影响他人的利益追求格局。在这个方面，教育实践者通过说服和证明的方式让对方意识到新的利益目标，或者能够对自己不合理的利益追求进行反思和调整，这都是常见的可行方式。

　　明智作为能够把握动态事物的能力和状态，对事物有很多切入点。从人性和利益切入来把握教育实践进而达到明智的状态，是教育智慧在教育实践中的深度切入点，也是直指教育实践者思想深处的切入点。

/第三章 空间 /

针对"一个人的行为要根据场合变化而调整"的观点，有人质疑道："这不是提倡'见人说人话，见鬼说鬼话'吗？现在总有一些人圆滑狡诈，见风使舵，就是他们根据场合调整得太快了。"我对这样的质疑不便以针锋相对的态度进行反驳，只能这样回应："您这样的说话语气，我想多数情况下不会用在日常和爱人、家里老人的谈话场合，去某小学遇到一群小学生时也多数不会这样去说话。"从生活的现实情况来看，每个人几乎都不会用完全一致的语气、态度甚至观点去面对所有人，总会在不同的场合做出自认为合适的调整，虽然有些人自认为合适的调整方式就是"不调整"。在某种程度上可以说，根据场合来调整行为是社会生活的一种"艺术"和"技术"。

教育工作离不开场合

每日辛劳工作的人总是想回到家把包一扔，"葛优躺"式地靠在沙发上，这才是最惬意的人生时刻。前几年，我在暑期给教育硕士生上课，工作的强度是每天8节课且连续6天，两天之后的状态是，我在课堂上依然比较积极兴奋，但回到家后就不想多说一句话了。这时我们就会发现：当人们喜欢一个"地方"的时候，当人们在一个"地方"会自动挑战和激励自我的时候，就明确具有了关于"地方"的意识和理解，也有了关于"地方"的一些处理方法。同样，人们也会发现，在日常生活中，已经为"地方"投入了很多资源和精力。人们常说"装修房子三个月不得消停"，足见为了让自己有一个舒适的地方，人们愿意付出很多。如果说，有人可以把"根据场合调整行为"批判为"狡黠"和"圆滑"，那么"不根据场合调整行为"完全可以算是"过于单纯"了。当然，这样"非黑即白"的思维逻辑实在太过简单，最好不要轻易使用。

教师对场合敏感

今天的教师工作日益难做，这是一个基本的趋势和现实。现今教师的困难不只是在核心业务上的困难，还有在泛业务上的困难。核心业务上的困难包括教学怎么准备得更好，课程怎么设计得更有品质，道德教育如何才能在知识教学中有效渗透，这些困难多数都是随着时代知识状态和社会发展水平而来的正常的业务挑战。虽然几年前教师很少去关注课程建设，但是今天的教育已经进入需要通过课程建设来提升教育"营养"的阶段了，关注课程建设自然也属于核心业务领域。今天的教师除了这些核心业务上的困难之外，还发现原来认为是附属工作的其他事情变多了和变复杂了。正是这种情况让教师感觉到这个工作更累，所以有人批评"今天的教育让教师花大量时间在非教学事务上"，由此提出"要让教师把工作集中在核心业务之上"。这样的反思虽然很有现实指向性，但是要实现这种理想却是很难的，这种"附属教育业务"的膨胀几乎是在所难免的。

关于教师核心业务的附属业务之膨胀趋势，可以从学科教师对学生的管理上得到证明。对于学科教师来说，在课堂上管理学生是不可缺少的事情，毕竟这类事务都是为教学工作服务的，虽然不能算作最为核心的业务。但是在这类业务上，教师们会发现要求越来越高，挑战越来越大，限制越来越多，最终投入越来越多。所谓要求越来越高其实是由高质量教学的任务和期望带来的，教学质量要求越高，师生投入就越多，教师在学生管理上就期待越多。挑战越来越大主要是由于学生方面的变化趋势，今天的学生越发陷入了时代性的迷惘中，同时也越发张扬自我。时代越来越深入的复杂性让原来的经验传统逐渐失效，而"信别人不如信自己"的思维让学生自我更加张扬。教师要把自我意识越来越高涨的学生拉到深度投入教学的轨道上，这样的学生管理只能是越来越困难。在传统上，教师在管理中施加对学生的影响很容易，直接影响学生的很多方式都是被允许的，甚至包含打骂。但是，今天教师所面临的限制越来越多，不要说打骂了，就是直接的批评都要受到很多监督。当前的教育越来越向精度上发展，教师在学生管理上也更加精细。精致的学生管理对教师最主要的要求是多"用心"，"累心"是当前教师感觉劳累的一个集中反映。在管理学生方面，更加"用心"主要是指对学生通过精巧的方式施加精细的影响。这里所谓"精细"不是"细碎"，而是"精准而细致"的意思。不是所有"细节"都有很高的价值，"精细"代表着"精准的细节"，也就是要抓住那些"最为关键的细节"。这个方面如果想不清楚，就会出现对"精细"的常见误解，当前不少人提出的"精细管理""精细教学"都是很"细碎"的做法。

教师在影响学生方面需要更加用心，那些简单直接的方式要么效用殆尽，要么因为负面效应被禁止。在这种情况下，很多教师通过"用心"发展出很多方面的聪明才智。我在还是学生的时候就已经感觉到有些教师对待我们的用心之处，最突出的一类事务就是排座位。课上爱说话的人，有时会发现在排座位后自己周围的一圈都是相对不熟悉的安静同学，想和原来熟悉的、同样爱说话的同学说话已经很不方便了。当然这种情况也不是绝对有效的：对不熟悉的同学可以去熟悉，安静的同学可以试着让他们不那么安静。这些都是后话了，面对教师的"供给"（安排），学生的"消费"（应对）本身也可以多"用心"。前几年，国内基础教育界有一位老师写了一本书叫《班主任兵法》，乍一看，这个书名可能让人认为这是一本哗众取宠的书。还有人非常不适应要把班主任工作和兵法联系在一起，兵法毕竟是你死我活的战争策略，而班主任对学生工作很难和这种形象联系起来。在翻开书之后你会发现，这本书的实质内容并不是突出残酷的色彩，而是要汇总和展示班主任更"精巧"地影响学生的做法。在这本书中，和我的老师排座位一样，很多老师都敏感于不同的位置，其中提出：假如这个老师在教室的课堂里能够把纪律控制得很好，那么在操场上，他会发现相同的学生是很难控制的；召开全体学生大会不宜在过于空旷的地方；在教室外不宜进行深入的个别谈话；如果与学生开座谈会，则要尽量创设宽松平等的氛围，圆桌会议是最佳方式；教师批评学生时，居高临下的方式是最佳选择。① 由此可以看出，教师在日常工作中对场合很敏感，越是优秀的教师对场合可能越敏感。

优秀教师特别敏感于不同工作场合的限制。不同的场合意味着不同的条件，因为场合中有不同的物品、不同的人、不同的形势。在那些代表教师场合感的各种表述中，教师会看到：有些场合摆放的是圆桌，而不是方桌；有些场合有墙壁的限制，有些场合没有。同样，教师也会看到：有些场合有其他学生，其他教师甚至社会人

---

① 万玮. 班主任兵法[M]. 上海：华东师范大学出版社，2004：239-241.

士在场；有些场合就只有单个的教师和学生个体。所谓形势，主要是一种静态和动态的趋势。形作为静态的趋势可以指示场合的静态构成适合做什么，比如，圆桌就适合创造平等谈话的氛围。势是动态的趋势，可以指示场合的动态成分适合做什么，比如，情绪开始激化的中学生在圆桌谈话时也会有不可预测的行为。所以，教师的场合感可以非常具体，但是这并不意味着这些场合感会非常凌乱，这些有关场合感的各种表达明显能够表现出一些主要的思考认识维度。其中一个思考认识维度是，从场合的物、人和形势的构成就可以得出对各种工作场合中的限制作用的思想认识。

对于很多教师来说，从场合中看到机会是能力和意识的体现，也是积淀了教育智慧的一种表现。从"尽量创设宽松平等的氛围""居高临下的方式"等观点可以看到，教师们已经在场合的选择和设置中看到了更好的做法是什么，也意识到怎么做能够实现对学生更大、更符合心意的影响。在现实的教育实践中，教师从各种场合中发现机会的做法远比这里所列出来的更丰富和具体，比如，"拉学生到家长面前""拉学生到主任面前""请学生喝咖啡""请学生吃饭"等。有工作经验的学生在发现有些事情按照规范不能和导师商量时，有时会尝试以"请导师吃饭"的方式来做出改变场合的努力。当然，导师此时如果选择不过多地考虑参与或不参加，也会因此陷入某个方面的被动地位，如选择参加就可能出现违反制度规范的问题。如果选择"导师买单请学生吃饭"的方式，导师就会把场合建构成适合让学生多付出学习努力的状态。当然，这种"反策略"的做法是教师更为积极地从场合建构中发现机会的做法。所谓机会，实际上就是更加有利于自身的静态和动态环境。个体在机会中做事，就会得到动、静环境更加有力的支持。所以，从各种场合中找到机会，意味着教师要理解认识动态和静态的环境，从中判断出哪些环境更适合自身的教育实践。

总体而言，当代的教师需要在很多事情上花费更多的心思，既包括核心业务的事情又包括附属业务的事情。教师能够对教育工作的各种场合敏感，从中看到限制和发现机会，这些都是优秀教师的重要特征。

学生能够利用位置

学生是不是教育实践者，是一个值得琢磨的问题。如果说学生是教育实践者，这与教育实践的角色指向不太相符，学生在教育中是接受教育者，不是主动的教育者。如果说学生不是教育实践者，但学生又是教育实践中的主体和行动者。在教育中，如何对待学生一直是一个很难处理的根本性立场问题，最典型的做法有两种，把学生当作物和把学生当作人。以对待物的方式对待学生实际上就是以教师为中心，让学生接受教师的安排，积极接受教师给予的影响。但是，只以对待物的态度来对待学生也会遇到非常大的挑战，会出现极端的恶果。如果只强调以教师为中心，以教师的安排和设计为框架，这种状况下偶发的恶性事件多是因为教育的安排和设计很不合理，过高或过偏。以过高或过偏的安排和设计来对待学生，特别容易摧残学生或引发师生冲突，越是成熟度高的学生越容易被这种方式刺激转而对付老师。即便有教师想以自己的安排和设计为中心，想用自己的方式来压制学生，他们也得有足够的实力。否则，不会无动于衷的学生就可能起来反抗教师，如果这些学生有足够的实力，就会成功反抗或反制教师。无论是作为教师，还是作为学生，我都经历过学生给教师"下套"或对抗教师的事情，有些时候教师也会因此特别被动。把学生当人，就是要教师时刻意识到自己施加影响的学生是和自己一样的人，有一样的基本倾向性，有一样的基本需要，有一样的自主性特征。虽然，在行为的能力水平上，在思维的精巧程度上，学生可能比不上教师，但这也是一般而言。如果就某个具体教师和一个学生，或者某个具体教师和一群学生而言，教师不一定能够在这种情况下占据优势。所以，我个人倾向把学生看作教育实践的有机参与者，可以直接称学生为教育实践参与者，其与教育实践者的区别为是否具有教育工作的名分。确切来说就是，学生是没有教育工作名分的教育实践参与者。

学生与学校联系的紧密性不亚于教师与学校联系的密切性，毕竟学校也是学生的一个主要生活世界，他们在特定年龄阶段的大部分时间都在学校中度过。哪怕是一般的动物都会对自己所在的地方进行必要的建造，人更是如此。理解认识自己所处的位置，改造自己所处的位置，是小学生都会做的事情。哪怕很小的学生，如让他们坐在讲台旁的那个位置，都会感受到教师目光的密度和"看管"的强度。在刘云杉教授对学校日常生活的社会学调查中，有学生就说："前排，在老师的眼皮下，你能自在得起来吗？……'一览无余'，有的老师检查背诵，总爱从第一排开始，因此他们常常第一个得到实践机会……前排多是小个子，如果不是，那肯定是班主任的重点控制对象"，"后排，这里人平均身高 1.75 米以上，班级的体育明星多半出自这里，不过也有犯了错误'发配'过去的"①。这段谈话主要是针对教室中的不同位置来说的，从中可以看到，学生对不同的位置很敏感，能够感受并清晰地表达出不同位置的含义和影响。

对于学生来说，不同的位置有不同的规则和限制强度。对于学生来说，被老师看到或发现就是一系列限制的开始，所以很多时候学生发现不同位置具有不同的限制与教师的注意力有关。正对讲台的教室中间的几排是教师注意力集中的区域，所以有人调侃说这里是学霸区域，因为只有特别爱学习的学生坐在这里才不会有更多的不适，当然这里也是看教师教学最好的区域。相对于这个核心区域，其他区域都是边缘区域，特别是最后边和角上的区域，这些区域一方面由于距离教师较远难以被教师注意到，另一方面，有前边的学生可以作为"掩护"。当然，如果紧挨讲台的地方摆着桌子，那么这个位置多数是教师需要特殊关照的位置，一些教师认定为"很特别"的学生会被安排坐这个位置。在教师排列座位的时候，学生们对不同座位的感受可以通过排位后的反应看出来，特别在结合他们是否愿意"亲近"教师的心态之后，他们对不同位置的感知就非常明显了。在没有排列座位的教室里，对于不太爱上的课程，多数学生会优先选择靠边或靠后的位置，因为这些位置是受限制较少的位置，也被人戏称为"休闲娱乐区"。

当然，学生也会在不同的位置上发现机会，即可以占据"有利地形"。对于上课爱走神的学生来说，靠窗的位置是非常好的位置，能够在听课之余"观景"，当然这里的前提是通过窗子可以看到外部多彩的世界。对于努力亲近教师的学生来说，前排的中心区域是非常有利的，这是最能和教师实现"眼神交流"的区域，也是参与教育教学活动最好的区域。一些学生发现，如果想和教师直接对抗，最好在有很多观众的场合，例如，有很多同学在的教室或有听课教师在的公开课上。对学生来说，机会是与需要联系在一起的，不同的需要对应不同的条件，所处位置本身就决定着是否更全面地具备这些条件。当有工作经验的研究生主动请教师吃饭时，这里的基本想法就包括换一个更适合"软磋商"的地方，哪怕和教师一起去食堂吃饭都会感到比在办公室和教师面对面坐着更适合同教师商量什么。

---

① 刘云杉. 学校生活社会学[M]. 南京：南京师范大学出版社，2000：189—190.

可以说，学生对不同位置的感受和利用都是接近本能的，低年龄的学生倾向于基于感受来利用不同的位置。在这个方面，很小的孩子都会躲闪，我们只要想一下，就可以体会到人对位置的利用本能。当然，对于不同成熟程度的人来说，学生对位置的感受和利用一般会比婴幼儿更加细腻和精巧。一个老道理是，虽然教师总体上比学生更加成熟和强大，但是这并不等于一个教师在面对一个学生或面对一群学生时能保持着相对的成熟和强大。在学生利用位置的做法面前，很多教师需要努力做出更加积极的反应，一时做不出来就很可能陷入被动之中。在一定程度上，教师是否把学生当作和自己一样的人，这既是态度问题，也是能力和实力问题。即便想规范甚至控制学生，如果教师没有能力和实力也是很难的，况且今天的教育制度在内、外环境建设上并不支持这种教师中心的取向。

学校精心设计空间

在从事学校文化建设研究时，我们发现经常需要对学校文化和校园文化两个概念做出区分，在这个区分背后是一个根本性的问题：学校是校园吗？对于这个问题，一个普遍的反应是两者一致。但是，对这个问题的一个细致的说法是：校园只是学校的物质层面。这种说法的一个极端例子是，一所学校在所有人离开了校园后依然可以作为学校来存活。但是，这个极端例子的问题是离开了校园后的一群人还会在某个地方存在，那个地方就是新的"校园"了。当然，对于原来建设的校园文化来说，人一旦离开了，那里的"文化"也就成为"痕迹"或"遗迹"了。

人们一般认为学校与校园是一致的，表明了人们对学校的环境条件的构成具有深度的认可。俗话说"一方水土养一方人"，学校的"水土"与学校的教育效果之间有深刻的联系。我们对这种联系的解释可以比较深入，比如，使用隐性课程理论来解读自然环境和精神环境对学生有潜移默化的影响。事实上，这种联系可以非常直接。20世纪八九十年代的很多学校为拥有高楼大厦和设施齐全而自豪，在一定程度上，这表明了人们对丰富的环境条件的认可。一个内容丰富的宽阔"地方"对于学校来说是非常重要的，学校教育在历史发展中逐渐探索出一种对所处"地方"进行安排的一般模式。古德莱得的《一个称作学校的地方》是比较著名的学校研究著作，其中包括对学校具体空间布局的描述："我们的研究却示意我们尚不能沉湎于对那些昔日熟悉而如今已被取代的事物的怀恋之中。我们所观察到的教室更像而不是更不像昔日教室的样子"，"通常我们看到书桌被排列成行，面向着位于教室前方的教师。像图书角这样的教育辅助设施，偶尔会在小学的教室里看到，但在中学的教室里就很少看到了。家用的椅子和地毯有时也会在小学的课堂里使用，但随着年级的升高，这些东西便很快消失了"①。在这段表述中，我们看到学校的格局布置有着自身的稳定性，虽然教育会随社会的发展而发展，但是这并不意味着教育的每个方面都会发生同样幅度的变化。这段对教室布局和设施的表述，展示了学校虽然经历了时代的变迁却仍在格局位置和设施设备上保持稳定性。在很多人的观念中，教育会随着社会政治、经济、文化、科技而变化。社会的这些方面发展了，教育就一定会有相当程度的发展变化。在这种观念下，乔布斯关于为什么学校教育不能被信息技术深刻影响的问题才会引起那么多人的共鸣。事实上，在一般道理上，这个问题不一定是疑问，比如，在科技迅猛发展下，人类的家庭关系模式并没有发生彻底的变化。如果要解释"乔布斯之问"，我们可以给出这样的一个回应：信息技术在学校教育结构中并不居核心或主导地位，因而信息技术的发展并不能决定学校教育结构的根本变化。学校的布局为什么可以在一定程度上保持稳定，这里的道理和前问有相似的地方。比如，教师与学生的关系状况决定了，学生听教师讲授是主要的教育关系，所以在师生同在的场合，让师生能够方便地面对面谈话就是一个基本原则。虽然，图书设施是学生学习的重要设施，但是在中小学阶段，教师对基础知识的掌握和对学习方法的运用，决定着这些设施相对附属的基本位置。当然，基本框架的稳定并不是不会改变，在保持基本框架稳定的情况下，学校的布局和设施可以在不同程度上改变。

在当前国内教育的发展中，布局和空间创新已经成为教育创新的一个新方面，得到了越来越多的教育实践工作者的关注。在这个方面，我们看到越来越多的格局新异的校园和教学楼出现了，从未有过的新奇设施开始进入校园，校园建设开始特别强调"文化品位"。在学校布局和空间发展理念上，让学校成为花园已经开始让位于让学校成为博物馆，让学校成为儿童成长乐园，让学校成为图书馆，让学校成为

---

① 约翰·I.古德莱得. 一个称作学校的地方[M]. 苏智欣，胡玲，陈建华，译. 上海：华东师范大学出版社，2014：85.

生命的旅途。此时，把空间建设当作后勤工作的观念已经开始变为把空间建设当作学校文化建设，把空间建设当作学校课程建设。如果不纠结于教室还是学校空间核心的构成，不纠结于把学生放在教师规训范围之内是基本的原则，不纠结于为学生对基本知识的学习而准备的设施是主要设施，现在实际上可以认为学校空间和设施已经发生了重大变化。国内教育在学校布局和设施上的这些巨大发展，一方面得益于教育经费"补偿性"提高，经济高速发展，很多年的成果通过近几年的经费投入补充到学校教育领域；另一方面得益于学校教育发展对学校教育深层结构的改进。虽然，今天的教育依然强调核心的素养、核心的内容、核心的方式，这一系列"核心"确实没有颠覆性的改变，但是很多重要的方面和因素的确发生了变化，例如，在教师规训地位不变的情况下师生平等对话的范围和程度扩大和提升了。从当前学校空间布局来看，开放化和丰富化是两个主要的变革趋势。开放化的基本趋势主要指原有的紧缩结构开始松散了，束缚学生的状况松动了，比如，教室的墙壁能灵活移动或消失了，教室内的桌椅开始方便摆放并开始服务于学生交流了，图书馆和各种功能性场所开始前所未有地向学生开放了……虽然，学校和教师对学生的规训作用没有根本改变，如监视依旧和评测考核继续。很多学校提出反应试教育，但是这并不等于放弃评测考核，今天的评测考核甚至比之前的应试教育还要密集。丰富化的基本趋势是指原先没有的多元素或多样形式的教育开始进入学校之中，让学校的内容和形式更加饱满和多样。很多学校增加了种植园、养殖园、科技园、茶吧、生活馆等，这些元素原先并不在学校教育的环境格局之中。学校原先就有的设施元素也有了新的形式，色彩温馨、环境舒适的图书馆是很多学校努力建设的目标，学校的各种树木花草也越来越美丽宜人，甚至学校墙壁的色彩都比之前丰富许多。当然，开放化和丰富化的变化也体现在更加微观的教育领域中，在具体教育区域和学生直接的活动区域中也都能看出开放化和丰富化的布局和发展趋势。

学校教育既是环境条件的存在，也是布局和设施的存在，学校教育的发展离不开环境设施层面的发展。虽然现代教育的基本理念还保持着稳定，还没有出现颠覆性转变，但是很多方面的革新规模已经非常宏大和深入了。这一切都说明学校的空间在精心设计中塑造传统，在精心筹划中变革更新。

理解教育空间需要认识框架

在教育研究中，关于主观和客观的优先性争议长期存在，其根源可以追溯到唯理论与经验论的分歧上。在唯理论中，代表理性的公理和理论在认识中处于中心位置。在经验论中，只有被经验证明的认识才是唯一可靠的认识。具体来看，教育研究中关于主观和客观的优先性争议体现为，是否带着确定的理论框架和倾向来研究教育。在这种争议中，一个极端的观点是教育研究要带着理论的明确框架和倾向来实施研究，即使不带框架和倾向也只是一种倾向。另一个极端的观点是在教育研究中不能带着框架和倾向来实施研究，即以非常自然的态度去观察、收集、加工确切的教育经验进而得出结论。无疑这两种极端的立场确实会推动一部分研究者"深远"地揭示教育的一个方面，但是这种"深远"也具有鲜明的"片面和偏颇"性质。

在对教育空间的把握中，片面和偏颇的经验中心或理论中心都是不可靠的，经验中心的不可靠在于其表面和短视的特点，理论中心的不可靠在于其虚幻和固执的特点。例如，只看到教育空间革新的现状就会无所适从，只看到教育空间建设的教师规训功能就会忽略变化革新。解决"片面和偏颇"的基本方式，就是不断加强两个对立方面的互动，从而实现目光的提升和视野的开阔。从教师、学生和现代学校发展的角度来看，空间确实在教育实践中发挥了很重要的现实作用。具体来说，至少空间作为限制和机会的两类作用是比较明显的。一方面，教师、学生和学校都会受到空间的制约；另一方面，教师、学生和学校也能从空间中找到发展的机会。这些都是把空间作为教育实践核心要素的直接证明。

但是，对于把握教育实践的空间要素来说，仅有教育实践者的感受和认识是不够的，有一些关键的问题没有浮现。如果要等这些问题在直接经验层面"浮现"，需要很多时间，也需要契机。怎么能够控制这样的随机性并减少时间呢？一个必要的做法就是借助已有的空间思想和认识来进行。为了深入把握教育实践的空间元素，这里特别需要追问以下三个问题：如何理解教育实践中的空间概念？如何具体解释空间对教育实践的影响？如何基于空间要素来改进教育实践？

理解教育实践中的空间概念是认识论问题，具体做法就是通过词源分析、定义分析和历史分析等途径在已有的空间定义基础上确定空间概念的内涵。具体解释空间对教育实践的影响，需要收集具有代表性的教育实践的空间问题研究，在这些研究的基础上提升认识高度和扩大视野。基于空间要素来改进教育实践是对教育实践空间思想认识的进一步应用，从而进一步实现从理解、把握到智慧的转化。

空间是秩序与可能性

空间是一个非常悠久的话题，人类对空间的思考和认识久远而丰富。在一定程度上说，人类对空间的关注是本能性的，也事关自身存在和发展的总体状况。这样的本能性甚至在其他动物那里也能看到，特别体现在对"居住"空间的选择和建设上。当然，对空间的思考和认识目前多被认为只有人类拥有。虽然教育实践的空间相对来说是具有一定特殊性的，但是人类对空间的一般思考和认识可以提供作为资源和框架选择的教育实践以支持和帮助。因此，对空间思想和认识的梳理很有必要。

空间定义的从具体到抽象

在《说文解字》中，"空"的解释是"窍也"，"间"的解释为"隙也"。两者都可以做进一步的解读，"窍"的主要意思是孔，"隙"的主要意思是具有两边的中间。从这个解释来看，中国古代对空间的理解是从具体事物和现象开始的，在各种"孔"的现象中创造了"空"，在具有两边的中间地带创造了"间"。而且，"空"体现了人造的意思或与人的联系，因为"空"本身是"穴"和"工"的结合。把对"空间"的理解与"人"相连是一个非常重要的思维方式，这里算是找到了一种倾向性。

《辞海》作为现代比较权威的工具书，对空间的定义就非常抽象和概括了。《辞海》给出的空间定义是："在哲学上，与'时间'一起构成运动着的物质存在的两种基本形式。空间指物质存在的广延性。"[①]在这个解释中，这几个关键词是非常值得进一步琢磨的：与"时间"一起、运动着的物质、基本存在形式、广延性。与"时间"一起点明了空间与时间的紧密相关性，甚至是一种互通性，这一点也可以解释"四维空间"为什么包含了"时间"轴。在理解时间的过程中，对时间进行空间化是一种非常主

---

① 辞海编辑委员会. 辞海[M]. 普及本. 上海：上海辞书出版社，1999：931.

要的思路。运动的物质是指空间所以存在的对象特征，看待运动的物质和看待相对静止的物质不同，把握运动的物质不只要把握物质的构成，更要把握物质的运动可能性和运动状态。所以，运动物质的基本存在形式就是可能性与运动状态，这里的基本存在形式是对空间认识的更精确目标。广延性是空间认识的最核心内涵，是运动物质众多存在形式中属于空间的那一个形式。从字面来说，广延性是广泛延伸或延展的属性，即运动的物质伸展广阔度的属性。比起《辞海》，《中国大百科全书：哲学》对空间的定义增加了一项核心内涵，它认为，空间是"物质客体的广延性和并存的秩序"①。这里"并存的秩序"是一个内涵丰富的表达，物质客体并存的秩序在这里主要是指各种物质客体如何并存，它们之间的关系如何。这个定义指出了空间认识不仅要认识运动物质的广延性，还要对物质之间并存的状态进行研究，即空间认识要从物质个体扩展到物质之间的关系。

英语的"空间"一词是 space，从词源上看它主要来自拉丁文单词 spatium，其基本的意思是间隙、空隙。从这个情况来看，英文的空间单词也是从具体的空隙中发展出来的，其意思更接近中文的"间"。在西方语词的演变发展中，希腊文中的 kenon（虚空）和 diastema（广延化）与"空间"内涵密切相关，也常被人认为是近代西方"空间"概念的一个主要来源。当然，这些考察是粗略的，其最主要的意思是说西方的语言中很早就出现过与空间相关的概念，而且这个概念的一些基本意思与不同历史时期的中文意思有一定的共识。词语的核心功能是聚集意义和思考，"空间"与英文意思的一定共识说明了中西方人对空间现象的思考有一定的一致性，而不共识的那个部分说明了思考的差异性。这种现象在一定程度上也可以说明：对非常一致的现象既会产生一定共识的思考，也会因为角度和思路不同而产生不同的思考，不同文字体系中的对应概念实质上是一种大体相似的模糊"对应"。

通过对"空间"概念的词源和工具书定义的检索和概览，关于空间我们可以形成这样一种基本认识：空间概念的意思存在于由孔隙、空隙、物质、运动、运行形式、广延性、并存的秩序等表述构成的思想网络中，关于空间的认识存在着一个由具体

---

① 中国大百科全书总编辑委员会《哲学》编辑委员会，中国大百科全书出版社编辑部编. 中国大百科全书：哲学卷[M]. 北京：中国大百科全书出版社，1987：422.

到抽象、由实体到形式的发展过程，空间不仅可以作为具体的对象来认识，还可以作为认识的方式来认识其他事物。

绝对和相对的空间思想

虽然人类对空间的思考是本能性的，而且也有人更早地提出过一些与空间相关的个别观念或表达，但是对空间的系统思考目前只能追溯到古希腊的柏拉图和亚里士多德等人那里。一般来说，第一个比较明确地把空间概念作为哲学探索的对象的思想家是柏拉图，他对空间提出了直接而深刻的思考：空间作为存在者和变化者之外的第三者，在世界生成之前就已经存在了，它像真实的存在那样，是不会消失的，它又像一个母体，为万物的生成提供了一个场所。[①] 这是柏拉图空间思想的核心观点，我们从中可以体会到柏拉图对于空间的一种绝对观念。这里明确提出了这些具体的空间认识：空间独立于物质及运动，空间是先于世界的存在，空间是世界存在和发展的"背板"，空间是绝对存在的。这种思想认识具有非常博大的视野，也具有广阔的世界观，由此树立了绝对空间思想的模板。这里所谓绝对就是空间的存在不受任何事物影响，反而能成为其他事物存在的母体和基础。

绝对空间的思想把空间的位置最高化，但也容易让空间思想虚空，在这种情况下与绝对空间思想相对的空间思想就可能出现了。亚里士多德与柏拉图不同，虽然与柏拉图有一定的师生关系，但他提出了一种恰恰与柏拉图空间思想相对立的相对空间思想。他具体认为："现在假设空间是指包容各个物体的直接空间，它就应该是一个限。因此应该认为空间是确定每个事物的量和量的质料的形式或形状，因为后者是每个物体的限。"[②]从这里可以看出，亚里士多德的空间观把空间和物体的存在紧密联系在一起了，开始让空间具有量和形状的衡量尺度，空间开始具有了更具体的存在层次和存在衡量方式。

在思想认识领域，绝对主义和相对主义一直发生着冲突和对抗，也许这就是"相生相克"关系中的冲突一面。一般来说，绝对主义批判相对主义的灵活变化性，甚至

---

① 柏拉图. 蒂迈欧篇[M]. 谢文郁，译. 上海：上海人民出版社，2005：36.
② 亚里士多德. 物理学[M]. 张竹明，译. 北京：商务印书馆，1982：95.

认为这种灵活变化是没有原则立场的表现。反过来，相对主义批判绝对主义的高高在上的姿态，甚至认为绝对主义是虚妄的。事实上，从思维类型来看，绝对主义和相对主义并不能构成二元论的对立关系，因为绝对主义应该与更为"狂热"的虚无主义对立。真正的相对主义虽然提倡灵活变化，但是其内在坚持了某种确定性的原则立场，其姿态是"稳健"的。只有虚无主义的否定一切才更符合绝对主义要批判的"没有原则立场"特征。

就绝对主义和相对主义的空间思想来说，柏拉图的绝对主义空间观能够引发人们对空间的认可、重视甚至尊崇，也提供了以空间作为定位世界的思想认识的背景，但是这种空间观的明显缺陷是没有和具体事物更加紧密地联系在一起。相对主义空间观对空间的理解虽然没有显现出空间的至高地位，但是却更加确切实在，为具体把握空间奠定了基本的认识框架，即空间可以被衡量大小和形状了。所以，在从绝对主义到相对主义的变换中，空间虽然损失了绝对主义空间观中的空间的至高地位，但是却获得了相对主义空间观中的空间真切性。两者互有长短也决定了两者都会在历史发展中存在和传承，它们分别对应着对空间地位的认可和对真切空间的衡量。同样的思维方式也可以用在道德绝对主义和相对主义的对比上。在道德问题讨论或德育探索中，不少人认为相对主义的倾向是不好的，因为相对主义降低了道德的至高地位。但是，这些反对相对主义倾向的人没有看到绝对主义造成的道德虚空，即"可望而不可即"的道德状况和德育目标对道德践行的负面效应。所以，我们对学术的思考也需要分清楚目标，然后再选择合适的立场和方式。

绝对主义和相对主义的空间观后来不断地继承和发展，而且思想家也做过把两者结合的尝试。在结合绝对主义和相对主义空间观的尝试上，牛顿的探索是非常突出的，他提出："绝对的空间，就其本性而言，是与外界任何事物无关而永远是相同的和不动的。相对空间是绝对空间的可动部分或者量度。我们的感官通过绝对空间对其他物体的位置而确定了它，并且通常把它当作不动的空间看待。如相对于地球而言的地下、大气或天体等空间就都是这样来确定的。"[①]从牛顿的这个核心观点可以看出，他对空间的理解按层级结合了绝对主义和相对主义空间观，把绝对空间当作

---

① 艾萨克·牛顿. 牛顿自然哲学著作选[M]. 王福山，等，译. 上海：上海译文出版社，2001：27.

世界的前提和背景，把相对空间作为绝对空间的部分和构成。对相对空间的把握需要被放在绝对空间的背景中，把握的途径是感官。这种结合思路是非常典型的绝对主义和相对主义结合的思路，主要运用了整体和部分、本体与生成的思维方式。这样的思维方式在其他领域把握绝对主义和相对主义的对立关系时也可以借用。

客观和主观的空间观

人对世界的认识不仅会出现绝对主义和相对主义的分歧，还会经常出现客观与主观的分歧。崇尚客观的认识倾向主要把客观存在的事物作为认识的起点和依据，即作为中心原点。这个中心原点的作用是确定认识的根本来源和主要判定依据，客观认识倾向就是把客观存在的事物作为认识的根本来源，用客观作为判定相互冲突的认识的尺度。这种认识倾向的基本思路是，不管主观如何感受，客观存在的事物就是客观存在的，不随是否被主观认识而转移。其实，客观认识倾向并不是否定人的主观存在，只是把这种主观放在客观之下，接受客观的基础地位和规范制约。崇尚主观的认识倾向主要把主观心理感受和思维作为认识的起点和依据。这种认识倾向的一般思路是不管存在着什么，只要主观没有感受和思考到，这些都不会出现在认识领域中。因此，主观的感受和思维构成了认识的根本来源，并成为判断认识正误的标准。面对客观与主观的倾向分歧，比较好做的选择是任选其中一种，比较难做的是调和和梳理。

在人类对空间的认识过程中，客观与主观的空间观是交替出现的，可以涵盖从近代到现代的很多思想家提出的空间思想。客观的空间观主要来自笛卡尔、莱布尼茨和爱因斯坦等人的思考，这种观点主要提出空间的物质性，以物质作为质料的空间是客观存在的。主观的空间观得到贝克莱等人的支持，这种观点主要认为空间作为一种直觉主要来源于人的各种感觉。当然，一些思想家如康德对两者做了结合的尝试，他把空间作为外感现象的先天形式。从对客观与主观的空间观概览中可以看到，客观与主观的空间观事实上争夺的是空间的物质性和主观性谁第一或谁唯一的问题。客观的空间观认为物质性是空间的第一或唯一属性，主观的空间观认为感觉经验是空间的第一或唯一属性，康德式的调和观点认为空间作为感受现象的先天形式超越了纯粹的物质性和感觉经验。

事实上，在一个具有不可分离成分的整体中一定要说出哪种成分更重要更根本，似乎是一个无结果的争斗。无论说哪一种成分是重要的或根本的，其实都要给其他方面留下重要的位置，否则这种观念一定是片面的。今天，我们赞成辩证唯物主义和历史唯物主义，在唯物主义前面加上限定的说法就是要给主观成分留下合理的空间，即不否认主观成分在现实和历史世界中的存在位置。当然，这里也不是完全否定那些有分歧的认识的价值，这些分歧有助于新的不同的认识思路的产生和成熟，为多样性的世界认识提供更多的选择。面对这种情况，我们除了构建更高位的整体观来"消融"认识分歧之外，还可以采用"观念丛林"的穿越思路，即从出发点和最终目标方向来决定哪条路线更合适。这种穿越思路在解决具体问题时可以被更多地使用，在思想修炼中我们还是尽量尝试构建更高位的认识整体来统合这种状况。

以人的存在为中心把握空间

对空间的把握可以有很多"坐标原点"的选择，绝对主义空间论是以空间论空间，相对主义空间论是以物体论空间，主观空间观是以人的感觉经验论空间，客观空间观是以物质论空间。在这一系列对空间"坐标原点"的解读中，人们可以看到对空间的把握总体上存在着从超越到世间、从现实到抽象的变化。但是，已有的"坐标原点"并不完全充分，特别是在人文主义的时代思潮背景下。

人类定位的世界和自身在历史上经历了不同的阶段，人文主义反映了人类当前的主流定位模式。人类原始的阶段倾向于把自然与自然背后的神作为世界的中心，由此出现了反映人类对世界和自身定位的各种神话，中外都经历了这个时期。后来，随着人类认识、改造世界与自身的能力的提升，人类开始发现这个世界和自身都可以由自身来做主。近代以来，人类开始进入由自身做主的人文主义时代。实质上，所谓人文主义是一种思想认识形态，这种思想认识形态把人作为世界的中心，把人作为世界和自身的主宰，人的需要和价值构成了这个时代核心的需要和价值。在人文主义时代，不是自然为人立法，而是人为自然立法，人的需要和价值成为这个世界的价值原点。

在人文主义时代，空间自然地拥有一个新的时代坐标中心：人的价值。使这种空间定位思维成为可能的思想家以海德格尔为代表，他对人类存在的沉思包括以人的价值为中心定位的思维方式。海德格尔作为一个著名的思想家，在思想史上是富有开创性的，这种开创性来自他对抽象传统和认识传统的背离。近代以来，西方哲学逐渐形成了崇尚抽象思想和抽象认识论的思想传统，哲学家们重点在抽象的层面上探讨认识的问题，笛卡尔、洛克、康德、黑格尔等人都是这种思想传统的代表。但是，这种思想传统也存在着明显的不足，抽象不能代表现世，认识不能代替存在，对认识论的探索不能代表对人的存在产生了更深广的理解。海德格尔在这种背景下，把眼光放在对人的存在方式和问题的探索上。

海德格尔在演讲《筑·居·思》中提出："并不是有人，此外还有空间；因为，当我说'一个人'并且以这个词来思考那个以人的方式存在，也即栖居的东西时，我已经用'人'这个名称命名了那种逗留，那种在寓于物的四重整体之中的逗留。"①在这段话中，海德格尔明显表达了这几个意思：人在空间中存在；空间随着人而存在；人与空间不可分割；语言中蕴含着空间维度。从这些意思可以看出，海德格尔是完全以人的存在为核心和线索来对空间进行思考认识的，他把人的存在与空间紧密结合作为理解空间的核心线索。

相较于以往认识论哲学的抽象性，海德格尔的从人的存在来认识空间的思想提供了一种入世的空间认识思路。这种思路更为重大的意义是不仅提供了一些新颖的空间观点，而且提出了一种新的思路，即在人的存在和生活中理解空间的内涵、结构与意义。虽然从今天来看，以人为中心的世界观和行为方式也为这个世界和人类自身带来了不少问题和伤害，环境和生态问题就与这种世界观和行为方式有非常直接的关系。此外，以人为中心的立场也会让人变得无畏，什么都敢想敢做，尽管这种立场能促使人们开拓新的领域和进行新的探索，但是也会招致新的麻烦。向未知领域的探索是人类发展的必然，但若因为以人为中心而让自己变得盲目，那么这种盲目的发展本身就可能引发不必要的危险。而且，以人为中心的立场本身并不是必然的唯一选择，人类的所有才能和属性并不足以构成无争议的中心，自然界可以对人类中心构成挑战，自然界之上被设想的"神"也可以构成挑战，被猜想很多的"外星

① 马丁·海德格尔. 筑·思·居[M]//孙周兴，编. 海德格尔演讲与论文集. 北京：生活·读书·新知三联书店，2005：165.

人"和"机器人"或许也能构成挑战。然而，把对空间的认识从物质、事物和感觉经验这些高高低低、内内外外的视角拉到人的生活层面，就具有重大的人类福祉意义。无论如何，作为人类的一分子，思想家们从人的角度通过世界与人的关系来把握世界，为实现人的完满和福祉奠定基础，这本身就让人非常理解并认同意义。

不同的认识坐标中心之间可以有深层的共同性的观点，主要来自数学的启发，平面坐标系中的 x 轴和 y 轴本身可以翻转。但是，不同坐标体系带来了认识简洁度的不同和认识突出性的差异。如果人们真要以地球作为太阳系的中心，从数学来说按照"运动是相互的"原理应该能重新画出一种"坐标系"，但是简洁性和中心突出性就完全不同了。虽然，这样的做法不利于简洁性，但是对于从地球上观察太阳系的人来说是很有意义的。对世界的认识也应该如此，虽然人并不是世界的绝对中心，但是以人为中心构建认识和行动体系有利于人把握世界。

地理学与心理学中的环境与人

学校中直接探讨空间问题的学科主要是地理学。尽管学习了时间长短不一的地理学，不少人关于地理学的印象还停留在探讨关于地球的事情上，而没有意识到地理学是探讨空间的学科。一想起地理学，不少人能想到的更多是地形、地质、地貌、气候、行政区划和地方特产。在参加中小学听课活动的过程中，我有一次上课的内容是经济活动与地形、地貌、气候等之间的关系，至此我开始意识到地理学的重要内容是地理位置和人类活动的关系，人文地理学是对空间与人的关系进行研究的领域。我对人文地理学的了解始于对人文地理学者哈维《希望的空间》一书的阅读。

很多学科的老师在专注于对学生进行具体内容的教学时，一定不要忘了让学生理解这个学科本身，否则就容易出现"只见树木不见森林"的问题。从一般来说，地理与天文相对，天文研究天空或宇宙中的存在，地理研究地面或地球上的存在。这种理解虽然不精确，但在一定程度上基本符合了很多地理问题的认识逻辑。如何认识地面上的存在，古代人类对这个问题的回答明显能够让我们看到事实和观念两种类型。所谓事实的回答主要是回答地面有什么山山水水，是什么样子，它们如何相连。这样的地理学印象符合我记忆中的地理学模式。先说在哪个地方有哪个国家，首都是哪里，有什么著名的山河，山有多高，河有多长，气候如何，物产是什么……但是，与此相对，地理还有观念的形态。对于中国人来说，这种观念地理在很小的时候就听说过：中国的"中"表明中国是世界的中心，中国很大，中国的人很多，中国有东西南北中五个方位，因此也有北京、南京、西京、东京……如果说事实地理比较偏重认识自然和客观存在的事物，那么观念地理就比较偏重认知人文或文化，是人们在文化发展中积淀和传承了有关地理的认识。这些都是对地理学有人文性质的直观理解，当然这与地理学本身的专业述说有相同之处。

哈维在《希望的空间》一书中表达了这样的观点：地理的重新安排和重构、空间策略和地理政治因素、不平衡地理发展等，都是资本积累和阶级斗争发展的关键方面；阶级斗争在高度多样化的地形中以不同方式展开；推动社会主义运动必须要考虑地理事实和地缘政治的多种可能。[①] 从表达风格来看，这是典型的马克思主义的理论风格，这种风格的典型用词包括"阶级斗争""策略""社会主义运动"等。事实上，哈维在人文地理学上的基本定位是马克思主义地理学者，主要从地理学的角度来阐释和发展马克思关于阶级压迫和阶级斗争的思想。传统的马克思主义比较强调从生产力和生产关系、剩余价值、人性异化等方面揭示阶级压迫，而他在继承揭示阶级压迫和筹划阶级斗争的目标中把关注点放在了自己的地理学科，提出空间的安排和筹划是阶级压迫的手段，同时也可以成为阶级解放的重要途径。这里提到的哈维给出的一些具体观点都值得琢磨。

空间安排策略与资本积累、社会关系建设有深刻的关系。这个观点如果要结合史实，圈地运动是最好的例子。圈地运动具有空间的意义，是一个空间安排的策略，这个策略让分散的土地集中起来，同时带来的是失地人口的集中。这两个方面改变了空间的设置，如果有人还像圈地运动之前那样分散开来，那么工厂就没有了集中的人力资本，而且也失去了消费人口。从当前的城市化过程也能理解空间安排与资本积累的关系，人员从分散的农村集中到城市，这让房地产等行业既拥有了可能的土地又让这些行业拥有了客户群体。空间安排的改变带来的人口集中与分散确实有资本上的意义，在此基础上还有强化或改变特定社会关系的意义。这个方面的道理对于现代学校的空间建设很有启发意义。

---

① 大卫·哈维. 希望的空间[M]. 胡大平，译. 南京：南京大学出版社，2006：75-89.

在揭示内在关系的基础上，哈维提出了改变社会关系的现实活动与策略，这对于理解现代教育空间建设的方向和目标也有很大价值。他认为，在不同的地形上，阶级斗争的方式就不同，这可以从西欧、俄罗斯和中国的阶级斗争历史对比中得到证明。理解起来，其中的道理很清晰。不同的地形以不同的方式影响着人，集中的城市与广袤的农村对人的影响不同，城市的集中可以让作为阶级斗争的社会关系活动更加频繁与激烈，农村的相对分散可以让作为阶级斗争的社会关系活动更加日常与舒缓。在这种背景下，哈维提出社会主义的发展必须考虑到地缘和空间。这种提醒是非常重要的，理论思考经常具有的一般性包括既忽略人的个性又忽略事情的个性，不同地形就是人和事情拥有不同个性的现实基础，任何非抽象的思想和行动都要在现实的重要基础上来运行。

从哈维的地理学探索可以看出，地理学并不只是客观地探讨自然现象的学科，对人与环境的现实关系的探讨更应该成为地理学的核心议题。地理学不应该满足抽象地或一般地探讨自然环境和人的关系，还应该特别关注多样化的环境与多样化的人之间的关系。哈维的地理学观点展示了地理学可以深入地探讨这样的一些主题：认识和协调空间与个人的关系，认识和协调空间与群体的关系，评价特定空间的状态以及创造空间。哈维本人的马克思主义地理学就展示了这样一个研究模式：揭示空间与人的具体关系，如揭示人在特定空间中所受阶级压迫的问题；揭示空间与群体的关系，如阐释不同地形与阶级斗争形态的关系；提出建构空间的方向，如指出社会主义在不同空间中要有不同的发展策略。

如果把这里一直关注的空间问题与"环境"概念相连，空间与人的关系问题就可以包括环境与人的关系问题，探讨环境对人心理影响的环境心理学也可以成为理解空间的认识资源。一般来说，环境心理学作为学科发展于20世纪60年代之后，这里不做更为细致的介绍，只从基本思路上说明这个领域对于理解空间的意义和价值。环境心理学一般关注建筑、城市布局、人口密度、人际距离及其要素对人的心理影响，具体探讨过的要素包括噪声、光源、空气污染等方面。事实上，人类很早就具有了环境心理学方面的认识，中国传统的某些"风水"原则就蕴含了关于环境对人心理影响的一些思考。当然，环境心理学在学科上的发展能让这些认识更加科学化和专题化。对于理解空间来说，环境心理学揭示了空间对人的心理的影响，这可以成为从空间与人的关系角度来探讨空间内涵、功能和意义等问题的具体依据。环境心理学不仅探讨空间对个体心理的影响，而且广泛探讨了空间对集体心理的影响，这些都为理解教育实践中的空间问题提供了非常好的认识资源。

空间与社会的相互建构

海德格尔对空间的观点让我们了解到空间与人的关系对于理解空间的重要意义，真正让人更为切实地从空间与人的关系角度探讨空间问题的学科是社会学。更具体来说，这种社会学的类型主要是理论社会学。这里探讨教育实践的哲学会频繁地引用社会学的著作，有时难免让人产生哲学与社会学有无差别之疑虑。这里强调理论社会学，本身也是为理解哲学与社会学两者之间的关系做铺垫的。哲学与其他学科的关系一直处在变动中。在古代西方，哲学作为世界原理和本原的科学占据第一学科的位置，其他学科都是在哲学之下研究具体主题的板块。随着神学、自然科学、社会科学的逐步发展，哲学开始转向认识、实践和语言等主题。时至今日，虽然哲学总体上还处在重点关注语言主题的阶段，但是哲学的"崇高"地位已经越来越大不如前了。今天的哲学越来越日常，越来越与具体的学科交织在一起了。其实，即便在哲学高于其他具体学科的时代，哲学也是与其他学科紧密相连的，毕竟哲学知识构成了同时存在的其他学科的基础。从这些情况来看，哲学与其他学科的关系没办法说得更清楚了，因而这就需要换一种思路。从四因说的观点来看，形式是事物存在的核心特质，因此，对哲学的理解可以从哲学的形式来进行，哲学在根本上是一种思维方式，作为一种思维方式，其具体特征是不就事论事，而是抽象地探讨问题。从这个认识来看，所有学科抽象地探讨问题的层次就都具有了"哲学"的属性，都可以算是那个学科的具体哲学。至此，哲学与社会学的关系就有了较为清晰的定位，即社会学中那些抽象探讨社会问题的理论社会学就具有了明显的哲学属性，可以称为社会哲学。所以，哲学可以有独立的哲学形态和领域，也可以有分散在各个学科的哲学范畴，这样的存在状况根源于哲学的思维方式的形式化实质。

社会学研究什么？一般认为它主要研究社会现象、社会问题和社会规律。这个回答主要是一种层次定位和逻辑分类的观点，没有说明研究对象的领域。广义的社会学肯定广泛关注社会结构、社会体系、国家、民族、个体、角色、人际关系等方面，但这样的广泛性可能让社会学面临其他学科的跨界质疑和抵制，如政治学认为政治秩序和国家等问题是自己的研究范围。从更为狭义的角度来看，社会学最为核心的研究主题还是社会关系，以及社会结构、社会互动、社会角色、行动者、社会阶层等与其相关的主题。社会互动是社会关系的具体生成机制，也是社会活动的基本形式。从社会存在和发展的要求来说，一定水平的秩序是基本的要求之一，社会作为一个整体肯定不可能接受过于随机的互动，否则随机互动产生的关系断裂和僵死都会引发各种社会问题。怎样能够让社会互动有章法？社会在发展中已经探索出很多途径和方式，其中一种方式是让社会互动分区域进行。整个社会世界都是社会互动可以发生的领域，但是让所有的互动都遵循一个规则，既不现实也没必要。不现实的原因是没有这样的一致化机制，而且个人趋利避害和因地制宜的本能性倾向也会让人们以最为适合的方式进行互动，比如，在其他人都能看到的场合中进行互动要尽量避免那些可能"激怒其他人"的行为。社会互动是为了建立社会关系，而社会关系要解决社会事务。反过来也可以说，不同的社会事务需要不同的社会关系，不同的社会关系需要不同的社会互动。为了让一家人更亲密，我们就要有基于亲密性的社会互动。但是，如果这种亲密性的社会互动和那些公事公办的社会管理互动搅和在一起，肯定会影响家人关系或管理关系。不管怎么说，社会互动需要区分不同的样式和类型，而从区域的角度区分正是这种区分过程的一个基本方式。正是在这样的背景下，社会学对空间主题的关注开始了。

社会学家齐美尔最早在社会学研究中关注了空间的议题，他认为，作为社会现象的空间一共具备了五个主要特征：空间的排他性、空间的分割性、社会互动的空间固定化、拉近/远离、空间的运动性。[①] 可以说，这五个特征在基于空间的社会现象中是非常典型的。社会中的各种空间一旦被具体规定和占据，其他不符合这个规定的人或群体就不能进入或占据这个空间，如一个地方不能出现两个国家。社会的空间是有边界的，办公室以墙为边界，广场也经常以树木或台阶作为明显的界限标志。不同类型的社会互动发生在不同的空间中，宴会的互动发生在餐厅中，而各种

---

① 齐美尔. 社会是如何可能的：齐美尔社会学文选[M]. 林荣远，编，译. 桂林：广西师范大学出版社，2002：294-310.

谈判主要在会议室进行。空间可以通过拉近和远离来改变既定的社会关系。即便从规定上提出经理和副经理有规范的职务关系，但是如果他们空间上离得很远，这种关系也会在不同程度上偏离规定。人不仅可以待在一个空间中，也可以穿梭于不同的空间，空间的穿梭让个人和群体出现不同于静止的结构。例如，游牧部落的内在结构就会与定居的群体有所不同，更松散一些或更加强调头领的地位。所有这些都是对作为社会现象的空间进行的深刻描述，其抓住了空间的社会内涵所具有的重要特征。

与齐美尔相比，法国社会学家列斐伏尔更加注重社会空间的生产，以此为空间社会学奠基。在空间的生产上，他主要提出了这样的观点：空间是被策略性和政治化地生产出来的，空间是政治性的，是社会的产物；空间体现了各种社会关系，又影响了各种社会关系；从前资本主义到资本主义的演变对应着从差异空间到抽象空间的改变。① 从他的观点来看，列斐伏尔对空间的生产既有理论的思考又有对当下和历史现实的考察，因而具体包含了好几个层次的意思。在第一个层次上，他总括地提出了空间生产的基本方式和属性，空间的生产不是文化的方式而是政治的方式，空间根本的属性是政治性。这个观点意味着探讨空间的生产需重点关注背后的政治机制和政治力量，这里的所谓政治应该是权力和影响力运行的活动和机制。人们认为空间是政治性的，也就是说空间是由权力和影响力的运行机制决定的。在第二个层次上，他精辟地指出空间与社会关系的内在交互关系，即社会关系确定了空间的基本形态，而空间又会反过来影响社会关系。如果把这个观点更准确地表达，应该是过往的社会关系确定了空间的现状，而空间的现状又会影响当前和以后的社会关系，当前和以后的社会关系又会确定以后的空间形态……由此，空间与社会相互建构的核心思想在这里正式出现了。在第三个层次上，他指出了这些空间上的道理所对应的社会例证。前资本主义时代的空间是差异性的，即空间个性的表现，而资本主义则把空间抽象化，从而达到一般化。当然，空间的抽象化和一般化进程既是资本主义政治力量的结果，也是工具理性主义思潮支配的结果，算是政治和思想互为支撑。

---

① 列斐伏尔. 空间的生产[C]. //包亚明. 现代性与空间的生产. 上海：上海教育出版社，2003：47—75.

社会学者吉登斯对社会的结构和功能非常关注，在《社会的构成》这一阐释社会体系的著作中提出了自己的空间思想。他在一直坚持的结构化思想指引下提出了空间的结构化思想，特别提出不同区域的社会互动以不同的方式进行，权力与资源也根据不同的区域分配。① 吉登斯的结构化思想作为动态的社会生产观，是一种较为明显的系统观。系统是由要素构成的，但是分散的要素不能构成系统，只有具有特定联系的要素才能形成系统。社会也是如此，分散的人不能构成社会，只有具有特定联系的人才能构成社会。所以，社会形成和发展的过程就是不断形成特定联系从而推进结构化的过程。因此，结构化就是形成特定社会结构的过程，也是从没关系到有关系再到相对固化关系的过程。如果要相对固化人际关系，吉登斯注意到了分区的方式，其实质就是按照不同的区域确定不同的社会关系形态并分配不同的权力和资源。实际上，吉登斯是在试图说明划分社会区域的必要性和实际内涵。

布迪厄作为专注建构一种"社会行为学"的思想家，对空间问题的关注既是必然的也是深刻的，著名的场域概念就是他对空间的理解。在布迪厄的思想体系中，有三个概念非常核心，它们是资本、习惯和场域。在我看来，按照"社会行为学"的基本框架来说，资本可以看作行为的力量基础，习惯可以看作行为的惯常方式，而场域则是行为的所在环境。当然，布迪厄除此之外还用了很多概念，如利益、策略、趣味等。场域作为核心概念，有很多具体的说法，其中一个比较全面的界定是："在各种位置之间存在客观关系的一个网络（network），或一个构型（configuration）。"②这个界定可以简化为"客观关系网络"或"客观关系构型"。在这里，所谓客观关系就是不以主观因素为转移的、稳定的且具有一定规范性的关系。根据这个理解，场域的定义本身就表达了空间的客观性和结构性特征，其对处于其中的个体和互动具有指向和规范作用。这样的思想实质上和吉登斯的观点一致，这也等于再次强化了空间的社会建构性。

至此，关于空间的社会内涵已经进行了较多的思想介绍，但这些思想基本上把

---

① 安东尼·吉登斯. 社会的构成：结构化理论大纲[M]. 李康，李猛，译. 北京：生活·读书·新知三联书店，1998：236－298.

② 皮埃尔·布迪厄，华康德. 实践与反思：反思社会学导引[M]. 李猛，李康，译. 北京：中央编译出版社，2004：133.

空间作为一体化的整体世界来认识。真实的社会空间并不是那么一体化的，在很多情境下人们会感觉到这个整体是一层一层铺就的。这里我们可以想到一个在外做官的年轻人在大年初一给村里老人拜年的场景。在那个空间场景中，有好多层次重叠在一起：过年传统的层次，年轻人要给老人磕头拜年；时代的层次，磕头的传统开始被礼貌的称呼和问好所取代；社会地位的层次，官员的社会地位高于普通人；个性的层次，老人和年轻人或不拘小节或严肃古板。当一层一层掀开的时候，这个空间场景展现出另外一种纵向层次的构成，有历史有现代，有民间习俗有正式结构，有个性有群体。在这种复杂的交织中，一种异质性存在的多元空间就出现了，这样的特例空间既是传统的又是现代的，既是现实的又是想象的，而且超越了这些二元的框架。在社会学中，这个现象在社会学者苏贾(也译为索亚)那里得到了深入的研究，他揭示了一种一致化、多元化存在的第三空间现象。在苏贾看来，关于空间的各种认识已经展示了真实与想象、历史与现代、自然与人文、主观与客观的差异和分歧，如何协调这些不同的空间认识层次成了空间研究者的重要课题。在这个方面，苏贾创造性地提出了"第三空间"的理念。所谓"第三空间"其实就是在物理空间和精神空间之外存在的空间特例，这个空间与对立的二元维度无关，是各种空间的汇合特例。苏贾认为空间是融合真实想象的差异空间，是富有活动的、开放的世界，兼具空间性、社会性和历史性。[①]

这样的第三空间形象特别像毕加索的立体主义画，是由各种自成整体的事物叠加和挤压到一个平面的，而且在叠加挤压之后各个层次复杂地交织在一起构成了一个独特的存在。所以，一些现实的独特空间是复杂的空间，一方面它是由很多层次构成的，另一方面它使构成的很多层次又复杂地交织在一起了。这样的道理也不算太难理解，一个固定的空间和一个具体的人差不多，人可以有不同的角色，空间也会有不同的定位。一个城市可以被历史定位也可以被现代定位，可以被政治定位也可以被经济定位，可以被现实定位也可以被想象的前景定位……而且，某个城市的每一种定位形成了这个城市独特的构成和规则，这些规则之间并不总是协调一致的。

---

① Edward W. Soja. 第三空间：去往洛杉矶和其他真实和想象地方的旅程[M]. 陆扬，等，译. 上海：上海教育出版社，2005：72—100.

某个城市或许从历史定位来说应该有包容的胸怀，但从经济定位来说就要尽可能挤压其他。从积极的方面来说，这种层次间的冲突和杂乱不是坏事，恰恰是空间未来变动的可能所在，从中孕育着改变和生长的可能。其实，这样的异质化思想在思想家福柯那里也出现过，他提出的"异托邦"空间思想，是空间维度复杂叠加的特例。这是一种混乱，更是孕育着未来空间的希望所在。

社会学对空间的关注越来越紧密，越来越多的思想家在分析各种问题时都会触及空间的问题。本书叙述"空间"有限，这里就不一一提及了，关于教育实践空间的具体研究在涉及某一思想的时候再具体解释。与哲学不同，社会学是崇尚探讨具体存在的学科，虽然社会学领域存在着社会哲学，但是社会哲学的抽象依然是具体的抽象性，而不能忽略具体性来探讨问题。在社会存在的具体属性中，空间性是一种基本的属性，这种性质既是社会规划各种存在的途径，也是各种社会存在寻求改变的希望。

在空间与社会的核心关系上，一个总体的表达是：空间与社会的相互建构。一方面，社会建构着空间，社会由于结构化的需求和趋势不断地为了实现各种社会活动的结构化而区域化着空间，就像很多人为了有效利用住宅而分成客厅、书房、卧室等各种不同区域一样。而且，社会对空间的区域化要复杂得多，一个最根本的复杂之处是根据多种社会维度对同一个自然空间进行区域化，且一个自然空间的多种区域化方式不总是一致的。另一方面，空间反过来建构着社会的现状和未来。空间并不是社会结构的僵化传递者，它本身虽然由社会结构来建构，但建构的效果状态和层次交叠性使它有了或大或小的松动或自主空间。正是这种松动或自主空间使发生于其中的社会互动不会严格遵循传统或结构，事实上社会传统或结构本身也不是单一的，所谓社会的复制只能在一定阶段或一定层面上接近复制的效果。可以说，社会学研究诠释了空间的人文性。

自然与人文叠加的空间

在人类没有出现的时候，世界是自然的。这样的说法是以人为本位的世界观，因为除人之外的其他动物对物质世界的改动被归为自然。有了人类之后，世界就逐渐出现了两个层次，一是人类没有改造过或不能动的层次，二是人类改造过的层次。

与其他动物改动自然不同，人类由于高度发达的思维和记忆能力可以群体地、长久地、文化地改造自然。随着人类社会发展的积累，地球范围内的世界如今已经在更大范围内和更大程度上被人类改造。特别是人类经常居住的空间，更是一个已经在自然基础上被深度地人工改造之后的世界。在这个方面，卡西尔的《人论》讲述的主要是，能够运用符号的人如何建构文化，即人文地改造这个世界。

人类世界的自然与人文叠加性让人类对世界的认识不能只以纯自然科学的思路和方式进行，这样会与世界的人文性或多或少地背离。当然，反过来也成立，即对世界人文性的研究也不能忽略自然基础，否则连人本身具有核心自然基础的事实也会让纯粹的人文研究变得虚空。这就是各种研究的基本世界观立场，即人们在总体上应该坚持一种复合的世界观。今天的教育研究领域既有自然科学套路的量化研究，也有人文科学风格的质性研究以及更富人文艺术特性的思辨研究。这些研究不是单独拿出来就足够了，还要统合。但是，这种统合的过程不要过度指望通过对话方式来实现，不同立场的人在对话中时有出现的是因价值观的分歧而带来的冲突。通过更高位的目光和更普遍的视野来进行个体统合的尝试是非常必要的，也是对群体性统合尝试的一个重要补充。

就空间来说，今天人类所在的空间很少是纯自然的。所谓纯自然，是指无论在构成上还是在意义上，空间都是自在的状态。对任何人类可见的空间来说，这种纯自然越来越不可能了。事实上，人类对空间的改造主要包括构成和意义两个方面。人类对空间构成的改造主要是变动和控制特定自然空间的成分，自然空间因而开始人文化了。在某个地方建造一些房子，房子中摆上桌椅，再在墙上贴点教育性图文框，添置一个黑板……这些做法都让这个本来自然的地方越来越成为一个学校。对自然空间的改造还可以从意义的途径进行，通过给自然空间赋予人文社会的内涵而把它们拉入人类社会的格局。在这个方面，一个极端的例子是，人们把某一片无人区称为原始生态区之后，这个区域由此进入了被人文化的空间。

理解空间就要理解空间的自然性和人文性的交织状态，当然这一般从两种思维方式或者从自然性开始。空间是自然的，面对自然的空间可以有绝对和相对两种思维方式。把空间当成绝对的，有利于体现空间的自在性和先在性，特别能够说明空间的重要地位。但是，以相对的思路来认识空间，就会让空间开始落到平常的世界中，开始体现出空间的世间常态。当然，在具体认识中，对空间的把握途径可以分为主观和客观两个途径。客观地把握空间，有利于强调空间的物质性，以及由此开始考虑改造现实的物质空间，而且有利于为可能出现分歧的主要空间认识提供判定依据。主观地把握空间，有利于突出对空间的感受以及由此考虑改造人类的空间感，而且能够为客观的物质空间建设提供人本色彩。对空间更为重要的认识思路的转变是在人与空间的关系中把握空间，这既是哲学思想的引领结果，又是地理学、心理学，特别是社会学的具体行动。地理学需要把握环境对人的影响，人文地理学是地理学的新开拓领域，也是充满希望的新领域。心理学关注环境对人心理的影响，也是社会心理学对以环境为代表的空间主题的拓展。在社会学的研究中，众多的社会学家开始关注空间的社会意义与构成，从根本上奠定了空间与社会相互建构的中心认识。所有这些认识都可以进一步抽象化，空间是自然和社会的建构。但同时空间也是理解、建构自然和社会的维度，空间在维度上的意义是事物变化的广延性和并存秩序。

通过对空间定义和空间思想历史的观看，我们可以形成如下基本观点：

(1)绝对主义的空间观突出了空间的地位，相对主义的空间观突出了空间的自然状态；

(2)客观的空间观强调了空间的物质性，主观的空间观强调了关于空间的内心感受与体验；

(3)空间需要在其与人的关系中得到理解；

(4)空间对人的影响可以在地理层面上和心理层面上进行；

(5)空间与社会相互构建；

(6)空间可以成为观看动态事物广延性和并存秩序的视角。

教育实践的区域化格局

对教育的关注离不开对空间的关注，大部分时候这种关注都是以环境建设或校园设计为名的。在学校环境建设和校园设计的研究中，多数模式是从学校的规范功能和建筑设施的标准出发的，结合地形和资源来确定学校如何建设环境的方案。在这个方面，人们对学校规范功能的理解不同，学校环境设计的思路和模型也不断发生着变化并呈现出多样化的特点。就今天中外学校环境设计的多样性来说，不管是崇尚教化还是崇尚解放，不管是以传统讲授为主还是以自学指导、小组合作、参与学习、混合式教学等新教学组织形式为主，学校总能找到一些较为匹配的环境设计理念和方案。在这种对学校空间设计的广泛关注下，作为教育实践的哲学探讨主题就集中在教育实践研究关于空间因素的认识上，重点向教育实践与空间关系的方向推进认识。

舞台与教育实践

多年从事教育工作的人，会在不同程度上认同自己的工作，即在不停地"变脸"，也就是不停地变换形象和姿态。虽然那些一直坚持特定形象和姿态来从事某种工作的人会认为长期不能变化形象和姿态是对人的摧残，比如，卓别林扮演的角色在《摩登时代》中的机械性工厂里工作，但是过于频繁地变脸也是非常痛苦的事情，这需要丰富的"表情"以及支撑这些"表情"的充沛的情绪状态。教师作为一个职业可能需要很频繁地"变脸"，一转身或稍微走近一步就可能需要有所变化。比如，一个教师在课堂上批评不认真的学生之后，一转身面对那些平时比较认真且胆小的学生，就要稍有意识地放松一下自己刚才严肃训诫的表情，即便不至于"笑靥如花"。一个教师在课下可以和学生闹闹哄哄或者微笑着面对闹闹哄哄的学生，一走上讲台，认真的表情就自然出现了。虽然不是每种职业都要有那么明显的"变脸"，但是一般来说，工作的内容与日常生活差异越大，工作的方式因面对的对象而差异越大，工作的内容多样化程度越高，这样的工作就越容易体验到"变脸"的压力。作为主要教育实践工作类型的教师就很符合这些特征，这里不提教师工作的内容与日常生活差异的程度很大，仅教师工作因对象而异的程度以及工作内容的类型多样性就非一般行业能比。从教师教育的研究来说，教师要扮演传道者、授业者、解惑者、指导者、协调者、管理者等多种角色。而且，教师的这些角色复杂地联系在一起，老师在办公室扮演同事的角色之后到上课的教室就要转换成传道者等角色，下课后在接待室面对家长时还要扮演协调者的角色。今天有很多人关注教师职业倦怠的问题，这类倦怠的一个重要根源是教师工作过于繁重且没有规则地变换自己的角色形象和姿态。

解读教师职业变换形象和姿态的问题，一个非常合适的理论视角是戈夫曼的剧场理论或拟剧理论。从名字来看，这个理论视角应该非常关注空间在其中的作用。在《日常生活中的自我呈现》中，戈夫曼也在努力探讨个人展现不同形象和姿态背后的机制问题，由此他找到了空间问题。在把这种不断变换形象和姿态的社会行为定位为"表演"之后，他开始在剧场比较中区分了三种区域类型：前台是"表演"的区域，"表演"要有与观众交流时的礼貌以及自我表现时的体面；后台是"表演者"可以确信观众不会突然闯入的地方，后台允许表演者有一些小动作；局外区域是前台和后台之外的区域，需要对特定的"表演者"加以隔离。[①] 可以说，戈夫曼以三种区域来进行社会活动的空间分类与吉登斯所提出的区域化是一致的。只是吉登斯的区域化可以涵盖多种类型的区域，而戈夫曼对区域的分类只有三个或者说一组。

根据戈夫曼的剧场区域分类，结合现实的观察，这里可以对前台、后台和局外区域做一个解读。所谓前台，一般来说是展现给观众看的行为主要发生的区域，这个区域是台面上的，也是观众瞩目的焦点所在，要求会非常高且多。一般来说，台面上的区域对人的要求分为技术和道德两类，所谓技术是行为是否符合目标和定位，而道德既是对追求的规范也是对互动行为的规范。后台，相对于前台来说，主要是表演者的休整或准备区域，这个区域只有同行能看到。所以，这个区域的行为规则会宽松一些，表演者有时为了展示这个区域的休整和对准备活动定位的顺应，还会故意做出与台面行为不同的行为。局外区域是相对于一套特定的社会行为即前台和后台之外的区域，这个区域与这个表演的意图无关，因而有时需要加以限制。对上课这种社会行为来说，通过关闭门窗来隔离操场传来的体育活动声响，这也可以看作一种对局外区域影响的限制行为。

在《表演：解读教育活动的新视角》中，李政涛使用剧场的空间思想对教师行为与空间的关系进行了考察。在考察中，他提出了这样的观点：学校剧场不是为了观看而观看，而是以完成系统的"教化"任务为目的的；剧场以学校为依托，整个学校是大剧场，办公室等是小剧场；人们往往会以不同场合要完成的任务去要求、衡量学生的行为；学校的剧场生活具有日常性；观众与演员的融合与分离始终并行不悖；

---

① 欧文·戈夫曼. 日常生活中的自我呈现[M]. 冯钢，译. 北京：北京大学出版社，2008：94—117.

学校剧场中的观众群相对固定；学校剧场中的主体具有多重身份和多种角色；剧场的时空状态和道具设施具有互动生成性。① 这些观点是剧场空间思想对学校教育实践的深刻渗透，也是对学校教育实践空间性的一种深刻解读。在实质上，这些观点总体上表达了这几个意思：一是学校作为教育实践空间是一个剧场系统，其中有各种小剧场；二是学校任务是剧场设置的中心；三是学校中的教师与学生日常地在学校这个剧场中，特别是在不同的小剧场间有序聚散；四是学校剧场相对固定观众的身份，而主体却有多重形象；五是剧场在一定程度上由互动来建构。李政涛教授也概括性地给出了教师实践行为在学校剧场中的特征，具体提出：教师在学校剧场的活动以剧本为依据；教师的行为必须体现社会对这一角色的期待和规范；教师能够在行为中呈现多种角色的形象，顺利地实现角色对话、角色转化和角色综合。② 根据这些表达，这个研究主要表达的有关教育实践与空间关系的观点是：教师的教育实践在作为剧场的学校中进行；教育在不同的"小剧场"扮演着不同的角色；教师所扮演的不同角色要服从角色期待和规范，要服务于不同场合的任务，最终要服从于整个剧场的"教化"任务；但是由教师的教育实践活动参与其中的学校建构生成了学校剧场的时空状况和道具设施的状态。总之，教师的教育实践在剧场中发生并受学校作为剧场状态的建构，而学校的剧场状态本身也受教师的教育实践参与其中的互动力量的建构。

其实，使用剧场空间思维来解读教师的教育实践工作有一些困难。其中最为明显的一个是，教师并不是每时每刻都是典型的"表演者"。上课时听学生汇报的教师，一起和学生听校长讲座的教师，参加校长会议的教师，明显更像"观众"而不是"表演者"。在这个时候，那些原来作为教师行为的观众的学生或校长反而成为"表演者"。当然，不管学生或校长是否为"表演者"，学校仍是剧场。虽然做了这个解释和理解，但这里还是能够看得出来，剧场空间理论更加适合分析社会角色的一个或一组社会行为，或者适合用在较为典型的"前台""后台"等剧场空间，不太适合用来分析复杂交互的长期社会活动。在复杂交互的长期社会活动中，由于表演关系经常是不断转

---

① 李政涛. 表演：解读教育活动的新视角[M]. 北京：教育科学出版社，2006：72—75.
② 李政涛. 表演：解读教育活动的新视角[M]. 北京：教育科学出版社，2006：80—100.

换的，因而"前台""后台"以及"局外区域"都是不断转换的。在一个小组合作学习的课堂上，当教师在讲台上做简短讲解的时候，此时的讲台是前台，表演者是教师。但在学生汇报发言时，此时的教师就成了"观众"或"导演"，教师要走到一般或特殊的观众位置。当站在观众位置的教师对学生进行现场评价的时候，此时教师又成了"表演者"……此类错综复杂的角色和空间转换关系，虽然展示了剧场理论的多元光彩，但是也容易使人混乱，因而也就失去了视角的清晰性。所以，如果要从剧场理论探讨教育实践问题，比较适合针对特定角色的一个或一组社会行为。特定角色的一个或一组社会行为因为具有相对固定的角色关系和前后台分区，就能够比较集中地展示出社会行为与区域空间的具体关系。此外，使用场域理论分析讲台之类经常作为前台的区域也是比较适合的。除了在教师下课离开教室之后，讲台会成为课堂听课的学生的后台区域的一部分外，在课堂时刻讲台多是作为前台出现的。

对学校经常作为"前台""后台"或"局外区域"的地方进行专门的研究，这对专门理解学校作为教育实践的空间内涵很有意义，刘云杉对学校的研究就有这个取向。她分别描述学校中典型的三种区域，甚至把前台分为具形化和无形化两种形式，提出前台是规训最为严格的区域，具形化前台的设置包括作为"净地"的学校、张贴的规范、设施的制约；无形化的前台主要体现在权力和规训的层面上；后台是制度化控制的空隙，多为各种空间的交接处。① 其实，这里对前台和后台的分析已经与戈夫曼的空间思想有所不同了，这里特别强调了前、后台的规训水平。她认为前台的规训比较强烈，学校的前台区域如教室都有明显地为了打造"净地"的张贴。相对于前台，学校的各种后台区域就让人轻松得多，处在"强控制之外"，学生比较能够表现出个性化。在一定程度上说，这里对前台和后台的分析主要是针对社会主流的学校教育实践行为而言的。所有社会主流的学校教育实践行为都发生在强控制的"前台"区域，而那些外在于强控制的"前台"区域上演着个性化的教育实践活动。这样的分析没有问题，但是看到这个研究和观点的人不要认为学生的"口头禅"甚至"课桌文化"所发生的空间一定是"后台"。如果要解读学生群体文化，这些都将成为前台。

剧场是一种独特的社会空间建构，其本身对应着一套套角色总体固定的活动。

---

① 刘云杉. 学校生活社会学[M]. 南京：南京师范大学出版社，2000：178—249.

如果要以剧场理论来看教育实践与空间的关系，这里最好用它来分析一个或一组教育实践行为，由此得出的角色关系的固定性会让教育实践与作为剧场区域的空间之间的关系清晰地展示出来。

弥散影响教育实践的场

社会之所以成为社会，一个核心的因素是社会有一定的章法，社会中的个体和群体不能逾越一些重要的准则。如果要对个体和群体施加准则的影响力，社会就需要很精心的设计，因为错位的影响力将制约社会的活力甚至从根本上让社会"枯萎"。从今天很多作为小社会的组织现象来看，影响力施加的方式有两种最为普遍：一是精准式，二是弥散式。精准式的影响力施加是特别指向某一类人或某一类事的影响力施加方式，主要针对那些特别个性或个案的人或事进行的专门性影响。对于组织来说，精准式的影响力施加方式主要解决组织中的人和事不太出圈的问题，即不能走到组织的框架之外的问题。然而，对组织的存在和运行来说，要解决的问题是主流的结构框架和内在格局的问题。如果要达到这个目标，人们的影响力施加的方式就要变为具有更广阔面向的弥散方式。

在儿童时期学习自然基础知识时，很多人都知道地球存在着巨大的磁场，对地球上的事物产生广泛的磁性影响，这就是最为典型的弥散式影响力施加方式。在这种方式中，范围是广泛的，对象是非针对性的，影响力本身是特定层面或方向的。这种影响的结果是让整个地球具有了基本的方向和方位格局，让事物能够在这个格局中处于相对适合的位置。如果磁场离社会还不够近，这里可以再举地球重力场的效应现象的例子。地球吸引力的重力场能够让所有受影响的事物处于特定的框架位置，从而作为构成整个地球体系的一个根本机制。在磁场和重力场中，我们可以发现一个"场"的影响力模式，这种模式发挥着通过弥散性的特定类型的影响力来构建整个体系的内在机制的作用。对于社会世界来说，这样的弥散式影响力施加模式也明显存在着，这或许根源于构建社会世界的人类群体从自然世界得到的启示。在揭示社会世界这种弥散性影响力的施加方式方面，吉登斯特别是布迪厄都进行了很有特色的研究，布迪厄的场域概念本身就直接反映出，社会世界同自然世界一样存在着影响力的场。布迪厄关于场域概念内涵和作用方式的思想为理解场域与所处其中的社会行为之关系提供了很有力的视角，因而也构成了用于解释教育实践的一个基础。

在对师生沟通的解释中，有学者使用"场"的概念解释了师生沟通发生的环境状况，她提出，由师生双方构成的教育情境"场"、社会互动"场"，是物理空间、心理空间、社会空间的统一体。① 在这个表述中，对"场"概念的使用方式是，用场的效应来解释师生互动的情境，该表述主要指出师生互动的情境对师生互动产生弥散性的影响力。就来源而言，这个观点认为师生互动的"场"是一个复合体，是物理、心理和社会三种空间的复合体。其实，这个观点解释了师生互动弥散性影响力的三个来源种类，即来自物理的引力和重力、心理上的情绪情感作用力、社会层面的规则规范影响力。总体来看，这里提出的观点虽然很概括，但是这个观点的中心内涵很突出地反映了作为"场"的情境空间对教育实践的综合影响力。

在布迪厄场域思想的启发下，我曾在师生交往分析中使用解读理解后的场域概念解读师生交往的环境空间。我对师生交往行为的空间提出了这些观点：师生交往行为空间是场域化的结果；师生交往的场域可以分为很多层次，多个层次的场域最终复合为一个个现实的师生交往场域；在具体的师生交往场域层次中，影响力的方向构成了"形"，影响力的强度构成了"势"。② 从这些具体的观点中也可以看出，对师生交往行为空间的场域分析事实上既接受了场域思想的启发，又加入了对"形势"的感受和理解。师生交往行为的场域都是非常具体的，但是具体的师生交往行为场域存在一些普遍的成分，这可以作为场域有机构成的主要空间层次：人类共识层、制度法规层、文化习俗层、师生特定关系层和物质设施层。每种时空层次都有关于师生交往行为的规则，这些规则既具有内在指示的方向性，又具有保障方向的不同程度的影响力基础。这里的方向和影响力基础都是"形势"思想运用在分析过程中的结果，借此作为维度为分析各种空间层次的复合结果提供基础。

在社会场域中，场域可以对所处其中的社会行为的弥散式影响倾向理解为"形势"。在传统上，中国的思想家是非常注重形势的，特别是军事思想家。在激烈地争

---

① 郭华. 课堂沟通论[M]. 北京：北京师范大学出版社，2006：4.
② 余清臣. 权力关系与师生交往[M]. 北京：北京师范大学出版社，2009：122—158.

夺胜利的社会活动中，能够充分利用"形势"的一方是非常占优势的。在师生交往的行为中，哪一方能够顺应场域的潮流，哪一方能够充分调动强大的影响力基础，这一方就有了更多的优势。当然，这是对师生交往场域分析结果的应用性尝试。事实上，这里的核心认识是：场域为所处其中的教育实践行为施加了具有方向和强度的弥散式影响力。

教育实践空间的叠加构成和创新

在使用场域概念对师生交往空间进行分析时，我发现需要对这个空间的复杂性进行空间层次构成的分解。在人类空间思想的发展中，物质空间、精神空间和社会空间都在不同程度上被认识和被理解。这为更为细致地分析物质空间、精神空间和社会空间交汇的具体教育实践空间准备了必要条件。

在列斐伏尔探索空间生产机制的过程中，他提出了空间的实践、空间的表征与表征的空间三种形式的空间观。[①] 实质上，这三种空间形式分别对应物质空间、精神空间和融合前两者的想象性空间。由此，列斐伏尔提供了一种对现实空间进行分层认识的框架，这个框架在教育实践研究领域被用来解读学校空间。苏尚锋在这种思想的启示下，对学校的空间进行了结构层次性的解读，从固定空间、半固定空间和不定空间三个层面解读学校的空间整体。在具体观点上，他认为，学校的固定空间主要包括学校建筑，这是学校物质空间的主体部分，也是学校活动的场所性背景；半固定空间是那些可以拉近、移动或被不同方式占用的部分空间；不定空间存在于身体的周围，看不见、摸不着，却时时刻刻伴随着人，以一种身体距离的形式随时建构着学校空间。[②] 在这种三位一体的学校空间架构中，固定空间实际上是学校空间的物质构成，是与物质设施有关的学校事物的广延性和并存秩序，这是直接能看到的空间实践的产物。在以往的学校规划探讨中，这种物质空间是主要的探讨层次，这个层次的一个代表性问题是教学楼如何搭建才能更好地服务于最为普遍的教育任务。与固定空间相比，半固定空间是相对灵活的，因而也可以更加贴切地对应社会

---

① 列斐伏尔. 空间的生产[C]. //包亚明. 现代性与空间的生产. 上海：上海教育出版社，2003：85—91.

② 苏尚锋. 学校空间论[M]. 北京：教育科学出版社，2012：81，120，153.

关系和秩序。虽然，作为半固定空间构成的桌椅、宣传画、学校标识、室内设施等也要遵循生理规则，但是这些摆设更为核心的规则来自权力和文化氛围，即一种非常及时的社会关系状况。不定空间在这里被认为是身体距离的空间，学生选择与教师或其他学生的距离本身也构成了空间的一部分。

如果把物质空间、精神空间和想象空间分别对应于固定空间、半固定空间和不定空间，这在一定程度上存在着不确切的地方。这里可以以学校的墙壁为例。按照固定、半固定和不定空间分类，墙壁本身是固定空间的构成部分，它属于提供场所性背景的物质空间范畴。但是，建设墙壁的红砖或大理石却未必只是物质空间的范畴，因为红砖和大理石已经可以进入表征意义的精神空间层面。但是，在分类中，红砖或大理石的墙壁却不好说成属于半固定空间的范畴。如果这个墙壁上有某个学生以类似课桌文化的方式写一句个人的话，这句话按理说已经表现了个性化的想象空间，但这句话却很难分类到不定空间的身体距离领域。所以，在使用物质空间、精神空间和想象空间来理解学校空间时，我们还可以更加理性一些，即在思想层面上划分学校空间层次，而不特别强调比较确定的形式和物质。一种纯粹的，没有社会文化属性的，更没有个性属性的学校实体空间就是物质空间，能够让文化和权力对应的社会关系状况参与建构的空间就是精神空间，个人基于自身想象和追求来设想和改变的空间为想象空间。在这种分类中，物质空间对其中的教育实践行为施加的是物质影响力，精神空间对教育实践行为施加的是社会影响力，想象空间则可以作为个人构建空间反作用于外界影响力的行动尝试。

在不同空间层面的叠加中，会出现一种动态混杂的特殊空间现象，这就是苏贾所提出的第三空间现象。在对空间进行认识观看的过程中，人们能够直观到自然空间的现象，这是空间的最基础最原初的层次。但是，随着人们对空间理解的深入，人们发现在人类所及的空间中除了自然物质之外，还渗透着人们对空间的期待、认识、感受和追求。这些方面构成了观念中的空间存在，即精神空间。自然空间是物质的空间，是空间最为基础的层面，而精神空间作为社会和文化建构是附着在自然空间之上的人文建构。虽然，自然空间和精神空间看起来可以很自然地融为一体，但是空间的思想家们却不这么认为，他们时常为自然空间和精神空间的价值与地位问题争论。在我看来，人类所及的空间都具有自然空间和精神空间叠加的特征，但具体而言不同的空间在具体叠加情况上是不同的。在有些空间中，叠加中的自然空间占据主导位置，如名山大川或学校道路。在另外一些空间中，叠加中的精神空间占据核心位置，如学校中各种活动角或张贴画。但是，世界中的空间现象并不只是自然空间、精神空间或者两者的叠加，有一些空间可以明显地具有"异质""混杂"的特征，如学生搅乱课堂的场景，外界不相关的事物或人闯入学校的场景。在这类场景中，原有的规范层次或结构不再明显，取而代之的是多元和混杂的特点。另外还需要意识到，这样的多元混杂空间还有不同程度和不同范围的形式，可以很日常地存在，学生在课桌上涂鸦或者突兀地回应教师问话都会带来一定的别样空间。这类别样空间在苏贾那里就是第三空间的实例，在福柯那里就是一种异托邦。当然，这样的现象也可以和列斐伏尔的表征空间联系在一起。实际上，这种第三空间是对自然空间和精神空间的融合，但是这里的融合不以有序的方式进行，而以无序或超序列的方式进行。之所以说无序或超序列，是因为这种空间不是一层层地叠加自然空间和精神空间，而是把它们打乱了。除了自然空间和精神空间之外，这种第三空间还增加了非常个体化的元素，这种个体化的空间元素体现了个体对空间的影响力和建构努力。

在苏贾的第三空间思想和福柯关于异质空间的异托邦思想的支持下，石艳在《我们的"异托邦"》中指出：学校空间应该分为三个层面：第一个层面为构成性要素，第二个层面为象征性要素，第三个层面为主体性要素。学校空间也不是铁板一块，权力板块之间具有缝隙，个体可以通过创造空间来实现自由和解放；学校空间是一种特殊的、浓缩的、有现代性意味的社会空间形式。[①] 在这个观点背后，该书贯穿的主题线索是"规训与解放"。这里可以进一步具体阐发这些观点。学校空间以规训为核心组织了自身的各种要素，既有物质要素也有文化要素，又有人的要素，这是对第一个主要观点加入"规范与解放"线索的解读。然而，虽然学校空间按照权力和规训的需要来组织建设，而且学校空间在建设中体现了各种监视和区隔策略，但学校这个空间并不是一个严密的体系，在不同板块的接缝处和"权力末梢"都存在着可以逃脱规训的可能地带。这是第二个观点的主要意思。在这种情况下，学校空间可以被

---

① 石艳. 我们的"异托邦"：学校空间社会学研究[M]. 南京：南京师范大学出版社，2009：64—145.

认为是一种具有复杂因素的特定空间，其本身具有主导的方向和趋势，这又包含了个体化的多样因素。可以说，这本书提出的很多关于学校空间的具体观点有明显的启发意义，特别是它明确指出了学校空间中贯穿的"规训与解放"线索，这对理解教育实践与空间的关系具有概括性意义。学校空间对处于其中的教育实践活动具有规训作用，但是处于学校空间的教育实践参与者并不是完全受摆布的人，他们可以通过对空间的个体化改造来为人的解放建设自己的空间。

"规训与解放"是后现代思想家福柯提出的一个主题，不过他对这样的主题是比较摇摆的。从福柯本身的立场来说，他在揭示规训之后所思考的解放不是政治意思的解放，即不是要反抗某个特定的压迫者，而是要追求人类自主地位的解放，是关于人类在面对社会结构体系的规训格局时是否还具有主体性的问题。福柯的"规训与解放"主题实质上涉及的是社会结构性和个体自主性互动的问题，因为他看到个体在社会结构面前越来越受压抑，越来越被动。当然，面对社会普遍存在的规训体系，个体并不是完全没有主体性或自主性的。个体的自主性和主体性可以在规训薄弱的地带更多地显现，可以在不同规训地带的结合处或者在不同规训地带的穿梭中看到希望，当然也可以通过直接"拉拢"某个规训者来实现主体性的显现。所有这些都在说明，虽然在社会结构的挤压下，教育实践者的主体性存在的空间可能已经变化或变小，但他们不是没有机会的，还可以努力。

教育实践与空间的互动

空间既有自然意义又有社会、文化意义，我们对教育实践中空间元素的认识应该坚持多维的观点。社会学在对空间与社会关系的研究中提出了"空间与社会相互建构"的基本观点，这样的基本思路运用在描述教育实践与空间元素的关系上也是合适的。总体来说，教育实践与空间是一种双向互补的复杂互动关系。

空间在教育实践之内，又在教育实践之外。如果把教育实践作为一个动态的体系，那么空间是这个体系中非常重要的元素，所以说空间在教育实践之内。空间作为教育实践的重要元素可以有两个因素：一是环境因素，二是手段因素。在核心区分标准上，空间按照是否被控制来确定环境因素和手段因素的分界，受控制的空间因素是主要作为手段出现的，而不受控制的空间因素是主要作为环境出现的。从这个观点来看，空间在人类实践和教育实践中的地位是动态变化的，随着人类和教育实践者空间认识和改造能力的提升，空间将在更大程度上作为手段要素来深入教育实践的内部。从环境和手段的区分来看，处于教育实践之外的空间元素是作为环境的空间元素，也是相对于具体教育实践行为而言的。由于教育实践本身既是行为又是体系，空间既是环境又是手段，所以两者在总体关系上既一致又疏离。

教育实践与空间互动的具体内涵，有三个方面被各种研究揭示出来。在第一个方面，教育实践需要特定的空间作为场所背景，即空间发挥着对教育的环境作用。任何具体的教育实践都发生在具体的环境中，具体的环境对在其中发生的教育实践有很多方面的影响，如物质条件、文化背景、人际格局以及动态趋势。这些都会对教育实践行为的可能性和现实效果产生直接的影响，要理解空间在教育实践体系中的地位和作用，首先要意识到空间是背景。

在第二个方面，空间是教育实践的手段和工具。随着对空间的认识和应用的深入，教育实践者越来越娴熟地使用空间来实现自身的目的。从自然空间内涵来看，学校越来越多地使用监控设备，这是在传统的通过在门上开监视窗口来实现监视目的的升级。现在的教育在监控能力提升的背景下，也通过建设开放的活动教室或场所来实现学生在监视下的活动学习。今天，很多学校在空间上越来越开放，甚至可以让学生自主地在家进行网上学习。但是，大家不要忘了，这种做法的前提是监视学习的技术也在同步发展，监控区域的扩大和细致程度的加深使学生表面上得到了越来越多的自主空间。学生的这种自主一直与受监视相伴随，这种监视本身就是教育实践对空间掌控的手段和标志。当然，除教师外的其他教育实践者也可以通过选择空间来实现自身的教育实践目的，如教育行政领导在请教师吃饭时商讨事务。事实上，在行动中利用空间并不是高级的思维，很多动物本身就经常这样做。只是，教育实践者的这类行为更加社会性地、文化性地、策略性地或精细性地表现出来。

在第三个方面，教育实践中的空间是教育实践的结果，即教育实践创造空间。今天的教育实践空间的形态千差万别，这肯定不是自然形成的。多样化的教育实践空间比较明显地对应着多样化的教育追求，也比较明显地能够与特定的教育历史文化相连。所有这些都表明，教育实践空间本身是人类的创造，是从事教育实践的人们不断完善发生的结果。当然，这些都是宏观层面上的认识。就个体来说，教育实践的参与者可以是具体教育空间的创造者。教师可以带一束鲜花放在讨论教室的讨论桌上，此时的讨论空间内涵会因多了鲜花的色彩和芬芳而增加美丽宜人的气氛。同样，一个教师在改变了发型或服饰风格后，也会让在场的人感觉到空间的味道发生变化，如一个活泼的教师突然穿着正装西服进入教室也会给教室空间带来变化。虽然，空间提供了教育实践先在的场所背景，但是教育实践者在空间中并不是无能为力的被动接受者，他们可以用自己的方式建构着空间的内涵和样态。

教育实践智慧的空间广度

一个智慧的人不只有一个智慧的行为，只有总能够做出智慧行为的人才能称为智慧的人。虽然很多人在纠结智慧是否有道德的内涵，但实际上就智慧一词的内涵与意蕴来说，道德只是低于智慧层面的必要存在。这个观点更为准确的意思是，真正的智慧状态肯定会包含道德的内涵，但是道德内涵只是智慧的一部分，即有智慧的人具有道德。但是，具有道德不是刻守道德，在人类历史发展中道德已经发展成不同的道德模式，有智慧的人遵守了那些最为核心的道德，因为对任何形式的道德的全盘遵守很可能导致行动的僵化和刻板。对于智慧来说，除了遵守核心道德原则之外，最为重要的特征是"活"和"巧"，而它们指向的核心目标是取得"善"和"有益"。因此，智慧的人会广泛关注一切对自身来说是"善"和"有益"的因素，会从这些因素与自身的"善"和"有益"的相关联系中达到做事明白和通透的程度。对于教育实践者追求的"善"和"有益"来说，空间就是一个非常相关的因素，教育实践智慧需要在空间的维度上发展。

通透的教育实践需要空间意识

在一次课堂上，我和几位学生一起交流什么是智慧以及有智慧的人有什么特点，其中知识丰富和思维灵敏是大家普遍提到的特点。但是，针对这两点还存在着疑问：单纯的知识丰富并不是智慧的充分条件，有一些知识很多的人会成为书呆子；单纯的思维灵敏也不是智慧的充分条件，至少人们多数不愿承认视野狭隘的思考灵敏者就有智慧，如日常生活中的各种小聪明。说来说去，大家还是想到了另外一个关键的智慧特征：能够整体把握事物。只有从整体上把握了事物，丰富的知识才有了应有的位置，才能发挥动态的作用。只有从整体上把握了事物，灵敏的思维才拥有大局观，才不会拘泥于狭隘的世界。从整体把握事物的角度来看，教育实践的智慧会体现为通透的教育实践思想。

在各种教育研究为教育改进开出的"药方"中，人们经常看到"意识"这类"药"，如爱学生的意识、专业发展的意识、课堂伦理的意识等。意识的广泛存在有时会让人迷惑，这些疑惑有：到底什么是意识的问题以及如何才能有意识的问题。不少人发现意识很难培养，经常发生这样的事情：某人听到某种观点后认为某个方面确实要成为意识，思考问题和做事情的时候要有这样的意识，但是转到具体事情时这个意识已经不存在了。发生这样的事情，最为根本的一个问题是这个方面虽然已经能进入理性认识的广泛领域之内，但却不在理性认识的常规领域之内，也不在常规观念体系中。对个人来说，常规观念体系是非常重要的，这个体系实质上就是不同层级的世界观或事物观的核心和必备成分。作为世界观或事物观的常规观念体系，是不需要什么努力就在脑子中"萦绕"的内容，是接近本能水平的思想认识。只有这个观念进入这个层面，所谓"意识"才是现实的。一个观念成为常规观念体系的一部分，就如同成为电脑内存中的信息，在处理任务信息时该任务只要与其相关就会受其影响，就会自然地"调用"这个方面的知识和思想存储。所以，培养某个方面的意识就是要让这个方面进入一个人的世界观或事物观中。

要获得教育实践智慧，就要整体地把握教育实践，就要让教育实践体系的重要因素成为意识层面的内容，也就是要让有关教育实践要素的基本理论成为人们教育实践观的常规构成。空间依靠其初始的自然意义，伴随社会成长的社会意义，以及与个人主体性发挥相对应的策略意义，使自身成为教育实践世界中非常核心的一个要素。建构一个人对教育实践世界的常规观念体系，空间不可或缺。由此，这里需要明确提出教育实践中的空间世界观，以整合本部分有关教育实践空间的所有核心观念，为建设教育实践空间意识确立核心框架。

教育实践空间是教育实践发生的场所。在以往的理论研究中，追求普遍化的一个主要做法是把行为和事件从空间中抽离，虽然具体的行为和事件都离不开空间。这种空间抽象的做法，在很多时候造成了行为和事件理解上的扭曲，而不只是一种抽象后的空洞问题。虽然一些行为和事件确实受到了所在空间的影响，但是传统的抽象思维追求每个行为和事件的直接共同性，却忽略了空间的存在。今天，对教育实践的高位观看确实也在追求一种意义上的"普遍化"，但是这种"普遍化"不只来自每个行为和事件的直接共同性，更是来自每个行为和事件的机制共同性。虽然，有些教育实践行为和事件从表面上看没有受过于明显的空间的影响，但是不明显或许只是过于日常或者内在化而已。特别是如果人们能在空间的丰富内涵上理解这种情况，那么就很容易认同空间对教育实践行为和事件影响的普遍性了。无论何种意义上的空间，其对教育实践的价值和作用首先体现在作为场所的层面上。场所对教育实践的作用一方面体现为包容性，另一方面体现在提供具有特定秩序的并存环境中。在包容性方面，特定教育实践行为和事件只能在特定空间中发生。课堂教学行为走出教室的空间，其性质和内涵就会发生重大转变。在一定程度上来说，包容性也是一种界限，行为事件一旦逾越了界限就不再包容也不再支撑。在提供环境的条件上，空间意义上的环境条件更主要地体现在环境条件的秩序或相对位置上，而不是环境条件的总量上。教育实践行为和事件离不开环境条件，环境条件的秩序或相对位置影响着教育实践行为和事件的状态与结果。在教师与学生争执的时候，其他教师离得很远还是很近，对这件事的影响有很大不同。

　　教育实践空间具有物质性、社会文化性和个体性三个特征，这三种意义的空间复合起来对所处其中的教育实践产生弥散式影响。从人类对空间的理解历史可以看到，空间本身可以有多个层次的内涵，最为重要的三个方面是自然性、社会文化性和个体性。自然性的空间比较好理解，即有物质载体的空间，这里的物质既可以有作为边界的地面又可以有各种设施。自然空间代表着物质的秩序和界限，其发挥着对空间中行为和事件的物质性影响力。社会文化性空间，是基于观念而来的空间，这种观念主要来自社会关系和文化状况。社会关系本身也可以有多个层面，如政治性和非官方的社会性。文化状况本身既有历史的一面，又有现实的一面。在观念空间的世界中，空间同样有秩序和界限，其发挥着对教育实践的精神规则上的规范作用。空间还有个体性的层面，其实质上就是人作为个体构建的界限和秩序。对这个方面的理解可以参照前两个方面。只不过，物质空间主要靠自然法则和力量来维系，社会文化空间主要靠社会文化法则和力量来维系，而个体化空间主要靠个体的力量和法则来维系。一个强健的教育实践者显示出的强壮体魄本身就构成了一种"场"，这种"场"本身会成为界限和秩序。总体来说，空间的影响力不是有特定指向的影响力，而是弥散式的影响力，只要是构成其影响的对象，就会在它的界限内受到影响。

教育实践可以建构空间。教育实践是人的实践，这种人性意味着教育实践在面对空间的影响力时不是只有被动接受这一个选择，还有很多积极的建构选择。从宏观的层面来看，教育实践的各种空间本身就由教育实践来建构。正是在教育实践的历史中，各种教育实践空间的社会文化样式才不断地出现和发展。对于教育实践来说，各种教育实践空间不是从来就有的，而是被逐渐建构出来的。当然，教育实践建构空间在个体或群体的层面上都会发生，即个体和群体也可以根据自己的需要建构空间。当一位教师为了调动学生的积极性而改变发型或在课堂上发小食品的时候，个体对教育实践空间的建构就已经发生了。从这个意义上说，空间本身也可以是教育实践手段的一部分，教育实践者个体或群体可以通过建构空间来追求特定教育目的的实现。

以上三个方面就是教育实践空间的世界观框架，其来自对空间思想、教育实践空间现状和教育实践研究的观看，也可说是来源于对教育实践的观看以及对教育实践观看的观看。

洞察教育实践空间的行动

无论是"老到"还是"通透"，事实上都包含着"眼力"的要求和状态描述。在这里，"眼力"是一个隐喻的说法，从根本上说它代表着能够对事物进行深刻的透视。透视是要求观看的人能够入木三分地理解事物，不仅能够注意到表面的状态和变化，而且能够深刻地把握事物内在的机理和要求。从教育实践来看，空间是内在的构成要素，能够深入教育实践内部来观看空间的地位和作用，这是眼力水平的体现。因此，这个方面是值得特别训练和提升的，在这个过程中紧紧抓住空间在教育实践中的地位和作用是重中之重。

从空间在教育实践体系中的作用来说，教育实践空间眼力的主要体现之一就是看到教育实践受空间的规范。从对教育实践空间的基本认识可以看出，空间因为构成了界限和秩序而对所处其中的教育实践产生弥散式影响力。在具体教育实践中，这种影响力有可能导致教育实践的成败得失，或者导致教育实践面临的危险和机遇。从这个角度出发，教育实践空间的眼力需要具体关注这些问题：教育实践在什么地方，同在的有哪些事物，教育实践者的位置在哪，这个地方对教育实践者有哪些影响。这些问题的逻辑建构形成了理解教育实践空间规则作用的四步法。第一步是确定教育实践所在的场所，实现对教育实践空间的概括特征和突出细节的认识。对教育实践空间的概括性认识是对其总体特征或模式的认识，如会议室、教室或操场。对教育实践空间突出细节的认识是认识最为突出的个别构成，如颜色、设施、人数等。第二步是具体确定教育实践空间的主要构成。在这个过程中，重点观看的对象是自然事物、社会事物和个人的状况，观看者可以具体确定这些不同层面的构成如何，以及每个成分的重要特征。第三步是具体确认教育空间中教育实践者的位置。在这一步，观看者可以具体追问：教师是在前台还是在后台，是在中心还是在角落，是主要在自然空间还是在社会文化空间抑或在个体自身的空间之中。第四步是确定教育实践空间对教育实践者的主导和具体影响。在这一步，观看者需要具体回答的问题是：空间中各种意义的大小对教育实践者有哪些影响以及主导的影响是什么？空间中存在的各种事情和人对教育实践者有哪些影响？这些影响是积极的还是消极的？这些影响力具体指向哪些方向以及强度如何？

这里可以使用这种四步法对教师上课空间做一个示范分析。第一步是确定上课所在空间的概括特征和突出细节。例如，经过观看，某一节课发生的空间是开阔的礼堂舞台，观众特别多。第二步是具体确定教育实践空间的主要构成。例如，某一节课发生的空间中有现代化的电子教学设备、移动的桌椅、开阔的活动区域；礼堂中舞台背景上贴的标语是"推进学习方式变革"，宣传背板上写着"××省教育厅"；行政领导、同行教师、大学专家、省级教研员、不熟悉的学生群体……第三步是具体确定教育空间中教育实践者的位置。例如，某节课的执教教师站在舞台上，并且作为第一节示范课的主讲教师。第四步是确定教育实践空间对教育实践者的主导与具体影响。例如，某节课的教学场合对这位老师的主导期望是，上出促进学生学习方式变革的教学示范课，该节课受到的具体影响包括：行政领导特别想让这位老师上出全区域可以推广的改革示范课，大学专家中有人可能会专门"挑刺"，学生群体因为人多而不敢放开参与教学。

从教育实践空间的内涵来说，教育实践空间方面的眼力还体现在对教育实践空间个体化建设的观看上。按照教育实践空间的原理，教育实践者个体对空间的影响力并不是纯粹的接受态度，生命的主体性和有机性会让这些教育实践者在目的的激发下发挥才能去推动有利于自身的空间建设。在这个方面，观看者需要关注的问题是：教育实践空间的哪些方面体现了教育实践者的个体努力？这种个体努力追求什么目标？这种个体努力需要面对什么挑战？这种个体努力的主要策略和方式是什么？这里还是以一位执教公开课的教师的实践行为为例来展现这种观看思路。第一步，甄别出这位教师在空间选择和调整上的非常规行为。例如，教师选择站在教室后部来看学生，教师穿上了配合这节课的教学内容——以苏州园林为主题的旗袍，教师在教学中多次走下讲台。第二步，确定这位教师进行这些空间选择和调整行为的主要意图。例如，教师穿上旗袍可以配合苏州园林的内容来提升欣赏中式美的情感氛围。第三步，分析教师在空间选择和调整行为上面临的挑战。例如，这节主讲苏州园林的课在非常现代化的录播教室上课缺少了中式美的韵味。第四步，分析教师在空间选择和调整行为上的主要策略和方式。例如，教师主要使用播放古琴背景的音乐和穿上旗袍作为改变空间内涵的策略和方式。

眼力是个隐喻的说法，在实质内涵上特别强调眼睛的看和思维的看交互使用：眼睛看到的事物加上原有的对背景思想的认识来引发思想的看，最终逐渐实现对事物的洞察。这样的思路就是洞察教育实践空间的基本思路。

教育实践空间的建构筹划

教育实践空间上的智慧不仅在观看上存在，在教育行动上也存在。面对教育实践空间的已有状态，智慧的教育实践者不是闷头接受，而是积极思考面对这种已有状态自己还能做什么。这样的积极姿态主要有两个方面的基础：一是作为人类个体的教育实践者具有源自本能的空间选择和调整能力，二是关于空间对教育实践的具体影响机制。关于教育实践对空间的影响方面，人类已经具有了丰富的积累。在第一方面，有机生命体的一个本能是趋利避害，空间带来的利害情况即使低级动物都会明显地觉察到，在这种状态下很多动物都会选择和改造自己所面临的空间条件。对于人来说，这种意识和能力只会更加强大。虽然，人类面临的空间也会因为历史的改造而复杂化，但是人类理解空间的能力和积淀也在不断提升和丰富。从一般社会生活来看，人类普遍的空间选择和建构能力已经高度发达，空间在人类世界中从来没有只作为僵化的禁锢机制而存在。

在关于空间对教育实践的具体影响机制方面，目前的研究和现实经验已经对其储备了比较丰富且深刻的认识。当教育空间的三个主要层次被揭示以后，教育实践受到空间中的物质法则、社会文化法则以及其他个体影响的格局就越来越清晰了。更为重要的是，这些不同的法则和影响是叠加的，而且可能是混杂地叠加在一起的。当教育空间根据空间的基本含义越来越显示出边界和秩序内涵的时候，空间对教育实践的具体影响越来越聚焦在边界和秩序两个中心点上。无论什么意义的教育实践空间，它对教育实践的影响一方面体现在边界的意义上，即限制可能性和包容事物的作用与意义；另一方面体现在秩序的意义上，即阻碍或助推某个方向的可能性和趋势。当教育实践本身能够建构空间的认识被确立后，这在道理和经验现实中表明教育实践者可以把空间作为实践的手段，通过影响空间状态，来发挥新的空间状态对所处其中的事务的弥散式影响力，从而达到自身的目的。

教育实践者对空间的建构实际上就是学会利用空间达到自己教育实践的目的，而这种利用首先可以借助的机理是教育实践空间的规范作用。在这个方面的应用中，教育实践者的主要提问方式有：哪些空间具有有利于自身实施教育实践的规范，自身如何建构有利于自身的教育实践空间规范。第一个问题代表着这样的思路：先不改变具体教育实践空间的样态和规则，而是从选择的角度来考察可供选择的哪些空间对自己更加有利。比如，教育实践者要开导一位"心重"的学生和下属，就可以选择在不少学校开设的"茶吧"来进行。第二个问题代表着另外一种思路：教育实践所处的空间已经没有选择，这个时候教师要考虑到底怎么让自己所处的教育实践空间生成有利于自身实践的规则。比如，有位教师在新学期第一节课就向学生们说："来不来上课是你们的自由，点不点名是我的权力；你可以有你的自由，我可以有我的权力。"其实，这种做法就是强化考勤的规则，从而建构让学生尽可能不缺席的教育实践空间。

然而，教育实践者有时会发现自己所处的空间并不总是让自己很有优势，这就要求教育实践者在身处被动的教育实践空间中也有建构的思想和行动。比如，有些学校规定教师不能批评学生。面对这样的情境，作为教育实践者的一些教师发现，自己所在的学校就是一个让自己处于被动状态的教育实践空间，毕竟从教育的现实需要来说，必要的批评并不是完全可以被代替的。此时，教师就需要想办法通过自己的方式来应对和调整学校空间的这种形势。从空间的思维来考虑，这个方面可以有问题：当不能改变空间主流规范时，自身如何构建一个逃离主流的私人空间？这里主要有两种思路可以使用。第一种思路是用个体化的努力改变学校空间的规范形势。例如，有教师努力把"你做得太好了"之类的话转变为这个班级都明白的批评，由此做到在实质上改变不能批评学生的学校空间内涵。面对被动的空间环境，教师的言语和行动艺术可以成为实质上对抗空间格局的手段，如"反讽"的言语艺术让教育实践者在很多情况下能够做到既不直接招致麻烦又有利于实现自身的教育实践目的。第二种思路是在相对薄弱的不利氛围中构建个体化的教育实践空间。例如，虽然学校规定教师在学校内不能批评学生，但是教师可以考虑在校外与家长沟通的空间中向家长通报需要批评学生的事由，由此构建一个间接得到批评效果的空间。此外，教师还可以选择在召开班会时把需要批评的现象和行为在"班会点评"时表达出来，从而在班会课中创造一个个体化的批评空间。

智慧是人生命力和主体性的高端体现，教育实践空间方面的智慧是教育实践者在空间方面发挥生命力和主体性的高端体现。由于人的生命力和主体性具有灵动性，因此教育实践空间方面的智慧也在不断涌现。

/ 第四章　时间 /

　　我作为青年教师，参加过几次学校青年教师职业发展座谈。在一次会上，一位仁厚的长者告诫说："青年教师们在精力比较好的阶段，还是应该多用心专业发展，多挑战高端课题，多写一些高质量的论文。"是的，对研究型院校的高校教师来说，高水平的学术是立足之本，课题和论文确实重要。但是，从目前的大学青年教师（这个群体也被戏称为"青椒"）的现状来说，挑战高端课题和撰写高水平论文的最大挑战不是能力问题，而是时间。不说家庭事务，单说工作事务，现在不少青年教师做深入的科研工作越来越靠挤晚上和假期的时间了，社会一般意义上的工作时间已经被教学事务、泛教学事务、泛科研事务、学生指导事务、泛行政事务以及师生活动等占用得差不多了。从时间安排来看，"被裹挟"是不少青年教师的总体感觉，被各种已经安排好的时间事务推着走和牵着走的感觉非常明显。在这种背景下，大学青年教师的教育实践行为因为时间形式的改变而改变了，进行充分准备的教育实践只是一部分，大部分教育实践都是在紧迫的状态下实施的。我想，类似的现象会在很多类型的教育实践者那里出现，时间已经构成现实教育实践的一个至关重要的影响因素。

教育实践的时间图景

　　虽然，我的大学和工作都在同一所学校，但从学生身份转换到教师身份还是遇到阻碍了。我做教师后，一个明显的感觉是自如状态越来越少了。自从事教师职业之后，我处理事情的种类繁杂了，每件事在时间上的要求也越来越严格和明确了。回想读书期间，我虽然在课程学习中也会出现明确的时间节点要求，但事情要单一得多，生活的线条比较清晰。从学生转变为教师后，我感受到教师要承接的事情很多，每件事都有各自的时间线条，而每个时间线条上又有不同的时间点要求。在这样的工作状态中，教师要学会跳跃，从一个状态轨道恰如其分地换到另一个状态轨道，稍有不慎就可能让自己卷入乱麻般的事务状态中。在教育实践世界中，时间线条明显存在，教育实践世界中的时间串接起不同的事情及不同的状态，形成多种事情与人的时间图景和脉络，这个时间脉络既是联系又是力量。

在时间中探索教育之道

在读书期间，我没有戴手表的习惯，在工作之后这个习惯形成了，手表成了必要的工作装备。虽然在平常工作时我还会看手机上的时间，但到了课堂上我发现还是手表更好。我想起当时特别需要戴手表的原因：一是上课用手机看时间确实有看短信和接电话的嫌疑，而且比较明显的动作有时让听课者产生紧张感；二是课堂教学越来越需要频繁地看时间，否则就会出现过松或过紧的脱节感。事实上，在工作中时间对自己的深度影响越来越被明显地感受到，这些深刻的感受有：紧迫、效率、限制与机会。

一般来说，伴随用手表来辅助工作的需要同时出现的心理状态是紧迫。关于紧迫的日常感受就是一个通知接着一个通知，主要的事项有：教学会议、招生会议、行政会议、课题组研讨、提交课题材料、财务报销……作为一个普通的大学教师，接到的通知来源可以有人才培养、学术研究、社会服务三大业务的行政部门。相对以往，今天的通知在时间期限上越来越紧，特别是这么多方面的通知都集中在教师个人身上，这就强化了工作的密度。以致今天的很多同事连出差都随身带着电脑以备及时提交各种材料，这既是信息化时代的便利，也是信息化时代强化的结果。在一个只能靠电话通知的时代，各个部门绝不可能普遍地把通知的时间期限定得很紧。这种紧张状态也出现在课堂教学中，教学改革的结果是每门课的内容增多，活动类型增加，学时被严格限制，课堂教学时间越来越紧张。就个人经验来说，虽然我已经坚持了"学生在课下能做的事情不在课上做"，但是课上的内容还是很多。同时，课堂又不能因为安排紧张而太过"无趣"，这样的话那些学习热情一般的学生可能就被排除在课堂教学之外了。

与时间相关的个人教育实践体验还有效率上的体验。我们越来越发现，这个社会越追求效率，很多事情的内涵就会越膨胀和繁杂。如果按照最简练的效率公式，即效率等于工作总量除以工作时间，那么今天社会提高效率有两个基本方式：一是减少特定工作的时间，二是增加单位时间内的工作总量。第一种方式在一些机械工作领域和层面会更多地被使用，比如，使用电子设备来提升写教案的速度和效率。相对于第一种方式，第二种方式现在更普遍地存在。今天的教育实践工作在大的类别上与以往的工作相比，并没有大的变化，但是细看下来，每个具体类别的工作内部都发生了一个大的变化：工作的膨胀。所谓膨胀是指事物还是原本的事物，但是体量变大了。就备课来说，以前的备课没有那么多形式的选择和质量的要求，哪怕就教学目标来说也不需要那么复杂的考虑。今天的备课工作越发强调精细，三维目标的框架就让很多教师花更多的精力区分具体的教学目标以及筹划那些不熟悉的教学目标类型。但是，这个时代提高效率的要求并不会给这个工作以更多的时间，而是要求增加了容量之后的备课工作尽可能在原先的时间限度中完成，甚至还要求减少时间。这样的情形在工作中屡见不鲜，并且今后可能越来越多，越来越明显。现在，同样是上课，学习指导，出试题，准备会议，做课题的事情，就每个事情的具体实施复杂度来说，以前与现在已经不可同日而语了。

在时间方面，个人的教育体验还包括受到限制和发现机会。如果有一段时间比较忙，而此时有学生犯了错，我也很难去特别"较真"。这是因为实在"没有工夫"，没有更多的时间"纠缠"此事。有人曾说，做事中时间就是个人手中的"筹码"，"筹码"越少越被动。在教育实践中也是如此。即便某一项工作能够做好，由于缺少时间的保障，教师们对这种工作也是应付了事。所以，在我们对教育实践现状的观看中，"对付了事"的现象是普遍存在的现象之一。这种现象有主观的不认真原因，但更重要的是客观的时间原因。对于教育实践者来说，能够体验的时间不只是受到了限制，实际上还能发现机会。在有限的教育实践经历中，教师们从时间中发现机会也是常有的事情。向上级提交报告，如果时间比较充裕，教师们经常会发现修改的次数相对很多，虽然也不一定修改得更好。但如果教师们提交报告比较晚，时间不宽裕，那么之后投入修改的精力也可能比较少。这就是让别人"没有工夫"了。作为教师，很多人会发现，如果在学生急迫地想看某场足球赛时，向他们提出多做一个作业的要求，恰巧学生的时间够用，这时得到的配合会更多。在寻找机会上，还有不少教师做得更多，这里可以看看教师在时间上发现机会的个人体验。

在《班主任兵法》一书中，作者不仅看到了空间上的挑战与机会，而且看到了时间上的挑战与机会。这本书具体提出的时间经验有：教师的教育工作有时也是要抢时机的；让学生在没有幡然醒悟之前在学习上尽量跟上；等到学生自己吃到苦头之后，你再去劝告他便会听进去了；学校、班级里乃至社会上发生突发事件，是一个非常好的教育时机。① 这些观点表明，教师可以在很多方面发现时间上的机会，如学生理解认识的变化状态，理解顺境与逆境的处境，理解学校和社会发生的变故等。确实，教育中的很多方面都会随时间的变化而变化，而在不同变化状态上教育实践工作的难度是不同的。如果学生的理性认识比较低，教师在这个时候使用各种道理来促进学生发展，多数是没有效果的。但是，如果学生在理性认识上已经取得了很高的发展，此时再讲道理效果会好很多。所以，教育方法和手段有实践上的适合性。近来流行的儿童哲学课程开在小学低年级的效果就不是很理想，核心的原因是哲学思维的培养最好在学生有相当丰富的经验知识的积累基础上，学生不具备这个基础，其哲学认识就很难有大的发展。顺境和逆境是人所处的特殊时段，这类特殊时段分别适合不同的教育内容和方式。在学生的顺境中，提醒冷静和让其自主发展是比较合适的教育姿态。在逆境中，鼓舞士气和指出核心的不足是相对合适的教育立场。当然，学校和社会的重要变故时刻也为教师提供了机会。如在一次地震灾难后，举行具有哀悼亡者和鼓舞生者意义的升旗仪式，会取得平时的爱国教育所得不到的教育效果。在那些特定的重大时刻，学生的特定心理状态是强烈而整齐的，此时如果能够进行适合这个氛围的教育就会起到事半功倍的效果。

其实，与空间带给教育实践者的感受体验类似的是限制与机会并存的状态。在一定程度上可以说，教育实践中的时间带给教育实践者的限制与机会并存状态，从根本上源自教育实践世界，它会根据时间来建立自己的规则体系。当然，这里说教育实践世界的"建立"并不都是主动的，时间有时为教育实践确立自然规则。比如，教育教学活动不能时间过长和过晚，时间过长就会触及人的饥饿疲乏等生理需求底

---

① 万玮. 班主任兵法[M]. 上海：华东师范大学出版社，2004：211－215.

线，时间过晚也会触及白天黑夜的轮转带来的自然节奏规律的限制。当然，教育实践世界的时间规则更多的是人们主动建立的，教师在备课中就能体验到时间安排上的主导感。

学校教育的时间框架与争议

对于一所学校来说，教育工作的内容是方方面面的，旧的工作在没有减去多少的同时，很多具体的、新的工作又在不断地膨胀。这么多具体的工作内容放在学校运行的框架中，必须要有条理。想要做到有条理，一方面是按照空间的横向维度延展开，分成不同的部门，然后不同的部门又分派不同的人在不同的地方完成工作。另一方面是按照时间来展开。学校教育的很多工作都要持续做，而且这种持续有时有界限有时无界限，教师们面对这种持续性就要深入考虑怎么安排。在这个方面，有个情况让持续工作更加复杂化，即很多工作之间是有关系的，如前后的因果条件关系、并行的互联关系或矛盾的抵触关系。在这种情况下，安排持续工作一方面需要保障持续工作的持续性，另一方面需要动态保障他们之间的积极关系。在历史的长期发展中，学校的教育工作不断形成了针对持续性工作的安排模式，这就是学校教育的时间框架。

有人曾说，一位教师看到一所小学在周一升旗，就能想到此时成千上万所学校都在升旗，并且有无数名中小学生在参加升旗仪式。这个人在说起这些的时候，一方面是在感慨学校和学生的规模，另一方面更是在感慨学校时间框架的普遍性和规范性。相对于学校的空间安排来说，学校的时间安排是非常普遍化的，在一个国家和地区，虽然学校所处的具体位置不同，师生情况也不同，但是它们在时间框架上都会有非常普遍的一致性。就国内而言，这种普遍一致性是非常明显的。虽然，今天有些学校会有自己的变动，小学、中学、大学会有一定的差异。但是，就拿上午八点左右开始上课来说，这现在是非常普遍的情况，无论在大中小学校，还是在城市和农村中。与普遍性相伴随的是规范性，即学校的时间框架是具有约束力的，不是每个学校都能随意改变。一方面，这种规范性体现为国家和地方的政策规定，即关于学校的时间安排在国家和地方层面都有规定。另一方面，这种规范性也体现为由趋同性带来的压力，即在其他学校都这么做的情况下，如果没有强有力的理由就不好改变。有时候，很多人拿这种学校教育的时间框架的普遍一致性来感慨学校教育的整齐划一，认为这就是学校培养不出很多创造性人才的原因。从直观的层面来说，当代学校具有普遍化和规范化的时间框架，有白天黑夜轮转，有上班下班常规，有课程课时要求的原因。这些原因的总体一致性带来了学校时间框架的相对一致性。

在《学校生活社会学》一书中，刘云杉展示了一所寄宿制中学带有一些个性的时间安排。这个安排是：5:50，起床；6:05—6:20，早操；6:20，早饭；6:50，早读；7:30，预备；7:40—11:30，第一节课到第四节课(其中有课间操、眼保健操)；11:30，午饭；2:20—5:50，第五节课到第九节课；6:00，晚饭；6:20—7:00，晚间新闻；7:00—9:30，晚自习；9:50，就寝。[①] 很明显，这所学校由于有学生住校，早晨和上午的时间安排比其他非寄宿学校要提前一些，但是上午有四节课，上午八点左右上课，一天有八九节课在寄宿制中学具有一定的普遍性。当然，一节课四十或四十五分钟的安排就具有更大范围的一致性了。古德莱得在《一个称作学校的地方》一书中也提出学校教育时间安排的一致性，具体指出："第一节课通常上数学课或语文课，从上课铃声响直到休息为止，时间为一个半到两个小时"，"15—20分钟的休息之后，继续进行基础学科的教学直至午餐休息时间"，"下午的课通常是社会学习、科学、艺术以及带有休息性的体育课"，"一天的时间被划分成若干时间段，每个时间段在不同的教室上不同的课"[②]。这里虽然没有直接表明在某个具体时间点上的学校安排具有一致性，但表达了上下午安排上的一致性，以及学校教育时间上的整体时间化思路。更为重要的是，这个发现比只看到时间安排在步调上的一致性更加深刻，它开始涉及特定教育时间与教育内容关系上的一致性。

在教育领域，有这样一个观点：教师可以从自己被安排的上课时间中看出自己所教的课程的地位。今天，社会中很多领域被揭示出有"歧视链"的存在，即一种优越性和价值感方面的等级现象。古德莱得指出学校时间与具体科目有大致的对应关系，在反映学校时间安排有更为深刻的内涵之外，也反映出学校科目间的优先性等级，虽然这里还不把它概括为科目间的"歧视链"。在这种优先性等级格局中我们一

---

① 刘云杉. 学校生活社会学[M]. 南京：南京师范大学出版社，2000：190—191.
② 约翰·I. 古德莱得. 一个称作学校的地方[M]. 苏智欣，胡玲，陈建华，译. 上海：华东师范大学出版社，2014：85.

般可以发现，那些最有优先性的科目一般排在最佳的时间。对于中小学来说，最佳科目的时间一般是上午的前三节课。在大学里，我想把本来排在晚上的公共选修课排到白天时，遇到了很大阻力，被给出的原因是白天一般排公共必修课和专业课。事实上，这恰好表明时间安排背后存在价值观，当人们说"没时间做某事"时，这也意味着"某事不重要"。

学校教育的时间框架经常被批判为"僵化"。虽然普遍规范的学校时间框架并不一定禁锢个人创造性的发展，但是它却比较明显地阻碍了学校工作的创造性和灵活性。很多老师提出"向40分钟要效益"，探索如何在一节40分钟的课程内把教学做好。但现实的情况是，按照40分钟来安排教学内容，而且做到不拖堂确实是非常大的考验。拖堂现象广泛存在，甚至一些教师会因拖堂而被质疑缺乏规则意识或不尊重学生。要么松动40分钟的框架，要么松动恰如其分地利用40分钟的要求，成为今天很多学校创新教育工作要考虑的一个问题。

关于学校教育普遍的时间框架，今天还存在的一个广泛争议是在校时间的长短。出于"减负"的考虑，目前国家对学生在校时间的总体要求是"减少"，这在很多"减负"的文件中都能看到。国家之所以严格减少在校时间，一个主要的考虑是在校时间长就意味着多参与教育活动，也意味着学习任务更多。当然，今天的"减负"推力还包括一些有支付能力的家长希望孩子能在校外高水平的补习班中"开小灶"。但是，不减少学生在校时间也是有理由的。一方面，反对减少学生在校时间的观点认为，"减负"并不等于直接减少在校时间，也不等于作业的简单数量减少。在作业上，反对减少学生在校时间的观点认为，真正成为负担的作业是简单粗暴的作业，而那些有质量，能让学生感兴趣的作业本身不是负担，即便花的时间多一些。另一方面，从一些主要国家的教育发展趋势来说，增加学生在校时间是使学校开设的高质量课程教学项目更有意义的条件，花很多精力设计的课程教学项目需要学生的在校时间作为保障。

关于学校教育普遍的时间框架问题，一些人提出的主张是让学生上午到校晚一些。让学生到校时间晚一些的原因是，科学研究发现，每天过早上课与学生的生理心理状态不匹配，低年级学生心理状态最好的时间不是学校通常规定的上午八点左右，而是更晚一些。当然，这种具有科学道理的发现以及由此产生的改变学生到校时间的观点，在今天确实得到更多人的认可。但是，在现实的教育实践中，这个立场是否能够促成普遍的变化，还需要社会来确认。总之，这件事一方面反映了学校时间安排要基于学生生理和心理规律的现实要求，另一方面也反映了学校教育时间框架不能只考虑学生生理和心理规范单个方面的因素。基于学生生理心理发展规律的学校时间的改变，需要和家长上下班时间及其背后的社会运作总体时间达成新的平衡。当然，还有一个不改变到校时间的理由是，到校时间不等于上课时间，这中间是调整的弹性时间。

当代学校时间的精密化与开放化

在教育领域，对时间的思考和改变成为今天教育变革的核心途径之一。在过去很长的时期中，提高效率是个高频词，诸如提升学习效率，提升课堂效率，提升管理效率的说法成为教育改革的重要目标。事实上，提高效率的实质就是让同一件事的完成时间减少，或者在相同的时间段完成更多的事情。在教育领域，提升效率从根本上与时间相关，要么缩短时间，要么改变时间中的内容安排。从人们的日常生活来看，向时间要发展是现实社会的一个基本思路，它广泛存在于社会生活的方方面面，从群体到个人、从科技到经济、从官方到民间都普遍适用。

从时间维度推进教育改革，通常路径是加强学校教育时间框架的精密化。此前提到的普遍存在的学校教育时间一致性框架，是相对粗略的框架，比如，上午八点左右上课，下午四五点放学，上午有四节课，等等。这些粗线条的框架并没有严格禁锢学生的行为和思想，这也让一些学校教育实践者看到了进一步进行时间精密化的需要。比较粗略的时间框架本可以通过更加细密的安排来实现更为理想的结果。这里就出现了一个反差，在一些人看来的僵化的时间框架，却在另外一些人看来还太宽松，这是教育实践人文性的一个反映。从当代教育改革的实践来说，实现对学校时间框架更加细密化的安排有两个领域：课堂教学领域和学校办学领域。

从前几年开始，课堂模式的改革成为热点主题，"六三三""四五一""三疑三探"等一系列新的课堂教学模式出现了。这些新的课堂教学模式都是针对传统课堂模式的改革，虽然很多观点对传统的定位不同，但大多瞄准的是赫尔巴特思想开始奠定的"五步教学法"。从名称来看，始发于赫尔巴特思想的"五步教学法"已经很注重对时间的精密化处理了，但是这些新生的课堂教学模式在时间精密化上更进一步。只从这些课堂模式名称中的数字本身就可以发现，新的课堂模式把时间切分得更细致，甚至有些模式还提出"教师讲授不能超过十分钟"的更严格的时间限制。还有不少新模式没有对课堂时间提出很严格的要求，但是总体上更细致的步骤切分和事实上存在的每个步骤的合适时间区间，都意味着近年来的课堂模式改革实际上在时间安排上用尽了心思。

在学校办学领域，一种崇尚精密化的学校模式成为不少媒体报道中的"应试学校"典型。《南方周末》曾经有这么一篇报道，其中有一段话是："学校实行'无死角管理'，从早上五点半到晚上十点十分，时间安排具体到分钟"；"流水线从每天清晨五点半开始运作，到每晚上十点十分关机停工，其间的每一分钟都被精确管理"①。这所学校明显对比较粗略的普遍化时间框架进行了个体化的精密加工，这里的"具体"和"精确"等词语就是这种精密化思维的典型反映。当然，这里还有一个词语折射着这种精密化思路的基本性质，这就是"关机停工"。"关机停工"是比较典型的工业或机器用语，这里对这个词的使用点出了精密化思维的实质，即一种工具理性逻辑下的工业化思维。这样的报道一方面掀起了整个社会对应试教育的热议甚至批判，但是另一方面却让不少学校看到了提升学校办学效率的范例。这导致了两个后果：一是不少学校开始学习这种精密化的时间安排，二是社会大众对高强度的学生时间安排进行更强烈的质疑。

在反对高强度、高密度时间安排时，人们常会提及国外的"宽松"的基础教育。但是，古德莱得在《一个称作学校的地方》中，对美国学校时间的描述，表明国外的学校时间也不"宽松"。《美国最好的中学是怎样的》一书更是给出另一种描述，书中有学生曾说："4 是个神奇的数字。我们都想得 4.0 的平均成绩。我们都靠 4 小时的睡眠过日子，而且，我们可能需要 4 大杯拿铁咖啡才能熬过一整天。"②非天才学生的优质教育都是有时间强度和密度的，不会因为国家和文化不同而有明显差异。随着对国外教育了解的越来越多，多数人越来越认为，国外的优质教育并不让学生清闲。

① 雷磊，藏瑾. 衡水中学的"封神"之路：超级高考工厂[N]. 南方周末，2013-10-10.
② 爱德华·休姆斯. 美国最好的中学是怎样的：让孩子成为学习高手的乐园[M]. 王正林，王权，译. 北京：中国青年出版社，2011：18.

精密化的思路实质上是把人比作了机器，把教育的成效比作了工厂的产品。这样的立场无疑会招致彻底的批判，教育思想领域早就出现了把教育当作"工业"和"农业"的分歧。面对这样的局面，我们如果还纠结人到底是不是机器，或者纠结教育到底是"工业"还是"农业"，这只能是思维简单化的表现。笛卡尔把人描述为"机器中的幽灵"，既否定了单纯把人当作机器的观点，又否定了人不是机器的简单判断。这个问题远不是非此即彼的问题，至少是多维交缠的情况。把人当作机器，把教育当作"工业"，是教育的一个层面的模式。这个层面追求确定化的教育目标，因而也要求采用确定化的教育途径和手段。那些追求精密化时间安排的学校在确定的教育目标的达成上经常有优异的表现，这部分地反映了教育的现实。当然，学生不能只是机器或被加工的对象，教育不能只是工业，学校教育实践的时间安排需要更加开放化和自主化。这是学校教育时间框架改革的一个核心方面。

　　对学校教育时间框架进行开放化和自主化的改革，在教育史上在作为教育改革范例的一些学校中非常明显，当然这在今天强调学生自主学习的很多学校教育领域也存在。在教育史上，夏山学校就是一个强调开放化和自主化培养学生的学校，它在学生时间安排上明显地给予了更大的自主。夏山学校既给予学生上不上课的自由，又在时间安排上把下午的时间全安排为自由活动。而这所学校的神奇之处是并没有混乱，反而非常有章法。当然，这里的实质原因是以学生内在的时间框架来取代外在的时间框架。人普遍上都有合理性水平不等的内在时间框架，在提升学生内在时间框架合理化的基础上弱化外在时间框架是完全可行的。国内也有学校在改革中强调给予学生更多自主时间，有学校给予学生时间让其通过自修自研的方式来学习。当然，这种自修自研就是一种开放化和自主化的时间安排框架。此外，今天很多学校强调开展活动课程和综合实践活动课程，也有学校尝试开设 30 分钟的课程以及两节课程连排的做法，还有一些学校在教学中强调混合式学习或自学指导。这些教育教学上的探索，在时间维度上都明显地体现出开放化和自主化的特点，这是学校时间框架改革的例子。

　　一提自由和自主，不少教育者就有比较复杂的心态，他们一方面希望自身的自主和自由越多越好，另一方面并不希望教育实践中的相关他人有太多的自由和自主。事实上，不从经典思想家的自由和自主的理论来说，自由和自主在构词上就强调了以"自我"为核心。如果以健全的"自我"为中心，自由和自主当然不会产生问题了，毕竟由着健全的"自我"去行动也不会有什么问题。所以，以开放化和自主化为中心的学校教育时间安排改革并不必然产生混乱，特别是在已经培养出或正在努力培养学生自律品格的学校。从这个角度来说，这个方面的改革并不是淡化时间对教育实践的规范，而是把时间的规范作用从外在转移到内在。

教育实践的时间之问

从教育实践的时间现状来看：教育实践具有时间框架；教师作为教育实践者能够自发地体验到时间带来的限制并能够发现时间带来的机会；关于教育实践的时间框架还存在不少争议，是否僵化，是否足够长，是否过早或过晚都是现在争议的内容；教育实践对时间也在进行着一些改造，既有精密化的方向又有开放化、自主化的方向。从教育实践的时间现实来看，教育实践的时间是有框架的，由此我们可以提出一个思想认识方面的理想，即更加深刻地揭示时间内涵以及教育实践的时间影响力。从教育实践界普遍存在的时间创新来看，这里可以产生另外一个理想，即理解教育实践对时间的建构力并积累教育实践的时间智慧。基于教育实践体系的时间理解和现状，这里可以提出三个具体问题：如何理解时间概念？如何具体理解教育实践中的时间要素及其影响？如何从时间方面生成教育实践智慧？

对第一个问题的回答需要追溯人类对时间理解的历史，这本身也是一种时间内涵上的观看，虽然不能保证观看的所有内容都能在教育理论中得到重现，但其中存在着很大的重现可能性。世界上一些普遍的道理或法则能否在教育领域复现，这一方面不能简单地说能或不能，另一方面我们也确实能够看到多数普遍道理或法则在相当大的程度上能够在教育领域中复现。所以，对时间思想史的观看在很大程度上等于以间接的方式扩大自己的观看面，只是要注意对这种间接观看的结果保持一些怀疑和不断寻求确认的意识。对第二个问题的回答需要以对现实教育实践的时间要素的研究来回应，虽然这也是一种间接的观看，但是主题的直接性已经部分地弥补了不是亲自观看的不足。事实上，亲自进行的观看不一定更好，观看的专业性、时间投入和角度都可能导致亲自观看不见得比观看别人的观看更好。对第三个问题的回答应该着眼于一种精到的应用性理解。在理解时间和教育实践中的时间之后，我们要进一步思考如何才能更好，以此作为积累教育实践智慧的时间维度。

时间的尺度转换与内涵变迁

在小学读书时我就知道，秦始皇的一大贡献是统一度量衡。当时我学习这些内容时没有太多感觉，认为这只是变换一个计量单位而已，实际的对象又没有真正发生改变。这种认识后来一直没有多大改变，尽管我偶尔注意到世界上还有"克拉""加仑""盎司"等单位，也了解到一些国家的货币面值数字很大。直到赴美访学，我忽然发现生活中到处都是"英里""磅""英寸"，才感觉适应不同的"尺度"确实是个麻烦，我特别强烈地意识到如果使用统一的尺度就好了。事实上，用这些不同尺度衡量的对象没有变化，对象还是那个长度、重量和距离，但不同的尺度会让新接触的人转换到不同的思维方式上。就像之前所说的，如果太阳系以地球为中心建立坐标在数学上可行，只是这和以太阳为中心就是不同的思维方式了。在深层意义上，思维方式的差异会带来认识和处理事务上的难度差异，以及中心点的变换。从时间的历史理解来看，时间尺度的变迁是最为核心的变迁，也是不同时间里思想产生的根源。

变化性的时间衡量

在日常生活中，人们不断丰富着对时间的理解，因此这些理解的角度很多元，表达方式很多样。"时间就是金钱"是很多人耳熟能详的一个说法，还有一个说法是"时间买不来金钱"。"时间就是生命"是一种说法，与之一致的是"浪费别人的时间就是图财害命"。把时间与金钱放在一起的传统表达还有"一寸光阴一寸金，寸金难买寸光阴"。当然，关于时间还有"白日如去箭"和"时间一过不再有"的说法。此外，还有"时间挤一挤就会有"和"达者惜光阴"的说法。这些说法实质上反映出人们对时间的三个方面的理解。一是关于时间的价值。人们把时间和金钱相联，不是在贬低时间，而是在提醒人们注意时间的价值。在日常生活中，金钱的价值比较容易注意到，把时间与它相关联是在警示人们珍惜时间。当然，把时间和生命放在一起更是说明时间的宝贵。"浪费别人的时间"的说法也表明了时间的社会性。二是关于时间的不可逆性。到目前为止，时间是不可逆的，过去的就过去了，无法重来。这种不可逆性是时间最"冷酷"的性质，也是时间最大的力量所在。三是关于时间的利用或管理。大家在日常生活中会发现，时间利用比较好的人更容易取得成就，反之则容易"万事成蹉跎"。虽然，时间有"冷酷"的不可逆性，但人们对它的利用和管理一点儿也没有掉以轻心，就像再暴躁的牛也有鼻子可抓一样。这些多元多样的时间认识一方面提供了广泛而深入地理解时间内涵的丰富资源，另一方面也带来了进行高位观看和拓展普遍视野的挑战。

词源和词典上的定义是具有时代性的理解，也是时代性总体认识状态的反映。国内外的"时间"词源和词典中的定义为理解具体的"时间"概念提供了基础的表达，为形成"时间"概念的理解框架奠定基础。在中文中，"时"在构成上"从日"，主要的意思是太阳在天上运动。《说文解字》对"时"的解释是："四時也。从日寺聲。旹，古文時从之日。"从这个基本解释来看，时间的"时"字在中文词源中依靠太阳的运动形象来表示，由太阳的运动形成可以计量的时，时主要表现的是四季。进一步说，在《说文解字》中，"时"本身就有参照和尺度的内涵和作用，"时"可以指示所有的事物，这种指示都有一个根本的太阳运动形象作为参照。

《辞海》给出了"时间"的定义，具体为："指时间计量。包括时间间隔和时刻两方面。前者指物质运动经历的时段；后者指物质运动的某一瞬间。指物质运动过程的持续性和顺序性。"[1]这个定义是简洁而全面的，虽然字数不多，但是"时间"的很多方面都提到了。这个定义首先指时间是计量，不是作为具体的实体而存在。这里的差别是，时间是独立存在还是附属存在，时间作为实体就是独立存在，作为计量就是附属在实体之上的属性或形式。其次，时间有两个角度的存在，一是时间段，二是时间点。时间段体现的是过程，时间点体现的是即时的状态。在明确内涵和形式之后，这个定义给出了第三个方面，即实质内涵的方面。在实质内涵上，时间是"物质运动过程的持续性和顺序性"。这个观点一方面确认了时间作为衡量属性和形式的内涵性质，另一方面指出了其衡量的对象。在时间衡量的对象上，"物质运动过程"和"持续性和顺序性"是两个最为核心的表达。和空间一样，时间衡量的主要对象也是物质的运动或运动的事物，一方面这意在说不运动的事物没有必要谈时间，另一方

---

① 辞海编辑委员会. 辞海[M]. 普及本. 上海：上海辞书出版社，1999：1525.

面这里认为运动有时间上的表现。与空间所衡量的广延性和位置秩序不同，时间衡量的是"持续性和顺序性"，持续主要指长久的状况，顺序指先后或并行的状况。

学者埃利奥特·贾克斯在《时间之谜》中考察了时间的英文词源，他认为，time来源于古英文单词 tima，意为 an indefinite continuous duration(意为"无限的连续期间")；希腊文的时间有 chronos 和 kairos 两种形式，前者是年代学意义上的连续时间，后者作为一个周期是带有开端、中间和结尾的事件的时间。① 在这个考察结果中，希腊文的两种形式的时间词语是特别值得注意的。这两个词语的思考模式特别像绝对主义和相对主义的空间思想体现出的两种对立的思考模式，总体上体现出时间既是背景又是事物的形式属性。用一个现象来说就是，人在标准化计量的时间背景中做事，而所做的事情本身具有时间上的个性特征。

当然，对时间的定义并不只是工具书中的存在，很多思想家在对世界的认识和思考中也给出了很多深刻的时间定义。在中国传统思想中，墨子明确提出对时间的理解，认为："久弥异时也。"②它的大致意思是长久的时间是不同时候的总和。古希腊时期哲学家们提出的时间定义是："时间是一个有形体的本质。"③这个观点表达了时间作为抽象存在的实质，不是具体的存在物，而是具体存在物的一个本质属性。柏拉图对时间的观点是："摹仿那永居统一的永恒，创造了永恒的摹本，摹本要按照定数运动，这个摹本我们叫做时间。"④由这个观点可以看出，柏拉图认为时间是现象世界的存在，是一种以"永恒"为尺度的参照，这个参照提供了一种现实世界的衡量背景。亚里士多德对时间的理解更为直接，认为时间就是计量运动的数，也可以说是对运动的确切衡量。⑤笛卡尔把时间和绵延结合在一起，认为时间就是一种理解绵延的"思想方式"⑥。毫无疑问，这里的"思想方式"表明时间主要作为一种思想认识框架而存在。牛顿提出，绝对时间是真正的时间，相对时间是一种感觉反映，并认为，

① 埃利奥特·贾克斯. 时间之谜[C]. //约翰·哈萨德. 时间社会学. 朱红文，李捷，译. 北京：北京师范大学出版社，2009：16—19.

② 《墨子·经上》。

③ 黑格尔. 哲学史讲演录：第1卷[M]. 贺麟，王太庆，译. 北京：商务印书馆，1959：198.

④ 黄颂杰，章雪富. 古希腊哲学[M]. 北京：人民出版社，2009：389.

⑤ 亚里士多德. 物理学[M]. 张竹明，译. 北京：商务印书馆，1982：124.

⑥ 笛卡尔. 哲学原理[M]. 关文运，译. 北京：商务印书馆，1958：22.

"绝对的、真正的和数学的时间自身在流逝着","相对的、表现的和通常的时间是延续性的一种可感觉的、外部的通过运动来进行的量度"①。黑格尔把时间作为变易和现实存在着的抽象,把时间直接理解为变化。② 当然,对时间的理解还有很多,这里提出的只是其中一部分。在这些定义中,我们可以看到对时间构成的理解,对时间来源的理解,对时间实质的理解。虽然我们在这些理解的维度上还存在着争议,但是也有很多富有启发性的共识。

通过对时间的词源和定义的考察,我们对时间的认识理解主要有以下三点。

时间既来源于事物的属性,又是对属性的衡量。从根源上说,时间来自事物的一个方面,而不是事物的全部。事物本身有很多方面的特征和构成,虽然很多事物特别是变化的事物让人突出感觉到时间,如太阳的东升西落,但是以事物的变化为直接表现的时间并没有全部反映事物,只是反映了变化而已。更为重要的是,虽然时间可以从太阳的变化中得出,但时间并没有只用在太阳本身上,而用在了很多对其他事物的衡量上,运用时间衡量的各种其他事物自身也就出现了时间。

时间反映的是变化性和对变化性的衡量。以中国传统时间观中的时间与太阳的关系来看,时间没有反映太阳发光发热的性质,更没有反映太阳比地球大的性质,而是反映了从地球来看太阳运动的性质。通过日常的时间应用来看,那些没有任何变化的事物不会使用时间来表示,如人们一般不会对能量存在这个事做时间衡量。虽然人们有时会用"永恒"或"永久"来衡量不变化的事物,但是这里的"永恒"或"永久"也是时间框架中的特殊存在。从根本上来说,时间反映的是事物的变化性,而且这种反映不是粗略的概括,而是一种衡量。所谓衡量就是一种对比权衡中获得量度的过程,是一种精确化的反映。

时间可以构成一种认识框架。虽然,从起源来说,对时间的认识主要来自对天体运动的观察与测量,如对太阳、月亮和星星的观察与测量,但是从这些来源事物中建立了一套时间体系和框架之后,时间就构成了一种普遍性的认识框架了。所以,时间领域就出现了这样一个套路:先从某个事物的变化中制定一个关于变化性的衡

---

① H. S. 塞耶. 牛顿自然哲学著作选读[M]. 上海外国自然科学哲学著作编译组,译. 上海:上海人民出版社,1974:22—23.

② 黑格尔. 自然哲学[M]. 梁志学,等,译. 北京:商务印书馆,1980:48.

量框架，然后把这个框架用在其他事物上。在时间的历史上，作为时间框架来源的事物可以有非常多的变化，如太阳、月亮甚至洪水。但这里内在的模式没有变，即把时间作为认识框架来对待。

时空思维的异同

在日常生活中，人们经常把时间和空间放在一起来言说和思考，例如，人们在说起某件事时会说"那个时候"和"那个地方"。确实，如果要定位人的活动和生活，只有空间是不行的，因为空间会随着时间的不同而变化，上课时的讲台和下课后的讲台是两码事。反过来，在定位人和事情时，也不能只有时间，因为即便在同样时间下的人和事也会因为空间的不同而不同，如在某个确定的时间，不同国家对教育财政投入的政策就会不一样。正是在这个方面，时间和空间也经常构成一个词，即时空。对于人们来说，在思考和做事上经常需要定位，而定位的结果说明了自己在时空中的位置。当然，这个过程也包括对这个时空的整体认识。

时间与空间的亲缘关系还表现在对时间和空间的定义和思想中。从《辞海》对时间和空间的定义来看，时间和空间本身就是紧密联系在一起的。从定义看，两者的亲密关系主要表现在三个方面。一是时间和空间都是针对物质变化而言的。对没有变化的事物，探讨空间的意义不大，虽然我们也可以特别确切地指出不变事物的空间所在。对没有变化的事物，探讨时间的意义也不大，虽然我们也可以使用"永恒"来表明一种超越。对于时间和空间来说，探讨变化的事情才是意义的所在，才是能够产生更多意义的方面。二是时间和空间对应变化事物的核心属性。一个事物的变化会有不同的维度，最为关键的维度是延展性和持久性，即在广度和持续上的反映。以歌曲为例，声音的广度就是音高的强弱区间，而延续则是音节的长度和持续。当然，对于一个复杂事物来说，由于变化涉及了内部多种成分的变化，所以广度也必然包含相对位置的秩序，而延续性也必然包含顺序。三是时间和空间都以衡量的方式反映变化。衡量就是在权衡比较中得到量度的行为，所以衡量本身强调对比和尺度。无论是在时间还是在空间领域，衡量是普遍存在的现象和行为，时间的长短和空间的大小都是衡量的结果。相对于"从自身认识自身"的方式，衡量方式的优点是能够通过比较建立相对通行的尺度以及体系。在这里，尺度既是一种结果，也是建立更大体系的手段，我们有了尺度，才能够通过事物的不同反映而把它放在不同的定位中。

当然，时间和空间的相连还有一个深刻的思想，这就是时间空间化的认识思想。这样的思想在牛顿、爱因斯坦和霍金那里是非常典型的。时间的空间化有一个直接的反映，即作为时间表达形式的光年在实质上是距离和长度上的空间度量。当然，时间的空间化更深层的实质是把时间当作空间来理解，确切地说是通过空间模式把时间包含进来。如果知道"四维空间""五维空间"一直到"十维空间"的话，我们把时间放在空间的框架中来理解就不奇怪了。从"四维空间"开始，时间就成为空间的认识轴，而且随着空间的维度增加，时间就被考量得更加多元。时间的空间化思想还有一个典型观点，即超越光速就可以实现时间的跨越。这也是以空间来换时间的做法。对于很多不对事物进行理性研究的人来说，细致理解这些思想是非常困难的。但是，时间的空间化思路可以在一般认识上来理解：既然时间和空间有那么多的一致性和亲密性，通过数学增加认识的坐标轴可以努力实现两者的融合，实际上这种坐标轴从一个到三个的最初变化都是典型的空间范畴事务。在数学中，有一个问题是把坐标轴置换，即横坐标和纵坐标换位。在这种换位中，虽然尺度翻转了，但这些都是衡量事务的框架变化，没有根本上的行不通。那么，我们这样把认识轴置换的思想用在时间和空间中，也是可以理解的，无非是尺度的形式翻转而已。

我们理解教育实践中提出的空间和时间的要素，主要是为了探讨教育实践的环境和条件作用。由于具体的教育实践不是发生在超越空间的抽象领域，也不是发生在超越时间的理念领域，所以关于时间和空间的研究离不开对教育实践和具体相关要素的认识。在具体的教育实践中，能够与教育实践行动相关的因素太多了，既有自然层面、社会层面和人文层面的，也有历史传统、人际关系和文化氛围的，还有群体因素与个体因素的。如果我们对每一个环境影响因素进行探讨，哪怕是对比较重要的影响因素进行探讨，都是非常繁杂的。面对这种情况，一个可行的努力方向就是找到一个框架来把这些庞杂的环境因素框架化，以此来追求不遗漏重要因素和不陷入混乱状态的效果。这里现在找到的框架就是时间与空间。从常规理解来看，时间和空间本身的内涵比较单一，无非是广泛延伸和持久绵延的量度。然而，教育实践的环境因素本身却很多，内涵单一的时间与空间看起来并不能涵盖这么多的环境因素。需要注意的是时间与空间虽然内涵单一，但却是一种尺度上的内涵，即具有衡量其他事物的属性和功能的内涵。时间和空间本身来自物质的运动或运动的事物，是对事物运动性的两个维度的衡量。特别当它们从特定具体事物的运动中抽象出来并建立量度之后，时间和空间就拥有了向其他事物普及的能力，即通过把其他事物的运动与抽象出来的量度进行对比来衡量其他事物。其他事物通过对比具有了量度之后，就算进入了时间和空间的框架之中，最终成为框架中的内容。在这种情形下，时间和空间不仅能够衡量事物的广泛延伸性和持久绵延性，而且还能衡量它们之间存在的位置秩序和先后顺序。时间与空间的这种运作方式，在一定程度上类似于货币。货币的经典起源也是一些具体的事物，但这些事物的稀有性和可量度使它们成为通过比较来衡量其他事物价值的标杆。随着货币的发展，这个标杆会越来越形式化和抽象化。经过货币的衡量，不同的事物得到不同的量度，进而可以根据量度上的不同表现建立起一个高低贵贱的体系，涵盖不同事物的一个框架由此产生了。

不是什么事物都适合进入时间空间的框架，严格说来只有运动变化的事物才适合进入时间空间的框架之中。对于教育实践来说，环境因素的一个突出特点就是变化性，自然因素、社会因素、群体与个体因素都以不同的速度和不同的方式在变化，正是这种变化让理解教育实践所受到的环境影响变得复杂。由于时间和空间既能表示单个事物的变化性，又能表示各种事物的相对变化性，它们在这种形势下成了最适合的环境因素统筹维度，也构成了教育实践环境因素的代表。以往很多研究者对教育实践的研究关注到了时间和空间的变化，当然这些研究也在不同程度上受到了更广泛的人类社会或自然世界研究的影响，在这些更广泛的研究中，时间和空间早就成了核心主题，而且也越来越呈现出环境因素的集中代表。哲学、社会学，甚至地理学在时间和空间认识上的一些新发展，已经在一定程度上表明了时间和空间成为综合表示环境因素的价值和可能性，如人文地理学让人们看到，可以通过空间来认识自然环境和人文环境的交互作用对人的影响。

在抽象层面上，时间和空间具有一定的可交换性，但是两者在内涵上有着不可替代的方面。时间和空间在属性上最为明显的不同特征体现在是否具有方向上的可逆性，空间可以来回变化，而时间到目前为止只能沿着一个方向变化。虽然，关于五维空间甚至更多维空间的理论认为可以实现时间的来回穿梭，并且也有人提出超越光速就可以实现时间上的穿梭，但是这些都还只是设想或特殊存在的事情，人类生活的世界在主体上还是一个不能在时间上逆行的环境。人类在时间上的不可逆性也可以从时间作为认识方式上来理解，时间代表着变化的持久性。从这个角度来看，变化要么长要么短，但不会出现变化之后再取消变化的状况，即事物在一个变化之后再出现相反方向的变化，但在持续性的尺度上该事物依然是一个新的变化。相对于时间的这种性质，空间就不同了，空间在来回变化上是可能的，而且通常说来回的变化可以接近于没有变化。所以，在时间的理解上，时间不能完全用空间的思维来理解，时间代表着特征不同的另一个变化性的维度。

时间的主客观面向

主观与客观代表着不同的角度，也代表着对不同成分或环节的强调，当然最终也代表着不同的世界观立场。主观和客观二元对立的思维模式在认识很多事物上都存在，在对时间的认识上也不例外。

在时间认识上，客观的时间观把时间当成外在于人类心理的存在，时间能够对人类心理产生影响并能决定心理的时间观。一个昏迷的人，虽然没有感受到昏迷期间的时间流逝，但是不能说时间没有过去。当然，这样的例子也有另外一个问题：如果人们都昏迷了，时间是否可以说没有流逝呢？当然，从客观的时间观来说，这样肯定不行，因为人之外的客观事物表明了时间的流逝，如其他星球的运动。但是，我们继续设想：如果其他事物和人都"昏迷"了，时间是否可以说没有过去？此时，问题可能来了，如果真的能做到让所有的变化停止，那么从时间的定义和思路来说，这接近于时间没有过去。从这些设想的例子说明，所谓客观的时间观就是不把时间判定的核心依据交给人的内心感受，而是交给人心控制之外的事物。从天体变化反映时间，从植物生长反映时间，从物质自然运动反映时间，只要这些方面发生了变化，而且证实了这些变化的存在，时间的绵延就出现了。

牛顿、赫拉克利特和普利高津都提出过具有客观思想的时间理解。赫拉克利特提出：时间是一个玩骰子的儿童，儿童掌握着王权。[①] 在这个表达中，他把时间比作

---

① 赫拉克利特. 赫拉克利特著作残篇[M]. T. M. 罗宾森，楚荷，译. 桂林：广西师范大学出版社，2007：65.

儿童，一方面表明了时间不在每个人的控制中，另一方面表明了时间的掌控者不会完全按多数常人的期待方式去掌控时间。"玩骰子"在这里表现了时间的随机性，时间做出的决定和变化不是按照人们期待的模式来进行的。"掌握着王权"表明了时间对世界的决定性影响，人们不能轻易逃离时间的影响范围。这个表达确实比较典型地体现了时间的客观化思想，即时间不能以人的期望为转移。客观化思维的一个核心思想是把事物的决定权交由不以人的主观为转移的外部事物，不管人的主观有什么不同，也不管人的主观有什么感受，事物都要按照外部事物决定的标准来认识和改变。这样的思想对解决争议和分歧是非常有好处的，很多争议和分歧来自主观感受和追求的多样性，这些感受和追求的多样性在极端情况下就会带来无法调和的问题。如果这些分歧和争议是关于个人的事情，倒还好说，但是，如果这些争议和分歧出现在群体的事情上，就需要判断出是非曲直了。在这个时候，最可行的方式是找出一种中立的尺度，找出一个相对没有价值偏向的尺度，来判定大家要最终遵守的是非曲直。可以说，这样的思维方式正是实证主义立场的思维方式，所谓实证主义就是以不可否认的现象和经验来确证认识的思维模式，这具有明显的客观化取向。

对时间的认识也有另外的情形，即人对时间的感受并不随外在世界的节奏而调整。人们经常听到这样一类感慨，"时间过得真快呀，感觉这孩子昨天还是小孩呢，今天一看都这么大了"；"怎么都春天啦，昨天还感觉是冬天呢"；"想起昨天还在国外游玩，恍若隔世"。虽然这样的感慨采用的角度不同，但都表明一种事实：人们对时间的感受和客观世界的时间变化之间存在差异。在这种情况下，虽然有人认为应该以客观世界的时间作为标准，但是这却改变不了人们的时间感受以及建立在这些感受之上的思考和行为。人是具有深刻主观世界的生物，主观世界的状态与构成从内在层面影响和支配着人的思考和行为。在人的主观世界中，时间占有主要的位置。虽然生物钟现象有内在的客观的生物基础，但它在一定程度上反映了人对时间把握的个体性。虽然，人们有很多外在的方式来通过外在的客观时间把握自然，如戴手表，但是很多时候人还是通过对时间的内在感受来把握自己的思考和行为。这样的一些内在声音应该是不少人经常听说的："感觉时间差不多了，我们休息一会吧"；"这个讲座开始好久了，差不多该结束了吧"；"虽然这个老师讲了很久了，但感觉像刚开始，还想继续多听一些"。虽然，对时间的主观感觉与客观时间的差异可以被认为是一种背离，但同样也可以认为是正常的修正和建构。听一个质量很低的报告，产生煎熬感也是正常的。反过来，如果一个报告质量很高，可以让听众超越上下课的客观时间界限，从而实现对客观时间建构的人文化改造。

主观时间有自己的理由，其中最核心的理由是人作为认识和行为主体离不开主观地把握世界。虽然，这个世界有客观的时间框架，也有客观的时间表现，但所有的客观都要通过主观通道来实现对思考和行为的影响。在时间的主观化思想方面，笛卡尔、贝克莱、休谟等人的时间理解是代表。贝克莱在主观化时间思想上提出："在我看来，时间之成立是由于在我心中有连续不断的观念以同一速度流下去，而且一切事物都是落在这一串时间中的。"①这个观点鲜明地指出了时间来自观念，而且这种主观化的时间成为定位一切事物的框架。在现实中，如果一个人真的能够以自己的主观标准来定位整个世界，那说明这个人的内心"太强大了"，其"以自我为中心"的程度之高可以想象。当然，这样的人在现实中很少，"强大的内心"并不轻易就能具备，人一方面在主观上没有能力和心思，另一方面在面对与外在世界不同的情况时并不容易坚持下去。也许有人说，这里所说的主观是人类的主观，不是一个人的主观。在这种情况下，有些个人化的主观就是等待被外在裁决的对象，没有主观感受上的主宰感。

争夺绝对化的谁是谁非是思想发展的一种核心动力，也是思想可能走入误区的推手。绝对的客观主义和主观主义在现实中是难以立足的，绝对的客观主义需要回答究竟人以外的世界以什么作为中心这样的问题，它会出现脱离人的生活的危险。绝对的主观主义既要面对人的主观能力天然不足的问题，也要直面人的主观性的杂乱纷争的问题。面对这两种立场，人如同再次进入"观念的丛林"，究竟以哪种秩序为主可以让这个"丛林"规范和有条理是一种思路，根据出发点和目标来确定从哪里穿行是另一种思路。如果人们想取得世界在时间上的相对一致性，那么选择客观时间是非常合适的，只有这样的客观时间尺度才不会招致激烈的公正性质疑。但是，如果想优化或重塑一个人的个人生活，特别是想提升一个人内在的精神生活，从主观层面出发是比较重要的方式。比如，要改进一个人生活没有条理的问题，虽然也

① G. 柏克莱. 人类知识原理[M]. 关文运，译. 北京：商务印书馆，1958：72.

可以用客观的外在时间来规范，但是这样做远没有从主观层面优化时间感来得彻底。在一定程度上也可以说，心病需要心药医，主观层面的问题从主观层面着手才是一个常用的选择。

虽然人们可以从各种"观念的丛林"中选择适合自己的路去穿行，但是建立一个对具有不同观念的世界的"全息看法"是构建思想底色的核心方面。在时间方面，一个"全息"的时间观就是要把客观化和主观化的时间都包容其中，都分别给出一个比较清楚的定位。在"全息"时间观的构建上，人们把不同的时间看成构成时间世界的不同结构或层次，这是一个非常现实的思路，这容易建构起一种多元的时间观。柏拉图认为时间是神和理念的创造物，或者说，通常所说的时间只是现象世界的时间，而神和理念有自己的"时间"。弗雷泽认为时间反映在不同尺度的演化中，时间自身也在演进：无时间、原始时间、初始时间、生物时间、理智时间、社会时间。[①] 弗雷泽的这种思想的贡献是揭示时间的众多不同类型以及在人类历史上的阶段演化，这种演化的一个明显逻辑是越来越人化，即主观化和社会化。但是，弗雷泽把这些时间类型线性排列的做法并不是一种比较合理而现实的看法，因为这些时间类型在当今世界的不同层面都同时存在着。比如，在个体层面理智时间占据了主要位置，在自然的田园生活中生物时间非常突出，在社会各个领域人们可以发现作为社会规则和框架的时间是主导。线性的"演化"已经不能指称这种时间的多元存在性，多元的"耦合"才是更为准确的描述。在"耦合"状态，处于不同层面的各种时间类型逐渐模糊了边界，互相融合渗透，成为一个多元共生的时间世界。"耦合"是复杂"叠加"的状态和结果，是多元时间交织、交锋和交缠的动态状态与结果。

人文化与社会化的时间

人类在意识到自我很渺小时，会把自然或自然力量神化的神灵作为世界的中心，把自身放置在自然或神灵之下，这一排序在很多时候能够给人带来诸多便利。当人在自然和神灵之下时，人要实现自身的完满和完善主要通过与自然、神灵的和解和投入。这样的一种虔诚态度对认识自身的狭隘以及追求更高的境界是有好处的，敬

---

① 吴国盛. 时间的观念[M]. 北京：北京大学出版社，2006：206－207.

畏有利于人们清醒地认识自己的行为底线。但是，人们把自身放在自然以及神灵之下，也可能带来一种压迫甚至禁锢，这一点特别反映在西方中世纪的思想禁锢中。极端的禁锢也可能导致极端的反弹，这种反弹从神灵转换到自然，科学和技术由此获得了更为崇高的位置和敬意。但是，遵从自然带来的科学技术并没有让人类踏上无忧的发展道路，科学技术的发展带来的物质丰富和力量提升并没有让人的生活展现出更加光明的无忧前景，人们在科技发展中体会到更多的生活无意义和社会冷漠。在这种背景下，向人的存在转向，是人类思想世界的又一个重大转变。

关注人的存在，就是要以人的存在为中心来思考和构建世界，即世界是以人的价值和意义为中心的。在时间理解上，向人的存在转向，以人的价值和意义为中心，就是把时间的内涵和意义放在与人的关系中来把握。在哲学思想史上，海德格尔是提出人的存在的时间问题的一个代表。他看到以往在思考人的存在时，没有给予时间以充分的重视，特别是没有把人当作"首要的存在"，没有关注到人的存在的主体角度。在这种背景下，海德格尔认为存在只有在时间中才能得到理解和把握，时间是理解和把握存在的核心维度，此在的时间性也是本真的时间。① 海德格尔指出不在时间维度上思考存在的问题，是一个广泛存在的问题，特别是那些具有明显结构主义倾向的思想和思想家。结构主义的思想倾向主要关注事物的结构和要素，强调对要素及其相互关系的分析和揭示。但是，这种倾向忽略的是要素及相互关系的历史性或时间性。海德格尔提出的时间观特别强调人存在于时间中，这种把存在和时间紧密相连的立场突出了时间的人文性，他指出，此在时间性的本真性是强化时间人文性的鲜明体现。虽然以人的存在为核心来思考和建构时间有可能存在主观性的偏颇，但是这样做的好处是非常明显的，那就是能够集中地系统思考和建构以人的存在为中心的世界。虽然，以人的存在为中心，本身也有一些争议，但是以人为中心来思考和建构世界也有一个说得过去的原因。因为是人在思考和建构世界，所以选择把人作为中心的视角本身也是最为自然和便利的。

从人类产生之后的世界发展来看，人类以自然的需要为中心建构时间框架早就

① 海德格尔. 存在与时间[M]. 陈嘉映，王庆节，译. 北京：生活·读书·新知三联书店，1987：320−358.

是一个事实了，当然这里的建构是人类群体努力的结果。即便是在崇尚自然或神的时代，人类作为一个整体本身绝不是被动的存在，把自然和神放在更高的位置本身既是人类根据群体能力选择的结果，也是生存和发展的需要。即便在崇尚自然和神的时代，虽然人类表面上遵从自然和神的力量和意志，但事实上很多表现为自然和神的力量和意志的事情也是人类建构的结果，比如，把某个灾害说成是上天的惩罚，在根本上这是某些人先说出且被社会主流确证的说法。在不同程度上，借助自然和神的旨意来实现世界建构的现象是人类历史中广泛存在的现象。比如，中国传统社会中的皇帝，在"君权神授"的观念下以"天子"的名义统治着国家。所以，人类从来都不是自然或神的机械遵从者，而是"创造性"的思考者和行动者。

人类社会对世界的建构建立在自然世界之上，时间建构就是在自然时间现象之上进行的社会建构。表面上，人类以太阳的升落作为社会生活的时间基础，本身有很多自然的考虑。比如，人类自然本能地在天明时活动，在天黑时休息，并且人类赖以生存的环境也有明显的日出日落框架。但是，从历史中我们能看到，即便在很原始的人类社会，日出日落的时间安排不是绝对的时间安排，也有自主的空间，比如，日落之后可以做什么是由人类自行安排的。时至今日，社会生活的时间框架随着人类社会的发展已经超出自然时间现象了。虽然有日出日落，但人类社会有照明，可以建构明如白昼的时空，可以安排"夜班""夜校""夜生活"，在一定程度上黑夜早已不能阻挡人类生活的热情了。

人类社会对时间的建构是为了促进社会的发展，人类社会的行为变化需要有章法，这个章法既要在空间的意义上，又要在时间的意义上建构。一群人组成了一个组织，这个组织要有基本的整合力，这个整合反映在形式上就必然包括成员的行为能够相互契合，即一致性或有序性的反映。比如，课堂里的一群人至少在听课、独立作业、讨论、展示与交流等环节上有行为的契合，没有这些方面的契合，这群人就很难说是一个群体了。一群人的行为要有一致性和有序性，这就离不开时间上的规定。社会中的时间规定广泛存在于社会的方方面面，从政治、经济到文化世俗都有各种对时间节点、长短和先后的规定，在特定的时间节点要做特定的事情，在特定时期要做特定的事情，先于或后于特定时间做事情是比较典型的社会时间建构。

社会学对社会时间内涵的关注已经有相当长的时间了，也积累了比较多的关于社会时间学的认识和观点，社会时间是核心的理论主题。时间从根本上是抽象的变化属性的反映，从特定事物的变化中抽象出来并标以量度就成了时间的尺度，进而可以作为衡量其他事物的变化属性。但是，这里的一个问题是，时间尺度的选择太多了，日月星辰、气候变化、机械装置等都能发展出时间的尺度。但是，社会要实现整合和章法就不能同时采用多种不同的时间尺度，只能采用一种或者少数契合的几种。由此，时间就具有了社会性，社会在具有不同自然基础的时间尺度上开始进行社会性的改造。所谓社会性，既不同于个体性也不同于自然性，是群体层面的人类属性。至少要达到最小规模的群体水平，这个群体才开始具有社会性。社会性的时间构建是这个群体认同和接受至少还没有被推翻的公共安排，它对群体成员的行为有普遍性的规范制约作用，这种普遍性是社会性的最核心特征。

皮蒂里姆·索罗金和罗伯特·默顿在 1937 年联合发表了文章《社会—时间：一种方法论的和功能的分析》，可以说这是直接树立社会时间思想的研究成果，尽管关于时间社会性的思想此前就有了。在文中，他们看到：人们所熟悉的天文时间只是时间中的一种类型；协调社会活动的需要是社会时间内各种传统制度的存在根源；社会时间不是连续的时间，而是被各种关键的时间参照点打断的时间点。[①] 时间社会研究者马克吉进一步指出了社会时间的两种主要形式：农业时间与工业时间。农业时间与生命节律、自然有关，而工业时间主要是精确、标准的机械时间。[②] 这些观点深刻地揭示社会时间存在的根源、基本特征以及主要形式。社会时间从根本上说是为了协调社会活动，持续时间和时间节点的标记是社会时间建构的核心方式，农业时间和工业时间可以看成社会时间建构中的两种典型模式。

在对社会时间的深入研究中，我们可以发现，社会时间为了协调社会活动而改造了自然时间，而且社会时间为了社会层面的协调也制约了个体。虽然，社会时间的安排到目前为止还能明显看到自然时间的成分，如天文时间中的白天黑夜的区分广泛存在于社会生活的安排中，但是这种自然时间成分已经被高度地社会化和人文

---

① 皮蒂里姆·索罗金，罗伯特·默顿. 社会—时间：一种方法论的和功能的分析[C]. //约翰·哈萨德. 时间社会学. 朱红文，李捷，译. 北京：北京师范大学出版社，2009：41—53.

② 雷德哈卡马·马克吉. 时间、技术和社会[C]. //约翰·哈萨德. 时间社会学. 朱红文，李捷，译. 北京：北京师范大学出版社，2009：33—40.

化了，具有了文化多样性。而且，在社会时间促成的整体社会节奏中，个人的行为需要依从这个整体的框架，要在依从中达到同群体的一致。在日常生活中，人们要适应公交车的运行时间、商店开关门的时间、社会机构正常上班的时间。在社会时间的安排中，人类深层的各种群体需要都会被考虑，如对生活庄严性和趣味性的考虑。虽然，多数情况下，社会时间的安排造就了日复一日的生活，但是社会生活从来就不是一直日常性地重复和连续的，社会时间在安排中会设置很多重要的时间点，特别明显的就是节日和纪念日。可以说，节日和纪念日是社会生活中的跳跃音符，它们让社会生活出离原有的日常轨道，从而长久地转换到或间歇性地转换到社会生活的另一种状态，从而满足社会生活的庄严性和趣味性的需要。

复杂时间世界的主要线索

今天，时间领域已经形成了一个复杂的时间认识和行动世界，不同层面和不同角度的时间建构交织在一起，相辅相成、相互制约或相互转化。人们对复杂时间世界的研究，既要专注于某个角度和某个领域，进行深入突破，也要追求宏观的把握。对事物宏观的把握需要抬高目光并扩大视野，关注事物在总体格局中的总体走势和关键要素。在时间世界中，有以下五个方面值得从宏观层面上去关注。

人类对时间的探寻主要出于对事物变化的持续性和顺序性（进程）的把握。人类从出现开始就需要把握自己存在的世界和自身，但是世界和自身本身是运动变化的，这就产生了比把握确定事物更大的挑战和难度。人类要把握变化的事物，既要能认识又要能行动，总体上是要在认识的基础上行动。在认识事物的变化性上，一个衡量变化的框架必不可少，而在这个框架中，衡量变化的持续性和顺序性的维度必不可少。时间就是为衡量变化持续性和顺序性所建立的尺度，这个尺度建立的一般模式是从典型事物的变化中抽象概括和标识量度。虽然，这个世界已经形成了很多不同的时间尺度，但是这些尺度最终是为了实现把握事物变化的持续性和顺序性的目标。

时间的意义和内涵越发在与人的关系中得到理解。早期人类比较倾向于从天文地理的自然变化中建构对时间的把握，所以人们在很长时期内认为时间是外在于人的客观存在。但是，时间也是一种主观的现象，人们调控自身直接依赖的时间感就是时间主观性的表现。进一步看，时间与人的关系非常深刻，时间本身就是人为的建构，虽然这是建立在自然世界基础上的建构。把时间放在与人的关系中，时间才能得到更为根本的理解。

时间既是客观与自然的，也是主观与社会的。从时间世界的整体来看，时间是客观的和自然的，时间所衡量的变化事物本身有不可抹杀的客观性和自然性，客观性和自然性构成了时间的内在属性。但是，时间本身在具体层面上是人和人类的建构，个人可以通过时间感来努力统合具有客观性和自然性的时间，人类社会可以利用具有客观性和自然性的时间来追求社会发展的目的。在时间的世界中，主观性与客观性、自然性和社会性充分结合在一起，从而让时间世界呈现出参差多态的动态整体感。

时间需要在融合客观性和主观性、自然性和社会性的过程中得到理解。在时间世界中，客观性和主观性的不可分离，自然性和社会性的不可分离，决定了在把握时间本身时要同时考虑两个方面。在对具体时间存在的理解中，在分别理解时间的两种成分和层次之后特别关注它们之间的联结关系，是把握时间世界的法门。时间的理解者要特别关注人们如何在自然性和客观性的时间存在基础上，建构起主观性和社会性的时间尺度和框架。

理解时间要紧抓尺度问题。在对时间的理解中，这里可以越来越清晰地看到时间不是物质，时间不是物质的变化性，时间是对物质变化性的衡量，时间是对物质变化性进行理解和改造出来的建构。从这些认识来看，把握时间就要把握怎样衡量物质的变化性，解开了衡量物质变化性的内在机制就打开了理解时间的关键节点，这个节点从内在来看是尺度。只有尺度确立了，物质的变化性才能得到衡量、理解和建构。而且，在天文时间和社会时间、客观时间和主观时间的分歧中，尺度是其中的焦点，尺度的不同会带来时间性质的偏移。因此，把握了尺度就等于把握了时间的命门，这是进一步理解教育实践时间世界的核心思路。

教育实践的时间逻辑

我曾看到过一幅图，内容主要是：开学时的教师是整洁优雅的，接近放假时期的教师是"要炸毛的"（意思是情绪容易激动且丢失了风度的状态）。确实，作为教师中的一员，我无论是看自己还是看同事都能发现，在一个学期的不同阶段，教师的情绪和精力状态是非常不同的。开学时，教师一般对各种工作怀有更多的耐心和期待，到了学期中段或后期，教师就变得急躁起来，很多事情不能有条不紊地处理了。其实，类似的现象在学生那里也不罕见，学生更为典型的变化是一周内的情绪变化。周一的不适、周二的无望、周三的灰心、周四的黎明前的黑暗、周五的曙光、周六的解放、周日的惴惴不安，这些都是人们常常开玩笑又有同感的关于学生一周心情的晴雨表。师生出现的这样一些节律性的状态变化，表明了教育实践世界的一个根本特征是教育实践的时间性。教育实践是时间化的存在，教育实践世界也是一个时间的世界，理解教育实践中的时间实践是理解教育实践的重要方面之一。

教育实践世界的时间框架

世界正常运转都需要章法，教育实践的世界也是一样。今天，我们仿佛进入了一个教育改革的时代，教育实践领域的各个方面都在进行着改革。从宏观到微观，从学生到教师，从课程到德育，无一不进行着各种各样的改革。但是，只要不想让教育实践世界面临解体的风险，这些激烈的改革就不能刻意地实施，也不能随意地加快改革的速度。每个事物整体上对改变都会面临着承受性问题，这是最终内在地制约过快过大改革的根源。对于事物来说，内部包含很多方面的不同因素，虽然多数情况下总有一些因素是在事物内部游离的，但是就事物总体而言总要有一个中心结构或主导结构，这是事物的立足之本。就社会来说，一个包括众多阶级或阶层的成员之结构框架是一个方面的核心结构，一套对社会成员主导行为活动进行规范的制度也是一个方面的主导结构框架。在教育实践领域中，虽然人们可以推进方方面面的改革，但是从多个层面体现的主导结构框架不能变动得过于剧烈，实质上这个层面也很少有过于剧烈的改革。现在不少教育机构出现了不同程度的"改革疲劳症"，体现了教育实践领域主流结构对改革程度的制约。具体来说，"改革疲劳症"的实质是过快地大幅度推出的改革让人们无暇招架，每个改革都要付出更多的努力，付出的透支会让人感到不堪重负。对于不少人来说，太多的改革不只是挑战体力的问题，还是对心力的巨大挑战。过多的传统被打破，会让人有腹背受挤压的窒息感。卷入改革的人需要付出更多的心力来想问题做事情，原来不需要付出很多心力的传统做法多数被取消，重建新的想法和做法必然要求更多的投入。总体上，对教育实践来说，主导的结构框架可以发展和改进，但保持总体上的稳定平衡状态是教育实践领域存在和发展的重要基础，也是教育实践者能够获得安定感的基础。

教育实践领域的主导框架体现在学校教育领域中，需要包括一个相对稳定的时间框架。毫无疑问，教育领域并不只是学校教育领域，教育实践并不只是学校教育实践。这种教育领域和教育实践领域的多样性为探讨教育问题和教育实践问题带来了挑战，这里无法专门针对每个具体的教育领域和教育实践领域进行具体剖析，暂做出两个方面的尝试：一是指出不同教育领域和教育实践领域的特征或程度的变化与差异，二是以相对居于主导位置的学校教育和学校教育实践为重点进行深入探讨。

一般来说，学校教育和家庭教育、社会教育的最核心差别是专门化和分散化的差异。专门化的学校教育是以教育为主导建立的专业领域，从内容、方法到目标、人员构成都充分体现出精心设计的特点。教育在这个领域的发展，明显地展现出越来越系统、精密的趋势。但是，如果由此认为学校教育是最为有效的，这可能会有问题。学校教育确实在教育中越来越居于主导地位，甚至让人产生了"把孩子从父母身边抢走"的质疑。虽然乐得清闲的、自认为不专业的、因孩子成长竞争压力过大而感到无法分担的父母一般不会这样质疑。但学校教育的专门化特征也会带来劣势，即把教育内容、方法甚至效果从生活中剥离，这种剥离给学生在某些方面的发展带来了虚化风险。这些因为剥离而带来虚化风险的教育领域通常是培养实践能力和内在品格的领域。相对而言，家庭教育和社会教育分散在家庭生活和社会生活中，教育内容、手段和效果的专门化程度相对不足，但是它们与生活的内在亲和性让这些领域更适合实施与日常生活密切相关的教育，也更适合实施在分散状态下的教育。性格的日常培养，道德的日常熏陶，知识面的日常构建，都是非常适合家庭教育与社会教育的。与学校教育相比，家庭教育和社会教育在时间上体现出更明显的零散化和日常性特征。

在学校教育实践的时间框架上，传统教育思想已对其有所涉及，如《学记》强调藏息相辅和豫时孙摩，夸美纽斯对学期和学年进行论述和建构。当然，这个方面还有一些更为专门的研究，孙孔懿所著的《教育时间学》(1998)一书就是代表。这本书对教育时间特别是学校教育时间进行了全方位的关注，教育时间的本质、基本规律、功能、效益、结构、密度、节奏、时序、时机、管理都是这本书研究的主要主题。除了对学校教育时间框架进行具体描述之外，该书特别提到了这样的观点："教育时间结构要服务于教育的目的和人才培养"，"学制年限受制于社会对教育的要求、受教育者身心发展规律、节省教育时间的思考"，"学年结构受制于教育改革总体目标、青少年儿童身心发展规律、教育改革需要"，"课时结构受制于对人才需求规格、科学发展和受教育者身心需要"。[①] 该书向人们展现了学校教育时间是一门学问的可能性和前景，也突出表现了这门学问的必要性。

从时间安排与教育实践的关系来看，规律、功能、效益是体现时间对教育实践影响的重要概念。"向40分钟要效益"的教育口号突出地表达了对教育实践效果深受时间影响的客观认识，也鲜明地表达出要追求教育时间的实践效益。教育时间对教育实践的影响主要体现在教育规律、功能机制和效益水平上。教育时间的框架安排体现了教育原则，身心成长、自然运行，甚至社会活动方面的基本原则都被放到教育时间的安排中。如特定年龄的注意力水平就影响到课时的长短。教育时间框架对教育实践的功能发挥可以通过时段和节点的设置来实现，比如，学校时间框架规定着每个学期或每个学日分为哪些具体内容的时段，学校时间框架也会规定着上课、下课、放学、开会、放假等重要的时间节点。时段和节点的设置是非常有学问的，也是时间对教育实践产生不同影响的根本点。从效益来说，教育实践要接受时间上的规范或者在教育实践中发展出时间规范，这来自对效益的追求。这个效益既在根本上体现于保障学校教育主体结构之上，又具体显现于各种教育实践的显性成果上。

对学校教育时间进行内部结构思考的重点，可以包括整体结构、密度、节奏、时序和时机等方面。整体结构是学校时间的框架描绘，基本的成分、主要的层面以及它们如何联结是整体结构的主要内容。比如，学校时间在层次上可以包括学段、学年、学期、学日、课时。此外，在具体层次上当代教育实践还有很多可以并行的内容，如会议时间安排与课时安排就可以并列。时间的密度是一个非常抽象的概念，其中一个核心内涵是特定的时间框架层面或特定时期内的具体时间安排的密集程度。同样是一个学日，划分出4个时段和划分出10个时段就明显体现出密集程度上的差

① 孙孔懿. 教育时间学[M]. 南京：江苏教育出版社，1998：131－147.

异。学校时间的节奏主要体现为学校时间中重要变化所体现的规律状态，学校时间节奏越紧就意味着教学对学校教育实践要求得越快越急。学校时间的时序可以理解为先后顺序或并行顺序，这是时间的顺序性含义的具体体现。对于学校教育实践来说，时机是时间方面表现出的机会，即教育实践的难易变化在时间维度上显示出的难易时刻。这些解读都是在《教育时间学》一书的主要概念启发下的个体化表达。

学校教育时间框架明显地体现出社会时间的三个内在特征。首先，学校教育时间框架在根本上来自协调教育实践活动的需要。学校教育时间的安排不是随意的，最根本的目标是：履行教育使命和促进学生的发展。由于教育的使命是一个系统工程，各方面的具体工作需要紧密配合，实现这些配合就要确定先后或并行的顺序，由此要规定出时段和节点。这就是学校教育时间的基本设置思路。其次，学校教育时间在具体设置上主要通过设置时段和节点的方式来进行。时段是一个确定长度的持续行为区间，节点是特定的时刻，这两个方面的规定就把学校的时间整体分出了界限和区间，从而实现了内部的格局和秩序。最后，学校教育时间框架体现出对自然时间的社会建构。学校教育时间框架的基础具有比较明显的自然性，总体上随着日夜和温度的变化而变化，如白天进行教育实践活动而晚上休息，过冷、过热要放假。但是，自然时间并不是学校教育时间框架的全部，学校教育时间框架明显地体现出群体的人为性，如不同文化群体对学校假期的时间安排不同。

学校时间安排的表演与权力逻辑

表演和选秀类节目的盛行让人们越来越熟悉这样的一类点评："这个表演太紧了"，"这个表演太松了"和"在表演包袱响之前一定要有点时间去酝酿"。不少有过舞台经验的人多少对舞台上的时间安排有体会，其中这两个方面比较常见：一是几乎没有什么舞台是不限时间的；二是在有限的时间中达到表演的最好效果，一定需要在表演者完成动作、观众接受并认同表演以及被安排的时间背景之间找到平衡。表演中有遗憾的情境通常包括：在规定的时间中没有完成规定的表演任务；在规定的时间内很慌张地完成了表演任务；在规定的时间中虽然完成了表演但观众没有来得及反应，或者说观众对表演很迷茫。反过来，表演成功的经验一定包括：在规定的时间内完成了表演，表演中的包袱式意图获得了比较充分的酝酿和"炸响"的时间，整个表演过程很自如，松紧有度，观众能够跟随演员的表演。不少有教育经验特别是有课堂教学经验的人深有体会，课堂教学中有太多类似的感觉。

在教学实践中，深入浅出是很多人期待的效果，这不仅是教育实践者的期待，也是听课的人的期待。其实，在"入"和"出"方面都有"深""浅"两种选择，因而构成了四种效果：深入深出、深入浅出、浅入浅出和浅入深出。从字面来理解，这里的"入"是指内容本身达到的层次和深度，这里的"出"是指教学的表现和表达。事实上，虽然很多人说期待深入浅出，但是不少人对浅入浅出也抱有很大的好感。有一些教学虽然内容深度一般，但由于让人舒适的表达被很多人接受，"段子手"或"讲笑话"的课堂教学也有非常广泛的接受基础。这样的现象有时候也让人迟疑，听课者到底在听课时更关注什么：内容还是形式？如果他们更关注内容，那么深入深出的类型应该值得更多的努力和期待。虽然承载内容的形式不让人喜欢，但是内容本身的"营养"更加难得。不少人也提出能不能让有"营养"的教学内容获得让人们"喜闻乐见"的形式，但是更常见的现实却是为了"喜闻乐见"的形式付出了"营养"的代价。这里需要琢磨的是为何"喜闻乐见"的形式如此重要？根据表演的启示，我们可以认为是"喜闻乐见"的形式让听众或观众跟得上节奏，而那些不让人"喜闻乐见"的形式会让人"累"或者"跟不上"节奏。确实，深刻的表达或表现让人需要更多的反应时间，而过长的反应时间肯定大多匹配不上没有减少密度的深刻内容的表达，因而带来了效果上的有限性。

表演具有时间逻辑，在一定意义上与表演类似的教育教学工作也具有时间的逻辑。有研究者曾对学校剧场的时间结构进行了分析，还特别关注了时间结构对教师的影响。李政涛在《表演：解读教育活动的新视角》一书中，提出了这样的观点：人类剧场的时间被特化为学校剧场的时间；根据表演，学校时间分为表演和观看的时间、剧本情节的时间、角色(人物)心理时间、虚拟时间(虚拟角色)；教师对学校时间的"参与"体现为合理安排自己现有的表演和观看的时间，适度安排和参与学生的剧场活动时间，根据具体的教学内容和教学情境对剧场时间进行编码和创造。[①] 这一观点关注到了学校时间安排的表演逻辑。

---

① 李政涛. 表演：解读教育活动的新视角[M]. 北京：教育科学出版社，2006：54—56.

在表演逻辑中，学校的时间安排问题被转化为剧场的时间安排问题。从剧场的时间安排来说，虽然作为最核心的表演占据了最为核心的时间区间，但是表演是一个系统化的活动，需要一些附属的行为。而且，学校这个"剧场"和真正的剧场还有一些关键的不同，如真正的剧场不一定开展练习和学习表演的活动，也不一定包含教育或养育"观众"的环节。学校这个"剧场"实质上是一个剧场的系统，是可能把支撑表演和观看的很多附属环节都纳入进来的系统。因此，学校的时间安排更准确地说是被转化为剧场系统的时间安排。对于学校来说，更为复杂的时间安排工作是更大规模地协调更多活动的时间。从表演的逻辑出发，学校的时间板块和线条分为多个方面，如表演观看、剧本情节、角色心理、虚拟角色等。实质上，这些方面主要对应着学校剧场内事物变化的不同层面，作为表演的教育，推动的变化包括直接行为层面、剧本安排层面、人物心理层面以及表演出的角色层面。不同的变化领域可以转化为不同的时间尺度，学校剧场因而就拥有了这些多样的时间尺度。更重要的是，教师在表演逻辑的时间框架中并不是完全被动的，他们能够在自身支配的层面进一步设计出时间的具体结构和框架。需要指出的是，教师在不同的主题表演式的教育实践活动中担任着不同的表演角色，诸如演员、导演、表演训练者和观众。

总体来说，把学校当作剧场引发了对教育实践理解的拓展。在这种理解中，学校的时空得到新的解读。这种表演逻辑的解读有利于突出教师教育实践角色性与自我性的各自内涵与关系，有利于揭示学校教育实践的社会角色活动的实质。但是，有一点需要注意，剧场理论更适合以抽象的单个具体活动为分析对象，把学校作为剧场的分析容易陷入无穷的嵌套关系之中。尽管如此，学校时间安排的表演逻辑还是证明了学校时间框架对教育实践者的背景限制，以及教育实践者在时间安排上的行动空间。

一个人如果处于一个越来越精密的时间安排中，其被"裹挟"的感觉就会越来越明显。在日常的教育实践中，人们突出的感觉是时间越来越少，"没有时间"的主要意思是"没有个人能够做主的时间"。那教育实践者的时间由谁做主呢？从当前的现实看，各种规定性的教育教学活动、会议、沟通协调占据了大部分的时间，况且这些教育教学活动并不是不变的，而是在不断膨胀的：原来简单做的工作现在要复杂地做，原来可以自主决定的工作现在要被严格规定着做。对于教育实践者来说，时间上的规定并不是一种指示和提示，而是硬生生的规定，是权力伸张的触手和网络。很明显，时间已经成为教育实践者被要求和考核的尺度，那些能够按照时间要求做的教育实践才是考核结果比较好的教育实践。反之，如果教育实践超出了时间的要求，轻则被认为是不规范的或不优秀的，重则有"出局"的风险。在很多中小学里，如果教学人员在特定时期内没有完成规定的教学任务或者没有达到特定的教学效果，那么他们就有可能被考核为不合格。所以，从这些日常现象来看，教育实践的时间安排有着明显的权力痕迹。

在学科领域的发展过程中，常规阶段和革命阶段是交相出现的两个阶段。常规阶段的发展是指基本模式和指导思想在稳定背景下的发展阶段，而革命阶段则是基本模式和指导思想进行变革的发展阶段。在哲学发展史上，从现代主义到后现代主义是非常典型的革命性发展，解构人类主体性地位的法国思想家福柯就是后现代主义哲学的代表人物之一。福柯对现代主义的一个解构是从知识话语发展史中揭示规训人类主体的权力机制，由此展现了现代人被权力网络规训的事实。在直接揭示人类被规训的《规训与惩罚》一书中，福柯深刻地解读了学校教育中的时间安排所蕴含的权力逻辑。在这个方面，福柯提出的经典观点有："学校的时间表具有三个功能：规定节奏、安排活动、调节重复周期"；"学校时间的划分越来越精细，各种活动必须令行禁止、雷厉风行"；"学校通过对每个行动的时间控制，进而制造出被权威操纵的肉体，而不是洋溢着动物精神和理性的肉体"；"学校的时间成为学校控制人的关键，具体环节为：把时间分解成连续的或平行的片段；根据一个分解计划来组织活动的细微过程；确定这些时间片段、决定每个片段的持续时间，以考核为结束；制定更细致的、针对个人的系列"①。这些观点鲜明地展现了学校时间安排背后的权力逻辑，这种逻辑是：学校时间最终支撑了权力在学校的渗透；权力渗透学校时间的基本方式是分割时间进而把行为分解到不同的时间片段中，由此通过时间分割控制肉体行为从而实现对人的支配。

福柯揭示的学校时间框架的权力逻辑不是为某一个主体服务的权力逻辑，而是

---

① 米歇尔·福柯. 规训与惩罚：监狱的诞生[M]. 刘北成，杨远婴，译. 北京：生活·读书·新知三联书店，1999：169-182.

现代学校已经形成了一种权力的网络机制，时间是构建这种权力网络机制的维度和脉络。可以说，在现代学校中，每一个个体都要受这种权力网络机制的规训。这里所谓规训是一种指向塑造目的的规范，而不是指向否定或禁止目的的限制或控制。无论是校长、教师还是学生，都能感觉到自身被时间收紧，同时自身也是他人时间收紧机制的一个组成部分。虽然从表面上看，校长更能够收紧教师和学生的时间，但是现代学校对时间的权力构建同时留下了教师和学生收紧校长的途径，比如，教师和学生具有把一些问题推给校长的能力和技巧。虽然校长所处的管理层级高于一般的教师和学生，但是现代学校的权力机制还包括可以让教师和学生触发上级以影响校长的通道，比如，教师和学生可以触发教育行政管理人员和学校董事会对校长直接收紧。学校中的所有人都在学校时间的权力网络之内，概莫能外。

学校时间框架的仪式机制

现今，不少人对仪式不特别在意，其中一个重要原因是仪式的形式化。在中国，文化传统的历史延续性带来了文化积淀的丰富性和深厚性，仪式作为典型的文化形式具有了非常丰富的文化内涵。从仪式的形式化这一根本特征来看，具有丰富文化内涵的仪式有三个方面的表现非常突出：一是仪式的形式规范性，二是仪式的象征细密性，三是仪式的形式多样性。在第一个方面，不少人可以发现，传统的仪式具有很强的规范性，有些规范甚至已经上升为禁忌的层面，如有些地方规定在婚礼结束后的三天内新娘不能留宿娘家之类的禁忌。这种强烈的规范性对参与的人来说，可能带来行为上的束缚和精神上的紧张。在第二个方面，具有深厚传统积淀的仪式一般具有更为细致密集的象征意义，其中的很多行为和物品被负载了一种意义和内涵，如大家都熟悉，"红枣、花生、桂圆、莲子"在婚礼活动中象征"早生贵子"。这种比较细致密集的象征意义对于参与仪式的人来说也会构成一种认识了解的压力，但是不理解这些象征也会让仪式损失意义。在第三个方面，即使具有深厚传统文化积淀的地方也会发展出特定类型的多样化的仪式形式，这些仪式版本虽然在整体上有一致性，但是在具体上具有各自的特点。在这种情况下，参与或举办仪式的人需要深入地把握这种仪式的多样性，既要遵守仪式的一般形式和规则，又要考虑仪式的具体变形，甚至进行自我创新。基于这三个具体方面的原因，不少人会感觉到，参与和把握仪式比较累，而且这些仪式是为了形式化的目的，因而也就出现了一些人不在意仪式甚至抵制仪式的倾向。

但是，对于人们的社会生活来说，缺少仪式真会带来某个方面的不小缺失。年轻人谈恋爱、结婚是人生的大事，但今天不少人考虑到婚礼的劳累和高消费而没有举办婚礼。从法律角度来说，这没有问题，领结婚证就已经完成了法律意义上的结婚。但是，如果从日常社会生活的角度来说，这种只登记的做法还是有缺失的。一方面，没有婚礼的结婚缺少一种庄严的氛围，办理结婚证本身可以只是一个例行的行政行为。对于今后要携手走过顺境逆境的夫妻来说，如果没有经过婚礼庄严性的洗礼，他们在精神意识层面上相对于举行仪式的夫妻来说缺少一个精神洗礼的过程，这也在一定程度上减弱共度困境的共同精神基础。仪式的形式化不是无意义的，只有从纯粹的物质视角来看才会轻视这种形式，因为其最根本的意义出现在精神层面。另一方面，没有婚礼的结婚不利于身份角色的社会性转换。从对仪式功能的研究来说，仪式的一个最为核心的功能是实现身份角色的社会性转换。对于婚礼来说，一对男女举办婚礼活动的实质意义就是让社会见证并认可他们从独立的两个个体到夫妻的身份角色转换，而且婚礼的过程一般也明显分为"分散—过渡—结合"这三个代表社会角色转换的环节。这两个方面就是社会生活为什么要有仪式以及仪式为什么具有价值的根源，仪式是精神内部深刻的活动，是社会性转换和变化的基本机制。

对于教育活动来说，仪式也是非常必要的活动，在教育中发挥着重要的作用。仪式的定义有很多，一般来说把握仪式的内涵需要抓住三个方面：一是仪式是在特定文化传统中的存在；二是仪式具有表演性；三是仪式是一系列行为构成的活动。对于仪式来说，象征性离不开一套文化性的意义系统，没有确定的意义系统就不能确切地解读仪式中的各种事物象征着什么。虽然，不同的文化可以使用同一个行为象征不同的意义，如亲吻，但是在一个特定的文化系统中同一个行为能够象征的意义是比较明确的。由此可以说，仪式来源于文化传统，不能离开文化传统而自行发展。与一般社会生活中功能性行为相比，仪式最大的特征是表演性，所谓表演是按照一定的行为规则来演绎一种身份或一个角色。在仪式活动中，主要的参与人员都有明确的角色分配或身份定位，其行为都有或多或少的规则。这种表演性一方面会让人自身进入特定的精神和行为状态，另一方面也会让自身进入与其他角色之间的特定关系和互动状态之中。这两个方面的"进入"会让人在仪式活动中出现与一般生活更深远的距离感。从仪式最为实质的内涵来说，仪式是活动，是各种行为构成的系统，各种行为在目的的指引下相连。对仪式内涵的深入把握在理解学校教育中有非常重要的意义，通过对比仪式内涵与学校教育的行为特征我们可以发现，学校教育本身具有明确的仪式性。

学校教育不仅具有多样的仪式，而且本身在整体上具有仪式性。提起学校教育中的仪式，一般大家会想到升旗，开学典礼，毕业典礼，入队礼，成人礼，等等。在这个方面，如果学校教育缺少了这些，就能够让人明显地觉察到学校教育的精神深度减弱了。因为，有过一定年份的学校经历的人都知道，学生在这些活动中展现的是一种特定的精神状态，尽管一些仪式由于组织问题让人有所厌烦。此外，在学校教育中谈论仪式，我们还可以有更宏观的视野。从整体来说，学校教育作为一个大的活动系统本身符合仪式的三个核心内涵，即在特定文化传统中存在，具有表演性，作为一个行为系统构成的活动。在学校文化建设已经成为当代教育发展热点的背景下，我们认为学校教育存在于特定的文化系统中，这个观点不会让人感觉到很突兀。学校教育本身就是一个文化系统，而且它还在更大的文化系统中发展，这样的道理已经构成了学校文化建设能够走"正道"的一个基础观念。在学校教育中，每个人都具有的明确身份和角色让学校教育呈现出明显的表演性，因为表演性在实质上是一种角色扮演性。从行为构成状况来说，学校教育是一个以学校教育目的为中心而统领的行为系统，这个行为系统因目的的实现机制而联结在一起，构成了系统的活动。这三个方面的成立可以得出这样一个观点：学校教育本身就是仪式，仪式性是学校教育的核心属性。

把学校教育作为仪式之后，学校教育就可以按照仪式的逻辑来解读，在这种解读中我们少不了对时间的关注或把时间作为维度。学者麦克莱伦就是从仪式的逻辑角度对学校教育进行解读尝试的学者之一，他使用人类学的方法对一所教会学校进行了研究，由此出版了《学校教育作为仪式表演》一书。在这本书中，麦克莱伦认为，教育是一种文化系统，学日的时间安排具有内在的"驯服意义"；师生互动可以分为街角状态、学生状态、神圣状态、家庭状态；学日分为22个片段，在这22个片段中，学生实现了22次状态的转换，进而做到了对权力的遵从；教师在仪式过程中交替扮演着仪式服务者、权力代言者、娱乐者和他"自身";学生也可以通过各种对抗逃离仪式,如班级小丑、不驯服的眼睛、笑声。[①] 从这些观点来看,麦克莱伦揭示了学校时间框架的仪式逻辑,并使用非常批判性的姿态来展示学校教育的基本结构以及师生在结构之中的自主性表现。

麦克莱伦把学日分为 22 个时间片段,并在研究中细致地展示了学生如何在这一天中的 22 个时间片段中进行状态切换。这里节选其中前 11 个片段来展示他在这方面的探索。

表 1 麦克莱伦对学日时间结构与学生状态转换的分析(上午)[②]

序号	时间	活动	状态转换
1	9:00—9:10	从校园到教室	街角状态到学生状态
2	9:10—9:11	早上祈祷	学生状态到神圣状态
3	9:11—9:13	准备上课	神圣状态到街角状态
4	9:13—9:50	上课	街角状态到学生状态
5	9:50—9:52	准备上课	学生状态到街角状态
6	9:52—10:45	上课	街角状态到学生状态
7	10:45—10:47	准备上课	学生状态到街角状态
8	10:47—11:45	上课	街角状态到学生状态
9	11:45—11:46	准备赞美	学生状态到街角状态
10	11:46—11:47	餐前赞美	街角状态到神圣状态
11	11:47—11:50	转到午饭处	神圣状态到街角状态

在仪式活动中,一般来说,时间的要求是严格的,时间的密度也比较高。从原因来说,仪式对时间要求比较严格,一方面是因为很多时间节点具有象征意义,如一些地方要求中午 12 点之前必须完成拜堂环节;另一方面是因为复杂的仪式活动需要更加系统的配合,一个环节的时间拖沓可能带来对整体的影响。所以,从时间的仪式逻辑来看,保障仪式活动的根本目标是根本的原则,保障具有象征意义的时间节点以及各个行为环节的协调是更为具体的规则。麦克莱伦揭示的学校教育时间的

---

① Mclaren, P. Schooling as a Ritual Performance[M]. New York: Rowman & Littlefield, 1999: 93-100.

② Mclaren, P. Schooling as a Ritual Performance[M]. New York: Rowman & Littlefield, 1999: 99.

仪式逻辑，明显地反映了学校的时间安排在根本上为"驯服"而服务，在具体层面上促使指向特定身份与状态转换的各环节之间的配合。更可贵的是，他揭示了师生在学校仪式时间逻辑中的自主性的表现与可能，这是师生作为个体行动者在结构中的自主性反映。

时间的教育实践意蕴

对于研究教育的人来说，有一个问题会经常遇到：为了理解和改造教育，研究人员借鉴其他学科的研究成果，但是借鉴其他学科的研究成果也会出现不适应的问题，虽然这个借鉴的过程符合逻辑推理的一般原则。比如，管理学中强调以人为本，其基本含义是强调要以人的需要和价值为中心来思考和行动，由此不少教育研究者认为教育遵循以人为本就是强调以学生为中心。看起来，这个借鉴过程符合基本的逻辑原则，因为学生和人是共通的。但是，这里的问题是，从教育本身来说，这个以学生为中心的结论有很多瑕疵。细究起来，这里的核心问题是，在逻辑推导中没有顾及教育的立场，教育的立场包括：教育中的人不只是学生，学生相对于老师具有"未成熟性"的重要特征。如果考虑到这些，那么对以人为本的借鉴就要复杂一些，也更加需要契合教育领域本身一些。

人类的生产生活领域都有时间的存在，只是每个领域对时间的需要不一样。对于工业生产来说，时间完全可以只顾及持续性的长短。特别是对规范化和确定性的生产体系来说，时间只要有一定的长度就可以了。但是，对于农业生产就不一样，喜阳的农作物在光照中的一小时和在阴凉中的一小时是不同的，对其他不同的农作物来说也有各自的倾向性。农业更多地依从于生物的属性来定义时间，这个时候仅有持续性就不行了，还要充分考虑一种顺序性和差异性。近些年，有人强调青少年上午上课时间要晚一些，其中一个核心原因是一些科学研究发现，青少年在不同时间中的大脑活跃性不同，上午9点开始的一节课就可能比上午8点开始的一节课效率更高。虽然，这类研究还在继续，但这个结论的道理应该是容易理解的。对于整个上午兴奋的人来说，上午被占用一小时和下午被占用一小时是完全不同的。

教育实践会随着时间的变化而变化，时间由此成为表征教育实践状态和情境的一个要素。教育实践本身是一个变化的存在，这种变化带来了情形和时态的情境差异。很多教育实践者对情境深有感触，教育实践的情形在这里主要指教育实践的横截面，即教育实践中各种因素之间的相互作用的一个定格，这是对特定时刻的教育实践做出的静态描绘。人们处于顺境时不用费太多心力就能获得很大的成功，而在逆境时即使花费很大的努力也很难改变更多。教育实践者要认识到自身受什么因素制约和受什么因素支持，以及哪些因素无关紧要。另外，情境是个动态的过程，由此带动了时态。如果我们理解了"事已至此"这个表达，就容易理解"时态"这个词在这里的含义了。时态在这里主要指事情在发展过程中的位置，是对教育实践在发展过程中的定位。比如，教师面对顽劣的高中生说"事已至此"，是在表明留给教师做工作的可能性已经不多了。在一定程度上说，情境也有"局势"的含义。教育实践者需要理解自己所处的"局势"，利用局势本身就要求"顺天时"。

在教育实践体系中，教育时间的设置本身构成了规则和规范，体现了各种维度的权力和影响力。以学校教育为例子，学校教育的时间安排体现了自然与社会、工业与农业的时间逻辑交叉。学校教育的时间安排体现了自然时间的逻辑，这主要表现为以白昼为主的学习时间安排和以黑夜为主的休息时间安排。但是，学校教育的时间安排并不只完全依从于自然时间，还包括社会性的群体时间逻辑。现在有一些地区开始把学生上学的时间从上午8点延迟到上午9点左右，但是遇到了包括冲击家长上班安排的反对声音。冲击家长上班安排的现象就明显地反映出，传统的学校时间安排与社会工作时间安排存在内在的契合。学校教育的时间安排现在主要以规则和规范的形式出现，有些是以规章制度的形式出现，有些是以教育和学习活动的技术规范出现。无论是规章制度还是技术标准，它们其中体现的时间规则和标准都构成了教育实践者的权力和影响力，都对它们规范范围内的教育实践者产生弥散性的影响。

从目的实现的角度来看，教育时间是教育实践的资源、工具和主题。白天上课这样的学校教育时间安排，是对实现学校教育目的的自然追求，因为白天上课更可能达到学校教育的目的。现在不少人希望中小学上午上课的时间晚一点，这更能反映对实现学校教育目的的精密追求，那些支持上午上课晚一些的研究结果的主要依据就是学习效率。当然，对于一个在教育实践中追求自主的教师来说，用上课时间播放视频来打发时间的做法也是把时间当作工具来使用的做法。对于教育实践者来说，时间本身也是资源，拥有时间资源意味着自己可以利用事物变化的持续性和顺序性来实现自身目的，甚至这种利用本身就是一种等待。比如，一个教师可以等待不听劝阻的学生遇到困境再去实施教导，只要这位教师有时间，这就是时间资源带给教育实践的帮助。有些教育实践行为本身就以时间为主题，比如，有些校长和教师精心设计自己所布置任务的时间界限。校长安排给员工或教师安排给学生的任务，如果配合合理的时间安排会更容易实现预期的目的。校长安排某个工作日下午而不是周末来开工作布置会的做法，一般会得到更可能的配合。

从来源来看，教育时间的设置在根本上是教育实践的结果。真实的教育时间安排都是在真实的教育实践过程中得到最终的形成和确认的，教育实践因而构成了教育时间设置的最根本来源。虽然天文时间的基本框架配合社会活动的需求，对人身心规律的科学研究都能指示某种形式的教育时间安排，但是这些教育时间安排的构想和框架需要在教育实践中交汇，在交汇中各种时间安排的逻辑才能通过磨合而得到逐渐稳定的现实教育时间框架。而且，面对这些宏观的时间安排逻辑，教育实践者包括教育实践参与者不只是被动的接受者，也会发挥着自己的主动性来参与教育时间设置的建构，有时候一些学生上课向老师提问的目的就是想改变教师教学进度的时间安排。在一定程度上说，具体的教育时间设置既是自然的也是社会的，既是群体的也是个体的，既是历史的也是现在的和未来的。实现这些层面时间汇合的现实机制就是现实的教育实践，一切元素在现实中成为更大的现实。现实的教育时间把来自各个层面的时间安排意图和努力汇集在一起，最终建构出现实的教育时间安排。教育实践受到教育时间的影响，而教育时间本身也是教育实践的建构结果。

教育实践智慧的时间长度

有一种智慧形象是"等等，再等等"，其相对稚嫩的形象是"坐不住"。当然，这里不是说智慧意味着不积极和不迅速，而是说有一种智慧是知道为了时机而隐忍，知道哪个时间段做什么更能达到自己心中的目标。与之相反，"坐不住"是不考虑或不重视时机和时机的价值，因而缺乏为了等待时机而应该具备的耐心，也不具备对困难的忍耐。在一定程度上说，智慧的教育实践者都是成熟的教育实践者，都是能够在内心保持机警而不被外物牵着走的教育实践者。智慧的教育实践者是老道的状态，而不是衰老的状态。虽然同为体验丰富的状态，但是衰老的状态明显地少了机警的内心，因而不能对时机的变化产生敏感的反应。

教育实践者的时间意识

之前说过，形成某个方面的意识是让脑中多一根关于某个方面的"弦"，也是要某个方面成为世界观的必备成分。我曾经同一个立志要自力更生不向家庭拿钱的大学生进行过一次谈话，当我问他为什么要自力更生而不靠家里支持的原因时，他的回答是自己现在是成人了，他感觉自己应该想办法养活自己。当我问他以什么方式来养自己的时候，他说自己要靠做家教来养自己。家教的大概情况是：一小时家教能挣五六十块，一周要去两次，每次加上路上的来回时间大概是五小时，虽然除挣钱之外没有其他收获，但这也能提供基本的生活花销。当我问他为什么不考虑贷款时，他的回应是贷款不能表现自己的自立。我最后的一串问题让他有些无言：每周通过家教挣五百块左右的时间成本是十小时，一个学年大概有多少时间？以后工作了，按照今后的收入水平还清贷款大概会花多少时间？他能用通过贷款节省下来的家教时间做多少其他事情？如果家庭中有这部分钱能够支持，那么节省出来的时间可能做出多少事情？如果花了那么多的时间只是挣了一些钱，这样的做法比起花家里的钱而省出时间做很多事情是否更合理？当然，这样的问题并不是否定他的自力更生，而是要他做事的时候考虑到时间这个因素，要有做事情的时间成本意识。

养成对某个事物或因素的意识，一个最大的挑战是"习以为常"。从意识的内涵来说，有意识的东西并不一定是有理解或有认识的东西。在日常生活中，不少人吃到苦头或遇到困境才会想起自己遗忘了一个问题。一些校长对下属或一些老师对学生要求很高，以至于下属或学生产生逆反心理，经别人提醒之后才意识到"他们还很年轻或年幼"。从道理来说，年轻的下属或年幼的学生出现一些问题是不难理解的。成长中的下属和学生即便在指导下，出现问题上的反复也是正常的。如果单独拿出这些道理来说，校长们和老师们多数会感觉这些道理很正常，也很在理。但是，一旦进入具体的情境中，人们就把很多东西都"忘记"了，放在意识之外了。所以，从教育这个角度来说，进入记忆、习惯和情感层面的认识都可能成为意识，培养意识就是培养对某个认识的记忆、习惯和情感。类似的例子还有一个，我看到孩子的数学试卷才忽然意识到孩子缺少计算上的训练带来了考试时的慌张，其内在的道理是：没有重复训练使基本计算成为接近本能的高效率行为，就会耽误更多的时间和精力。

教育实践中养成的时间意识表现为能时刻意识到时间在教育实践体系中的存在。从时间的内涵和教育实践中的时间内涵来说，时间是教育实践体系中的重要因素和维度，在分析教育实践的成败得失时我们需要考虑时间因素。校长开会时，很多教师走神，对会议的内容没有兴趣。面对这个情况，我们分析问题时要全面了解这个会议的召开时间，以及这个会议前后发生了什么事情。有个相关的例子是：某学校要求所有老师周六上午来学校听一场培训报告，这天中午有位教师办婚宴已经邀请了不少老师参加，因此不少老师很不满意。在这个例子中，这场报告的时间因素不仅存在，而且非常显著地存在。如果校长要分析和改进这个问题，就必须关注这个事情中存在的时间问题。

面对教育实践的任务和问题，教师具有教育实践的时间意识就是在分析框架中能够包含时间要素。从时间在教育实践中的多重内涵来看，要想意识到时间在教育实践中的存在，不仅要意识到作为自然或天文时间的存在，还要意识到作为社会时间(包括表演逻辑、权力逻辑和仪式逻辑等)的存在，而且更要意识到这些层面(或逻辑)复合后的时间存在。

在教育实践中养成时间意识即时刻能够想到时间与教育实践之间的重要关系。在教育实践的认识和行动中，教师意识到时间在教育实践体系中的存在只是一个方面，或者说只是一个基础的层面，更完整的意识是时间和教育实践之间具有双向的关系。在教育实践对时间的作用上，教育实践具体构建着教育时间的设置，教育实践时间的不同层面的逻辑和要求也在现实的教育实践中交汇。而且，个体教育实践者在这种交汇中具有自主作为的空间，因为教育实践安排中的自然规则和社会规则还没有细密到禁锢个体自主行动的程度。时间可以成为教育实践的背景、资源和工具。教育实践接受已有时间安排的弥散性规范和影响，教育实践需要拥有充足的时间资源，教育实践可以把时间安排作为直接实现教育实践目的的手段。

时机上的教育实践智慧

"机不可失，失不再来"是人们常说的俗语，主要意思是说时机确实很重要，更重要的是它具有偶然性。在当代社会中，时机的重要性越来越得到人们的认可，甚至追捧，因此社会当下有了对"机会主义"泛滥的担忧和批判。即便如此，机会主义也是当代社会流行的一种意识，具有非常广泛的影响。

　　机会主义存在的内在基础，表现为很多事情在不同的时间节点上解决的难度不同，这种难度上的变化可能形成"事半功倍"的时机。理解这种时机的内涵就可以逐渐明白抓时机本身的难度，即能够预判事物的变化在持续性和顺序性上的趋势。再具体点说，能够预判事物在时间维度上的发展趋势一方面需要人们全面地理解事物的内部构成和相互关系，另一方面还要清楚外部变化对事物影响的趋势以及事物在外部变化下的内部变化趋势。从这个角度来看，抓机会是非常难的，并不能随便做成。从前提条件上来说，抓住机会需要深刻地把握时间的实质以及时间对事物发展的核心影响，这意味着抓时机需要心智和思想认识方面的深厚储备。确实，如果一个教师没有这些深厚的储备，只想等着机会来临，就只能更多地靠运气。在这个方面，机会主义确实需要批判，毕竟把抓住机会上升到信仰的水平有点极端。一方面，这会导致很多人不再做扎实的努力。另一方面，把握时机上的难度也注定会让很多人难以成功地抓住机会。

　　在教育思想的发展中，虽然时机并没有成为所有人关注的一个普遍主题，但还是有不少教育思想家提到时机的重要性和把握方式。《学记》提出了"豫时孙摩"，这里的"时"就是及时的意思。事实上，《论语》中的"不愤不启，不悱不发"就蕴含着更为具体的时机思想，因为这个说法认为启发的教学一定要在学生"愤"和"悱"时开展，如果学生学习都很顺利且没有问题也就无从谈启发了。从西方来说，卢梭的自然教育思想渗透着非常明显的时机思想，这特别体现在他认为对学生的教育要在学生被自然惩罚之后。这里的时机实质上是在学生被自然惩罚之后出现心理无助和迷茫的时候进行教育，此时学生迷茫和无助的内心更适合教师把教育内容渗透进去。

　　在教育实践中，时机就是教育实践在时间变化过程中形成的机会，也是最适合或最容易实现教育实践目的的时候。在现实教育实践中，一些校长和教师取得成功的一个途径就是善于抓住时机。刚才提出，抓住时机需要掌握教育实践在时间维度上的变化，特别是能够预判教育实践的时间变化趋势。从根本上说，这要求理解和预判教育实践事物的内部构成在外界影响中和在时间维度上的变化趋势。理解和预判教育实践事物的内部构成在时间上的变化趋势从理论上说需要理解方方面面，既在广度上不要遗漏重要成分，又在持续性方面不要遗漏大的变化可能性，所以这确实很难实现。但是，很多善于把握时机的教育实践者并不会这么理论化地去做，而是采用一种实践化的现实方式。这种现实的方式分为两个方面：一方面是教师把目标中的教育实践事物分解出基础成分、不利成分和有利成分；另一方面是教师对这些成分进行时间上的变化预测。一般来说，教育实践时机的出现通常有两个方面的具体情形：一是在整体稳定或积极变化的情况下不利成分降到最低；二是在整体稳定或积极变化的情况下有利成分升到最高。如果一位校长发现推出某个政策会被老教师反对，那么这个政策推出的时机就是老教师反对声音最低的时候，如在给老教师提升生活保障和待遇的时候。同样，如果教师想和某位内向的学生深谈，在这位学生因为某项成功而兴奋的时候，他比较适合深入谈话。

在相对系统地探讨教育实践中的时机问题方面，范梅南对教学机智的探索是比较有代表性的。在阐述教学机智的过程中，他认为机智的教育实践就是善于抓住和创造时机的教育实践，具体指出："教育的情境是我们每天教育活动、教育实践的场所。教育时机就位于这种实践的中心。"[①]范梅南在强调教育时机的基础上，还提出事实与价值、方法和哲学虽然对于理解和实施教育行动很重要，但是机智的教育行动需要在敏感于孩子的生活经历中发现教育的时机。在范梅南的立场中，我们可以发现他是从孩子的变化过程中确定教育实践的时机的，只有这样才能把宏观的事实与价值框架、方法与哲学框架落到具体的行动实处。在把握时机上，我们如果不能更宏观地把握教学事物的整体，那就把握教育实践中的关键人物，如教师在把握教学实践时机时要紧抓学生的变化状态。

从时机来说，教育实践的智慧可以分为眼力和脑力两个方面。就眼力来说，教育实践智慧在时机上的反映是能够看到时机对具体教育实践成败得失的影响。在这个方面，一个比较大的挑战是，现在有一些教育实践者把自身没有做好教育实践的原因都笼统地归结为时机不好。确实，有一些有能力又愿意付出努力的教育实践者没有实施有效教育实践的原因是，他们选择了最为挑战的时候去从事教育实践，如

① 马克斯·范梅南. 教学机智：教育智慧的意蕴[M]. 李树英，译. 北京：教育科学出版社，2001：55.

一位校长非要在刚开学后大家都比较困顿的时期开展一个比较有难度的课题活动。但是，还有一些教育实践者，本身能力不足且不愿意付出，遇到问题时就说自己所处的时机不好，这就是一种借口。除了会看到失败之外，教育实践时机的眼力还包括能看到一些教育实践成就的时机因素。有时，一些功成名就的教育实践者在介绍自身的教育成就时愿意把成功归结于自身的努力和能力，但这个时候需要的眼力就是要看到这些教育实践者在多大程度上是因为顺应了某种形势而成功的。例如，某校长的成功，就是在整个教育领域对学校文化建设既期待又迷茫的时候把学校文化建设工作做好了。就脑力来说，教育实践智慧在时机上的反映是能够主动抓住和创造时机。从含义来说，抓住时机是在对教育实践事务变化的预判中能够找到难度最小而有利因素最大的时间节点，而创造时机就是极力促进教育实践事务时机的出现。相对来说，已经非常复杂地抓住时机的行为还是比较直接的，创造时机是更难的要求。但是，创造时机在教育实践中并不是没有，一些校长和教师利用他们更广泛的影响力影响教育实践体系中核心要素的变化，如政策变化、资源变化、教育实践主体对象变化等，然后从这种变化中找到时机。在这个方面，"浑水摸鱼"或"敲山震虎"就是比较典型的做法，它的意思是：在平稳的状态下不会出现什么时机，但是通过施加侧面刺激可以造成状态变化，进而在状态变化时找到时机。从基本思路来看，创造时机的关键是引发和控制变化，进而促成时机的出现并抓住它。

时间管理上的教育实践智慧

对于很多专业人士来说，"被琐事缠身"是非常糟糕的状态，也是制约充分发挥专长的常见障碍，不能卓有成效是这种状态的常见结果。有人曾经解释过"忙"字，发现这个字拆开来就是"心亡"，即太过忙碌会让一个人没有时间深入思考问题，从而造成思想呆滞。在这个方面，有一种说法也经常听到：一些成功人士无论多忙每天都要留出时间冷静地思考。事实上，不少专业人士和决策者最大的问题就是"拍脑门决策"，这样做有时是因为不愿意投入或没有决策的能力，有时是因为确实没有决策的时间。决策本身是一个可能相当花费时间的过程，至少需要决策人在确定目的的前提下对各种可选方案进行比较衡量而最终选定方案。在这里，确定目的以及比较衡量各种可选方案都是需要时间的。如果没有时间，决策者对于这些工作只能在常规、习惯或直觉层面上来完成，能否得到好的结果只能看个人的聪明才智或者运气了。

时间是资源，这在教育实践体系中需要得到具体的理解。在教育实践体系中，时间作为资源有两个层面的意思，一是教育实践者主体层面，二是教育实践非主体层面。从教育实践者的主体角度来看，时间通常是有限的，即教育实践者实施教育实践的时间通常都是有规定或要求的。一个校长不能无期限等待全体教师都同意绩效工作方案后再实施，因为绩效工资的发放不能拖得太久，上级部门和职工都需要在假期之前完成绩效工资的发放。在这个背景下，如果校长想等到职工们都理解认同方案再发放，时间上则不允许。当前，一个教育实践工作者通常不是只做一件事，在很多并行的事情中教育实践者分配给特定的教育实践事务的时间只会更加有限。这种情况会因为今天教育实践工作的普遍化膨胀而加剧。教育实践者最根本的时间限制来自自己的职业生命的有限性，毕竟从事教育实践方面的职业只能在有限的时期内，还要受家庭状况、身体状况以及从业境况的影响。在教育实践的非主体因素层面，时间的有限性也是经常出现的。教育领域中经常说的关键期概念，就是对儿童进行某个方面的教育最好抓住有限的"窗口期"，在那个时期才能做到事半功倍的效果。这就是能够让时间成为教育实践资源的一个非主体原因。除了学生发展之外，资金、政策、人员、人际关系、空间、权力等因素在教育实践体系中经常能发挥很重要的影响作用，而且它们也具有时间上的变化性，即只在一定时间内是积极有益的：有些下拨的资金只能在某个年度使用，某些教育专业人才有聘期，某项政策可能会在特定时刻调整，好多人际关系会随着时间而变淡，很多空间可能会在特定时间开放和关闭，各种职位权力也有任期，如此等等。教育实践的主体因素和非主体因素都具有时间性，都会因为时间的有限性而成为有限的资源条件。

可以说，明智的教育实践需要教育实践者拥有足够的时间资源，这就需要教育实践者进行有效的时间管理。在时间管理的必要性上，德鲁克提出："有效的管理者都知道，时间是一项限制因素。任何生活程序的产出量，都会受到最稀有资源的制约。而在我们称为'工作成就'的生产程序里，最稀有的资源，就是时间。"[1]这个观点

---

① 彼得·德鲁克. 卓有成效的管理者[M]. 许是祥，译. 北京：机械工业出版社，2005：25.

的基本思路就是时间的有限性使时间成为资源并具有需要得到管理的必要性，这样的思路用在教育实践中也能得出教育实践需要进行时间资源的管理的结论。在教育实践中教师管理时间的具体做法很多，甚至可以进行数理模型的细致探索。但是，时间管理的具体做法不能替代根本的思路，这个根本的思路就是把更高的效率作为时间管理的根本目标。在这种根本目标的指引下，我们可以得到一定要把时间用在重要事情上的根本指导思想。"要事优先"就是这种指导思想的精炼概括。可以说，时间管理在很大程度上就是"要事优先"。这具体来说就是一定要把时间按照事情的重要性次序来分配。这里可以变换一个说法，特别是在把重要性次序用价值观的概念替代之后，"要事优先"可以解释为把时间按照事情的价值观等级来分配。按照价值观等级来分配时间并不是一个多么高深的道理，很多人在日常生活中就是这样做的，因此很多人的日常时间管理具有基本的效率水平。在日常水平的基础上，提升时间管理的效率需要的是对价值观进行合理的细化，要让具体事情对应的价值观结合事情所处的现实情境。比如，课程建设对于一般学校来说是非常重要的事情，但是对于一个课程建设比较好但后勤服务经常出问题的学校来说，后勤服务的改进是应该放在优先地位的。

从时间资源的管理角度来看，教育实践的智慧一方面包括从时间资源管理的水平来解读教育实践的成败得失。教育实践的成败得失一般来说有很多原因，其中一个方面是能否对时间资源进行有效的管理。如果能够对时间资源进行有效的管理，教育实践者就既能让自己本身分配出足够的时间来做事和参与时间安排，也能让自身的教育实践处于各种非主体因素的积极时间区间。一个会时间管理的小学语文教师，既能够让自己腾出足够的时间放在作文的训练上，又能够紧紧抓住学生保持兴趣的时间区间来进行作文训练。反过来，不会时间管理的教育实践者一方面会把自己的事情搞得一团糟而抽不出时间专注做自己的教育实践，另一方面还会浪费本可以利用的非主体因素的良好状态时间。在这个方面，我遇到一个典型的例子是：某校长什么都想做，导致自身什么都没有充分的时间去做，很多适合做事的客观环境都被忽略了。

从时间资源管理的角度来看，教育实践的智慧体现在善于开发和使用教育实践者的可支配时间上。有一次，某学校的管理者问怎么才能在任务杂乱的时候有时间做最为重要的学校改革项目，我当时给出的回答是，学会"对付"和"应付"琐碎的教育实践工作。当前的教育实践者经常提出遵守本真的原则和做本真的教育，所谓本真其实就是不要纠缠细枝末节以及不弄虚作假。在教育实践工作中，本真工作的要求就是要舍弃那些浮华的工作，把主要时间放在最根本的教育工作之上。这就是教育实践领域一种典型的时间开发和使用原则，即把有限的时间放在最根本的教育工作之上。对于很多教育实践者来说，如果能够把花在琐碎之事上的时间减去或收回来，会大大提升教育实践中时间开发和使用的水平。当前，一些比较智慧的教育实践者的典型做法是有效开发和应用会议时间，具体做到：区分什么会要开和什么会不开，区分什么会要长开和什么会要短开，精心设计会议流程以减少低效环节……这些具体做法的实质就是让更为重要的事情得到时间，让那些不重要的事情从时间安排中缩小甚至消失。

　　曾经在一次研究生新生入学典礼上，我的一位同事作为教师代表给研究生新生致寄语说："高质量研究生学习生活的一个秘诀是学会管理自己的导师。"可以看出，当时听到这话的研究生新生大多比较诧异。事后，有些新生说："我哪可能管理导师呀，导师不严格管理我就很好了。"在一次上课时，我把同样的说法讲给已经入学一段时间的研究生，并问他们："研究生可以用哪些方法管理自己的导师？"这些研究生听到这个问题也很错愕，似乎没有人认为自己可以具有管理自己导师的能力。之后，我换了一个问法："大家有没有影响自己导师的经验和做法？"这时，学生们就不断说出：商量、赞美、说服、消极应对、坚持己见、辩驳，和别的同学一起面对导师，请别的老师帮助……这一下子，学生们的思路打开了，其实他们真的很有办法！在这个时候我们可以发现，其实一开始不能回答如何"管理自己的导师"不是因为他们不会做或没有做过，而是因为他们对"管理"的理解不包括地位从低到高的逆行状态。当学生们意识到自己去影响和改变导师就是管理导师的时候，他们开始承认自己可以尝试管理导师甚至已经在管理自己的导师了，因为他们一直承认自己可以通过一定的方式对导师发挥影响力。世界上的每个人都占有或多或少的能量，当自己的意愿激发这些能量的时候人们就可以把它变成发挥影响的力量。个人的影响力不仅可以作用于弱于自己的人，有必要性时一样可以作用于比自己强的人，比如自己的导师。

教育实践中的力量议题

　　在不长不短的人生阅历中，关系就是力量的感受越来越明显，体会也越来越深。在做学生的时候，我常常想什么时候能够毕业或做老师就好了，因为做学生的一种基本体验就是太受束缚了，总是被各种规范限制着。当然，学生在学习生涯中被束缚感的强度也有起伏，一个突出的感觉是，遇到对自己好的老师时，学生的被束缚感就会少一些；如果遇到和自己"不对付"的老师，学生就会有更强的被束缚感。事实上，对自己好的老师不见得就是对自己影响小的人，只是自己很愿意或不拒绝这种影响而已。做了教师之后，我本以为能够"解放"的想法很快就消失了。教师在工作中不是不受约束的，只是束缚的来源不一样了，束缚的方式和角度也不同了。先不说工作之后的领导像曾经的老师一样让自己产生被束缚的感觉，就是原以为可以轻松去约束的学生也会经常让自己感到力不从心。从教师的角度来看，学生对教师的影响可以有很多方式，例如，上课时给老师提挑战性问题，不按时来上课甚至缺课，找出各种理由向老师要分数，在教学评价中给教师打低分或者写出极端评语，直接和老师争吵，向行政部门投诉，等等。

教师需要实力

在做学生期间，我虽然有时也会不听话，也会通过各种方式抵消和拒绝老师提出的要求或施加的影响，但是总体上倾向于认为教师最为核心的工作就是培养学生的知识、技能和品格，对素养和品格的理解和传授应该是教师职业最大的挑战。虽然，在读书期间我也听到和看到有学生不服老师或者有老师不能够管理学生的事情，但是总认为这样的事情并不难解决，多点耐心或多点爱心就差不多了。毕竟，老师和学生都不喜欢纠缠于那些教育教学之外的不重要事情，在教与学之外花的时间和精力都是浪费。

经常听说，世界的基本构成是物质、能量和信息，我原来以为这只是关于自然界的一个说法。后来发现，人类建构的社会世界也可以按这个方式来理解，至少能够通过这个逻辑来理解眼前的社会世界，这也许是因为人类在建构社会世界中同样运用了自然界的基本道理。在当代流行的很多电脑游戏中，每个人都有一个数字来标志自己的生命力或战斗力，这就是把人当作能量存在的一种直观形象。虽然，现实的人类社会没有对每个人进行能量的标值，但是这样的一种思路却真的可以用来看待身处的人类世界。在能量的维度上，这个世界中的每个人都有自己的能量级别，对待不同能量级别的人需要变化不同的方式。当然，这种看法存在简化世界的风险，同时也存在从能量角度透视世界的可能。

从事教师职业之后，我越发地感觉到教师与教师不同，学生与学生不同。用今天人们习惯的一种方式来说，有些教师就是很强，有些学生就是有不同一般的能量。那些很强的教师可能会由于不同的原因很强，但是表现出的一致效果是：同事不会小看他们，学生也不会小看他们，别的教师不能解决的问题和不能实现的目的他们更有可能去解决和实现。这种教师给人的感觉，可以从人们对他们使用的"强"字中找到，在根本上这是一种强大和强劲的感觉。从日常的教育生活来说，老师的强大既可能来自高位的专业水平，又可能来自教育的深厚素养和智慧办法，也可能来自他们所拥有的社会性和自然性能量。强壮的身体可以产生一种强劲的形象，强大的头脑也会带来让人不得不臣服的效果，强有力的行动方法和智慧同样是一种类型的强壮。

学生并不简单，特别是一些特殊的学生。在教育影视中，有一类影片是反映特殊学生或特殊班级的。在这类影片中，学生或者行为不端，或者性格偏激。但是，与此同时，这些学生要么具有强壮的身体和敏捷的身手，要么具有深厚的社会关系，要么具有机敏的大脑和丰富的学识。在影视片中，一般教师遇到这样的班级，只能表现出弱的一面，最终落荒而走。当然，这样的影片最终总有一个超人式的教师出现，他们总是具有智慧的头脑、强劲的能力和通透的教育理念，最终扭转或"收服"了这些特殊的学生。这样的影片在中外都有一些代表。影片是艺术作品，多是现实生活的夸张和再造。但是，人们如果关注新闻中学生攻击教师的个别恶性事件就会发现，个别现实事件的极端情况不见得比影片更加和缓。面对有很高能量值的个别偏激学生和学生群体，学校只有找到更有能量的教师才能扭转。

卓越的教师需要强大的能量，会积累自身能量的教师才能成为卓越的教师。在那本来自教育实践一线的《班主任兵法》中，作者似乎已经洞察了这个方面的秘密。关于教师的实力，《班主任兵法》给出了这样一些话："教师如果学识比较渊博，学生总是很崇拜的。一个数学教师如果总是算错或者做不出学生提出的问题的话，赶紧回家买几本习题集做"，"语文教师如果自己觉得写作水平尚可，大可以'下水'与学生同游，如果能够有文章发表在报纸杂志上最好，这样学生跟你学也更有信心。英语教师如果说一口流利标准的美语，那基本就高枕无忧了"[①]。这就是对教师实力及

---

① 万玮. 班主任兵法[M]. 上海：华东师范大学出版社，2004：147-148.

教师实力影响学生的一种真切描述，表明了教师职业对教师个体实力的挑战和要求，当然这里主要表明了专业上的挑战和要求。确实，教师的专业水平构成了自身实力的一个核心基础，深厚的专业才干才会有强大影响，也才可能有吸引学生的魅力。在这个方面，我也曾经听到一位老师深有体会地说："一般来说，教师接手一个新班，有可能遇到学生对你的专业水平进行试探的情况。数学老师会遇到用难题来'请教'自己的学生，语文老师可能会遇到用生字来试探自己的学生。如果数学老师看到这些难题立时就能解答出来，那基本上经过几次之后他就地位稳固了。如果语文老师没有认出来那些生字，今后就可能越来越被动了。"这样的情形和道理不少老师可能都有体会，能够让学生"服气"是教师们应对学生挑战的最理想状态。

曾经有一位美国老师和他的著作在国内教育界产生了比较广泛的影响，这位教师就是雷夫，他的一本代表作是《第56号教室的奇迹》。与很多教育影片一样，雷夫在所工作的学校接手的班级是让教育者感到很有挑战的班级，学生多来自社会边缘群体家庭，学习基础较差。虽然，这些学生既没有突出的不端行为，也没有机敏的大脑，但是较差的学习基础和不利的家庭处境意味着他们具有强大的滞后惯性，对他们的教育需要克服这种强大的滞后惯性。通过很多理念和行动，雷夫成功地改变了这些学生的生命轨迹，实现了对这些学生强大的滞后惯性的逆转。雷夫的事例激励着很多教育者来学习和借鉴他的观念和做法，然而这些学习和借鉴并不总是有效的。事实上，虽然榜样学习或实践经验学习是很多教师特别愿意采用的专业学习方式，特别是对具体经验和做法进行模仿的"学习传统"。但是，这种榜样学习和实践经验学习并不总是结果很好。在极端的情况下，"邯郸学步"的学习结果也偶有发生。究其原因，有一个方面经常被忽略：具体的教育经验和做法是根植于特定的情境之中的，都与教育实践者自身的状况密切相关。其他教师通过模仿得不到良好的效果，一方面，可能因为学习者所处的情境与模仿对象不同。在学习雷夫的过程中，很多老师既没面对处境不利的学生，也没处在校长允许教师自主行动的学校。另一方面，不少模仿者不能取得理想效果的原因是他们根本不具备雷夫一样的实力。相对于美国一般公立学校的老师来说，雷夫毕业于名校，自身素养比较全面，作为全科教师，他在很多领域都很有才能。这就是雷夫教育实践中教师实力的特定状况。拥有了强大实力的雷夫能够被信服，也能够采取更能影响学生和家长的教育方式。对于模仿者来说，这些能力却是并不经常具备的，因此这个方面也构成了一些模仿者不能成功模仿的根源。在一定程度上也可以说，完全的模仿并不存在。很多能成功模仿他人的人要么使自己的办法变得尽可能和模仿对象一样，要么用自己的办法来改造模仿对象的经验和做法。在模仿过程中，实力就是特别重要的因素，实力的相似性能构成模仿的内在基础。如果实力差异较大，那么模仿中调整和改变的幅度就相对变大。模仿本身包括创造，只有做好了创造的准备和努力才更可能成功模仿。

在教育领域，实践意味着一种变化，这是相对于什么都不做来说的。对于教师的教育工作来说，无论是传递知识还是培养技能都是一种改变，让学生从原来迷惘、错误、无知、不会、片面、生疏的状态发展到更明白和更精通的状态。当然，对于品格的发展也是如此。变化需要有力量的作用，要么来自内部，要么来自外部。教师对学生的作用力是一种外在的作用力，最能标志教育行动性质的作用力，其根本上来源于教师的实力。有能量有实力的教师更可能对学生有更大的影响，也更可能实现教育实践的目的。

教育中的力量交互

物理学中有一个基本道理，力的作用是相互的。当一个物体给另一个物体施加作用力时，施加力量的物体本身也要受这个力量的作用。不能轻易拿鸡蛋碰石头，主要体现的就是这个道理。虽然去碰石头的鸡蛋可以很主动，但是力量的相互性让主动的鸡蛋易碎。虽然物理学的这个道理看似限定于自然世界，但事实上这个道理也具有一定程度上的人类世界的通用性。

近来流行的一种说法是人要有耐挫性，也就是要能够承受挫折和忍耐不舒服的意思。从一般的道理来说，不能忍耐挫折和不舒服的人容易在不顺的时候焦虑不安，容易积郁和行为失常。在所有需要面对的挫折和不舒服中，有一类不舒服不是别人主动施加的，而是自己对别人施加影响时受到的相互作用。听到一些教师有这样的说法："平时真不想批评学生，主要是批评学生时我自己也非常不舒服，说出那些批评的话对自己也是一种压抑。特别是在看到学生的眼神之后，自己也要难受好多天。"这里描述的就是教师在向学生施加影响力之后既被批评本身的反作用力，又被学生的反作用力影响的情境，此时的学生主要是对教师影响力的反射和反应体。相对于自然界的力量相互作用而言，人类社会中的相互作用力由于人的有机体性质会更加复杂。从人类社会中的力量相互性的机制来说，有两个情况的机理比较重要。一种情况是一个人受到别人的作用力时会产生一些变化，这些变化本身会产生一种冲击力，如学生难受的眼神或神情。另一种情况是一个人受到别人的作用力时，自身会激发一种相反的作用力，比如，学生或逆反或挑衅或期待的眼神或神情。经常有一些校长、家长或老师说，批评学生或孩子容易导致自己越批评越生气。除了这些批评者自我强化之外，这个现象的一个可能的主要原因是批评者受到了学生中转或逆反过来的作用力。在纠缠其中的力量的相互影响方面，这里我想说："看牢房的人自己也经常在牢房中。"

在一定程度上我们可以说，从事教师职业的人不能太有唯美心态，也不能太追求清静。在职业选择中，有一些人因为倾向于不喜欢社会活动而选择教师职业，认为教师职业有相对独立于社会的氛围和特点。殊不知，教育世界本身也是一个社会。虽然，学生在一般情况下没有社会人那么复杂，但是这只是在一般情况下。当一个教师面对一定规模的学生时，总有各种复杂的情况出现。对于一位教师来说，一个班级有一两位比较特殊的学生就足够让人体会复杂的社会生活了。从作用力的相互性来说，教师在职业生活中遇到的一些主要挑战包括：向学生施加作用力后学生的难受表现又折射给自己，或者向学生施加作用力后学生的逆反表现又反作用于自己。所以，教师职业不能太避世，要愿意投入真实且复杂的社会交往中，要能够承受学生折返过来的反向影响作用。在教师本身的社会性方面，有一个说法是：教师职业的危险是做的时间越长越容易更加单纯。不躲避社会世界，投入社会交往，是教师职业发展的一个重要方面。对于校长等其他教育实践职业来说，受到的反作用力的现象就更加明显了。看似高高在上的学校领导有时并不那么自在和随意，学校的老师们如果把作用力折射过来或产生逆反作用力，学校领导不小心应对的话也有"被撞翻"的可能。

曾经有一位校长咨询过我这样一个问题：学校里有一位老师，有一定的专业水准，但是总喜欢出头，总是在学校的工作安排上"挑刺"，提的很多问题也不合理，但也不能对她使用强硬的手段，这能有什么解决办法？从这个问题的表述中我们可以看出，校长也有被动的时候，虽然似乎校长可以"使用强硬的手段"。这位校长直接遇到的问题是工作安排被"挑刺"，而且校长自己从心里并不接受这种做法，所以就必须有所应对。但是，校长一旦要应对这个问题，麻烦就来了："这位老师有一定的专业水准"，这里暗含的意思是这位老师对其他老师可能有一定的专业影响力或威望；"不能使用强硬的手段"，这里暗含的意思是如果使用了强硬的手段很可能遭到老师本人或其他老师的强烈反弹；"提的很多问题也不合理"，这里是说尽管挑刺的行为不绝对合理，但已经很让校长和其他领导难受了。从一般的观点来看，校长应该高于老师，但是老师却可以不顾校长的职位向校长施加影响力。这就是教育实践领域的一个现实情况：普通教师可以直接向领导施加影响力，而且领导还不能轻易采取强硬的回应。在日常教育生活中，老师专业水准越高，人缘越好，越可能施加更大的影响力而不会轻易招致打击报复。社会中也有一个看法，认为教育部门的领导不好当，主要是因为这些领域的人都是有头脑的人，而且还都有一定的实力。这就是教育实践领域经常存在的力量交叉现象，即便在等级框架中处于高位的人也会受到低于其位置的人的影响而无法采用直接压制的方式。

在校长与一般教师的力量交叉性影响方面，曾有这样一个调查结果。周俊对某地某期校长培训班实施了教师在学校管理中的反影响力调查，发现校长们对教师表达不满的方式普遍地比较关注。具体的一些发现有：教师经常采取的反影响力方式依次为直接向校长提出反对意见（47.5%）、背后议论发牢骚（42.5%）、工作态度消极（40%）；有47.5%的校长认为教师倾向于选择越级反映，直接向学校最高层表示不满，而较少选择向中层干部质疑（5%）、在教代会上提案（20%）、教师大会上质疑（7.5%）。[①] 这个调查再次确证了处于较低管理层级的教师可以对校长施展自身的力量，而且施展的方式可以有很多种。教师向校长施加影响力的方式并不总是选择间接或迂回的方式，有时可以很直接，比如，直接向校长提出反对意见和在教代会上提案。当然，间接或迂回的方式并不会少，私下沟通、背后议论、消极抵抗甚至结成小圈子都是教师在现实中采用的影响校长的方式。一般来说，这样的方式在任何一个社会组织中都可能被下属用来影响上级。教育实践领域的特殊性在于：处于下级的教师是专业人士，教育组织又是专业机构；专业人士的难以替代性需要上级领

---

① 周俊. 学校管理中教师反影响力的调查与分析[J]. 教学与管理，2002(20).

导慎重保障教师工作的稳定性；这种保障稳定性的需求也经常引发更上层部门或其他力量对学校领导的施压。在教育实践领域中，上级领导并不具备完全压制较低管理层级人员的力量，即使个别人想压制下级，也可能遭到较为激烈的抵制和反抗。

力量作用的交叉性同样可以发生在教师与学生之间，学生完全可以对相对高位的教师主动施加自身的力量。与校长不具有压制教师影响力的情况一致，教师在普遍情况下不具备压制学生影响力的实力和基础。虽然，学生看起来在身体、物质、才识、社会关系等方面的能量都不能和教师相比，但是这只是一般情况。到了初中阶段，学生的身体能量就不能忽视了，有些时候强过一些教师也是可能的。才能方面的能量更不必说，有个别学生在小学就可能具备某些方面超过教师的才能。学生的物质和社会关系方面都经常与出身背景有一定关系，这些方面也不好说。面对学生施加的影响力，现在教师不能压制的一个情况是教师职业行为被严格限制了，今天的教师在各种专业规范下不能轻易运用自己的多种能量。教师们既不能随便在受到学生身体冲击时反向学生施加身体方面的力量，也不能不顾学生内心感受地使用才识的力量来对待他们。相对而言，在学生向教师施加力量方面是没有多少限制的。即使学校对学生有一些限制，学生也可以不顾，教育上的规定对学生的限制一般都是提醒、提倡，顶多是批评、阻拦及其不同程度。

力量作用的交叉性主要在于力量的多维度性或能量的多样性，而且还有时空的限制性和变换性在其中发挥作用。虽然使用游戏人物的生命力数值的比喻有助于认识人具有的力量，似乎也有人认为人具有的各类能量具有相通性，但是在现实中人具有的各种能量并不轻易相通也不能轻易转化。人类世界存在的能量既有自然的形式也有社会的形式，如果说自然的能量或许还有相通的可能，那社会能量与自然能量之间或不同的社会能量之间就不容易通行或转化了。学识的能量不能替代身体的能量，即秀才和兵不易论高低。具有行政能量的领导也不能轻易被认定为具有专业学识能量的人，虽然在特定时刻社会上的一些颠倒错乱机制会让一般人表面上实现了这种转化。从能量的基本原理来说，不同类型的能量作用的途径和维度不同，因而它们不能轻易相互抵消。虽然校长相对于学校员工或教师相对于学生具有较高的组织地位，也可能被赋予或本身就具有某些方面的优势能量。但是，这并不等于他们就可以不受较低层级人员的影响。这些较低层级的人员由于受更上层保护或本身具有其他方面的优势能量，同样能够对较高层级的人员施加影响。而且，即便是同一维度的能量，时间上的状态变化也会给予能量较低者以机会，他们可以在能量较高者不备或不便时施加影响作用。这就是力量世界的复杂图景，也是教育实践世界中经常表现的现象。

教育实践中存在着多种多样的需要，它们由此引发了多种多样的能量施展或力量施加的行为。对于教育实践者来说，参与和实施教育实践都是具有目的性的，即便有些目的是无意识水平的或自发状态的。无意识水平或自发状态的教育实践者并不等于功能机制停滞的人，他们只是在自动化的水平上运行功能机制而已。自动的目的引发自动的行为，自动的教育实践目的也引发了自动的能量施展或力量施加的行为。教育实践者在教育组织中，并不等于组织规定的目的就是他们实际的目的。作为自主的有机体，教育实践者完全可以追求不同于组织目的水平和方向的其他目的。只要这些追求的目的有需要，他们就会调用自身的各种能量去为实现这些目的而努力。

壮大力量的努力

对个人来说，比较让人忧心的一类问题是无力和乏力，身体上的乏力就会虚弱，精神上的乏力就会萎靡。这种无力和乏力的状态对于生存和发展来说都是一种障碍，都需要认真考虑怎么才能有力起来。相对于普通人而言，教育实践者的乏力具有了更多的社会性质，也体现在不同的社会角度上。

个体体会到无力和乏力，一个比较根本的前提是"有心"。事实上，大多数的无力和乏力问题是相对而言的，主要是相对于自己心中的目标而言的。对于一个没有任何行动目标的人来说，有点呼吸的力量就可以了，没有什么超越性的目标，也就不会有费力的事情。但是，对于一个实力很不错的人来说，如果他很有"雄心伟愿"，也可能经常感到实力不足，这就是"心"与"力"的相对性表现。这虽然有极端唯心论和相对论的风险，但是在不极端的状态下通过"心""力"相对的框架，我们可以看到世界的一种现实样态。

教育实践领域是一个目的目标强烈的领域，虽然没有典型的社会"名利场"那样唯名唯利，但在对功、德、言以及名、利的追求上也是非常明显而热烈的。在一定程度上说，教育实践领域和一般日常的社会领域不同，最明显的一点是目的目标的明显和强烈程度。对于学生而言，无论多数学生是否愿意，都要被纳入追求成绩与表现的轨道上来。而且，这种追求只有保持强烈程度的期待，没有固定的终点与尽头。对于教师来说，无论是否愿意，教育教学绩效都会推动着他们深度投入教育实践工作中。可能的一个情况是教师会对自身要求更高，教育的理想信念和道德情操会把教师推到热烈追求特定目的的教育实践状态之中。校长和教育行政管理者更是如此。无论是教育家办学的期待，还是社会对教育产出的需求，都会让他们不能安稳或保持现状，投入对教育期待和教育产出的追求中才是他们的正道。当然，已说的这些方面还都是正面情况，复杂的教育实践世界还有反向或负面的情况，即教育实践者为了逃脱结构与框架也产生了强烈的追求和意图。无论什么样的教育实践者，包括作为教育实践参与者的学生，如果不想被给予更多要求和期待，或者想追求不同的需求和期待，也都需要明确的意识和坚强的目标。这里的一个基本道理是遇强则需强，身处要求与期待都很强烈的环境中，教育实践者如果没有坚强的意志就不可能保有自己的个性和独特性。对这些领域的人来说，清楚、明确、坚强的意识和目标才是通常的选择。可以说，在教育实践领域中，人们的心是相当高的，也是相当明的。

如今的教育实践领域是对"权"和"力"的各种呼声最强烈的领域，也是乏力感普遍存在的领域。在"权"的方面，"权力""权利"和"权益"是教育实践者经常追求的对象，如何保障和提升各类教育实践者的"权力""权利"和"权益"是当代教育研究与实践领域普遍关注的一类课题。虽然"权力""权利"和"权益"具体来说各有不同，但是这些词语都共享了一个"权"字。什么是"权"？这里先不做细致的定义考察。仅从由它组成的一系列词语都有那么突出的重要性和地位来看，教育实践领域对"权力""权利"和"权益"的期待与追求，可以认为是在期待与追求更有重要性和地位的状态。相对来说，这同时反映了目前存在的各种力量的不足或柔弱的状态。教育实践者提出保护学生权益，目的就是让学生变得更加重要和更有地位，背景就是不少人认为现在的学生还没有足够的力量，并经常受到外界不当的影响。教育实践者提出保障教师权利，目的是使教师能够更加有力地保护自身和提高自身的教育实践行为水平，背景当然也包括教师目前还不够有力度或比较弱。从"权"的社会特征来看，"权"对应的"力"在中文语境下一般是正式社会结构分配和调整的"力"，教育实践中一系列提升"权"的问题，实质上也是在探讨正式社会结构对能量和力量如何更好地分配的问题。今天的教育实践领域对"力"的呼声和需求是多样而普遍的，一系列与"力"相关的概念成为教育实践领域核心的探讨主题。其中，"领导力""执行力""行动力""学习力""决策力"等概念已经成为教育实践领域的一类最热点话题。在这些话题的讨论中，一个基本的模式是：先说今天的教育发展需要追求什么样的教育实践目标，然后说与这个目标定位相对出现的各种乏力问题，继而深入探讨从哪些方面能够提升这些缺失的力量。在对校长"领导力"的探讨中，一般我们先指出今天的学校从管理时代进入领导时代的客观必然性，然后展示校长缺少领导力的各种表现，继而探讨校长如何提升自身在学校事务中的领导力。人们一般知道，特定领域需求和追求某类事物的声音越高，就说明这个领域出现了某类事物的相对缺失和不足。在当前的教育实践领域中，对"权"和"力"追求的声音已非常响亮，这表明教育实践领域出现了相对的力量缺失问题。

在学生方面，力量缺失问题的一个典型代表是学生权利保护问题。虽然，今天的教育实践领域严格限制了教师施加给学生的力量，但是学生在面对其他学生和整个教育机制时还是明显出现了力量不足的问题。近年来，人们密切关注的学校欺凌问题是一名学生面对其他学生时力量缺失的一个代表和反映。从力量对比来说，被欺凌学生的一个典型状态就是力量不足，经常反映为生物性力量的不足。但是由于学校是一种社会性组织，学校欺凌问题更多反映的是学生社会力量的不足。在现代文明社会，每个人包括学生都应该被赋予免于恐惧或不被侵害的力量，但是欺凌问题的存在反映了学生并没有足够的力量。在面对更大的教育机制时，学生力量的正常衡量标准是不受伤害和保障发展，现在看来这经常是做不到的。无谓的管理要求和学业要求是伤害学生和侵犯学生发展的两个主要方面，学生在面对那些严厉的甚至具有羞辱性的管理时经常是没有力量的，面对过重的学业要求也是很难摆脱的。这就是教育实践领域中处于弱者地位的人经常遇到的情景，没有力量保护和保障自身发展是这种情景的实质。学生会遇到这种情景，教师也会遇到，校长或教育行政管理者也可能会遇到。

班主任缺少对学生管理的力量，是当代班主任工作领域最为头疼的问题之一，也是教师群体普遍存在的力量缺乏问题的一个反映。与过去班主任能够手握"打骂""予夺"学生权力的状况不同，如今的班主任普遍为自身工作的乏力而犯愁。就具体表现来看，班主任工作的乏力突出体现在对违规学生的管理上，特别遵守教育规范的班主任越来越发现在今天面对违规和捣乱的学生只能"以柔克刚"和"温柔应对"。在提倡教育人文精神的时代，班主任对学生的力量被严格限制，这是今天普遍存在的现实。当然，不同的国家和文化还存在不同，但国内的情况尤其突出。在这个方面，曾经有关"班主任是否有权批评学生"的行业讨论是此类问题的一个反映和代表。在日常的教育实践工作中，不少班主任发现自己不能批评学生了，原因是批评会产生不良后果，学校经常会追究班主任的责任。由此，教育制度开始规定"班主任有权以适当的方式批评学生"，但是这种规定中的"适当"一词依然意味着对班主任力量的限制。班主任是教师群体的代表，班主任在学生管理上的力量缺失问题是整个教师职业力量缺失问题的一个写照。在教育实践现实中，加剧这个问题的一个大背景是对班主任和教师的绩效要求越来越高，教育成效的压力在不断变大，"心"大"力"小的剪刀差在加剧。

对于校长或教育行政领导来说，缺乏"领导力"和"执行力"的问题是力量缺失的一类典型问题。虽然处于管理者的位置，但校长或教育行政领导并不一定对学校或教育组织有足够的力量，他们在面对学校或教育行政管理中的人员和事情时也经常没有足够的力量。如果从一个学校的历任校长的力量状态的比较来看，我们就能够比较容易发现，不同的校长在管理学校时的力量状态是不同的。在反映校长或教育行政领导力量缺失的问题上，"领导力"和"执行力"是两个比较核心的概念和角度。从"领导力"来看，校长或教育行政领导缺失领导力的表现是人们不接受、不认同他们所指示的方向或做出的要求，因为校长或教育行政领导得不到配合而显现出对学校或区域的教育影响力有缺失。特别是在绩效要求越来越高的背景下，校长或教育行政领导的"领导力"相对缺失是非常普遍的一个问题。所谓"执行力"主要指落实一个命令、计划或方案的能力，"执行力"的缺失典型地表现为命令、计划和方案只能停留在书面上。在这种情况下，那些处于管理层级高位的校长或教育行政领导就遇到了"执行力"不足的问题。力量的缺失在社会生活中是相对的，虽然校长或教育行政领导看起来比学生和普通老师强大，但是对于他们要追求的目的和目标来说经常显示出弱小。

教育实践中的力量之问

亚里士多德对世界和事物的存在与运动提出了四因说，认为世界和事物的本体是由形式因、质料因、动力因和目的因构成的，最后四因又归结为形式因和质料因两个方面。在四因的框架中，动力因是事物本体的一个核心方面，也是探讨世界和事物存生和发展不可缺少的一面。然而，相对于质料因、目的因和形式因来说，以往的教育研究对动力因的关注相对少一些，也晚了一些。长久以来，教育研究和理论建构都比较明显地关注了教育的原则、目的、内容和方式，与动力因相关的教育方式问题的研究也更多来自经验总结，其他理论演绎或筹划设计的方式，与对动力本身的分析和认识相去较远。在动力分析的框架中，动力类型、动力源、动力载体、传导途径、动力作用方式、动力作用结果等都是最为基本的框架构成。传统的教育研究以这种框架对教育问题进行研究的实例并不多，在教育科学研究范式兴起后，整体和部分采用这个框架的教育研究才开始逐渐多一些。

从日常状态来看，教育实践的现实世界也是一个力量的世界。人的存在与发展需要力量的支撑，教育实践世界的存在和发展也需要力量的支持。从宏观来看，教育实践系统的运行需要保持一个相对稳定的系统和结构状态，这就需要整个系统保持着指向核心框架的向心力，而这个核心框架需要以自身的能量作为向心力的基础。同时，教育实践系统内的很多成分要实现自身的存在和发展，也需要在向心力的作用下拥有和施展自身的力量，否则将成为完全受摆布的成分。不能被完全摆布，这特别对教育实践系统中的有机成分来说非常重要。从微观层面来说，任何教育实践者要追求自身的目的，就需要有力量保持和改变自身的状态和目标对象的状态，否则任何目的都是不可保障和追求的。学生需要有自己的力量在保持自身现状的前提下实现向自身目标的努力，在努力中既需要改变自身也需要改变自身之外的对象。如果没有力量作为保障，教育实践者和学生对这一切的主动追求都是空谈。教师需要在教育实践中保障自身并追求符合目标的改变，这一切都需要有力量作为保障。这样的道理不仅对师生来说是如此，对校长、教育行政管理者以及任何教育实践者都是如此。在教育实践中，教育实践者稳定自身并实现朝向目标状态的改变都需要力量。在力量的世界观中，教育实践就是力量的集聚、传导、作用和耗散系统，对教育实践的高位观看和深入理解需要涵盖这个层面。

在教育实践中，实力、权力、势力、影响力、魅力和离心力等力量形式广泛存在，把握它们需要找到合适的概念。按道理来说，力量是可以使用的概念，但是依据这个概念似乎只能找到物理学的文献，确实不太适合作为探讨教育实践世界这样的社会人文领域的工具概念。针对社会人文世界，已有的学术探索提供了两个核心概念，权力和影响力。这两个概念实际上体现社会人文力量的两种存在形式：一种是与社会权威体系有关的力量形式，另一种是广泛存在的普遍性力量形式。当然，这种理解也只基于特定的权力和影响力内涵。但是，这里在权力的基础上还找到影响力这一概念，主要是为了涵盖那些不符合社会权威体系规定的，没有明显与社会权威体系存在相关的力量形式。虽然，在西方学术的概念体系中，权力的英文单词power本身就是力量，确实可以把这里与社会权威体系不相关的力量涵盖进去，从而实现对影响力内涵的覆盖。但是，即便在西方学术传统的影响下，对这个单词的一些理解依然指与社会权威体系亲密相关的力量形式。所以，这里还是使用权力和影响力分别重点指称与社会权威体系亲疏的力量。

高位观看和深刻把握教育实践的力量世界，需要以理解权力和影响力的含义为基础。在学术的历史发展中，很多概念都聚集了和聚集过很多思想观念。在这种形势下，我们对这些概念的使用需要细致地梳理概念的发展轨迹并在过程中建构理解。沿着这个思路，这里要聚焦的一个问题是权力和影响力的深入内涵是什么。对于权力和影响力来说，这里需要追求的目标是比较确切的定义、来源、形式、功能等表达。通过对权力和影响力深入内涵的解答，这里主要追求的是建构基本权力和影响力的理解框架，并为后面使用这个框架来理解教育实践的力量世界奠定核心的视角结构。

高位观看和深刻把握教育实践的力量世界，离不开对已有相关教育研究的观看。在教育实践研究领域，虽然以权力与影响力为主题的研究总体上不多，但还是出现了一些直接针对教育实践权力和影响力问题的研究。这些研究在主题上比较多样，在思想上也有区别，在具体的发现上也有各自的独到之处。因此，这些研究可以且需要作为高位观看和深入理解教育实践的力量世界的认识资源。在已经形成权力和影响力核心视角框架的基础上，人们对这些已有研究成果的吸纳有两个意义：一方面可以在已经进行日常教育实践经验积累的基础上间接扩展观看的对象范围，另一方面可以通过吸收这些教育实践研究的观点来进一步完善观看视角的框架。

高位观看和深刻把握教育实践的力量世界，最终离不开对教育实践在权力和影响力方面的智慧解析和开发。无论是在日常教育实践层面，还是在学术化的教育研究层面，都已经形成了比较丰富的教育实践权力和影响力智慧。由于教育实践的哲学在根本追求上是开发教育实践的智慧，所以这里需要对比较丰富但还有些零散的教育实践的权力和影响力智慧进行梳理。这个梳理的根本目的就是为教育实践的权力和影响力智慧建立一个比较清晰和包容的框架，以成为教育实践智慧整体的一个领域和环节。

竞争支配地位的权力与影响力

权力富有魔力，这种魔力效应在历史、现实和很多影视剧中都可以看到。从历史来看，多少王侯将相，多少官宦朋党，都醉心于权力的游戏。为了夺取权力，历史上的无数人不顾身家性命向权力直扑过去，最后或在权力之巅狂舞，或倒在追逐权力的路上。权力的魔力在于人们明知权力的凶险还愿意投入其中，对权力的贪婪经常让人心智迷失。当然，这种情形多是对历史经验的一种渲染，也是影视剧的一种特别展现和塑造。在现实中，虽然权力的魔力未必在每个人眼前出现，但是不少人还是可以从新闻报道中，官员回忆录中，与具有一定职位的朋友谈话甚至亲身体验中略知一二。在今天，权力依然对人有很大的诱惑作用。对于人来说，有三种欲望是根本而热烈的，分别是物欲、性欲和权欲。对权力的欲望同对物质、美色的欲望一样，人容易被引诱和拖拽进权力的游戏之中，为权力而热烈迷狂。

行动与控制的权力

理解权力并不容易，各种权力交织的关系可能会构成令人迷惑的景观。这样的景观可以戏剧性地出现在各种比谁的权力大的故事中，一个看起来不起眼的人可能有很大的权力。曾经听到的一个故事版本是，一位家庭主妇和一位总经理比权力大小。在这个故事中，看似两人的权力大小很明显，但戏剧性的是，这位家庭主妇在管理家务中拥有对董事长的权力，最终这位家庭主妇的权力看起来比总经理还大。如果这个故事发生在真实的生活中，可能的情况以及结果就非常多样了：董事长家的家庭主妇可能只负责家庭的事务；董事长只服从家庭主妇在家庭事务中的管理权力；董事长是"妻管严"，什么都听家庭主妇的。在这些不同的假设中，我们可以看到的是：权力可以中转和传递，权力可以间接拥有，权力因为接受而存在，权力可以被限制在特定的领域，权力可以有不同的来源。日常的这些权力现象可以反映出权力不只是大小的问题，还有复杂的方向、来源、成立、限制等方面的问题。解开这个迷局，一个可靠的办法是从定义开始理解权力和影响力的概念。

权力的"权"是木字旁，这个字的来源在中国文化传统中应该与某种木头有关。在人类社会和中国传统社会中，木头和木制品用途广泛，一些特定的木头种类更是只能被贵族或上层人使用（如金丝楠木），一些木制品成为社会地位的象征。木头和木制品在人类社会发展中，经常被追加了人类社会的等级内涵，因而也具有了社会分层的意义和功能。一般的字典和工具书都指出，"权"的原初意义是一种树木，在到底是什么树木上有些分歧。《说文解字》对"权"的解释为："黄华木。从木藿声。一曰反常。"在这个解释中，看起来"权"的原意还是树木。但是，这里提出的"反常"之说很有深意。《公羊传》关于"权"有这个说法："权者何？权者反于经，然后有善者也。"在一般的解释中，这里的"权"是"权衡"的意思，总的意思是说权衡的人会突破常规寻求善。这里提出的权衡的人会突破常规的观点比较特别，这一点可能是权力在社会上被人们既重视又忌惮的原因吧。

在《说文解字》中，"力"的基本解释比较简单："筋也。象人筋之形。"在这个基本解释后面，还有一个重要的说法，认为治天下的功叫力。从筋络来理解力的内涵，是非常有启发性的。对于人来说，筋是负责连接和运动的组织，用筋来理解力的意思就能突出地把两个核心功能展示出来：整合与动变。通过这种比喻，力在各种事物中的形象和作用就越来越明晰了，主要是，力就是事物的筋络，主要发挥整合事物和实施动变的功能。由于有些方面的力本身会展现与欲望甚至邪恶相关的形象，所以有些人不太赞成甚至会反对在事物中提及力的问题，特别是权力问题，他们更愿意提倡情感和美德。提倡情感和美德的做法没有问题，很多事物或组织确实需要在情感和美德的层面多做努力。但是，如同人们在看到表情和眼神时不能忽略这是筋络作用的结果一样，人们在事物和组织中提倡情感和美德，也不能否认其中像筋络一样存在的各种力，包括权力在内的各种力从根本上发挥着支撑事物整合和动变的功能。

《辞海》对权力没有专门的解释，或许因为这个词语已为人们所熟知。但是，《辞海》对"权"有一个相关的解释是"势"，"权力"一词在这个理解中可以理解为"势力"。"势力"这一意思在"权力"理解中值得琢磨，因为对两者的关系可以产生一个疑问：有权力的人是否一定有势力，或者，有势力的人是否一定有权力？如果从比较的角度来看，有权力的人不一定很有势力，某个官员不一定比庞大家族更有势力。但是，这种比较容易模糊两者之间的内在联系，权力本身对应着势力的一种。或者说，有一种势力发挥出来就是权力。如果比较两者，"势力"一词主要表示含而未发的状态，而"权力"包含已发和未发两种状态。在含而未发的"势力"方面，没有发挥的"势力"可以说是没有转化成力的能源，把"势力"变成力需要一个过程。在这一点上，"权力"和"势力"是有一些差异的。

《辞海》对"影响"一词给出了解释，具体为："如影随形，如响应声，效验是很快的。后常指言语、行为、事情对他人或周围的事物所起的作用。"[①]从这个解释来看，影响从根源上来自语言的隐喻机制，从影子和声音作用的切身性和及时性上来指代及时而切身的作用。在更为一般化的比喻意义上，影响被广泛地应用于"言语、行为、事物"对"人"和"事物"的作用。所以，影响这个概念的应用面非常广泛，不计较作用双方的地位或身份的差异，也不计较作用双方之间的关联方式。在一定程度上可以说，影响力更对应那种没有任何限制的力的内涵，因此影响力的内涵具有很大的普遍性，使用范围也非常广。

在"权力"的英文词源上，英文 power（意思为权力）被认为来自盎格鲁法语 pouair，从根本上源自拉丁语 potis，拉丁语 potis 意为"强有力的"。从这里看来，power 和中文的"权力"并不完全对应，power 的意思更为基础且使用更加广泛，而中文的"权力"明显具有官方的色彩或以正统社会结构为基础的特征。当然，使用英文

---

① 辞海编辑委员会. 辞海[M]. 普及本. 上海：上海辞书出版社，1999：2050.

power 的研究就是在探讨具有官方色彩的或以社会正统结构为基础的力量，即中文中的"权力"问题。从词源来看，影响所对应的英文单词 Influence 一般被认为源自拉丁语 influentem，意为"流进"。从这个情况来看，英文的 Influence 比较强调切身的作用力，而且是深入其中的作用力。从英文中的"权力"和"影响力"主要对应单词的词源来看，英文没有区分出专门指代具有官方色彩或正统结构基础的力量词汇，两者只是代表力量的不同角度。

在学术研究的历史上，相较于对影响力关注很少的情况，权力是为人所广泛关注的。在不同的学术研究中，权力被给出了很多不同的定义，主要有：获得任何未来明显利益的当前手段[①]；在社会生活中，一个人即使遇到了其他人的抵制，仍有机会实现自己意愿的能力[②]；预期效果的产生[③]；权力标志着一个社会阶级实现其特殊的客观利益的能力[④]；对人类关系中的影响、控制、操纵、对抗、抵制等力量关系现象的界定和描述[⑤]；转变能力[⑥]；贯穿事物，生产事物的能力[⑦]；某些人对其他人产生预期效果的能力[⑧]。中国有句俗话说："人多嘴杂。"关于权力的定义基本也展现了这样的概况，关注权力问题的研究者和思想家真的足够多，说的内容也真的足够杂乱。有人从效果来理解权力，有人从根源来理解权力；有人从非常直观的角度来界定权力，有人从对权力经验的洞察中给出对权力的理解；有人指出了权力与意图、利益的紧密联系；有人看到了权力和影响力的关系。"人多嘴杂"的说法经常有一种情绪，它比较直白地表露了对众说纷纭的不满。但是对于学术研究来说，关于一个问题有很多不同的表达情况，不能一味地把它看成问题，这种情况处理好了也是形成更高位理解的阶梯。

---

① 霍布斯. 利维坦[M]. 黎思复，黎廷弼，译. 北京：商务印书馆，1985：62.

② Weber, M. Economy and Society[M]. University of California Press，1978：53.

③ 伯特兰·罗素. 权力论：新社会分析[M]. 吴友三，译. 北京：商务印书馆，2012：26.

④ 尼科斯·波朗查斯. 政治权力与社会阶级[M]. 叶林，王宏固，马清文，译. 北京：中国社会科学出版社，1982：108—109.

⑤ Prus, R. Beyond the Power Mystique[M]. State University of New York Press，1999：152.

⑥ 安东尼·吉登斯. 民族-国家与暴力[M]. 胡宗泽，赵力涛，译. 北京：生活·读书·新知三联书店，1998：11.

⑦ 米歇尔·福柯. 福柯集[M]. 杜小真，编选. 上海：上海远东出版社，1998：436.

⑧ 丹尼斯·朗. 权力论[M]. 陆震纶，郑明哲，译. 北京：中国社会科学出版社，2001：3.

面对一个主题或概念的各种说法，一个最基本的努力方向就是清理，但是清理各种说法本身也有不少方式需要选择。一个最为简单和干脆的做法就是不顾原来的说法，再确定一个具体的说法，用这个说法统领已有的所有说法。这当然是一个非常美好的目标，但经常也是一个虚妄的目标。这样做，多数情况下是再增加一种说法而已，只有极少数天才般或极有实力的人才有可能做到理想的效果。关于清理某个主题或概念的各种说法，一个相对可行的做法是寻找各种说法的最大公约数或最小公倍数。各种说法的最大公约数就是各种说法的交叉和共识部分，这种做法的道理是一种类似民主的道理，即只有被更多支持的成分才是最核心的意思。各种说法的最小公倍数是一种调和式的思路，强调对每种已有说法都照顾到，不过于细节地区分孰是孰非。相对于思想认识领域的事物来说，简单的民主思路未必很好，因为要向未知领域进军，有时更应该强调不被很多人认同的那些创新部分。老好人式的调和思路更是不可取的，过于粗糙地处理已有说法，最终只能得到所谓粗糙的结论，这离追求真理的目标比较遥远。但是，这些不是全部的清理形式。从清理的真意来说，清理各种观点的工作一定要从尊重各种说法的立场上开始，建立一个格局，把各种说法有体系地放在一起，然后再从中得到一些基本的认识。这是一种比较有道理的做法。

可以将已有的关于权力的说法分为一些主要类型：控制说，能力说，关系说，意图说和影响力说。控制说是从能够控制别人或其他事物的角度来确定权力内涵的定义类型，能力说主要从个人能够做什么的角度来定义权力，关系说主要从人与人之间因权力而联系的角度来界定权力，意图说主要从权力为意图服务或为利益服务的角度来定义权力，影响力说主要从权力的使用能够产生影响的角度来界定权力。这些归类都是从各种权力定义中直接概括出来的，很明显它们还有层次高低和内容重叠的问题。因此，这里还需要进一步把这些分类结构调理清楚。权力作为一种力量，可以从最基本的作用效果和意图来分出层次或类型。在这个方面，按权力的最根本的作用效果和意图，分为面向自身和外在的世界，面向自身的行动权和面向外在世界的控制权。虽然行动权有时也需要控制外在世界，控制权也需要面向自身，但是它们在终极目标上还是有着眼于控制自身行动和控制外在世界之分。这不否认两者之间有内在的联系，否则也就不能成为权力整体内涵的两个构成类型了。

行动的权力主要是就个人来说的。个人在实现自身的意图时会受到外在的干预和影响，为了排除这些干预和影响，个人需要施展力量。这种施展的力量就是旨在行动的权力。从现实的表现来看，个体保障自己的行动不受外在的干扰，通常有两大方面的力量来源：一是自身积聚的力量，二是社会分配的力量。比如，教育法律和制度对学生的各种保障就是分配给学生的力量。当一个人的意图超越了个人的能力范围时，这不仅需要他人不来干扰，而且需要外在世界的人和物来配合。这种达到让外在世界的人和物配合的力量，就是支配的权力。相对于旨在行动的权力，为了支配的权力会让权力的寻求者和拥有者更加积极地作用于外在的人和物。

无论是为了行动还是为了支配，权力都与意图的追求和实现紧密联系在一起。有了行动的权力，个人做事才不会受干扰，才能保障自己的力量得以为意图的实现而服务。有了支配的权力，个人做事才能得到更多的支持，才能支配外在的人和物为自己的意图服务。可以说，旨在行动的权力和为了支配的权力恰恰在高低程度上相连，从而形成一个意图可大可小的尺度空间。在一定程度上可以说，权力能够在意图高低或大小的变化区间存在和变化。这是权力对人们构成魔力和魅力的一个根源，它可能把一个只想保障自己行动的人变成一个想支配外在世界的人。

权力的魔力

虽然权力可以有为了行动的不同类型，但在运用的时候是指向他人的，指向那些可能形成干扰的人。相比之下，为了支配的权力更直接地寻求对他人的作用，把他人尽可能放置在自己的意图中。所以，从这个角度来说，权力是为了实现自己的意图而作用于他人的力量。在权力对他人的作用上，低水平的作用是防卫式的行动，高水平的作用是进攻式的支配。

权力具有魔力，主要是说权力能够魔幻般地对人产生作用，甚至会让人着魔。从社会现实来说，权力的魔幻力量主要体现在对人性的塑造和让人疯狂的表现之上。在影视剧和现实生活中，经常出现的一个情节是，一个在读书期间非常淳厚的人，在进入官场多年后，被老朋友发现其人性已经扭曲了，丧尽天良和不择手段是最为常见的一种扭曲。在人类生活中，政治以及作为政治延续的军事都是非常重要的领域，也是人们通过报纸、杂志、书籍、影视、网络能有所了解的领域。在外人来看，政治与军事有非常疯狂可怕的一面，凶险的政治军事斗争已经让无数人付出了生命的代价。但是，政治和军事领域的权力对于不少人来说，具有"飞蛾扑火"的效应。当然，其他方面的权力在一定程度上也具有这种效应，只是水平和可能的恶果没有政治与军事领域那么明显。

作为对权力进行专题研究的学者，丹尼斯·朗出版了《权力论》一书。在书中，他对权力的性质提出了一系列有洞见的观点，他认为，权力是有意的影响；权力可以失败，失败的权力可以认为不存在；权力具有潜在性，具有实际控制能力的人不一定是表演的人；权力具有非对称型和平衡性，权力表现为掌权者向对象实施较大的控制，权力关系中的影响是相互的。[①] 在观看中理解事物，性质的角度是非常核心的方面，它标志着长久的倾向和虚浮现象下的不变质地。从对事物性质的概括方式来说，在与其他事物的比较中确定事物在形式、质料、动力和目的上的稳定倾向或实质，是一个基本的套路或方式。丹尼斯·朗对权力性质的概括就是如此，他对权力性质的概括包含了目的、功能、质地、动力等方面。这些方面的权力属性也为解读权力的魔力问题奠定了基础。

从目的方面来看，权力是有意的影响。这个性质说明权力是具有明确目的的力量，也是为目的服务的力量。对这个性质的揭示表明权力现象不包括一个人无意地对别人产生影响的情况，无意的力量即便影响了别人也不算是权力。例如，走在狭窄的道路时，前面一个人并没有意识到自己阻碍了另一个人，此时前面的那个人就不能被说成拥有了权力。从权力的日常现象中也可以发现，权力的实施者或始发者都是带有目的的。可以说，这个方面的权力性质奠定了为什么权力具有越来越吸引人的魔力基础，因为权力可以在不断实现人的当前目的中进一步刺激产生更大的目的，从而带来权力旋涡的效应。从一个典型现象来看，有不少人在一开始进入领导岗位时不见得有很大的目的或"野心"，不少时候那种宏大的目的或"野心"都是在目的不断被权力激发中出现的。

从权力的功能来看，权力可以失败。在物理世界中，不是每种力量都能带来改变，也不是负载某种意图的每种力量都能实现意图，如用来撞石头的鸡蛋具有的就

① 丹尼斯·朗. 权力论[M]. 陆震纶，郑明哲，译. 北京：中国社会科学出版社，2001：3—21.

是失败的力量。在力量的作用中，事物的改变经常需要力量达到一定程度时才能引发，而不是被力量作用了就一定会引发变化。在自然世界中，微弱的空气流动并不能改变人的动作，因此也可以认为这是失败的或不存在的力量。权力的可失败性质对权力的使用者提出了更高的要求，如何才能施加达到成功水平的力量经常是需要用心筹划的。所以，权力的魔力有时还包含一种赌博的特征，即使用尽力量，还要看不确定的其他方面的情况，才能确定是否成功。虽然权力有失败的可能，但是这种可能失败也可能成功的活动是很刺激的，因为这个过程可以引发情绪的起伏和转换。

从权力的质料结构来看，权力在传导中可以显现出表演性。"幕后黑手"的说法，在权力的理解中可以是：权力现象可以分为不同的运行层次，如表层的直接动作层次和深层的始发层次。在自然界中，力量是可以传导的，所以在各种力量现象的结构中直接触及作用对象的力量可能是传导过来的力量。一个人被门卫挡住，这种阻挡力量的更为深层的发出者是经理，即这位经理让门卫挡住来人。在权力的现象和活动中，表演性带来了"捉迷藏"或"戴面具"的现象，直接看到的权力实施者不见得是真正的权力所有者，权力更为内在的源头可能把力量传导到一个具体的实施者那里。

从权力的动力特性来说，权力具有非对称性和平衡性。在日常情况下，两个势均力敌的对手同时向对方施加了同样的力量。两者或者都没有反映，或者都有同样的反映，这个时候很难说谁对谁施加了权力。可以这样说，权力寻求的是一种非对称性的状态，即一个人向另一个人施加了更大或更不可抗拒的力量。这种非对称性是权力成功的状态，也是可以确定权力存在的状态。权力也有平衡性，即在力量的作用中施加力量和受到力量作用的双方都受到影响。权力的平衡性并不意味着施受力双方会产生对等的效果，原因是不同事物承受力量的能力和状态不同。在鸡蛋碰石头的事例中，鸡蛋承受不了的力能够被石头轻易承受。这就是虽然力量是相互的和平衡性的，但并不是可以因此忽略的，效果也是不一样的。所以，投入权力的活动也可以带来一种类似拳击的快感，在自己吃得消而别人吃不消的反差中找到快感。

经常有人说，权力是游戏。权力的游戏内涵需要在权力的性质中得到解读，权力的主要性质几乎在每个方面都大致对应一种游戏的模式。通过对这些游戏模式所产生的"魅力"类型进行解读，我们就可以在深层次中理解权力能够产生魔幻般影响的原因了。

权力与权威

当代教育改革的一个重要取向是师生平等，打破师道尊严，淡化教师的权威。虽然对这个取向，人们还有一些争议，不少人也提出了师生笼统地坚持平等的原则并不合理。但是，人们似乎在打破师道尊严和打破教师权威的问题上取得的共识更大，这些打破的倾向似乎更被人们所接受。由此，教育实践领域也就出现了一个看起来应该与权力问题有关系的权威问题。

打破师道尊严，淡化教师权威，事实上不少教师对此做法也只是被动地接纳，或者说还不深刻地认同。从打破师道尊严和淡化教师权威所给出的原因来看，社会转型发展，创新人才培养，知识信息时代来临是比较主要的正面原因。师道尊严、教师权威导致了僵化和老套的教育状态，这是这个问题的反面原因。从这些原因来看，似乎教师再采用高高在上的师道尊严姿态，使用教师权威压服学生的做法是应该被打破和清除的。正是社会上对这个思路的普遍接受和认可，让当代的教育实践领域越来越遵守师生平等原则。在实践中，教师也不再板起师道尊严的面孔，权威欺压的做法也越来越少见。这一系列变化都是整体进行的，它们在具体层面上是相互支持和联系的。但是，随着这种趋势的发展，一些教育工作者发现，这个趋势有问题。一般来说，对这个趋势提出的问题主要包括：平等是师生关系的唯一或核心原则吗？教师不应该保留一些师道和尊严吗？教师的权威除了欺压学生之外就没有可取的地方吗？和反思教师师道尊严与权威一样，提出这些疑问也有现实背景的考量。当前社会，过于提倡师生平等，打破师道尊严和淡化教师权威，一方面使教育不能保障基本的秩序而陷入肤浅的热闹中，另一方面也让人反向注意到具有师道尊严和权威的教师取得了比较好的教育效果。从这些方面来看，打破师道尊严和淡化教师权威并不必然与社会转型、创新人才培养、信息时代来临的背景相矛盾。深入厘清这个问题，一个重要的方法就是探讨权威的确定内涵。

在常规的字典理解中，权威通常被界定为权力和威势，由此可以看出，权威与权力具有紧密相关性。在权威的深刻定义上，韦伯的研究非常有代表性，他把权威理解为"从某特定源头获得的某些具体命令为某一特定群体的成员所服从的可能性"，并提出权威根据合法性来源有三种类型：魅力权威，源于对接触的个人的虔敬；传统权威，源于以往人们行使权威时所建立起来的神圣信念；合法权威，建立在通过正式且正确的程序而颁布的法律之上。[①] 根据韦伯对权威的定义，权威可以理解为权力被服从的状态。据此理解，三种权威的类型也是权力的三种被认可的合法来源。

人们对各种力量的衡量通常容易看到大小的维度，顶多加上方向或作用对象的维度，但是没有注意到类似"可口性"维度，即是否容易被接受的维度。如果从无机的自然界来看，对力量的衡量只考虑大小和方向就足够了。一旦牵涉到人，就存在一个力量作用感受的问题。同样是风力，那种温润和煦的风就容易被接受，而那种干涩凛冽的风就让人不舒服。如果力量发出者是人，那力量的可接受性就更重要了，同样大小和方向的按摩力和打击力让人在感受性上完全不同。根据接受性来分类，同样是人作用于人的权力，有一些权力就容易被服从，这就称为权威。在一定程度上说，如果被权力作用的对象都感觉对方在"用权威压服"，事实上这个时候的"权威"肯定不是权威了，只是一种一般的权力而已。所以，教师拥有权威，一方面取决于教师拥有多少权力以及怎么拥有权力，另一方面取决于学生是否服从和接受。在一定程度上说，现代教育要淡化教师权威，实质上要淡化的是学生对教师权威合法性来源的认可，但是这种淡化并不一定非常合理。

从直观的层面来说，认可一个人的权力和影响力只因为这个人。从日常的体验来说，不同的人施加的权力和影响力被接受的可能性是不一样的，这类事情有时候就得分人而论。同样一句劝告的话，一个看起来让人舒服的人说出来和一个看起来让人不舒服的人说出来，效果完全不同。扪心自问，人们一般比较接受那些相貌好、行为得体、能力突出的人施加的权力，而具有与之相反特征的人施加的权力就不容易被接受。在这些方面，韦伯概括其为魅力因素，由此形成的权威也是一种魅力权威。对于个人来说，拥有魅力本身就意味着拥有一种神秘味道的吸引力。这种力量一方面让人不那么纠结这种力量到底是什么，另一方面不会让人因为逆反而拒绝。

---

① 马克斯·韦伯. 经济与社会：上卷[M]. 约翰内斯·温克尔曼，整理. 林荣远，译. 北京：商务印书馆，1997：241.

如果教师具有了这样的魅力，由此形成了魅力权威，那么教师的权威如何淡化以及为什么要淡化都是问题。

人类生活在传统中，对传统的继承包括对那些拥有传统元素的人的接纳，由此就形成了传统权威。在《过去与未来之间》一书中，阿伦特对权威做出了深入的考察，她提出：权威就是一种必要性；权威是人类共同体的一个要素；权威的原意是"增添"，权威根植于过去。① 在这些观点中，非常突出的一个意思就是权威基于传统，权威由于人类对传统的传承而成为必要的。根据这个道理，我们非常容易理解的一个现象就是教育改革要淡化权威，同样非常容易理解的一个道理就是教育改革不能完全抛弃权威。创新需要慎重面对历史，不能继承历史的创新会遇到前所未有的阻力，多数很难成功。绝大多数人和绝大多数时代确实做到了对历史的尊重，这种尊重就包括对传统的服从。一个人因为拥有传统元素而被接受了向外施加的权力，这就是传统权威。

在社会生活中，人类还需要尊重的就是法律制度。在韦伯那里，他提出了合法权威，合法权威主要指因为遵从法律合法性而被接受的权力。不同的国家事实上具有不同的"法律合法性"，这里可以把合法权威理解为因对法律制度的遵从而服从的权力。一个社会要形成一个稳固的框架结构，就必须在框架结构上做出力量的分配，这种在框架结构中做出分配的力量就分享了框架结构的合法性。在社会生活中，人们遵从某个官员的权威，有时候确实不是这个官员具有被人服从的个人魅力，而是因为这个官员占有了框架结构的位置和由此分配的权力。在这里，人们实际上服从的是那个结构框架和法律制度，而不是那些具体的个人。

在权力和权威的关系中理解权力，最大的意义就是探索哪些权力容易服从，或者权力被服从的方式和途径。在权力的世界中，权力是否被更容易地服从确实影响很大，这个方面的状况决定着是否被抵制或对抗。当一个社会人以遵循权威的方式向其他人施加权力的时候，这些权力将容易被接纳和被认可，有可能激发权力所作用的对象的内在力量。回到现代教育改革是否要淡化教师权威的问题上来，除非完全否认教师的权力，否则教师的权威就不能得到完全的淡化。进一步说，除非完全

---

① 汉娜·阿伦特. 过去与未来之间[M]. 王寅丽，张立立，译. 南京：译林出版社，2011：87—116.

否认教师的个人魅力、文化传统和法律制度，否则教师的权威不能得到完全的淡化。在当代教育改革中，除非教师的权威服务于对学生的压制，或者来自不合法的传统和制度，否则教师的权威是没有道理去淡化的。

权力的五来源

我与不少领域和层面的管理者交流，他们经常提出的一类问题是：如何能得到与职位相匹配的权力？如何能提升自己的权力？如何才能获得对抗"让人头疼的下属"的权力？与这些问题相对应的实质是各种形式的权力缺乏的问题。有些管理者虽然贵为某高层的管理者，但是他们实际的权力很小，很多下属都不服从，即使想运用权力来压服这些下属也有心无力。在这种状态下，这些管理者基本上就是摆设了，只能做个装饰的花瓶或受摆布的道具而已。还有一些管理者的问题是怎么让自己更有权力，特别在面临越来越艰巨而紧迫的组织目标和绩效要求的时候。面对越来越艰巨的组织目标，一些管理者经常发现：如果让下属做常规工作，自己的权力展现没有问题，但是自己就是不能在管理中更加"发力"，只能把所管理的组织停留在一个比较日常运行的水平之上。此外，还有一些管理者认为，提升权力的途径来自自己的下属，那些故意制造麻烦还软硬不吃的下属是对管理者的极大挑战。虽然下属在官方权力上肯定不如管理者，但是个别下属也可以依仗保护自己的其他官方权力和不属于官方性质的其他权力来对抗领导。在很多企业中，极个别下属可以依仗劳动合同法规的保护以及自己在同事中的影响来对抗直接的管理者。虽然这类下属不听从管理者的管理指令，但是他们因为受到劳动合同法的保护而不能被开除，或具有可以发动其他员工一起对抗管理者的实力。这些都会让直接管理者在应对时感到有心无力，大多数领导采用"睁只眼闭只眼"的应对方式。了解了这些情况后，那些不是管理者的人可能认为，权力不足的管理者没法做，太"憋屈"了。

一般来说，一个人感到权力不足就会想办法提升权力，常规的提升方式是找上级领导，通过发威来显示自己的权力。对于特定的管理者来说，找上级领导一般是为了给自己站台撑腰或直接动用上级力量。当然，一般来说，上层领导拥有更大的权力，他们为下级管理者站台撑腰确实会起到对下属权力确认的功能。如果上级领导的权力能够被下级直接动用，那不仅确认了下级的权力，而且下属还会直接通过权力去实现具体的目的。但是，下级找上级领导来体现权力也有问题，不少人认识到：找上级领导的下级领导既证明了自己的无力，又显示了自己只能间接提升权力的缺陷。所以，通过这种方式对权力进行提升，其效果并不那么理想，顶多是一时借助上级的权力而已。通过发威来显示自己的权力，这些人并没有实质上提升权力。只是从下属的感知来说，发威提升了下属对权力的感知和接纳程度。有时就是这样，虽然某些人实质上很有权力，但是由于被遮盖或没有实施的原因，其权力没有得到下属的感知和认可。领导通过发威来显示自己的权力，提升的不是实质的权力，而是权力的表现。有时候，权力是可以转移的。在很多情况下，一些人失去了权力而另外一些人就可能拥有了权力，这样的情况和效应就使斗争夺权成了权力提升的一种选择。斗争夺权就是和有权力的人斗争，打败这些有权力的人之后就可以让自己成为有权力的人，如同古代通过斗争夺取了"令牌"就可以拥有号令军队或帮派的权力一样。但是，斗争夺权，夺的是有形权力或地位权力，其他根源于不可转移的基础的权力不能夺取，例如，来自专业素养的权力就很难被一般的社会斗争夺取。

对于提升权力来说，一个根本的角度就是从权力的来源上提升权力，让权力拥有更加深厚的源泉和基础才是最为根本的提升之道。权力是有来源的，这就是为什么有些人权力多而有些人权力少。当然，权力的来源也是有些人权力得到提升而有些人权力被缩减的根源。在对权力来源的研究上，一个比较经典的研究是由弗伦奇与雷文完成的，他们主要从人际关系的角度来思考权力的来源，并提出了权力的五种来源：奖赏权力，因为能够奖励所期望的行为而影响他人；强制权力，因为能够惩罚不合要求的行为而影响他人；合法权力，因为拥有正式职位而影响他人；参照权力，因为被别人喜好和认同而影响他人；专家权力，因为拥有专业知识技能而影响他人。[①] 明显地，这个观点把对权力的考察放在了权力实施者凭什么能够对别人发挥影响作用之上了。从对权力的这些分类可以看出，权力的来源及由此产生的种类相当多样化。这种多样化一方面带来了权力世界的复杂性，另一方面带来了提升权力的有机性和广阔空间。

---

① French and Raven. Bases of Social Power[A]. In D. Cartwright and A. Zander. Group Dynamics：Research and Theory[C]. New York：Harper & Row，1968：68-82.

在社会性的权力中，奖赏权力是非常重要的权力。近年来，教育领域推崇多鼓励和表扬学生，虽然表扬和鼓励主要是口头上的奖励，但相对于以往只是要求和命令的行为取得了很大的改进。虽然今天很多领域对只有口头的奖励表示出不满，但这并不意味着这些领域的人不接受奖励，相信如果把口头奖励适当变成物质或名誉的奖励，效果还是非常好的。一般来说，奖励的实质就是对那些做出符合权力拥有者期望的行为的人进行额外的名誉和物质分配。由于这种分配不是采用平均的方式，超出了一般所得的水平，这会让期待得到这些奖励的人有更大的获得感。与此同时，得到的奖励也会相对刺激那些没有得到的人，这种强烈的反差效应也是奖赏能够发挥作用的核心机制。只有具有较大的反差，期待奖赏的人才会更加期待，没有得到奖赏的人才会更加受刺激。在今天的一些领域，奖赏权力容易失去效力的一个情况是把奖赏常规化和平均化。这样的做法只能让奖赏丧失应该具有的反差，从而造成奖赏无效。如果从提升权力的角度来说，奖赏权力的提升一方面源于拿出关于名誉和物质的资源，另一方面源于设计出分配这些资源的奖励方案。在拿出关于名誉和物质的资源方面，一定要强调这些资源的冲击力，即要拿出让大家看重的资源。对于奖励来说，如果只有日常的轻微名誉或很少的物质，就很难达到奖赏的效果。因为，这种程度的名誉和物质很容易通过其他方式得到。名誉和物质资源的奖励方式特别需要强调分配的反差，但是这种反差要具备公信力。如果是被人们认为偏颇的分配，再大的反差都不会有太大效果。

强制权力是一种负面权力，有时也具有立竿见影的效果。奖赏权力的思路是对符合意图的行为给予额外的精神或物质利益，而强制权力完全与之相反。它强调对于不符合意图的行为进行惩罚，而且倾向于使用更加直观而立即的惩罚方式。在惩罚方面，比较日常的方式就是批评，这是权力拥有者经常采用的惩罚形式。当然，这种惩罚有时候在效果上是容易被淡化的。但是，惩罚还有更加直接和严厉的做法，那就是肉体上、物质上和精神上的打击、剥夺和折磨。在人类历史的很多时期，严厉的惩罚都是非常常见的，虽然效果有不小的差异。从惩罚的效果来看，一般来说，其中的核心因素是惩罚作用点的选择和惩罚的力量。相对来说，作用更大的惩罚作用点是对象特别想保护的方面，对于一个爱财如命的人来说，对物质的剥夺就可能是最见效的惩罚了。但是，对于一个视金钱如粪土的人来说，这样的惩罚多数没有效果。惩罚要有力度，一方面能真正刺痛惩罚对象，另一方面能通过造成反差感而刺激得到和没有得到惩罚的双方。

合法权力是正统社会结构分配的权力，其具有正统性以及由此而来的普遍制约性。人类世界是建立在自然世界基础上的世界，必然包含对自然世界的利用和改造。从自然状态的人类世界来说，权力是存在的，不过这种权力更多地建立在生物力量的基础上。这与其他众多动物种群没有什么区别。但是，对于不断发展的人类来说，生物力量意味着一种原始性，其具体表现为特别简单和不受控制。人类的发展在实质上是一个不断控制、改造自然和社会世界的过程，人类自身如果只具有特别简单和不受控制的力量，肯定是不足以支撑人类社会发展的。由此，人类在发展中逐渐建立起一套复杂而可控的社会力量系统。这种社会力量系统一方面在根本上保障了社会核心结构的运行，另一方面也构成了人类社会不断向前发展的内在机制。在人类社会力量系统的构造上，一个基本思路是，按照角色和关系来确定权力的分配，这样会保障社会中各种角色间的效率、秩序和相对制衡。在人类社会中，每一种角色都对应着一份或大或小的权力，国民和公民有权力，政府高级官员和一般办事员也有权力，连刚出生的婴儿也会有自己独特的权力。虽然，不同的时代和不同的社会对每种角色的权力设定不同，但是都会考虑社会整体的平衡度和效率。合法权力就是这样的一种基于社会结构"设计"的权力，虽然这种"设计"通常只表现出不那么细致的整体的状况，但社会通常不具有非常系统的设计方案。

参照权力是一种特殊的权力，在一定程度上更加接近于被人们认可的非官方权威。在日常社会生活中，有些人虽然没有官方职务，但是不能被轻视，他们对其他人能产生非常强烈的非官方影响。也就是说，在非官方的社会层面和领域，一些人因为获得了更多人的认可和服从而具有了强大的权力。在这个方面，那些民间精神领袖或各种能人都是典型的代表，他们因为自身能够展现大家认可的非官方标准而积聚了强大的力量。从这些人能够作为人们公认标准的体现来看，他们的这种特殊权力就可以成为参照权力，即因为构成了别人参照的标杆而具有的权力。通过几次提及"服从"概念，我们认为，参照权力可以被看成同权威具有内在相通性。作为被服从的权力，权威本身就是一种合法性的象征，而且是被深度接纳的合法性。一旦个人具有了被深度接纳的合法性，他因而既可以说具有了权威，也可以说具有了参照权力。

专家权力是一种基于专业能力的权力，其根源在于专业的能力、效果和参照权威。随着社会的发展，社会的各种职业越来越专门化了，这就不断出现了更多的专业。专业是人类事务系统的发展方向和基本现状，因而在人类社会中具有非常重要的地位。在一个专业内部，能力和效果为王是基本的原则，即专业内部的高层是能力最高、效果最好的人。在权力的维度上，能力和效果为王的基本原则也促成了专业能手具有更大权力的事实，虽然这种权力的最根本的应用范围是专业事务。由于专业事务在人类社会中越来越具有更基础的地位，所以专业能手拥有的权力可以向广泛的社会生活拓展。因此，专家权力就构成了一种普遍性的社会权力。一个核物理专家在核物理专业中的权力越来越在一般社会中被接纳，这主要是因为核科学在社会中的更广泛应用以及他们的专业等级权威越来越被社会认可。今天我们可以看到，很多专家都会跨专业说话和发挥跨专业的影响力。当然，这并不一定是好事。

从权力到影响力的挥舞

到目前为止，权力和影响力的内涵似乎都得到了一定的解释，但没有得到确切的解读。目前对权力和影响力的理解慢慢奠定了基本的思路：世界是力量的世界，权力是社会性的力量；主导的权力是基于社会正式结构的力量，影响力是从效果来说的力量；作为社会性力量的权力和非社会性的力量都会产生影响力。这是目前对权力和影响力的基本理解。

一直以来，管理学给人的感觉是追求量化和科学确定性的学科，管理学的研究是建立在各种"事实"之上的经验研究与概括归纳。如果深入管理学的领域深处，我们知道，刚才这个说法是片面的。管理学的世界中具有富有影响力的非经验研究，管理哲学就是一个虽然小众但地位特殊的方向。从学科模式来说，管理哲学寻求对管理问题进行通观和方向性的探索，以探索管理世界的存在和确定管理活动的价值原则为主要途径。在管理哲学领域，英国学者汉迪是其中一位比较知名的学者，他对世界与组织的未来的哲学探索非常有洞见。在对组织的探索中，汉迪关注到了权力与影响力的作用方式问题。

力量是与作用方式联系在一起的，不同类型的力量需要不同的作用方式。这个方面的一个典型例子是武术，作为相互较量的武术本身包括各种方向和不同力度的力量，这些力量的应用方法包括推、拉、缠、扫等。权力世界也有非常类似的情况，权力领域也有很多不同的类型，而每种类型也有自身适合的应用方法。把权力界定为基于社会正式结构的社会性力量之后，行政权力是权力的一种，专业权力也是一种权力，但是这两种权力的作用方式很不相同。人们经常发现行政权力应用起来比较强调等级和位置，而且通常有明显的强制性作为后盾，但是专业权力很难有那么强制的力量作为后盾。就是在行政权力内部，还有一些更为细分的权力类型，有时行政领导需要运用平衡取向的商量方法，另外一些时候却需要运用压制姿态的强制了。权力类型与应用方法的对应性是具有技术强制性的，如果应用方法和权力类型不对应，会导致权力衰减、失效甚至完全相反的效果。汉迪对权力和影响力方法的探讨有助于人们在这个方面加深理解。

在把影响力作为权力应用的背景上，汉迪认为影响力的方法分为明显和不明显两种，总共包括：强制力，建立在物理权力或者资源权力之上；规则和程序，需要具有制定规则和程序的权力和意愿；交换，主要有"讨价还价""协商"，甚至"哄诱"或"贿赂"；说服，依靠推测、逻辑分析、讨论和证据来施加影响力；组织生态学，是建设物理、心理和社会的环境；吸引力，是对个人权力的运用。① 在具体对应关系上，明显的方法包括前四种，后两种是不明显的方法。从这个观点可以看出，权力被应用为影响力的方式真的有很多种，而且每种方式就像工具箱里的工具一样，主要对应着一类问题和情境。在对这些方法的具体解释上，我们对于这些权力所对应的不同基础和条件也有所涉及，这更加深化了从这个方面对权力的理解。

从权力的源泉到强制的影响力，这个过程的效果是直接的，但也明显地具有外在效果的特征。一般来说，强制力的效果多是直接指向身体或者直接作用于关键资源的，如直接的抓捕、体罚或罚款。强制力的基本作用机制就是拿走权力对象最想保护的东西，如果权力对象想保护肉体的安全或舒适，那就采用折磨或鞭打的方法，如果权力对象特别看重钱财，那就采用罚款的方式。从来源来说，强制力需要权力所有者占有更多肉体或资源的强制能量或体系，如自己身强力壮或者有一批身强力

---

① 查尔斯·汉迪. 组织的概念[M]. 方海萍，等，译. 北京：中国人民大学出版社，2006：129—138.

壮的执行者。强制力的基本运行过程就是直接限制、占有或剥夺权力对象的肉体或关键资源，所以这种效应是非常明显的。但是，这种权力和影响力的可能问题是：作用对象更看重自己内在的精神世界，外在的肉体影响和资源限制因被相对忽略而不那么介意受强制力的影响。这种情况也反向符合强制力作用的逻辑，只是这些特殊的对象最想保护的不是肉体和资源。

规则和程序作为一种明显的影响力，具有一定的"伪装性"。在一般人的观念中，规则和程序都是公正的或科学的，或者都是崇尚公正和科学的。但是，社会事务的规则和程序不是科学技术中的规则和程序，它具有内在的主观偏向性。如果说规则和程度都是为目标服务的，那么科学技术中的规则和程序因服务于客观目标而相对公正和科学了，社会事务中的规则和程序因服务于主观目标而可能成为一种被人利用的影响力方法。不少管理者都能意识到，一个政策可能会因为规则和程序的不同而能或不能通过，因为有些规则和程度可以压制反对声音。一个组织要出台一个被一部分基层员工反对的政策，领导有时会这样设计民主程序：把有反对声音的人分到各个小组作为少数存在，或者通过增加几个组把反对声音主导的组数变成少数。这样，即便反对者提出反对声音，也经常被"少数服从多数"的原则压制。如果这个事情变为另外一种规则和程序，情况就不同了。比如，可以允许反对声音的人公开演说，这种演说可能会让原来支持的人变成反对的人。这就是规则和程序作为一种影响力作用的事例。在规则和程序发挥影响力的时候，人们有时还借助时间机制。如果规则和程序限定了一定要在非常短的时间内做出决定，那么很多人和事就要受到很大影响。

交换是一种相对平等姿态的影响力，遵循着公平和自愿的原则。不少管理者说起自己的工作体验时经常会提到"烦"和"累"，其实"烦"和"累"的原因是经常要"做某人工作"。在日常称为"做某人工作"之类的事情中，管理者经常应用的方法是交换影响力。交换的基本思路就是权力拥有者拿出对方可能想要的东西来换得对方的配合，这些对方可能想要的东西包括金钱、名誉、成就感或心安理得感。从基础来说，交换权力的应用者一定要占有一定的资源和能力，要么是像金钱和名誉这样的关键资源，要么是能让对方心悦诚服的能力。

让对方心悦诚服的协商影响力，与说服的影响力非常类似。只是，说服的影响力更加强调自己运用言语的力量去发挥作用，而协商影响力还包括一种要拿出东西的交换，哪怕这个要拿出来的东西仅是一句承诺性的话。"动之以情和晓之以理"是说服的两个核心原则，其实这也提出了，说服作为影响力的基础条件是情和理。真正能够说服别人的人是那些能够有情并且能够用情打动别人的人，是那些能够讲理并且能够用理去让别人明白的人。在说服影响力方面，西方传统中的修辞学就是一门以说服为核心目标的学问，强调以对方能够接受的理由来影响对方。

组织生态学是一种环境影响力，是把环境作为中介手段的权力类型。人们常说"润物细无声"或"耳濡目染"，多数说的是组织生态学类型的影响力。这里使用生态学作为这种权力或影响力名称的一部分，主要想表达这种影响力像生态影响生物一样自然而广泛。生物在生态环境中既得到各种必需的资源，又受到各种外在条件的限制，而且这些资源和限制都是非常自然的。借助这种思路，权力对对象的影响可以先不直接作用于对象，而是先改变环境。当前，很多学校强调校园文化建设，通过改变空间布局、色彩、景观设施来实现环境的文化品质提升，进而让这种提升了文化品质的环境对学生发挥耳濡目染的影响。这就是教育中比较典型的组织生态学事例。当然，除了组织生态学方式的应用，在学校还可以使用社会环境的影响方式，通过建设人文环境来影响师生也是常用的途径。

吸引力的作用方向比较特殊，是一种引发或诱发性的影响力。当一个人喜欢一个人或物之后，这个人通常会产生一系列指向这个人或物的行为。而且在绝大多数情况下，所实施的都是对这个人或物有益的行为。如果权力拥有者需要他人做出对权力拥有者有益的行为，那么选择施加吸引力就是非常合适的方法。吸引力的基础条件是个人的魅力或美好，不具有能够让人着迷的地方的人就不具有对别人的魅力。在日常的社会生活中，那些符合社会审美的人容易具有更多的吸引力，这些人的基本特殊之处主要是长得漂亮，做事漂亮或内心漂亮。

从权力转化成影响力的过程来看，明显和不明显的差别是相当大的。明显的方法一般是，在作用对象有意识的情况下实施并能发挥影响的方法，在一定程度上，这些方法不怕作用对象抗拒，施加的权力在力度或作用方向上尽可能保障达到预想的效果。不明显的方法一般是，在对象没有明显意识的情况下实施并能发挥影响的方法，这里所说的对象没有明显意识，是指对象对权力拥有者或应用者没有戒心和防备，也指他们不知道权力具体运行的途径和过程。

作为眼睛的权力与影响力

在当代学术研究中，很多人经常使用"视角"和"视野"两个概念，这经常引发非议。在学术研究中，不少人在论文题目中使用"社会学的视角""哲学的视野""人类学的视角"等说法，似乎这些说法是指在研究中使用了某种理论。由此，疑问就出现了，"社会学的视角"和"社会学的视野"各指什么以及两者是否具有差异。事实上，真的很少看到有人区分过"××的视野"和"××的视角"之间的差异，倒是有一些学者从透视主义的思想出发阐释过视角与视野的说法。

学术研究活动经常使用观看活动来进行类比，这其中可能的一种原因是："理论"一词的拉丁文原意就是"观看"。从一般的设想来说，把研究活动类比于观看活动也是可以理解的，人们建构一种理论来解释和改造世界，该理论来自对世界的感知，而视觉是一个人感知世界最基础的途径之一。相对其他途径来说，视觉总体上更敏锐，范围更广，更真实和更精确。在一定程度上可以说，理论研究活动就是延伸的观看活动。对观看活动来说，人们离不开眼睛。同样，对于理论研究来说，人们也离不开"眼睛"。在观看活动中，眼睛决定了看什么以及怎么把外界事物转化为内在结果。所以，理论活动中的"眼睛"主要决定看什么以及如何把外界事物转化为内在结果。在理论研究中，所谓"视角"和"视野"就是"眼睛"的角度或"眼睛"观看的范围，因而这里更为核心的问题是如何进一步解读"眼睛"。

从理论研究的"眼睛"决定看什么和怎么看的定位来说，每个理论学科都可以提供一个"视角"体系和一个总体的宏观"视野"，因而社会学、哲学、艺术学都有自己的"视角"体系和宏观"视野"。在使用这些理论学科对具体问题的研究中，每个研究都包含着应用于其中的理论"眼睛"，以及随之而来的"视角"和"视野"。对于研究社会事物来说，权力与影响力就构成了一种眼睛。

作为眼睛，权力与影响力主要看社会领域中的各种社会性力量所表现出来的现象。人类世界是一个复杂的系统，其本身的运转和发展需要很多机制作为保障。其中，一个至关重要的机制就是在能量维度中的力量机制。从根源来看，人类世界来自人类在自然世界基础上的利用、改造和创造，自然性基础上的社会性是人类社会的基本属性。对于保障人类世界的力量机制来说，自然性基础上的社会性也是基本的属性。在人类社会中，重力、引力等自然的力量继续存在，而且它们会因为被进一步利用和改造而增加社会性。与此同时，人类在建设自身世界中也会创造更加纯粹的社会性力量，这些力量与利用、改造过的自然力量一起构成了维护和发展社会系统的力量机制。这种具有社会性的力量由此构成了多样化的广义权力。在广义权力中，还存在一种比较官方的权力类型，这就是狭义权力。但是，由于我们最终的目标是对教育实践进行高位观看，所以这里比较适合采用广义的权力概念。无论什么样的权力，只要应用成功就会产生影响，这种从应用结果的角度来看的社会性力量就是这里的影响力，即一种社会性的影响力。如果把权力和影响力当作眼睛，那使用这种眼睛的研究认识所针对的对象主要就是社会中的权力和影响力现象，其从根本上来自社会系统的权力与影响力机制，或社会系统的权力与影响力世界。

观看权力与影响力世界，需要紧紧抓住意图、性质、来源和应用方法。在意图上，使用权力和影响力的眼睛特别要注意权力和影响力服务于特定意图和目的的社会事实，并在具体上去追问：谁施加了权力和影响力，意图和目的是什么，权力与影响力如何与特定的意图和目的联系在一起。在性质上，使用权力和影响力的眼睛要关注权力和影响力的失败可能性、表演可能性、非对称性和平衡性，以此来获得对权力和影响力运行原则的掌握。在来源上，使用权力和影响力的眼睛既可以关注权力的合法性来源，又可以从人际影响的角度关注权力的更具体来源。在应用方法上，使用权力和影响力的眼睛主要关注权力和影响力如何通过明显和不明显的方法来影响他人，以及这些影响方法的基础条件和内在逻辑。

教育实践世界的权力与影响力机理

教育领域经常存在一种浪漫主义观点，认为教育应该体现对人类理想和福祉的追求，应该更有人文意蕴和温情。因此，教育也应该远离杂乱和善恶交织的社会现实。这样的一种浪漫主义立场有一半意思是非常有诱惑力的。毕竟，别说教育，其他任何领域要能体现出这种根本追求都是美好的画面。但是，这种立场还有另外一半意思是有误导性的，让教育远离社会现实和现状就是一种误导性的观点。一方面，教育不应该完全离开现实与现状；另一方面，教育在更大规模和范围内离不开现实与现状。教育离开了现实和现状就在一定程度上意味着现实与现状在教育上没有可取之处了，远离社会现实与现状的教育理想世界的状态不仅对学生的切实生长是有害的，而且容易让教育成为各种社会理想追求变革的工具。后面这一点对教育具有更大的威胁，教育在成为某种社会理想追求变革工具的时候，很可能只成了"手段"和"思想战场"了。最终，这种做法只是害了教育本身。一个学校或一位老师的教育实践可以在一定范围和时期远离社会的现实和现状，但是教育作为一个历史发展的整体却做不到远离社会现实和现状。教育领域与外界并不密闭的边界让教育一方面映射着社会的现实和现状，另一方面也构成了一个现实的社会成分。因此，教育实践领域包含了一切重要的社会现象和元素，权力与影响力也在其中。

没有源头的教育实践权力

权力现象有表演性，这是一种让人抓狂又无奈的现实。在生活中，一个人面对的只是父母的一句劝说，但他可能不知道的是，这句劝说背后，是父母的朋友让这么说的，而父母的朋友后面，是单位的某领导或学校的某老师让这么做的。在各种现实的权力现象中，这样的"背后"可能有很多层，因为世界上的每个人都生活在虽紧密不同但非常复杂的大连接中。有一本书叫《大连接》，书中提出了这样一个观点："互为朋友的两个人，如果其中一个人发胖了，那么另外一个人也发胖的风险几乎是原来的三倍。"①除了表面意思，这里说的另外一个意思是权力的表演性，即表面上两个人是有交往的朋友，在这个现象背后却是连体重都可能受其隐秘影响的现实。当然，这本书的核心要旨是说，人类社会的复杂联系到今天已经进入更加紧密、复杂的大连接时代，这个时代的社会关系可以在更大范围内，更迅速地促成改变和传播信息。

面对权力可能具有的多重层次性和社会中的错综复杂联系，我们会探讨权力究竟为谁所有，或者从为谁所有来看待权力世界，这些经常是人们陷入其中不能自拔

---

① 尼古拉斯·克里斯塔斯基，詹姆斯·富勒. 大连接：社会网络是如何形成的以及对人类现实行为的影响[M]. 简学，译. 北京：中国人民大学出版社，2013：113.

的事情。在现实社会中，每个人都有不同水平的权力，只是这些权力还有不同的种类和来源。对于一个人来说，有些权力是自己拥有的和常驻的，比如，从法律那里得来的角色权力。此外，一个人还有一些明显的"过路的"权力，如在特定情境中请求或迫使向另外一个人施加的权力。在这种复杂的背景下，人们想弄明白权力为谁所有是非常困难的。从道理来说，有一个更加复杂的现象：在教师通过家长来教训孩子的事情中，对这个孩子的强制力量到底是谁的，这并不好说。在概括上看，这个复杂的现象是，虽然某个权力的源头发出了权力，但是这个权力要借道他人，他人在其中也有削减或追加力度的可能性。在这种情况下，就真的不容易分辨权力到底是谁的了。如果借用经济学的股权思路，权力运行中的那些中间人占有一定的"股份"也是应该的，毕竟他们和权力发出者联合促成了现实的权力运转。

虽然很多学者对权力的研究只关注权力的归属，但这不是后现代思想家福柯的选择，后现代主义的颠覆性也在这一点上有所体现。福柯对权力的关注主要集中在权力的运作上，但他不关注权力的所有。当然，这里深层的意思是，他认为不可能确切地从权力所有的角度来关注权力。在这种立场上，福柯把权力界定为一种关系，一种运作形态的权力。[①] 在对社会权力关系的谱系学考察中，福柯发现了现代学校存在的一种微分权力（即社会毛细血管水平上的权力），具体认为，在学校的环境中，细致的规则，挑剔的检查，对生活和人身的吹毛求疵的监督是权力的生产方式；学校中的权力主要使用的方式有空间分配，对活动时间的控制，创生的筹划，力量的编排；学校中规训权力的主要功能是"训练"，进而"造就"个人；学校中规训权力的主要手段是层级监视，规范化裁决和检查（或考试）。[②] 可以说，福柯对现代学校权力世界的揭示为学校教育的观看打开了一个新的世界，提供了一抹观看学校世界的光亮。这样打开思想世界的事情，才是真正思想家应该做的。

学校的权力在微观层面上存在着。一提到权力，很多人想到的是宏观层面的现象和事物，而没有注意到权力在现代学校和现代社会中已经向微观层面渗透的事实。在现代学校中，很多非常具体的事情都有权力的存在，都体现着权力的运作。从学

---

① Foucault，M. Power/Knowledge[M]. Brighton：Harvester Press，1980：119.

② 米歇尔·福柯. 规训与惩罚：监狱的诞生[M]. 刘北成，杨远婴，译. 北京：生活·读书·新知三联书店，1999：160—218.

校每一段休息时间的安排到桌椅的摆放、教师上课姿势的选择、学生座位的编排、教室门上的窗口等方面，都体现着权力的运作。学校的权力不只在有职位的人那里体现，还在那些日常事物中体现，它们有为不同的权力运作服务的印迹或者本身就是权力运作的结果。这种状态本身就是学校教育机构不断发展的结果。在历史发展中，学校的权力改变了运作模式，开始寻求更广泛更多层次的运作形式。其中，一个根本的变化是，学校的权力开始对人和物展开广泛影响并开始通过不断传导和中介的方式压制到日常层面。这就像毛细血管的运作方式：血流不只在主血管中运行，而且通过毛细血管渗透到全身各处。

学校的权力运作方式主要包括空间分配、对活动时间的控制、创生的筹划、力量的编排。空间分配和对活动时间的控制主要反映了现代学校对大环境的控制，在空间和时间的设置上越来越广泛地体现出权力的需求。每节课怎么分配时间，教师是否在教室中办公之类的事情，都已经成为学校教育考虑的事情，这些事情在传统教育中是不会被统筹考虑的。创生的筹划主要是调节时间和肉体、精力的关系来获得最大的效益，这也是一种经营的思路。现代学校的权力运作思维越来越采用工具理性主义的思路。这其中的一个典型代表就是经营思维在学校教育中的推广，这种经营思维特别考虑各个方面该怎么做才能获得最大的效益。力量的编排就是尽可能让人员的组织满足学校的需求，让每个人都进入为学校教育目标服务的整体结构中。

现代学校权力是生产性的权力，强调对人的生产。这里提出的生产性主要对应的是权力的否定性，即以惩罚为主要取向的权力。在传统社会和教育中，权力的基本模式是惩罚，对违规者进行惩罚是权力的基本表现形式。虽然传统社会和教育的规范也有促进社会和学校育人功能的作用，但是运用权力的人和情境更多地关注的是对规范的维护。到了现代教育，情况就不同了。现代教育的权力是从经营的思路来发展和运作的，学校所有的运作都是为学校教育最为核心的育人目标服务的，这就是权力生产性的最核心意思。在现代教育中，学生受到的各种权力作用都是为了实现教育对育人的追求，都是指向学校教育的育人目标。虽然，现代教育中的权力也会惩罚对规范的违反行为，但是这些规范都会在育人的目标体系中得到进一步审视。

现代学校权力最为基本的手段是层级监视，规范化裁决和检查(或考试)。无论对于教师还是对于学生，"处于注视中"是学校生活的一种基本状态。各种监视设备越来越成为现代学校教育的标配，当然这还不是层级监视的核心含义。对于现代学校的监视来说，最核心的含义是人工的监视，即通过等级体制的建设让不同等级的人肩负着监视下一层级人的职责。所以，在现代教育中，"打小报告"是一个常见的现象。如果说"打小报告"不太符合规范的方式的话，那遍及学校实践世界的"打报告"或"汇报""上报"就是正式的方式了。借用福柯的一个说法，现代学校是一种全景敞视的机构。这种机构建设的基本思路是让所有人的行为公开化，所有人的行为都要被放在监视的视野中。学校权力还体现在对人的行为进行规范化裁决上。这种规范化裁决就是对人的行为是否符合学校的规范或学校权力意志做出裁定，以此作为进一步施加权力的基础。虽然，今天很多人反对考试，但是不得不说现代教育离不开考试，考试是这个时代把权力作用于人的一个核心手段。考试的作用一方面是监视，即搜集信息和现状；另一方面也包括做出规范化裁决，即对掌握的对象信息和现状做出是否符合规范和权力意图的判断。在一定程度上可以说，除非学校教育再一次转化治理模式和权力模式，否则考试作为学校权力运作的一种核心手段不会改变，最多只会在具体形式上变化但不会从根本上被废止。

揭示学校的权力世界确实具有比较明显的解构性，这种看法解构的是传统上饱含温情和理想化的教育观。在传统上，学校总是被人比喻为温室、花园、乐园或家园，对学校权力世界的描述明显要比这些比喻冰冷很多。对于学校和教育，人们总是怀揣着各种美好的理想，常期待所有的现实问题都能在学校教育中得到解决，或者期待学校能培养出彻底解决这些问题的人。从学校教育的历史发展来看，学校教育确实具有为社会建构理想的现实作用，相对来说也确实具有更加温情的特征。但是，学校对理想的建构以及温情特征都有一定程度的限制，不可能随期望而定。

学校职场政治学

在现代社会中，职场是一个非常特殊的地方，其被描述出的极端化特征包括名利争夺、策略权谋和虚假情意。职场的极端形象一方面来自不断加剧的职场竞争以及不断提升的社会人情淡漠程度，另一方面也在于影视媒体系统的描绘刻画。在现代影视剧和文学作品中，都市生活剧是一个重要的分类，而职场剧又是这个分类的重要组成部分。一直以来，如"××升职记"之类的反映职场尔虞我诈斗争的影视作品取得了很大的社会影响。当然，流行的宫斗剧系列也算另外一种职场风云式的影视剧了。在这类影视剧作品中，一个突出的观后感是职场就是没有硝烟的战场，其内在斗争的剧烈程度一点儿不亚于某些有硝烟的战场。但是，无论影视剧作品刻画得多么逼真，也无论有些职业场所确实存在着多么类似影视剧的现实，人们大都无法把这种印象套用在学校教育机构之上。

在研究领域中，关于职场的研究已经很多了，其中最为核心的一个领域就是组织行为研究。从学科归属来说，研究人类组织既属于社会学的领域也属于管理学的领域，当然也逐渐成为政治学领域的主题。对组织的研究在很长一段时间内都强调对组织的正式结构的研究，这也是强调结构与功能的思想时代的必然风格。后来，人们也发现只对组织的正式结构进行研究还是片面的，组织的绩效也被揭示出深受非正式关系和结构的影响。随着人类对组织的视野不断扩大，这些非正式关系和结构越来越开始被纳入核心的研究视野之中。由此，各类组织的非正式结构能够得到更多的机会被研究揭示出来。相对于影视作品，这类研究结果更具有可信度。

从内在特征来说，学校也是职场，但人们多数不愿意说，学校也是一个名利争夺、策略权谋和虚情假意的地方。在人们期望的世界中，教育是饱含温情和道义的，做教育的人应该是心地良善的，教育场所的人际关系应该是融洽温暖的。不错，在教师面对学生的场合、在很多学校、在同其他场合的对比中，学校更显得温情和富有情义一些。但是，这并不绝对。有一个问题需要注意，那就是今天的学校也进入了深度专业化的时代，进入了一个强调规范、职责而不断压制排挤个人化情感的时代。虽然学校教育也经常呼吁教师要对学生充满积极的情感，但一方面这只是对与学生交往来说的，另一方面学校对教师的判断标准依然是行为性的角色规范。在职场中，有一个非常重要的特征是通过制造竞争来提升效率的内在机制。很明显，今天的学校教育也很典型地运用了这种竞争机制。学生与学生是竞争的，教师与教师也是竞争的，而且校长与校长也是竞争的。今天的学校也在非常核心的事务和领域中，呈现出职场的核心特点。

传统上，政治学一般是对世界、国家，至少是对地区行政部门事务的研究。后来出现的微观政治学思想和方法开始把政治学传统研究的中心下移，开始关注组织中的政治现象，特别是组织中的非正式政治活动和关系现象。英国学者鲍尔就运用了微观政治的视角对学校进行了调查研究，揭示了学校的员工通过运用影响力影响决策和领导的现实。在研究中，他发现：员工发挥影响力来影响决策，是学校现实存在的一种非正式政治活动；影响力主要基于一些特殊关系的开发，这种关系是一种社会和私人的关系，也是权力或交换的关系；员工的影响力通常存在于非公共区域或幕后；员工的影响力主要是通过语言或行动影响他人判断或决策的能力；员工的影响力有两种主要的主体：一种是对领导能够施加影响力的个体，另一种是对其他员工有影响力的个体。[①] 这样的研究真让人大开眼界，具有很明显的揭秘性质。在这个社会中存在着很多只有内部人才能知道和参与的圈子，外人一般来说看不到这些圈子的深处，而这些圈子的外表要么隐形要么非常光彩。揭秘对于外人来说具有长见识的作用，开始让外人看到原来不曾看到的内容。尽管，揭秘似乎有不道德的嫌疑。但是，放任一个未经检视的领域存在和运行也是一个可以进行道德评判的事情，何况这些类似领域的存在或多或少地不合理地影响到他人。

从学校组织结构来说，正式结构和非正式结构都是学校的组成部分，而员工发挥影响力属于正式结构之外的领域。在一般学校中，学校的正式结构是领导体制和权力部门体系，而教师在这个正式结构中处于被领导和被管理的位置。虽然，学校的正式结构也有一些附属的员工影响领导的体制和通道。但是总体来说，这些通道通常是被严格限制的，成功使用的可能性是相对较小的。没有了正式结构的支撑，员工影响学校领导和决策只能通过非正式的结构和关系来进行了，这就是非正式结构领域存在的基本逻辑。

学校的非正式结构建立在特殊关系之上。传统上，很多人会说，中国是一个关系社会，强调在关系中办事。但是，通过特殊关系来办事不仅在中国存在，在其他好多国家地区都会存在。为什么要通过私人或特殊的关系来办事？一个基本的逻辑是这些事情没有通过正式结构和关系办好的可能。当员工不能通过正式结构和途径影响领导和决策时，这类行动就只能建立在特殊关系之上了。人们都知道，不同的社会关系确实可以办不同的事情。通过家人亲戚关系就能秘密办理最为紧要的非正

---

① Ball, S. The Micro-Politics of the School[M]. London: Methuen, 1987: 131-132.

式事务，而通过同学和朋友关系也能办理一般人办不到的事情。当然，特殊关系绝不仅仅是家人和朋友关系，通过交换和其他影响力也可以建立特殊关系，对人进行强制和威胁也是学校中建立特殊关系的不常用手段。

员工的影响力一般在非公共区域或幕后运行。在公共区域或前台，学校进行的是正式组织和机构的事务，其中的参与者要在正式的规范制度中按照自身的角色规范行事。在学校的常规正式活动中，一般员工没有多少正式参与的机会，因为那些为正式结构的活动准备的公共区域或前台都不是员工发挥影响力的主要场所。学校员工发挥影响力主要使用特殊关系，这些特殊关系只能在非公共区域或幕后。如果通过和领导的朋友关系来发挥影响力，这就必须在同朋友交往的私下场合进行。如果在学校大会上拿出朋友的姿态让领导做什么，这肯定是非常笨的行为。对学校领导的威胁也是如此，公共区域的威胁不仅不会让学校领导办事，而且更可能激起学校正式结构的强大反弹。

在具体手段上，员工的影响力主要靠语言和行动来影响判断和决策。建构人际关系的基本手段就是语言和行动，这是由人际关系的实质所决定的。人际关系的实质就是双方交互后的状态，没有交互就没有关系。员工要建立同学校领导的特殊关系，就要想办法去交互，这里的基本手段就是语言和行动。在中国，人们经常批评某些小人是"阿谀奉承"的人，这里的"阿谀奉承"就是建构特殊关系的一种语言和行动。这类语言和行动虽然被无数人批判却依然没有消失，这只能表明它还具有效力。当然，这里的语言和行动绝不仅仅是"阿谀奉承"，还可以更广泛地包括建构强迫、害怕、仰慕关系的语言和行动。如果员工建立了让领导去害怕、被强制和去仰慕的特殊关系，其对领导决策和判断的影响也就非常容易了。

在作用途径上，对领导具有影响力的学校员工要么对领导本人有影响，要么对员工群体有影响。从日常生活的现实来看，对学校领导具有特殊影响的个人要么和领导本人有特殊关系，要么在其他员工群体中地位特殊。在一定程度上说，特殊性是员工个体拥有更大影响力的伴随性特征。对领导本身有影响而获得特殊影响力，这样的员工比较常见，通常是领导身边的"红人"或者是直接能够压制领导的人。除了这些直接影响领导的员工之外，学校领导一般还会重视对其他员工具有广泛影响的人，"民间领袖"就是其中最为典型的一类。虽然，员工相对于学校领导来说是相对弱小的，但是如果他们团结起来就不可小视了。因此，对员工群体具有影响的员工就有让很多员工团结起来的能力。在某种程度上可以说，能够调用起来的权力和影响力也可以是调用者本人的权力和影响力，因为他们占有了权力和影响力的使用权。

师生权力和影响力的资本

在社会上，不同的人会展现不同的实力水平。有一些人一展示就让人觉得有实力，有一些人不仅在表面上而且在实质上就比较孱弱。实力与权力、影响力有深刻的内在关系，社会中常说的"派"就有这个方面的意思，如"派头"和"气派"。虽然，从直观来看，"派"主要是就外表而言的，但其也包括了具有内在基础的意思，它是一种由内而外的展现。如同"气质"一样，它是外在表现，但也深刻反映了内在状况。社会常说"派"的时候，一个典型的用法是"什么身份要具有什么派"，这里的一个实质含义是"什么身份都要具有能展现为派的实质内涵或实力"。中国有一个传统故事，大意是说：一个技艺高超的小伙子因为没有高手的派而不被人承认，后来找来一个有高手相貌的老人来假扮师傅，后来就被大家夸奖"名师出高徒"。这个故事的原意是说不能以貌取人，但是这也从一个角度表明，缺少某些方面的实力基础就会缺少某些方面的影响力，如没有高手的"派"就难有专家的表面影响力。

教育实践领域也是承认实力的领域，想具有更大的权力和影响力就需要更强大的实力作为后盾。在教育领域，那些"大牛"老师们就会得到更多的配合，学生们经常从心态上就怀着期待和耐心去对待这类老师。那些有实力的校长就能得到更多的配合，更多的人才因为认可他们而愿意被领导，更多的物质资源因为被他们的实力所迫或慑服而被投入，更多的资金也会因为他们的实力被承认而聚拢过来。从根本上说，这就是因为实力校长和校长不一样，因为实力教师和教师不一样，因为实力学生和学生不一样。这里的"不一样"反应在工作中就是：别人能做的事情自己不见得能够做到；自己能够做的事情也不见得别人能做；人们不会因为角色身份相同就会做一样的事情；人们会因为有实力的差异而有工作效果的差异。

在师生交往领域，不同的师生会让对方产生不同的反应，这是非常普遍的事情。从原因来说，这里涉及师生各自的实力问题。一个非常混乱的班级，有些教师无论多么努力甚至暴跳如雷都只能换来学生进一步的耍弄或无视，但另外一些教师可能就那么轻描淡写地一做，就能让学生立刻端正起来。同样，一个非常严格的教师，很多学生都不敢靠近，但就有学生能和这位老师亲近。在日常教育生活中，这些特殊的学生更可能是：吸引这位老师的学生，学业特别优秀的学生或者校长家的孩子。观看教育实践的世界，就需要解开这些确实普遍存在又不那么容易明白的事情。做这些才是目光更加高位、认识更加深刻的一条有效途径。

布迪厄是社会理论学者，追求对社会和社会行为的普遍化解释。在社会行为解释框架中，他关注了实力的问题，并把这些关于实力和风格的要素确定为资本。很多社会学研究者特别认可布迪厄提出的资本概念，特别对他的文化资本和社会资本非常感兴趣，经常用来解释很多社会现象。事实上，布迪厄关于人的资本提出了身体、社会、经济、文化和符号五种形式。[①] 对于资本，他提出："总是在既定的具体场域中灵验有效，既是斗争的武器，又是争夺的关键，使它的所有者能够在所考察的场域中对他人施加权力，运用影响。"[②]从这里可以看出，布迪厄的资本概念就是用来描述和解释社会性权力和影响力现象的概念，这个概念代表了权力和影响的基础。因此，对于社会中个人资本的探讨就是探讨社会中个人的权力和影响力的基础。资本的五种形式说明了社会中个人权力和影响力基础的五个基本类别，每个类别都会直接产生不同性质和作用方式的影响力，因此也可以称为个人权力和影响力的五种能源。如同自然界中存在动力、热力、电力、引力等多种形式的力量一样，社会领域也存在着多种形式的力量。与这些多样化的力量相对，自然界存在着这些不同力量的各自对应的能源，社会领域中也存在着产生不同形式的权力和影响力的各种"能源"，即多样化的资本。

在对师生交往不同实力现象的解读中，本人对师生交往的研究曾经在第四章的场域问题中借用了布迪厄的资本概念。[③] 这里的基本思路是：师生交往就是带有不同实力水平的两个人之间的互动影响，这种相互影响既有相互契合的可能又有相互不

---

① Bourdieu, P. Practical Reason[M]. Cambridge：Polity Press，1998：41.

② 皮埃尔·布迪厄，华康德. 实践与反思：反思社会学导引[M]. 李猛，李康，译. 北京：中央编译出版社，2004：135.

③ 余清臣. 权力关系与师生交往[M]. 北京：北京师范大学出版社，2009：121-159.

契合的可能；但无论是否契合，在交往中双方的核心取向都是根据自身的意图向对方施加影响力，进而实现来自对方的配合；这种影响力的大小主要由双方占有的各类资本总量来确定；师生双方都是不断吸纳、占有、应用各种作为权力和影响力能源的社会性资本的人，也是不断发出、转接和承受各种社会权力和影响力的人。虽然，师生双方在一般水平上有资本和力量的差异，但这在具体层面上普遍存在。以上这些描述都是建立在把师生作为"权力人""能量人"的基础上的，通过把权力的基础理解为五种资本来解释师生间相互影响力的来源。

身体资本是师生双方具有的自然性的力量基础，以身体的强弱和美丑为基本维度。在调皮和违纪的学生面前，具有强壮身体的老师就具有施加更大权力和影响力的可能，无须实际应用就会产生一定的威慑效果。同样，那些能得到学生认可的美貌教师也是容易影响学生的，今天一些"美女""帅哥"老师在课堂教学中得到更多配合的效果也主要因为这个层面。当然，美貌作为影响力基础的作用方式有些特别，主要通过一种来自个人魅力的权威和吸引力来起作用。这些例子和现象虽然多以教师为例，但实质上同样的道理都可以换为学生：身强力壮的学生有不一般的可能力量，得到老师喜爱的学生也会有更大地影响老师的可能。在资本变成影响力的转化途径上，师生双方一方面可以采用权威式的、因被对方认可而服从的方式，另一方面可以采用更加直接地转化为强制力和吸引力的方式。

人作为具有灵魂的高级动物，其文化资本是师生双方因此而具有的社会性精神力量基础，以占有知识和能力的多少作为对水平进行定位的依据。名言"知识就是力量"反映了文化资本可以转换为社会性权力和影响力的现实，社会个体正是由于可以储存和运用知识和能力而把它们变成了自己的资本。在其他方面因素一定的情况下，那些学识更高的、资历更深的教师会得到学生更多配合的可能性，比如，特级教师、教授和那些出口成章的语文教师。同样，如果学生被发现拥有更多的知识和能力，老师们在面对他们时也会更加认真一些，如不少教师会更加看重那些学识较高的学生。文化资本的影响力方式既包括权威的机制，也包括转化为社会性专业权力和影响力的直接机制。

师生双方是社会关系的参与者与建构者，社会资本是他们因此而具有的社会性关系力量的基础，其以社会关系的多少以及和哪些人建立关系作为定位依据。中国传统非常重视社会关系，一个基本的道理是有了高水平的社会关系就拥有了获得更多其他东西的可能。在一定程度上可以说，社会资本是一种通道性的资本，具有了社会资本就等于具有了能获得其他方面资本的便捷通道。对于教师来说，如果他本身具有很高的社会地位或者能够请来更有影响力的人物，就会对学生产生权威性的影响，甚至也可以借助紧密联系的他人用各种手段来影响学生。当然，学生拥有了高水平的社会关系也意味着他们的社会性权力和影响力很丰富，也会对老师产生一种威慑的作用，如某个学生因为父母是社会名流而可以更大地影响老师。

师生双方作为社会经济资源的占有者和使用者，其经济资本是他们因此而具有的社会性经济力量基础，他们以经济资本占有的多少作为多寡定位的依据。经济资本的核心力量来自他们的交换能力。在社会经济世界中，具有经济资本意味着能够获得可以交换的一切产品与服务。虽然，在学校教育中，师生占有的经济资本不能随意使用。但是，一方面，经济资本会产生一定的权威效果，即被人主动承认和服从；另一方面，经济资本可以在学校场所之外获得交换产品和服务的可能，这也是经济资本直接变成社会性权力和影响力的途径。在日常教育生活中，教师经济资本的力量显现可以体现在装扮和用品之上，也可以体现在私下用来额外奖赏的用途之上。这些对于学生来说都有一定的影响力。学生经济资本的影响力也主要体现在自己或父母的装扮和用品之上，也可以体现在私下用来与其他师生交换的用途之上。这些对于教师来说也有一定的权力和影响力效果。当然，学生的经济资本对教师的权力和影响力应用会受到文化和制度的各种限制。

符号资本是师生双方作为权威而具有的资本，体现了他们自身作为标杆或标准的可能性。对于在别人眼中温文尔雅和矍铄沉稳的资深教师来说，这样的外表已经构成了他们更可能得到别人认可和服从的基础，这就是外在的表现带来的一种权威。在社会生活中，很多领域都建立了一种优秀能力的标准，虽然这类标准很多时候还保留着不同程度的模糊和变化。凡是符合这些优秀能力标准的人就开始具有让别人承认和服从的可能性，这就是符号资本的基本原理和由来。如果教师在身体、学识、社会和经济方面拥有符合优秀标准的特征和品质，他们就具有了更易被人认可的可能性，因而也就有了让别人更易主动接纳的权力和影响力的基础。具有符号资本的教师对于学生来说，也具有明显的权力和影响力效应。当前，很多被学生公认为"最牛教师"的一类教师，本身就明显具有符合某种优秀能力标准的特质。同样的道理对于学生来说也是成立的。如果学生更符合优秀能力标准的特质，他们也会拥有对教师和其他人产生更大的权力和影响力的基础。反对权威的人主要指责拥有权威的人会欺压人，但这个说法有一定的问题。从权威的定义来说，凡是不被主动认可和服从的权威已经不是权威了，更谈不上欺压不认可的人了。如果权威的所有者调用认可权威的人的力量来作用于不认可的人，那么这就是一种权力和影响力的使用，究竟是否正义需要参照更根本的标准。此外，权威也不能主动放弃，因为权威的占有者并没有更多的直接手段来让别人不去服从和不认可自身，顶多只让自己拥有的某些被认可和服从的特质消失。

虽然，使用布迪厄的资本理论在这里只是分析了交往中的师生情况，但是这种理论本身所具有的社会普遍性可以把同样的分析应用在教育实践领域的其他角色之上。同样，校长、教育行政管理者、教育产业运行者等都可以被进行资本的分析。这种资本分析的核心目标就是解释教育实践者个体拥有的权力和影响力基础，从而可以作为理解教育实践现象背后的深层机制的途径之一。

教育实践的权力与影响力筋络

对于人体来说，没有筋络就不能把各个器官和组织在运动机制中有机地联系在一起，也就让人失去了运动的机能及相应的存在发展价值。对于教育实践的体系来说，权力和影响力像这个体系的筋络一样，构成了这个体系的各种力量始发、传导和作用的网络，成为这个体系赖以运行和发生作用的一个基础机制。在教育实践体系中存在着各种成分和状态，而正是权力和影响力代表的力量让这些成分联系起来，让其状态变化动起来，从而在根本上让教育实践体系真正地活动起来。这里一直使用的影响力概念一方面用来表示已经应用出来的权力，另一方面也从效果和应用状态的角度来指称力量的概念工具。由于权力和影响力的内在联系，这里有时会把影响力放在权力中来谈，只是在要突出力量的效果和应用角度时才特别提出影响力的概念。

从根本上说，关注教育实践体系中的权力脉络需要关注权力的基础和应用方式，以单个权力运作现象为基本单位。权力构成了教育实践体系的脉络，描绘这个脉络虽然可以用描绘结构图的方式进行，但是这种结构图只是静态的认识，不能动态涵盖不同情境下的不同权力。对于观看教育实践体系来说，在保留具体性的基础上去观看现象或者观看正在具体运行的教育实践现象才是保真的观看。因此，对教育实践中权力的观看需要从教育实践领域中每股权力作用的具体性出发来解读权力筋络，也就是分析运行状态中的权力。由于两个确定的教育实践者之间都会运行着不同性质、力度和方向的权力，所以对具体性权力的关注需要抓住权力的基础和应用方式。比如，对特定的某位教师和某位校长来说，两者之间会发生若干次的权力作用：有专业领域的也有行政领域的，有教师作用于校长的也有校长作用于教师的，有从交换的角度进行的也有从强制的角度进行的。因此，对于分析权力作用来说，一定要关注具体的权力基于什么基础发生作用，以及以什么方式具体地始发、传导和作用。

在权力的基础方面，教育实践体系中的权力有多样的来源。从对各种教育实践权力现象的研究来看，教育实践中的权力来源可以分为合法权力、专业权力和个人权力等主要方面。在最根本的基础上，教育实践者的权力来源和基础可以更有条理地分为身体资本、知识资本、社会资本、经济资本和符号资本五种。虽然，不少研究者一提到权力就会比较自然地突出与正式结构相关的法律性或制度性权力，但是在最为根本的分析中，这些法律性或制度性权力可以具体归结为法律和制度规范保护的身体、知识、社会、经济和符号基础。在西方一些国家，校长具有对学生的合法体罚权力，这种权力就是法律制度保护下的对身体资本的应用。校长被规定具有批评教师的合法权力，校长要调动的资本经常包括知识、社会和符号等资本。所以，从资本的角度来理解教育实践权力现象的基础会更加清晰到位一些。

在权力的应用方式上，教育实践体系中的权力作用可以有正式和非正式、明显和不明显之分。教育实践体系具有自身的一套正式结构，这些结构本身包含着规则认可的权力运作方式，如校长可以强制教师来上班，教师可以强制学生来上学。但是，教育实践体系并不只具有这些正式结构的成分，其内在的有机主体可以不断地创造出作为必要组成部分的非正式结构和关系，如教师个人通过同校长建立朋友关系来影响校长。虽然，教育实践的每个人都有自己正式的角色，但是每个在教育实践中具有正式角色的人也可以游离出这些正式的角色。换一个角度来说，教育实践体系的权力作用可以选择直接和不直接的方式，也可以选择让对方舒服和不舒服的方式。那些更为不直接的和舒服的方式是最不明显的权力作用方式，如创造自然的和有人文关怀的环境来实施权力作用。作为对比，那些更为直接的和让人不舒服的方式就是最明显的方式，如直接的强制和惩罚。可以说，教育实践体系中的权力应用可以有非常多的可能方式，他们在明显与不明显、正式和非正式、让人舒服与不舒服的维度上不同程度地变化着，因为它们也会产生不同的效果和状态。

教育实践智慧的力度之弦

有人曾问过我，是否考虑去中小学做一任校长来丰富一下做教育学研究的实践经历。我当时的第一反应是自己还比较"文弱"，因为我深知，一个学校的领导者有不少需要用强的时候。在一次学术会议上，有个同仁提出过一种强弱历史观，认为凡是过于崇尚文艺的时代都会因为过于文弱而被灭亡。当然，这只是一种基于力量的历史观，也算众多历史观中的一种。在游走于教育实践的世界中时，我遇到了很多不同的校长和教师，其中不乏卓越的一类。当把这些卓越的校长、教师与一般的同事相比时，一个非常明显的差别就是，这些卓越的校长和教师都是强者，都是过程中和结果上的强者。教育智慧作为通达明智的教育实践，其取得更好结果的基础是要有力量，要有力度这根弦。

教育实践者的权力与影响力意识

教育实践中的强者现象不是轻易能够看明白的，教育实践中的强者也不是轻易能做的。如果想做到这些方面，不拥有教育实践的权力和影响力意识是不行的。但是，没有足够的权力和影响力意识的情况也是普遍存在的。在理解教育实践的过程中，无论是以研究的方式来理解还是在日常实践中理解，教育实践者都有很多明显忽视权力和影响力的现象。有一些教师在排座位时，打算借鉴别人通过让不爱说话的学生"包围"爱说话的学生的方式来取得良好效果的经验，但是这样的经验借鉴有时是没有用的。其中，一个关键的问题是排座位的教师可能会忽视爱说话的学生的影响力水平问题。在教育研究中，关于权力和影响力的研究并不多，有这个方面意识的研究者本身也不多。比如，在众多分析师生关系问题的研究中，只有很少的研究明确关注到了不同教师具有不同权力和影响力的水平，更少的研究关注到了不同的学生具有不同权力和影响力的问题。在理解教育实践的过程中，不少日常理解和研究选择了对权力和影响力维度的忽略和回避。

在做教师准备的职业发展项目中，很少有较为全面顾及教师权力和影响力提升的项目。在教师的职业准备阶段，很多教师培训项目主要针对教育的专业素养，包括专业品德、专业知识和专业能力。当然，有些教师教育项目也比较关注教师的一般素养、教育素养和学科素养。虽然，提升教师的学识确实有助于提高教师的权力和影响力基础，但教师专业发展并没有从权力和影响力基础的角度得到全面考虑，也没有全面顾及教师的身体资本、社会资本、符号资本等方面。虽然，教师教育中的教育能力培养包含一些如何应用权力和影响力的理论方式或经验介绍，但是教育能力培养没有从这个方面进行系统地统筹。对于教师来说，对职业状况有如此影响的权力与影响力维度没有被专门关注，顶多只是在其他维度的设计框架下包括一些实际上有利于教师提升权力与影响力的内容。从现状来说，最直接涉及权力与影响力的内容或许是教师法律权力的讲座和培训，但这只是法律权力。在这种背景下，不少教师并不具备在自身的工作中提升权力和影响力的意识和办法，只有一些教师会私下考虑这个方面的问题，最终也有一部分卓越教师把这一点做好。

对于校长来说，情况同样如此，今天的校长培养和培训并没有系统地筹划权力与影响力提升的内容。与教师教育一样，对校长的培训顶多涉及校长的合法权力这一部分，其他方面没有过多地专门涉及。虽然，在当前的校长培训中，一线优秀校长会涉及一些如何提升权力与影响力的内容，但是，这毕竟是零散的经验介绍，不能保障内容的专门性、全面性和深刻性。当前，对校长的培训有具体的业务要求，主要从技术、方法和经验入手。但是，对于校长在具体工作中提升权力和影响力的目的来说，业务上的技术、方法和经验都是非常外围的内容，顶多是顺带提升了校长的知识资本而已。当然，校长培训有时也会涉及公共关系和管理学的基本内容板块。但总体来说，这些方面也只是非专门地涉及了校长权力和影响力提升的部分内容而已。在这种背景下，做校长的人对权力和影响力提升的问题更多靠自身的重视和办法。相当多的校长在这个方面没有比较丰富的办法，因而也只有少部分校长能成为这个方面的"高手"。

深入理解教育实践，智慧地从事教育实践，就要形成精到的权力和影响力意识。让权力和影响力成为自己看待动态的教育实践体系的必要组成部分，让权力和影响力成为理解和从事教育实践的人所拥有的自然认识和习惯，这就是教育实践中的权力与影响力意识。养成权力和影响力意识，我们特别要注意克服的问题是心中把权力和影响力恶名化。认为权力和影响力是一种罪恶之源，这是不少人下意识的认识，因为人类社会确实存在着太多因为追求权力和影响力而误入歧途的事例。但是，需要看到的是权力和影响力对于人来说是"器"，是追求实现意图和目的的手段与资源。权力和影响力可以为恶的意图服务，但也会为善的意图服务。确切来说，无论善与恶的意图，只要在实现的过程中作用于其他人，就需要用到权力和影响力。这样的道理在一般社会领域适用，在教育实践领域也适用，并不会因为教育本身的温情与理想色彩而在根本上发生改变。在解决了这个思想障碍之后，我们培养权力与影响力的意识就是内容和方式的问题了。

在教育实践的理解与实施中，形成权力和影响力意识要特别注意，只要对他人施加影响就要从权力和影响力的方面去理解和筹划。培养意识在内在的道理上就是培养一种认识和思想上的习惯，这种习惯需要树立一个引发点。对于权力与影响力来说，一个非常核心的意识引发点就是个人对他人的影响作用。把个人对他人的影响作用当作树立权力和影响力意识的引发点，就是说理解和从事教育实践的人，只要看到或思考到对他人的影响作用的事情，就要立即想到权力与影响力的存在。

在教育实践者树立引发点之后，权力和影响力意识的核心内容就是接下来的问题了。在核心内容方面，教育实践中权力和影响力意识至少包含三个核心的方面：一是权力和影响力与教育实践行为的意图紧密相关，权力与影响力是为意图服务的；二是权力和影响力的来源与基础有很多方面，比较全面而根本的一个框架是身体资本、知识资本、社会资本、经济资本和符号资本；三是权力和影响力的应用方法也是非常多样的，总体上存在着明显与不明显、正式和非正式，让人舒服与不舒服三个维度构成的区分框架。

积淀权力与影响力的资本占有

善于理解教育实践中权力与影响力的人，善于实施教育实践中权力和影响力的人，都会关注教育实践者的资本占有问题。从教育实践者权力和影响力的内在基础角度来理解和实施教育实践，关注资本占有的问题是一个必然结果。

教育实践本身有成败得失，就成败得失的原因来看，其中一个非常关键的原因就是，教育实践者占有的权力和影响力的基础是否具备，也即资本是否足够。资本不足将带来双方的相互矛盾：教师在面对学生不遵守纪律时无能为力，学生只能听任教师布置更多的作业或下达更多的禁令而不能反对；校长不能治理散漫工作的教师，教师面对校长的乱指挥也不得不听；教育行政领导对校长的管理问题说不上话，校长面对教育行政领导的偏颇政策没有办法。面对这些事情，教育实践者原来的应对方法多是把其作为个案或一类问题，然后就事论事地提出所谓解决策略。这种解决方式看似简洁，给出的策略似乎也有很强的针对性。但是，这一切通常都是表象，不少解决建议也只是流于表面。这种做法经常出现的一个深层问题是提出的解决策略不能针对问题之本，甚至是否能解决问题之"标"也难说。事实上，这些就事论事的解决方式多是在没有看明白问题的情况下给出的解决方案。这种解决方式经常只能用"一种表面做法"来解决"另一种表象问题"，其效果如何也只能是偶发的。如果"表面"与"表象"之间恰好对应上了内在的机理，那就深刻地解决了问题。但是，如果"表面"与"表象"之间没有对应上机理，那效果只能是不好了，不进一步激化问题就相当不错了。如果想要问题得到深刻且较为确定的解决，深入分析是少不了的。当这类问题是某类教育实践者不能对他人实施有效的影响时，权力和影响力的意识和眼力就要用上了。教师、学生、校长、教育行政领导之所以在特定的情境下面对他人出现那么被动的情况，根本的原因就是自身乏力。在根本的层面上，这种乏力的问题直接可以归结为他们占有的资本太少了。可以想象，如果那些被动的教师、学生、校长、教育行政领导拥有真正强大的身体资本、知识资本、社会资本、经济资本和符号资本，即使对方没有主动服从和认可，也可以通过切实发挥这些资本的实际影响力向对方施以强大的影响。

教育实践者的乏力有时还会表现为占有的资本出现结构性缺失的情况，即占有的资本总量不少但缺少了重要的资本类别。对于体育老师来说，他们一般不缺乏身体资本，但是在体罚被禁止的情况下，他们如果想让和他们争论的学生更加配合，就需要知识资本，也就是需要他们发挥学识上的知识和能力。对于相对文弱的校长来说，一般不缺乏知识资本，但是在碰上耍横的粗野员工时，他们更加需要的是身体资本或调动强制力的社会资本。虽然，不同资本类型之间可以有一定的互通和交换，但不是什么时候交换都很便利，也不是什么资本之间都能交换。不同类别的资本交换需要机制，没有相应的设施和路线，资本之间的互换不大可能发生。所以，对于某一个方面资本特别突出的教育实践者来说，一定要注意其他方面资本的严重缺失，有时这是很难替代和一下子弥补的。

在看明白教育实践因为资本占有状况而出现的成败得失之后，教育实践者需要考虑的又一个核心问题就是如何提升对资本的占有。在资本的提升上，一方面尽可能全面提升自己各个方面的资本，不要片面地只关注其中的一种或少数几种。在教师、校长、教育行政管理者等教育实践者的以往专业发展中，少数类型的资本被特别地强调，如知识资本。相对来说，另外一些资本的积累没有得到相应的重视，比如，身体资本、经济资本、社会资本和符号资本。从资本占有的视角来看，教育实践者的资本占有在基础阶段就应该尽可能地全面提升，对这种基础的全面提升也就是尽可能全面实现资本占有上的自然可能性。在一定程度上可以说，教育实践者的资本占有甚至可以容许因能力而出现的缺失，而尽可能不出现因意识而出现的缺失。对于教师来说，不仅知识资本非常重要，身体资本、社会资本和符号资本的开发也非常重要，进行必要的教师职业形象培训就是一个必要的身体资本开发途径。

在资本开发的基础水平上，教育实践者的权力和影响力资本的开发需要实现向重点开发的转换，强调尽可能发挥特长，重点筹划不同资本间的转换。对于每个人来说，身体、知识、社会、经济和符号资本的开发都会有一个自然的开发区间，在这个区间内个人通过必要的努力就可以有所积累。但是，一旦教育实践者的个体达到了基础水平的顶端，就会发现，权力和影响力资本的继续开发遇到了内在的制约。身体素养和相貌基础会制约一些人的身体资本开发，个体的经历、思维和记忆能力也会制约知识资本的开发，其他资本类型遇到的情况也基本类似。在这个时候，教育实践者需要努力的方向就是尽可能发现自身超越一般的特长方面，从而选择自己比较特长的资本类型加以重点开发。有些教师在社会资本上有可能提升，而另外一些教师则可能积累起作为权威的符号资本。此外，在高端阶段，教育实践者尽可能筹划个人的各个类型的资本间的转换，比如，如何以知识资本换取身体资本的效果。

虽然，各类资本之间并不容易相互转化，但是在找到了方法和设施之后也可能做到。例如，有些知识资本就是能够改变一个人的气质，而气质的改变容易做到对身体形象的优化。在尽可能实现一些转换渠道的通畅之后，教育实践者在资本占有上就可以有更大的行动空间。

发力之道的修炼

有句歇后语是"茶壶里煮饺子——有货倒不出"，说的是有些人虽然有水平，但就是不能显现和运用出来。这样的事情在日常生活中屡见不鲜，在教育实践领域也是如此。在教育实践领域，一些老师经常被别人评价为："这个老师水平还是有的，就是没有发挥出来。"实际上，同样的现象可能出现在所有类型的教育实践者那里，不仅教师可以这样，校长、教育行政领导、教育产业经营者、教育研究者可能都会这样。如果广而言之，就是有时机器都会这样。拿机器做比喻，完全可以说"并不是每辆油料充足的汽车都能爬上高坡"。从汽车这个类比来看，这里反映出的问题可能会更加直观和强烈：汽车工业的发展不在于能装的油料有多少和油料质量，恰恰在于提升汽车把油料转化为动力的能力，以及汽车对动力的操控性。这个道理对于教育实践者的一个启示是：教育实践者需要提升自身发力和掌控力量的能力。

对于力量来说，不同的作用方式起到的效果不同，这样的道理放在权力和影响力上也没有问题。在这个方面，教育实践的眼力就包括从权力和影响力的发力方式上来看教育实践的成败得失。在以往碰到的一些师生冲突的案例中，平时得到校长维护和其他学生支持的某教师，把捣乱的学生拉到谈话室单独谈话，最后却被这个调皮的学生气得手足无措。这样的事情使其他同事和学生感到遗憾，因为这位教师完全可以在更容易得到其他人帮助的场合对这位捣乱的学生进行训话。如果从资本占有和使用的角度来看，这个事情基本上就反映了：这位教师虽然占有了一定的社会资本，但是却没有把社会资本用好，在他使用社会资本的时候让自己"落了单"。这样的错位我们经常可以看到，很有专业知识资本的一些教育实践者对他人有影响作用时非要选择强制的方式，这样的错位只能让原本可以很有影响的专业资本被废弃。反观那些智慧的教育实践者，他们的一个共同特征就是：总能通过合适的方式把自身的资本充分调用起来，从而获得对他人最大的影响效果。一些有社会资本的教育实践者能够充分调动社会力量来对他人施加影响，他们的教育实践工作邀请过上层领导、社会名流和一般群众，凡是他们能扯上关系的人都被适时地拉入他们对别人的影响中。可以说，他们通过自己的社会资本做到了"多助"。

在教育实践者的发力方式上，教育实践者会选择合适的方式是非常重要的智慧。教育实践者的各种力量有很多方式可供选择，这里进行选择的一个基本原则是具体方式与资本类型相对应。如同柴油发动机不能使用汽油一样，强制力的发力方式不能使用由身体外貌构成的身体资本，外貌虽好看但并不能作为强制别人的基础。如果资本与对象对应得合适，那么权力和影响力的效果就会有保障，如以说服的方式调用知识资本，以交换的方式调用经济资本，以魅力的方式调用身体美貌资本。在资本与发力方式的对应关系上，一些基本的原则和方向可以明确：强壮的身体资本比较适合强制力，美貌的身体资本比较适合吸引力；知识资本比较适合交换和说服；社会资本可以根据所调用的具体资本来确定使用的方式；经济资本可以用来交换；符号资本可以适时地采用规则与程序或吸引力的方式。实际上，关于发力方式的问题，既是与权力相关的策略问题，又是教育实践的整个行动的方案问题。这就成为策略主题内容的一部分了。

/ 第六章　策略 /

　　我有一个非常偶然的机会能和国内教育界的一位教师楷模聊天，听到她说起当年的事情，还是让我感到名不虚传。虽然，她特别谦虚地强调了自己很有运气。在听完她所说的一系列具体事情之后，我问她："您认为要成为一名优秀的教师，个人特别要具备什么素养?"她直接回答说："爱。爱学生，爱教师职业。"我听到这个回答后继续追问："您这个回答既让我满意，也让我不满意。让我满意的原因是，我确实发现，非常优秀的教师都是特别爱学生爱职业的教师；让我不满意的原因是，很多确实也非常爱学生爱职业的教师不能成为优秀教师。能不能再增加一些您认为特别重要的素养?""那就是做事的办法了。"她回答道。我继续追问："关于做事的办法具体怎么说? 从哪些方面能看到这个特别重要?"她在稍微停顿之后说："确实很多老师在成功之后都会说自己因为爱学生才能取得成功，虽然这是事实，其实按照您的追问来说这也不够。在我看来，一个优秀的教育工作者一定是有办法的人。没有办法，就不能解决问题，不能解决问题也就不会优秀。我当时的一个状态是一听到学生有了什么事情，内心就感觉兴奋，感觉终于有机会可以做事了。"这位老师说得不错，教育是一个需要理想道德的领域，也是一个需要办法才能把事情做好的领域，没有办法的教育实践者是不能把教育实践做好的。具体情境中的做事办法，实质上可以说就是做事的策略。

教育实践的策略景观

　　不少教育实践者一提到自己某些方面的教育实践的失败，经常会说自身所处的条件多么不足，自己受到的限制多么巨大。虽然，这样的思维方式是人之普遍状况，但普遍状况并不等于普遍的合理状况。作为教育研究者，在和不少一线实践教师的交往中，我也经常听到不少老师说自己的教育实践没有得到什么支持，教育理论也没有用。有一位老师曾对我说："实话说，教育理论真没有用，原来学那么多的教育理论在实践中都没有用上。虽然现在天天被培训小组合作学习理论，但实际上真正在课堂上搞小组合作教学并没有什么效果。"当时，我就反问了一句："您说教育理论没有用，我想问的是您是否能够在自己的班级做到合理的分组，是否能够就具体的教学内容设计小组任务？"这位老师回应说，我问的这些问题在小组合作理论培训中也没有说。对此，我的观点是教育理论确实无法穷尽那么具体的问题，教育理论的研究范围和程度终究有限，所以教育实践者总要自己解决那些与具体情境紧密相关的配套问题。这个事情让我再次坚定了一个看法：教育实践者不能过于期望外在给定的条件能完全解决自己的问题，自己在外界给定条件的基础上需要做出更加具有针对性的努力才更可能把自己面对的问题解决好。不少时候，教育实践者不能只依靠给定的条件，还应该更加主动地想办法。对于很多教育实践问题来说，教育理论多数不能直接提供现成的具体应对措施。教育实践者自身需要想办法去实践或创新教育理论已经给出的建议，这样才可能把教育理论应用得更好。在日常的教育实践中，想办法的问题从直观上就构成一个非常需要教育实践者重视的方面。

校长要有"招"

作为教育研究者，我从事各种形式的校长培训和研修已经有一些时间了，在此期间，我也和很多校长交流过什么培训和研修形式更好的问题。在不少校长那里，去学校实地参观被认为是非常好的一种方式，特别是相对于静听讲座而言。一些校长对静听讲座的培训形式表达过同其他类型的培训者一样的看法："听起来激动，回去后一动不动。"不少校长认为，参观就不一样了，能够看到实际的做法，这些做法能够回去拿来就用。但是，后来发现这也仅是一种看法和期望而已，参观学习并没有那么简单。有一次，我听到一位身为名校校长的朋友抱怨说："我现在有时真不想接待那么多校长参观了，原因不是我不想和同行分享办学经验，而是另有其他。来到我们学校的很多校长看到我们在课程软硬件上的建设成果后，有时竟然说我们学校能做到这些只是因为有钱。这话的意思好像是哪个学校有了钱都能做这个似的。

其实比我们有钱的学校多了，也不见得每所学校都能想到以这种方式投入课程建设。再说，学校的经费哪有大风吹来的呢？都是想尽办法争取来的。挣钱是能力，花钱是水平，能力和水平哪能轻易就具备的?"当然，这段话他说得有些情绪化，但也看得出，参观学习并不简单，肤浅的参观与肤浅的静听讲座一样，并没有真正学习到东西。具体来看，这位校长朋友更想表达的一个具体观点就是，校长办学是需要动脑子的。

当前的校长越来越不好做，一个明显的问题是校长需要承担的任务很多，而且这些任务越来越被法律制度规定起来。2017 年 12 月，教育部印发了《义务教育学校管理标准》，其核心是对义务教育学校管理职责、内容和任务进行规定。在宏观的管理之上，《义务教育学校管理标准》提出了六个方面：保障学生平等权益、促进学生全面发展、引领教师专业进步、提升教育教学水平、营造和谐美丽环境、建设现代学校制度。这六个方面每个方面又对应着若干管理内容，而这些管理内容又共同包括 88 条具体的管理任务。由此来看，管理学校是一个相当系统而庞大的工程，作为学校管理团队带头人的校长，需要全面承担这些管理任务，每个具体项目的管理任务出现了问题，也都会把校长作为第一责任人。虽然，每个学校的实际情况不同，承担这些管理任务在有些学校相对轻松。但是，在环境不断变化的背景下，当前我估计没有多少校长能够确保在这些方面一直不会有问题。对于现在的校长来说，方方面面的任务就需要方方面面的工作。有知名校长提出，当前的校长要姓三个姓：姓社、姓教和姓钱。[①] 所谓姓社主要是指遵守社会主义的教育大政方针，把握政治方向；姓教就是要懂教育，做教育教学管理；姓钱就是能够为学校筹集发展资源而且会使用这些资源。

校长工作是一个比较费心的工作，校长的思维力在这个时代越来越被重视。在社会日常生活上，有人用"四拍"形容一些领导管理者：拍脑门决定、拍胸脯保证、拍大腿后悔和怕屁股走人。从这个说法来看，那些庸碌无为的领导者所犯的第一个错误就是"拍脑门决定"。学校管理绝不是一件容易的事情，可以说学校的每个重大

① 李金初. 一个校长的教育创新思考：北京十一学校改革发展 20 年：1987—2007[M]. 北京：教育科学出版社，2012：70—71.

问题背后都有一个或一系列决策上的问题。在这个背景下，今天越来越多的校长认识到思维力的重要。在一次专门组织的校长管理素养论坛中，参与的多位优秀校长都提出思维能力对于校长很重要，具体的说法有：保持实践反思习惯，努力求新，要有决断力，要有智慧和艺术，提升系统思维，善于思考。① 这个论坛在一定程度上反映了校长们对思维的重视，也突破了一提教育实践工作素养就只提情怀和理想的传统话语模式。

卓越的校长需要有"招"，这里说的"招"就是能够有效解决实践中各种棘手问题的策略。如果说教育理论者追求在理想的教育世界中进行思考，那么以校长为代表之一的教育实践者追求在具体的教育世界中实施行动。对于校长一类的教育实践者来说，他们面对的大多数问题都是具体的问题，而且大多都没有现成的确定可行的方法。教育研究者没有关注到每个教育实践情境的具体状况，所以他们提出的教育理念、方法甚至策略总是具有不同程度的普遍性和抽象性，因而不能直接使用。教育实践者同行的实践经验虽然具体，但是这些实践经验多意味着是和经验提供者的具体情境联系在一起的，因而不能盲目照搬。教育政策的规定基本上和教育研究成果类似，也因具有不同程度的普遍性和规范性而需要更切实的实施。费心的校长工作对各种"招"的强调就是在这个背景下出现的，"招"在正式的场合一般被称作"策略"和"方法"。关于办学的策略，知名校长李金初写出了《学校应对复杂多变形势的十大策略》一文，提出了策略的必要性和内容。针对策略的必要性，他提出："我们生活在一个多元的世界，面临着复杂、多变的社会环境；我们处在一个新的高起点，面临着许多的新困难和挑战；我们肩负着许多光荣的任务，同时也有着许多繁重的压力；我们面前也有着美丽的前景与希望。……我今天就是根据五大战略，再结合这一年多形势和任务的变化和发展，提出现在和未来如何应对复杂多变的形势的十大策略。"②具体来说，这十大策略分别是：(1)依法维权(自主权、收费权，接受捐资助学权)；(2)创新研发(创办博士后工作站)；(3)文化引领(文化力)；(4)人才取胜(10%左右的特级教师、20%左右的博士、50%以上的硕士，其余均为优秀高级教

　　① 原琳. 校长要有怎样的情怀与素养？[N]. 现代教育报，2017-12-13.
　　② 李金初. 一个校长的教育创新思考：北京十一学校改革发展 20 年：1987—2007[M]. 北京：教育科学出版社，2012：428-441.

师）；（5）质量为先；（6）硬件一流；（7）进入国际；（8）大众管理；（9）学校经营；（10）杰出领导。从这些表达来看，这位校长已经切身体验到策略的必要性，而且也认识到学校发展需要广泛的策略。

校长办学策略的必要性根源于在复杂多变的环境中完成艰巨任务的需求。如果所有学校和校长面临同样的环境，那么很多校长没有费心的必要了，毕竟选出一些效果较好的办事方法推广一下就可以了。当然，如果真是这样，那很多校长也就没有存在的必要了，自动化的组织流程就可以解决学校管理的问题了。然而，事实上的办学环境并不是如此一致的，虽然同一个国家同一种学校在类型上有不少相似的地方，但那些相似都是宏观层面上的相似，而在具体的办学中做事情可不能只考虑这些宏观的方面，还必须考虑具体的因素。即便面对复杂多变的环境，校长如果办学没有压力，也没有艰巨的任务，就不需要费心想办法了。总之，校长如同到风景奇幻的地方旅游，费心想办法的必要性就小多了。

校长办学的策略存在于出现问题的方方面面，其中思维方式也不一而足，但都以解决问题为依归。在李金初校长的策略内容概括中可以看到，策略涉及了方方面面的内容，从学校自主权到创新体系建构，从文化思想到业务行动，从领导管理到硬件建设。事实上，从更大的范围来看，校长办学需要的策略远不只这些，基本上可以说每一个具体的问题都需要一个具体的策略。对于校长办学来说，策略是跟随办学过程的每一个重要问题而存在的。只要办学过程中遇到了问题，只要这个问题没有完全现成的办法，只要校长们想出了办法，策略就存在了。所以，这里写出的十大策略只是一个概括，也只是一所具体的学校概括出的代表性策略，不能代表这所学校的全部策略，更不能囊括所有办学策略。不同的策略需要不同的思维，有些策略体现出了"简单粗暴"的思路，而另外一些策略则细腻精巧。在简单与复杂之间，在直接与巧妙的变化中，校长办学的各种策略散布着。如同不少校长所言"有用的招也是真招"，校长办学策略不以思维是否复杂或巧妙论长短，而以是否能够解决问题论高低。在策略中，校长办学的问题、思路与办法三者紧密地结合在一起。

师生之间的"战术"与"办法"

虽然教师的专业化进程开始的时间并不长，从《关于教师地位的建议》的发表算起也就是半个世纪多一些的时间，但是教师作为一个谋生的职业却有悠久的历史了。在中国，教师职业的艰难很早就提出并在很大范围内得到认可，估计很多国人都听过"家有三斗粮不当孩子王"的说法。在中国历史上，郑板桥曾对教师职业的难度做了一首诗，这首《教馆诗》写道："教馆本来是下流，傍人门户渡春秋。半饥半饱清闲客，无锁无枷自在囚。课少父兄嫌懒惰，功多子弟结冤仇。而今幸得青云步，遮却当年一半羞。"这真是一首犀利的诗，由此也可以看出，教师职业在中国历史上的社会地位和职业境遇并不优越。时至今日，教师职业在社会地位和职业境遇上让不少从业者并不满意，教师收入问题、健康问题和社会认可问题都不同程度地存在着。与这些问题相比，教师职业长久存在的一个更为内在的问题就是与学生互动交往的问题，这从古到今、由中到外都现实存在着。

从与学生的互动交往角度出发，教师职业是一个并不轻松的职业。暂且不说近年来发生的若干例学生伤害甚至杀害教师的恶性事件，就是绝大部分没有遇到极端事件的普通教师也感到，与学生交往互动很棘手。近年来，网络空间中流传一段"当今优秀教师的标准"，其中提出今天的优秀教师要能够："劝得了情种，管得住上网。解得了忧伤，破得了迷惘。Hold 得住多动，控得住轻狂。忍得了奇葩，护得住智障。查得了案件，打得过嚣张。"毫无疑问，这段话的有些说法很夸张，也有极端的地方，但这样的一段话之所以能够比较广泛地流传，其中的因素是"一定程度上反映了现实状况"。在那本影响比较大的《班主任兵法》一书中，作者就写出老师的一些感慨："有时候老师运气好，会碰到一个比较'弱'一些的班级，学生天生老实的居多，战斗力太差，教师不费什么力气便全部拿下。……遗憾的是，从千千万万班主任的工作实践来看，这样的班级是可遇而不可求的。"①因此可以说，大多数教师总会遇到学生带来的各种问题，这些问题需要教师用心想办法去解决。在这里，问题、用心和办法再次联系在一起，而这种联结的起点就是这样的背景：身处复杂多变的环境，又有比较沉重的任务压力。

处理与学生的互动交往问题，教师最切实需要的是策略。虽然不少教师并不轻易认可教育理论的价值，但教育理论还是不少教师遇到问题时的主要求助对象。事

---

① 万玮. 班主任兵法［M］. 上海：华东师范大学出版社，2004：141.

实上，教育理论对师生关系和互动问题已经进行了非常多样化的关注和研究，包括建构什么样的师生关系，怎么建构师生关系，怎么看待今天的师生互动，如何解决当代师生互动的问题。对于教育理论的研究来说，对师生互动交往问题的关注面肯定是宏大的，给出的结果也是非常繁多的，但教师们并没有感到有了这些研究成果就可以高枕无忧。这其中的一个核心问题是研究成果是否具有具体性的问题。无论教育理论研究是否从具体问题开始，其最常见的地方一定是多数教育理论研究做出了普遍性的概括、分析和论证，随后给出建立在普遍性结论之上的技术、方法、建议和策略。虽然这些研究给出了技术、方法、建议和策略，但是这里需要注意的是，它们都要面对生互动交往问题上的具体性的挑战。面对这样的挑战，从道理来说，非技术性的方法、建议和策略只能依靠运气化的契合和使用者的努力了。虽然师生交往互动的研究领域出现了一些名义上的技术，但各类师生交往互动技术目前也只能在信息传递或语言表达等非常小的领域达到随机性的技术效果，因此这些技术本身在最大效果上也多数不能独立地作为解决特定师生交往互动问题的方案。除了求助于教育理论之外，教师在遇到师生交往互动问题时也可以求助同行的经验，但从无数求助于他人经验的事例来看，别人的经验还需要自己的消化吸收。所以，教师面对师生互动交往问题，费心地想办法是绝大多数情况下的必然选择。《班主任兵法》一书在书名上已经表明，一线教师更认可兵法有用，因而写出了这个方面的"兵书"供同行们参考借鉴。同行拿到之后也需要个体化的理解、筛选、转化或应用，因为历史早已表明，"兵书"可不是读读就可以的。

在《班主任兵法》中，作者提出："有些教师，气势很足，对学生很凶，很严格。但是缺少工作方法。……还有一类教师，对学生工作充满热忱，也不乏爱心，试图对学生实施宽容与民主式的教育，他们同样把学术工作看得太简单了，他们虽然尊重学生，也鼓励学生，但是却不能让学生信服，对学生产生不了足够的积极影响，这是缺乏战术的表现。"[1]"战术"是个刺激人的字眼，也是一些教育界人士不太接受这本书和这些观点的一个根本原因，不接受的人提出的疑问主要是："为什么一定要把教师和学生如此对立，还居然放到了战争的角度上？师生之间的温情和教育的理想

---

① 万玮. 班主任兵法[M]. 上海：华东师范大学出版社，2004：152.

到哪里去了?"实话说，从建构体系的角度和把教育作为精神追求的角度来看，把师生之间的交往问题比喻成战争肯定是不合适的。但是，要从分析和解决师生交往互动问题的角度来看，这是可以理解的。从现实来看，极端状况下的师生互动交往问题所表现的矛盾程度与战争中的对立状态并没有那么遥远。问题状态中的师生在争夺程度上不亚于激烈的棋局，通过棋局对战争的模仿，我们就可以理解为什么人类能够把战争当作一种日常生活中的比喻方式和思考方式了，或许也就相对容易理解"兵法""战术"等词语在师生互动问题中的使用了。如果要退去"战术"一词中过度的战争味道，我们只需要把"战术"变成策略就好了。

学生并不简单，强调学生在教育中作为人的存在，实际上需要把学生作为一个在人际矛盾状态中也会努力想办法对付对方的人。从人的成长来看，能够费心想办法去解决特定情境中的问题就是人成长的一个标志。其实，儿童在很小的时候都经常被发现，他们能够对不同情境下的同一个问题做出不同的反应。例如，有些儿童会对不同的亲人分别说出最喜欢哪位亲人的不同回答，这表明他们开始花心思想办法解决这个问题中包含的不同的实质性问题了。到了幼儿园阶段，他们更是如此，表现已经成为他们日常生活的一部分，他们的生命本能倾向加上后天积累的能力已经足以让他们懂得不同情境下如何花心思想办法去表现，以此来避免可能面临的不利问题或者用以实现追求什么的问题。

在以往对学生的认识中，理想主义和浪漫主义教育思想在构建规范化教育体系时经常采用理想主义的学生观，它倾向于把学生看作纯洁而柔弱的被呵护对象。理想化地建构教育体系，这样的立场也是无可厚非的。但是，作为理解教育现实和探索改进教育现实的教育实践观看和改造，对学生坚持过于理想化的浪漫立场就不容易达到目标了。在前面章节我们提及过，有些学生通过选择和改造座位以获得有利位置，拖延时间以获得主动，扮演班级小丑以逃离学校仪式化的时间框架，这些都是学生能够花心思想办法去解决自身面临问题的具体例子。如果进一步深入学生群体之中，我们发现，这样的事情就更多了。估计有人听到过学生群体中流传诸如这样的说法："老师是弹簧，你软他就强。"再举一个更加普遍的现象，那就是每个在老师眼中调皮或捣乱的学生，事实上都是"花心思对付教师的高手"。所谓调皮和捣乱本身就是不仅不听从教师的教导和管理，而且还会根据自己的心思向老师出招，有时他们还真能让教师因措手不及而陷入被动境地。学生群体在对付教师的策略方面经常是共享的，他们会在学校群体中传播如何对付老师的经验，这在很大程度上会让更多的学生在这个方面有更多表现。如果有学生写出一部"学生兵法"，这一点都不需怀疑。在当前，如果尝试在公共网络中搜索"如何对付老师"，人们就可以发现网络中已经可以搜到很多内容，而且可以看出，有相当多的内容都是学生自己写出来分享的。时至今日，有关教师与学生"争斗"的影视剧、文学作品以及师生口述故事在中外都有不少。根据"源于生活高于生活"的艺术作品机理，我们也能窥见师生实际上的"争斗"场景，以及双方在不断的斗争中发展着各自不同的策略。

从根本上说，师生就是教育工作中长期相处的伙伴，亲密和矛盾的关系都是常见的现象。如果两者相处融洽，师生在情感关系上会更加紧密，具有敌意的策略就不会存在，确实也经常存在"如何让对方更好的策略"。如果两者相处不融洽，师生的情感关系也会恶化，以"争斗的姿态"来对付对方就一点都不奇怪了，具有敌意的策略也就自然出现了。其实，如果想更加客观一些地解读师生互动的相处策略，基本的立场是策略可以在亲善和敌视之间变化。从基本意思来看，师生向对方应用的策略实质上也是"花心思的办法"而已。

遍布沼泽的教育实践世界

在外界看来，教育实践世界通常被认为是一个花心思水平比较高的领域。在日常生活中，人们认为教育实践需要花很多心思，主要是因为他们看到了教育实践中所涉及的人都具有较高的学历和学识，这些具有高学历和高学识的人会在很多事情上比常人花更多的心思。确实，日常生活领域人们花心思的平均水平并不高，这是日常生活的一个内在特点。日常生活从本意来说就是日复一日的重复化生活，这里的日常就是每日都基本一样的意思。所以，在这种生活中，人们不需要非常认真细致，在精力上最为经济的做法就是按照惯例来生活，强调习惯和自发是日常生活的基本状态。要是从构成来说，所谓日常生活就是全部人的生活，参与者是所有人。相对于日常生活，教育生活虽然也有一定的日常性，但是这个领域更为突出的特点是非日常性，特别在当今强调教育变革的情况下。可以说，教育变革实际上意味着更多的常规不能继续使用，只有不断地创造新的做法才是变革时代的出路。所以，教育实践者相对于日常的生活大众来说特别不能"闲散"，要尽可能在工作中投入更多的注意力和更高水平的理性思考。可以说，变革时代的教育实践是花心思的教育实践。从教育实践者的群体来说，教育领域本身就是以传授学识为中心的领域，这个领域作为整体肯定需要更多具有学识的人。虽然，教育实践领域不只有教师、校长，还有教育产业经营者和教育行政领导等，但是这些群体在整体上都具有相对丰富的学识基础和相对高的理性思考能力。概括而言，相对于日常生活层面，教育实践领域具有比较明显的"花心思想办法"的需求和特征。

尽管人类生活存在着不那么需要花费心思的日常生活层次，但日常生活只是人类生活世界中被特殊处理的一个层次或者说是被策略地处理的一个层次，人类生活在整体上是明显地离不开策略的。从根源来说，人类生活从根本上离不开策略，主要在于人类的主体性和社会的建构性。自近代以来，人类开始明确地认识到并深入阐释了自身所具有的主体性。虽然后现代哲学努力地解构了人类主体性的中心地位和必然性，但是人类主体性的核心位置所包括的主观能动性实质上没有得到彻底的否认和解构，即人类在社会结构面前并不是无能为力的存在。从历史发展的整体来看，社会结构总是在不断地被人类的追求所突破，这就说明人类明显具有超出了同时代结构性的主观能动性。马克思曾对这个问题提出了深刻的认识："人作为自然存在物，而且作为有生命的自然存在物，一方面具有自然力、生命力，是能动的自然存在物；这些力量作为天赋和才能、作为欲望存在于人身上；另一方面，人作为自然的、肉体的、感性的、对象性的存在物，和动植物一样，是受动的、受制约的和受限制的存在物。"[①]这个观点一方面深刻地说明人同时具有主观能动性和被动性的事实，但另一方面也突出了主观能动性的实质就是天赋、才能和欲望。在主观能动性的三元结构中，欲望提供给个体以不会被动地接受被设置和安排的必要性，而天赋和才能构成了不接受被设置和安排的可能性。这就是说，人类有必要超出自然和一般水平去花心思想办法，同时也有可能超出自然和一般水平去花心思想办法。这就是策略在人类社会普遍存在的主体基础。

人类社会的发展也是不断结构化的过程，但是人类社会的结构化永远在过程中，

---

① 马克思恩格斯全集：第 42 卷[M]. 北京：人民出版社，1979：167.

其中也不可能完全限制个人的自主自由。寻求自由自主的人经常会抱怨现代社会基于工具理性而高度结构化，他们认为这种结构化束缚人的自由自主，禁锢了人的主体性。但是，深入考察社会现实可以发现，社会虽然通过建立结构框架在特定方面和程度上束缚了人的自由自主，但是从实际情况来看没有建立起不允许自由自主的社会结构。可以说，现代人在社会中的任何时空都有自己选择的空间，都可以也都需要自己做出选择，当然不同的社会领域具有不同大小的自由自主空间。社会的结构化为什么没有完全禁锢个人？一方面，人类社会并不是一个用精密思路设计出的机器，而是社会大众在历史的过程中不断实践出来的，这就决定着社会的发展不可能绝对精密细致。另一方面，人类社会并没有需要完全遵守的精密的客观性原则，其在更大的程度上是人类在不断磨合共识的状态下的建构，而时有发展变化的人类建构思路决定着人类社会不可能有绝对精密的机械化。概括来说就是，社会虽有结构，但人类社会的建构性决定着不存在完全禁锢个人自由自主的精密机械，这同时也意味着个人需要在社会生活中花心思想办法。这就是策略在人类社会普遍存在的社会背景。

就教育实践领域而言，教育实践领域并不全是明确的和可控制的"高地"，反而到处是充满着不确定性的沼泽。这个观点来自对专业领域深有研究的学者舍恩，他提出在专业实践领域"有一块坚实的高地俯视着一片沼泽"。他之所以称很多专业领域为沼泽，是因为存在着"不确定性、独特性和价值观的冲突"①。舍恩的这个描绘很有见地，虽没有针对教育实践领域来说，但是明显地完全涵盖了教育实践领域。教育实践领域就是这样的一个高地与沼泽共存的领域，高地是中心的但很小，沼泽是边缘的但很大。

在整个社会都开始走上技术化的道路之后，教育实践领域中的技术热情也高涨起来。但是，教育实践中的技术是不是就是今天的教育技术领域？如果认为是，这是一个误解。今天的教育技术学科的研究主要从教具的开发和使用一路走来，从根本上形成了在教育中探索应用技术成果的主流学科传统，哪些技术成果可能对教育

---

① 唐纳德·A. 舍恩. 培养反映的实践者：专业领域中关于教与学的一项全新设计[M]. 郝彩虹，等，译. 北京：教育科学出版社，2008：1—6.

实践有帮助，就探索这些技术成果在教育中的应用。从最早的教育基础设备和教具研发，到现在广泛引入工程技术的新成果，都是教育技术在长期发展中取得的成就。但是，教育技术领域也有一个争议，从名字来说，教育技术应该是教育中的技术，这不应该只是探讨如何从外界引入技术来应用的问题。事实上，如果看到技术本身包括纯粹技法的形式，人们就应该能够理解事实上的教育技术包含教育自身开发出来的一系列解决问题的方法。技术哲学家埃吕尔对技术的基本解释是人类活动领域中"理性地达到并取得绝对有效性的方法总体"[①]。从这个定义来看，技术的实质就是一类方法，这类方法的内在特征是理性化、绝对有效性和标准化。根据这个定义，那些在教学、课程、德育、教育管理、评价等领域能够超越具体情境的方法事实上构成了教育的技术，教育领域的技术存在着更大的广泛性。既然教育技术在实质上如此广泛，教育实践问题是否可以依靠教育技术来解决呢？这里的回答只能是：在极小的领域或许可以。技术追求理性化、绝对有效性和标准化，那么这就要求技术必须依据最为确切的法则，这个法则要不受变化的影响，或者说可以控制变化。在教育领域中，绝对有效的法则并不常见，一个根本的原因是，教育中绝对有效的法则目前看来只能存在于偏向自然存在的层次，如教育中人的生理法则、认知法则、情感法则和教育中物的物理法则、化学法则等。作为教育核心层次的社会，顶多存在着很少一部分的类自然法则，如教育中的类生态法则、类物理法则和类数学法则。但是，严格来说，这些类自然法则已经开始降低了绝对有效性和标准化的程度。确实，近年来的教育科学研究通过量化的途径揭示了很多看起来绝对有效的法则，但是依靠比较主观的研究方案来进行的量化研究结果能否真正有效，还有待检验。在教育实践领域，自然法则和类自然法则完全控制的事物只是少数，这从根本上形成了这些事物的地位重要但是数量很少的基本局面。

在教育实践领域，大量的事物和领域具有不同程度上的"不确定性、独特性和价值观的冲突"。这些方面可以从日常教育实践现象来解读。复杂性是教育实践领域中事物的一般特征，几乎每个教学事物细看起来都是复杂的存在，有众多因素构成且不能使用一个规范的解释系统来认识是复杂性的主要表现。就拿教育实践体系中最

---

① Jacques Ellul. The Technological Society[M]. New York：Vintage books，1964：xxv.

为根本的主体——学生来说，在如何看待学生上呈现出了复杂的格局。学生在哲学、社会学、心理学等多个学科中得到解读，但就是没有一个系统、清晰且全面的解释。相反，在众多对学生进行解读的学科视野内部，它们之间还存在着明显的矛盾，例如，哲学视野中的性善、性恶和无善无恶就足够让人迷乱。有一个在教育实践领域经常出现的问题，就是几乎每一个问题都可以成为个性化问题，这一点突出反映在班主任面对的个别生问题上。现在的班主任在讨论工作中会遇到一个让很多人都头疼的问题，那就是个别生问题。虽然现在关于个别生问题有一些普遍性的办法，但终究都是概括性和一般性的原则。说到底，每个学生的问题还得一个个来解决。其实，教育中的个性化问题也侧面地反映在人们对"教无定法"的接受上，接受"教无定法"的说法也印证了人们认可教学事务中普遍具有的独特性。在价值观的冲突上，教育实践领域也是非常明显的。个人本位论教育目的与社会本位论教育目的、人本主义教育手段和行为主义教育手段、要素主义教育内容和生活化教育内容，这些观点的矛盾几乎成为教育领域的标志。可以说，在教育领域，价值观的冲突无时无处不在。

面对教育实践领域"高地很小而沼泽很大"的局面，教育实践者只能确立在尽可能使用教育技术的前提下实行具体事情具体解决的基本实践方针，即教育实践者要更多地依靠策略来解决问题。不能否认，教育中存在着一些方面可以完全遵从的有效法则，这些方面可以生成不需要让人费心想办法的技术。但是，从教育实践的总体格局来说，这样的可控制区域很小，教育实践者面临的很多问题并不纯粹处在这个区域。相反，教育实践者面临的很多问题都包含了沼泽区域内的教育实践事物。面对沼泽区域内的教育实践事物，教育实践者只能更加用心地面对不确定性、特殊性和价值观的冲突，在吸收专业知识的基础上想办法。这就是教育实践者离不开策略的根源。

研究者迪克西特和奈尔伯夫对策略思维问题进行了深入的研究，但在进行这些具体研究之前，他们特别关注的一个问题是，为什么要研究策略。对此，他们特别提出："不管我们是否乐意，我们每一个人其实都是策略家。既然这样，当一个出色的策略家总比当一个蹩脚的策略家更好一点吧"，"在你做决定的时候，必须将冲突考虑在内，同时注意发挥合作的效力。类似的互动决定就具有策略性，与之相适应的行动计划成为一个策略"。① 在两人的这些话中，我们可以看到策略无处不在，每个人都有成为策略家的基本立场。此外，两人的观点也表达了策略与决策相依存的观点。可以说，在思考中想办法，去行动，就是策略存在的标志。

教育实践的策略之问

对于一个实践和研究领域的推进来说，里程碑式的问题是非常重要的。数学领域的哥德巴赫猜想，教育领域的钱学森之问，教育技术领域的乔布斯之问，都给这些领域的时代发展做出了方向的指引。面对关于教育实践策略的各种迷惘，我们有必要探讨一下哪些问题更值得在教育实践策略主题上被提出。

关于教育实践策略，目前存在着一些让人惊诧的问题。虽然，教育实践策略在实施工作中非常有用，也被教育实践界在基层教育实践中真实地重视，但在教育理论研究领域，越高层的教育实践者越对其无视和批判。在进入教育实践者的生活世界之后我们就可以发现，教育实践策略被需要，被重视，被相互传播，拥有高水平教育实践策略就是拥有教育实践智慧的象征。但是，在包括教育基本理论研究在内的"高端"场合，教育实践策略都是被慎重提及的，更多被提及的是教育情怀、教育理想、教育伦理、教育原则、教育技术和教育资源。教育实践策略问题遇到了"上不了台面"的困境，需要追问到底是什么原因造成了这种局面。在当年报考博士时，我提交的研究方案主题是"谋略与教育实践"。这个主题主要关注这样一个现实问题：在现实的教育实践中，谋略事实上成为很多教育实践者的实际指导思想，而不是教育理论特别重视的教育原则和技术方法。但是，当拿出这个主题同周围的师生进行探讨时，不少人投来质疑的目光，他们不仅对主题质疑，甚至能感觉到他们的质疑已经触及了我的人品。那时，我就形成了一个模糊的想法：策略问题谈论得不好可能会伤人品。但是，我后来还是坚持了关于这个主题的研究，因为内心逐渐坚定了另外一些信念：世事洞明皆学问，教育实践中的策略需要洞明；策略研究不好可能伤人品，但如果因为显示人品而回避问题就是真正地降低了人品；教育理想很重要，

---

① 阿维纳什·K. 迪克西特，巴里·J. 奈尔伯夫. 策略思维：商界、政界及日常生活中的策略竞争 [M]. 王尔山，译. 北京：中国人民大学出版社，2013：1.

教育原则和方法不可轻，但是没有与现实更加紧密结合的策略，这些理想、原则和方法不可能真正地落地，因为实践中做得好的人都是有办法和有策略的人。

在教育策略的定义上，存在着精度不足的问题。到目前为止，这里突出的是对教育实践策略的现象观看和概括把握，使用的是对策略内涵的日常理解。按说，对策略已经说了这么多内容，到现在为止还没有给出策略的精确定义是不可理解的，特别是作为专业作品来说。在教育学研究中，一般都崇尚从始至终对核心概念坚持一个定义，这个定义一般要在研究的开始就确定下来，这样才能显示出逻辑的严整性。相对于这种典型模式，本书目前对策略的探索就是有问题的，或许有人质疑：谈了那么多关于教育实践策略的内容了，为何对教育策略的定义居然还停留在浅显的层面？这里需要说明的是，对教育问题的理论探索可以采用层次深入的逻辑和框架。对教育实践策略的探讨是从直观的教育实践现象开始的，在这个层次上观看和理解教育实践策略只需要对策略有一般性的定义。当然，这里的一般主要指形式上的而非实质上的，一般性的定义实质上也不能与后面可能的精密定义有内在的差异。如果在精密定义后真的出现了实质上的差异，研究者就应该返回去修正直观层次的一般定义和探讨活动。由此也能看出，关于教育研究的一些原则是特定思维运作的结果，换一种思维方式来看这些原则，可能就会发现它们的片面性。在一般性定义层面，这里提出，策略的一般含义是为了解决问题而花心思想出的办法。这个一般定义的不精密性体现在："花心思"的实质是什么；办法如何进一步来理解；为什么从策略的字面能够得出这些不同的含义；策略的要素到底是什么。这些疑问都是事关教育实践策略如何能够成为观看教育实践的眼睛的一些核心问题。

直观来看，教育实践的策略非常多样，这就需要考虑如何系统地整合这些策略。在日常生活和日常教育生活中，策略和教育实践策略是非常多样的，教育实践策略明显地呈现出一些思维领域的辩证性。策略可以是很复杂的，也可以是很精巧的。但是，策略领域出现物极必反的情况也是经常的事情，弄巧成拙也相当常见，所以就有了大道至简的说法。如果观看可以当作策略的"招数"和"招式"，这里发现的辩证性就更加明显了：繁复的"招式"不见得比简约的"招式"管用，而很多简约的"招式"经常又是虚弱的。除了精巧和简约的维度之外，策略现象还存在现实的明显和隐秘之分。这就如同武功中的拳术和暗器，虽同为"招式"，但不同的"招式"在是否让对方发现的方面存在很大差异。在日常的教育生活中，有人喜欢使用"阳谋"，所出的"招式"都是让对方看到的，而另外一些人喜欢"阴谋"。除了精巧与否、明显与否外，直观的策略也能反映出积极与否的变化。有些策略非常明显地能够被看出想获得什么，一切策略都为了获得目标事物而努力。另外一些策略，明显能看出是为了保住现状而努力，如果没有外在的变化和刺激，这些策略可能就不显现和运行。当然，这些都是直观的印象，对教育实践策略问题的更高位观看和深入理解需要继续扩大和加深，对已有教育策略研究的观看是非常重要的一个途径。要提升自己观看的高度和深化自己理解的深度，就需要站在前人的肩膀上，在前人已经深挖的地方继续深挖，这就是观看别人研究的必要性。

教育实践的哲学探讨，最终要指向教育实践智慧的修炼，而策略可以说是修炼教育实践智慧的中心事务。教育实践智慧就是实施明智的教育实践的能力，而明智的教育实践特别指向对自己好的实践，也是最好的教育目的得到最好的实现的教育实践。如何得到最好的教育目的以及如何实现最好的教育目的，是修炼教育实践智慧过程中的核心问题。面对这样的问题，教育实践者就需要更加高明的策略。只有教育实践者具备了高明的策略，所有对教育智慧的期待才能得以实现。

这里似乎还是没有提出惊人的"教育实践策略之问"，但应该算是提出了扎实的"教育实践策略之系列问题"，这也可以作为一个应对难以完成的问题的策略吧。如果一定要对这里提出的系列教育实践策略问题做一个归纳，这里的归纳是：为什么教育实践策略在正式场合不被看重而在现实事务中被急迫地追寻？

作为实践世界介入方式的策略

弗兰克尔是一位经历丰富的心理学家，其开创的意义疗法具有非常典型而深刻的哲学内涵，对非器质性精神疾病具有内在的针对性。弗兰克尔对意义疗法的开创源于他对人生意义的体验，他认为很多非器质性精神疾病实质上来源于人生意义的缺失和错乱，他对人生意义的专注探索来自这样一种信念："有一样东西你是不能从人的手中夺去的，那就是最宝贵的自由，人们一直拥有在任何环境中选择自己的态度和行为方式的自由。"[①]这里蕴含的人性最后的自由不能被剥夺的观点，是令人警醒

①　维克多·弗兰克尔. 活出生命的意义[M]. 吕娜，译. 北京：华夏出版社，2010：79.

的，它最为根本的一个内涵是：不要在世界面前被完全挫败和放弃，如果被挫败和放弃不全是外在世界的原因，那一定有自身的问题。在社会现实中，很多人哀叹命运和世界对自己的禁锢，也有不少学者努力去揭示社会对人性的压制。但是，弗兰克尔的这个观点提出：一方面人们不否认社会世界对人性的压制和禁锢；另一方面人们也不能否认个人对社会世界的努力和介入，哪怕这种努力和介入是最低层面的。可以说，个人的人生要有意义就一定不能被剥夺所有的自由，而没有被剥夺自由的人就是愿意对社会世界实施努力和介入的人。为了自由就要成功地对社会世界实施努力和介入，个人必须具备更高明更有效的方式，策略因此成为必备。

策略之算计本义

社会上流传着一个说法，认为："人生的成功既需要和聪明的人聊天，也需要和靠谱的人做事。"这个说法的流传反映了人们的一种社会共识，即聪明放在自己身上很好，但要放在别人身上就要有更多防备了。这样的共识在其他很多方面也经常被反映出来，如经常在"聪明"之前加上一个"小"字用以批判某一类人。实事求是地说，如果周围有一些聪明的人，人们确实需要更多防备，特别是在这些聪明的人会出其不意地把周围的人算计一下的时候。相比之下，靠谱的人就不一样了，周围的人不需要对其进行防备，原因是他们的所有行为都是可预见和持久稳定的。其实，上面说的这些都是放在一个前提下做出的，这个前提就是：我们每个人都可能和周围的人有利益冲突和分歧，这就需要和他人互动。从互动来说，一个让人捉摸不透的对象可不会让人轻松，对方的捉摸不透经常会让人陷入不利的境地。因此可以说，防备他人的"聪明"也是一种自我保护，而结交"靠谱"也是对安全的追寻。

人们一般都不喜欢被算计，但也难免去算计。在交流策略问题的过程中，我们经常能够听到的一个反应是：人生简单一些不是挺好的吗，为什么非要处心积虑地学习如何去算计他人呢？在多数情况下，给出这些反应的人多数回忆起自己被别人算计的不快经历，由此从同情心的角度做出了拒绝学习算计别人的举动。事实上，回应这类反应并不容易，因为这类反应明显地植入了道德的元素和维度。如果回应不好，那自身就容易陷入不道德的境地，没有同情心、自私、唯利是图都将成为主要的道德指责。这或许就是公开谈论策略问题的主要风险，让谈论者陷入不道德的境地。但是，这里还是需要回应，不然将无法把这个早已成为暗箱的策略领域公之于众，更不利于维护社会正义和提升社会效益。这里的第一个回应是，"算计"一词本身已经在相当程度上被污名化了，已经成为不择手段地抢夺他人的代名词。显然，这是词义道德化判断之后的结果。从词义实质来说，这个词的最核心意思就是通过精心打算获得做事方案。从这个意思来看，算计本身是中性词，只是说明了一种精心地筹划做事的状态。第二个回应是，每个人都需要进入精心做事的状态。个人在社会生活中不可能没有特别想实现的目标，社会也不可能为个人配置一切。一旦个人有了特别想实现的目标，这个目标又不会自然实现，此人就需要进入精心做事的状态。当然，精心做事并不意味着一定与他人相关，但也不刻意避免和他人相关。如果与他人相关，此时的精心做事就需要把他人考虑进来，这本身无可厚非。第三个回应是，在精心做事中合乎道义地把他人考虑进来是正常的。道德是人类行为的基本原则，需要遵守但无须泛化。在道德体系的建设中，确实容易出现道德不断发展扩大的倾向，这本身也是建构道德原则的一些惯性使然。作为社会人，人们需要注意的是，特定道德体系不断拓展生发的道德原则本身在充分性和约束性上也在递减，拓展生发的道德原则能否成为核心的道德原则一般需要一个确认和发展的过程。人们做事需要遵守道德原则，即核心的道义原则，在这个前提下把他人考虑进来也是正常的，这也符合社会作为群体系统的内在含义。反对算计他人的核心内容是，反对没有道义地把他人设计进自己的做事体系中，这是最为根本的界限。如果个人特别珍重情感，不愿意让他人因为自己的精心筹划而产生任何一点不快，这就是个人的选择了。

　　这里把策略和算计联系在一起，主要是从策略的词源含义出发做出的。在《说文解字》中，策是"马箠也"，略是"经略土地也"。在清代段玉裁的《说文解字注》中，进一步解释了"策"与"筹""筭"的内在关系："策"是用来击马的，使用计谋的人被称为"筹策"者，由此，"策"与"筹"及人通过"筹"与"算"内在地联系在一起了。在这个解释中我们明显可以看出，用来击马的"策"内在地与"筹划""算计"联系在一起。进一步看，"经略土地"主要是经营管理土地的意思，也有不断侵占扩张的意味。从《说文解字》对两个字的分析中就可以看到，策略具有通过"算计"达到"经营管理""侵占扩张"的意思。从"策略"一词的词源来看，《人物志·接识》最早使用了"策略"一词，提出："术谋之人，以思谋为度，故能成策略之奇。"由此也能看出，"策略"是通过"术谋""思谋"而来的。《辞海》把"策略"解释为"计策谋略"①。《现代汉语词典》把"策略"解释为"根据形势发展而制定的行动方针和斗争方式"②。通过这两个解释可以看出，"策略"一词在今天继续保有了"算计""筹划"的原意，又加入了"紧跟形势""行动方针和斗争方式"的具体意思。词义的传统和加入的解释内容放在一起就突出了，策略是在"紧跟形势"中通过"算计""筹划"的过程获得一般活动和斗争活动都能使用的方式。

与中文词源一样，"策略"的英文词源也明显地与军事联系在一起。英文中表示"策略"的单词主要有两个，strategy 和 tactics。在词源中，strategy 来自拉丁语 strategia，意思主要是"将才"。tactics 一词来自拉丁语 taktike，意思为"排列上的技巧"。从对"策略"的英文词源的简单考察来看，"策略"一词在英文传统中比较强调军事色彩。但是，其基本含义和中文一样，并不局限于军事领域。

从语言的发展来说，隐喻是语言发展的一个基本机制，也是特定语言创新和变迁的机制。语言能够产生隐喻式发展的基础是语言中内置了基本的表达框架和思维方式，特定的语言体现了特定的表达框架和思维方式。如果在特定地方使用的特定语言在表达框架和思维方式上适应了新的表达领域和对象，那么这种隐喻式的迁移就可以自然而然地发生了，而且很容易被人认可。"油腻"的原意和使用领域主要与多油脂食物有关，它在表达框架中体现的"肥硕"和"令人恶心"的特征并不只是多油脂食物具有的，因此"油腻"的中年男人的说法产生了。这个新的使用对象和领域由于和原有表达框架具有内在一致性，因此没有让人们觉得奇怪和不实用。

"策略"作为一个词语，本身具有自己的表达框架。从"策略"一词的初始使用领域来说，虽然中文词源没有明确说仅限于军事的使用范围，但是从"术谋之人"这样的表达可以确定，其使用以政治军事领域为主。在初始使用范围上，英文的词源同样比较明显地指向军事领域。但是，政治军事领域的使用范围只是初始的。从"策略"的词源来看，"策略"最为基本的含义就是为了争取实现特定的目标，通过专门的

---

① 辞海编辑委员会. 辞海[M]. 普及本. 上海：上海辞书出版社，1999：166.
② 阮智富，郭忠新. 现代汉语大词典[M]. 上海：汉语大词典出版社，2000：2935.

"算计"而获得的行动方针或方式。因此，"策略"一词的表达框架可以分成三个主要方面：争取实现的目标、"算计"、行动方针或方式，而"算计"是这个表达框架的核心成分。很明显，这三个方面构成的表达框架和思维方式可以迁移到很多领域，并不只是政治军事的领域。只要人们具有争取实现的目标，选择"算计"的方式，并获得了行动方针或方式，此时都可以使用"策略"一词了。

环境中的目标与资源效力

有人的地方就有纷争，有纷争就会激发人去筹划和设计，于是也就有了策略。人类群体延续得越久，积累的策略就相应越丰富，被个人筹划出的策略也就更多地以语言文字的形式保存和传播着。神话、故事、小说、典籍都是策略保存和传播的经典形式，这些在中国传统文化中都非常丰富。有句俗话说，"老不读《三国》"，其中一个解释版本提出，这样说的核心原因是《三国演义》中有太多的计策谋略。单就专门谈论策略的传统典籍来说，策略在历史上早就出现了，其中最为知名的有《商君书》《孙子兵法》《三十六计》等。在一定程度上可以说，正是这些历史积累的策略典籍从整体上抬高了中华民族的行动与智慧程度，使受其熏陶的人不需要刻意钻研就能自然地掌握很多业已出现的策略，以供其使用和改编。这就是传统文化的教化作用，也是文化历史积淀的教育价值之一。当前，有人认为，中国社会繁文缛节太多，做事太讲礼数，说话又比较含蓄，其实这些都有传统积淀的影响。无论是做事还是说话，都已经在悠久的历史中被进行了广泛的探索，丰富的探索经验决定了讲礼数和比较含蓄的选择方向。

算计是策略的核心，但算计本身并不是目的。不少人在观看历史故事和影视剧时会特别惊叹那些轻巧的计策谋略，久而久之可能会形成策略不够精巧就不是好策略的观念，有时潜意识中会认为只有《孙子兵法》中的计谋或诸葛亮式的计策才是策略。带着这样的观念进入策略观看和学习，就有把策略看成思维开发的风险：人们会更多地注意思维的形式训练，容易认为没有脑筋急转弯的思维精巧程度就达不到想出好策略的水平。这就是策略形式化的风险。虽然，策略的核心元素是算计，但是这里的算计不是训练游戏，而是真实事务和场景中需要实施的算计过程。事务和场景的真实性要求判定策略好坏不能就思维论思维，而要看实际的效果，只有在真实的事务和场景中能够帮助策略实施者取得目的和效果的策略才是好策略。因此，对策略的理解不能停留在思维形式层面，而应该进入事务和目的的层面。从意图来说，策略中的算计是为了实现策略者的目的。策略者要追求特定目的就需要进行特别算计，这里一个隐含的意思是，如果不算计，这个目的就不会自然达到，因而"目的不会自然达到"构成实施算计的隐性前提条件。从结果或最终形式来说，策略的结果或最终形式就是为达到个人的目的而采纳的行动方式，算计是得到这种行动方式的过程。结合算计的隐性前提条件和最终结果形式，我们可以做出一个推理：策略就是个人介入实践世界的方式。实践本身是一个世界，这个世界本身以一定的方式运行着。个人要实现某种目的就需要让其在这个世界的运行中变成现实，但是这个世界的现实运行状态并不能保障个人目的的实现，由此就产生了个人为实现特定目的而介入这个实践世界的需要。然而，实践世界的运行法则意味着个人不能随意介入其中，这就需要个人发挥自身的才智找出有效的介入之道，找出的这个方式就构成了策略。因此，在根本上说，策略是行为人介入实践世界的方式。

在探讨策略如何谋划介入实践世界的过程中，思维无疑是核心的成分和基础。对策略的研究紧紧抓住思维层面和成分，是观看策略和理解策略的一个核心抓手。杨德慧对策略思维进行了比较深入的研究，这是从思维层面进行策略研究的代表之一。他提出，策略的定义要有一些要点：主要是以目标为指引，应对环境变化，充分利用和发挥资源效力；策略的完整意思是，在应对当前环境和格局的紧迫变化中，为实现目标而充分发挥资源效力的操作方法。[①] 可以说，对策略的理解和定义比较深层地揭示了策略的一些本质特征，对目的、环境、资源的强调非常有启发性。这里以这个框架为基础，进一步阐发作为实践世界介入方式的策略内涵。

在策略中，目的是非常重要的，是分层次的和可调整的。对于以单个策略为基本观看和理解对象的策略探讨来说，目的可以成为这种探讨的起点。目的作为起点具有比较明显的好处，这里的好处主要有：一是，在单个策略中，目的一般是一定的，这种一定的目的作为出发点使策略探讨在整体上具有稳定性；二是，一定的目的可以为具体的策略算计过程提供目的和依据，可以由此衡量策略算计的方向和质

---

① 杨德慧. 策略思维[M]. 北京：北京大学出版社，2005：35—38.

量；三是，一定的目的也可以作为检验策略是否成功的核心标准，即检验策略得出的行动方式是否具有有效性的核心标准。以目的作为策略含义的核心成分得到了广泛的证明，现实中存在的所有策略都是有确定目的的，虽然有些策略的实施可能会超越确定的目的。但是，在观看和理解策略中把目的看得比较确定也有一个重大的不足，即有可能忽略行为人在目的上的策略。古代有句话是："达则兼济天下，穷则独善其身。"这句话如果被看成一种行动方针，其本身也是一种策略，但是，这个策略的特殊之处在于，它反映了目的的可调整性。在有些特定的形势下，行为人可以选择以调整目的为方式的策略，因而此时被调整的目的就成为介入实践世界方式的一部分。从实质上说，目的通过被调整而进入手段之中的现象反映了人的目的层次性的存在特征。对于一个人来说，找份好工作是目的，但是这个目的相对于幸福生活的目标来说就只能归结为手段。简言之，在理解策略的过程中，抓住目的本身是没有问题的，但是不要过于追求目的的直观确定性，要在目的层次性的特征中和可调整的属性中找寻更为根本的目的。对于"达则兼济天下，穷则独善其身"的现象来说，那个更为根本的目的主要存在于修身、齐家、治国、平天下的目的梯级体系中。

在策略中，环境既是行为人的外在条件的总和，也是行为人要介入的现实状态的实践世界。确切地界定环境实际上并不容易，因为环境的内涵有内在的相对性特征。从基本含义来说，环境是行为人的外部条件的总和，但是"内外"本身是相对的。相较于更为核心的精神自我来说，那个肉体的自我就是外在的。相较于人的自我来说，人所处的物质世界就是外在的。相较于自己占有的物质世界来说，那个不占有的物质世界部分就是外在的。在理解策略内涵的过程中，对环境的理解应该结合需要介入的实践世界来进行，这主要针对策略中的行为人的特定状态而言。在策略状态中，行为人认为除了那个拥有最核心目的的部分是内在的外，其他都可以构成外在世界。在极端状态下，这个外在世界包含行为人的肉体不对应那个目的的精神。比如，在想获得特定的人认可的策略生产中，那个不被他人认可的精神成分已经构成了外在世界，因为这个部分有可能构成行为人使用策略去介入改变的对象。从策略本身的含义和实质来说，策略是行为人为追求特定目的而介入实践世界的方式，而实践世界本身就包含着行为人本身，从而产生了行为人以自身为起点介入实践世界的可能性。从关系来说，人与世界是身在其中而心又游离的关系，因而行为人是身在实践世界之中而心游离于实践世界之外。

如果把策略结果的过程实质理解为发挥资源效力，那这个资源就具有了广阔的范围和多样的形式。资源本身是有层次的，最基本的层次是自然或物质资源。在资源的字面意思上看，占有使用的条件来源应该是资源的原意。可以说，资源的原意反映了一种比较典型的物化思维，即以使用者为中心的利用思维。这样的一种思维方式确实比较适合用在自然或物质资源之上，但是这并不是绝对的界限。人类社会作为在自然世界基础上建构的世界，本身存在着很多可供行为人利用的东西，如文化知识、经济基础、地位角色等。当然，这些事物的可利用性也决定了它们可以进入资源的范围之中，成为实现特定目的的手段。此外，资源概念还存在着一个让人迟疑的应用对象，这就是其他个体。在其他个体是否能作为资源来看待的问题上，人力资本理论提供了一个过渡思维。人力资本理论把附着在人身上的劳动力看成了经济的资本，这个思路增强了把人直接看作资源的可能性和合理性。在当代社会中，把人看成资源已经是相当普遍的现象了，尽管这种把物化思维应用在人身上的做法还经历着道德上的批判和质疑。资源含义的多层次性构成了资源的广泛性基础，如果一定要把策略结果的过程实质理解为发挥资源效力，那这里的资源一定包括自然资源、社会资源、物质资源和人的资源。尽管如此，如果我们不从策略的精确化来考量，还是把策略结果存在的载体定位为中性的行动，则行动方式或方法的说法更有普遍适用性。

介入实践世界的策略角度

如果把策略存在于其中的载体定位为行动，这里就牵涉到对行动本身的复杂理解问题了。从以往对行动的主流研究来看，很多学科都从自身的视角进行了一系列研究和探讨：哲学注重人性与行动的内在关系，伦理学注重是否符合道德原则，社会学注重角色身份与互动关系，政治学注重权力与制度，生态学注重行动与自然环境的关系，心理学探讨行动中的认知、动机与情感基础。当然，这些都是阶段性和时代性的主流取向，这些学科也在继承传统中不断探索创新。在汇通这些学科研究成果的基础上，对行动的观看和理解可以分为三个方面：行动的外部条件、行动的本身形态和行动的内在基础。行动的外部条件主要是行动的自然环境、制度环境、道德环境和人际环境等。行动的本身形态主要包括行动的角色特征、方式特征和伦理特征。行动的内在基础主要包括动机、情感和认知等。这些都构成了对行动的普遍性认识的框架和体系。

对于策略存在于其中的行动，我们在观看和理解的过程中，一方面要立足于对行动的普遍性认识框架和体系，另一方面需要重点突出策略行动的特点。策略行动从根本上是一种目的导向的功能性行动，紧抓住目的和功能定位下的具体选择，是观看和理解的重中之重。一个人在请客吃饭时以讨好他人的方式去借钱，这是一个比较典型的社会生活策略。如果我们单独观看这个策略行动的外部环境、本身特征和内在基础，就有只见树木的片面感和没有重点的笼统感。相对来说，对这个人借钱、请客、讨好等具体做法之间的联系进行聚焦性观看和理解，是比较关键的。需要注意的是，对行动目的和功能的观看和理解有时是非常困难的，毕竟目的存在于内心，功能未必显示于现场。在这种背景下，对策略行动的观看和理解可以退而求其次，因而选择从策略行动的角度进行观看和理解。作为介入实践世界的方式，策略最为主体的过程是算计，而算计的实质就是确定如何介入实践世界，即盘算从哪个角度以什么方式介入实践世界。可以说，在介入实践世界的角度上聚集了策略最为精华的部分，因此这也是策略的独特信息最为汇集的地方。

在介入实践世界的角度上，不同的策略有不同的选择。作为传统的策略典籍，《孙子兵法》就有始计、作战、谋攻、军形、兵势、火攻、用间等篇章，每个篇章都代表一个大的角度和方面。这些都是古人智慧的结晶，在今天依然闪烁着智慧的光芒。在对不同类别的策略研究中，学者吴思华的研究比较概括而精要地总结了九个派别的策略学说，具体的名称和观点如表2。

表2 吴思华提出的策略九说[①]

学说	主要观点
价值说	创造或增加顾客认知的价值
效率说	追求规模经济与范畴经济，发挥学习曲线效果以获得成本优势
资源说	创造、累积并有效运用不可替代的核心资源

① 吴思华. 策略九说：策略思考的本质[M]. 上海：复旦大学出版社，2002：1—219.

结构说	掌握有利位置和关键资源，增加独占力
博弈说	经营是既竞争又合作的竞赛过程，针对对手来考虑
统战说	和所有伙伴建立最适当关系，降低沟通成本
互赖说	建立相互依赖的事业共同体，争取环境资源
风险说	维持核心科技的安定，追求投资组合，提高策略弹性
生态说	采用生命繁衍策略，建构广泛的生态基础，根据环境调整本身

策略九说概括了当代经营管理理论领域流行的主要策略方面的观点，它们的根本目的是实现企业更好的经营管理效益。虽然，它们指向共同的根本目的，但是它们在具体的角度上却如此不同。从行动的普遍性认识框架和体系来看，这些学说在主导的指向上有很大不同：价值说和效率说比较强调经营目标的优化，资源说比较强调对经营行为实力基础的提升，结构说强调系统位置上的挑战，博弈说和风险说强调优化经营行为方式，统战说和互赖说强调外部的社会关系建设，生态说强调建设更加广泛的外在环境基础。实话说，这样的梳理显得不够系统，梳理后的角度定位也不免杂乱。

如果我们想提升对策略介入实践世界的角度的理解和分析的系统性，就需要一个一以贯之的认识维度，从而把以往层次或角度不一的策略涵盖进来，这样才能得到更加清晰的认识。在这个方面，基于实践世界的要素对人的策略行动进行定位，是一种可以选择的方式。实践世界是指实践体系所存在的世界，这个世界以实践行为人可能触及(认识和行动意义上)的范围为界限。我们借鉴人类对自然世界的认识模式，对实践世界可以从存在、能量和信息来认识，这三个方面构成了策略的三个基本介入角度。由于对于人来说，世界可以分为自然世界与社会世界，所以这里的存在、能量和信息也可以分为自然和社会两种意义。从实践世界的存在来看，实践世界的存在主要有物质，有人和人的非物质创造物，策略以世界的存在为介入角度，就是增加和减少实践世界中的物质、人、人的非物质创造物。从能量来看，实践世界存在着自然能量和社会能量，策略以能量为介入角度，就是试图调整能量的多寡和类型，开发、转移、消耗、抑制具体的能量存在是基本的措施。从信息来看，实践世界存在着自然和社会的各种信息，这些信息的实质就是自然和社会维度的存在物的状态，策略以信息为介入角度，就是调控存在物的状态或状态显现。不得不承认，以存在、能量和信息对实践世界进行理解认识，是一种非常基础的理解认识，与策略的直观表现还存在一定的距离，这个距离需要在具体策略的分析中得到拉近。例如，价值说的策略观追求创造或增加顾客认知的价值，这实质上是介入改变实践世界的特定存在和信息，这个策略既要增加作为新的价值的存在，也要改变顾客的状态。由此我们可以看出，策略介入实践世界的角度只是策略引发变化的开始，经常会出现从一个角度介入之后引发其他方面的一系列变化的情况。例如，结构说的策略是从改变结构状态开始介入实践世界，但是结构状态一旦改变了就会引发资源的分配变化，这在实质上是信息变化引发了能量格局的变化。

范畴、资源与事业网络

策略是思维的结果，而且是现实性思维的结果。在今天这个崇尚量化和实证的时代，纯粹的思维和思考经常会受到一些质疑和轻视，其中一个主要的理由是纯粹的思维有时太天马行空。不得不承认，人类的思维在一些时候比较跳跃和漂浮，毕竟那是一个精神领域的活动。但是，这并不是说思维一定会出现因过于自由而飘忽不定的问题。虽然，个人的思维完全可以不管不顾地"恣意"穿行，但是这不是人类群体认可的形态。被世界认可和接受的思维都是有原则的，自然世界有自然世界的原则，社会世界有社会世界的原则，两个方面最大的结合应该集中在基本的逻辑之上。除非是在文学等领域，否则不符合基本原则的思维在其他领域都是不会得到接受和支持的。如果不少人批判一些领域的思维过于空想，那么这个时候我们要注意辨别这些批判是否由对思维的不同原则的争议所致。当然，基本逻辑只是人类思维的一般原则，关于具体事情的思维还要符合具体的原则，不同事物的内涵也会对应思维的规则限制。

策略思维是追求现实性的思维，对思维精巧性的追求需要服从于对现实性的强调。从根本上说，策略主要追求的是对现实的改造，而不是从无到有的虚构。相对于在真空中的建构来说，对现实的改造要关注已有基础的问题。所以，策略思维从根本上说一定要注重对现实基础的理解和判断，理解就是要不仅看到外在的表现还要深入内部去把握实质，判断是对现实的基础进行定位、定向。在策略思维中，我们只有深刻理解并合理地判断了基础才更可能合理地展开后续的思考和设计。在后续的思考和设计中，策略思考者一方面需要时刻注意对现实的理解和判断的结论，另一方面也要特别注意自身可以带来的冲击和影响。在策略思维中，对现实基础的理解和判断有助于寻找策略的角度和突破口，而对自身冲击力和影响力的衡量有助于结合自身去选择角度和突破口。

在策略思维中，我们只了解实践世界介入的角度是不够的，还需要知道的是自身能够依仗什么来实现对实践世界的介入。虽然，给一个支点就能撬动地球的老话让很多人畅想着找到一个特别省力的支点和角度，然后不费吹灰之力就能改变世界。但是，这样的事情对才智的考验太高了，绝大多数情况下人们不可能找到这样的支点，即使存在这个支点。多数情况下，一个人要改变世界需要费尽心力，最终也不见得能行得通。所以，策略思维只是考虑可以从哪个角度来改变现实世界是不够的，有些角度可能是有力量和有基础的人能够介入的，而另外一些力量不足和基础不牢的人却不能介入。掂量自己的斤两，也是策略思维需要做的。一个人的力量可以有很多层面、很多来源，漫无边际地掂量是不现实、不聪明的做法。现在我们要集中注意力，把对力量的掂量放在对策略最重要的事情上来，也就是我们集中在策略的核心要素上去掂量考察。

策略的要素是策略构成的主要成分，当然对策略本身理解的不同也会得出不同的策略要素的观点。在纵观主要的策略学说之后，吴思华提出了自身对策略的理解，他认为：策略是企业主持人或经营团队面对企业未来发展所勾勒出来的整体蓝图；传统的策略研究以营运范畴为核心资源，建立不败的竞争优势以及维持与周遭环境中事业伙伴的良好关系，是现在两项影响重大且应有效控制的策略；策略要素为范畴、资源和事业网络。[①] 对策略内涵与要素的这种理解主要建立在企业经营管理的基础上，这体现了经验管理的特性。当然在过滤经营管理的个性色彩之后，这也反映出人们对策略和策略要素的一般性理解。在企业经营管理方面，策略的根本目的是最为远大的利润，这里增加的"远"字说明企业也追求盈利的持久性。在一定程度上

---

① 吴思华. 策略九说：策略思考的本质[M]. 上海：复旦大学出版社，2002：1—6.

我们可以说，持久的经营的意义并不比暂时获得更多的利润的意义小，在跨越环境变化和股东变换的背景下，一个企业能够持久地经营下去似乎更加重要。在企业的根本目标的指引下，策略成为一种未来发展的蓝图。这里更加有启示的两个说法是，从历史的角度考察策略改变实践世界的凭借物之变化，在历史的演变中对策略要素进行概括。他看到了传统的策略，凭借经营方向和领域的变化，以及对资源的占有而改变世界，现今以加强联合来改变世界。因而，这个考虑最终总结出的策略要素是范畴、资源和事业网络。

为了达到对策略基本要素的理解，我们需要对企业经营中意味比较浓重的"范畴、资源和事业网络"说法进行一些必要的阐发。范畴对于企业来说是新领域和新方向，企业通过开辟新领域和新方向来改换所面临的竞争局面，从而通过占据优势来达到最终的目标。在这种理解的基础上，对于一般意义的策略而言，这里的范畴可以对应"方向"，开辟新领域和转换方向是基本的做法。策略的根本意图是介入实践世界从而实现改变，凭借"方向"上的动作来介入实践世界，就是改变自身的位置而实现自身可触及的实践世界的变化。可以说，这是一个非常根本的做法，这是对实践世界本身的改变。以改变方向为手段的策略经常不称为策略，而称为战略，因为它事关整个局势的重大变化。所以，从这个角度来说，对策略的观看和理解不能把其中的目标因素限制得很僵化，否则就失去了通过目标的调整而改变实践世界的可能。在企业经营领域，资源一般指的是物质和人力资源，看起来资源包含的非常全面。但是，进一步来说，如果从更广阔的领域看待资源，资源的内涵与形式就更加丰富了。无论是在企业经营领域还是在一般社会生活领域，物质资源都是不变的必备成分。人力资源在企业经营领域主要是劳动力资源，而在社会生活领域对人作为资源的思考会增加对人的身体资本、经济资本、社会关系资本、文化资本、符号资本的综合衡量，这当然只是个人层面的衡量。对人类群体来说，制度政策、人员组合、文化传统等方面也构成了资源。因此，作为一般策略的资源要素要以更开阔的视野来观看和理解。对于事业网络来说，企业经营领域所指的对象是经营的联合，通过这种联合能够把策略者的主体放大，从单个的企业到企业的联合体。对于一般社会生活来说，策略所指的事业网络要素也可以看成关系与人脉要素。很多领域的联合其实就是建设联合形式的关系与人脉，建构社会关系和人脉的过程其实就是建立做事联合体的过程。在一般意义的策略中，企业经营策略三要素"范畴、资源和事业网络"可以转化为方向、资源、关系与人脉。

策略研究者安索夫也提出了他的策略要素观。在把策略理解为贯穿于企业经营中产品与市场之间的一条共同经营主线之后，他提出策略具有产品和市场两个要素，并由两个要素的分别组合形成了四种基本策略：市场深化、产品发展、市场发展、市场与产品多样协同。[①] 同样，对策略的理解是非常具有企业经营管理色彩的，这里的策略要素如果扩大到一般策略意义上，也需要进一步加工处理。这里的市场深化是深入挖掘已有方向和客户关系的意思，产品发展是向已有方向和客户提供新的产品来实质扩展关系与人脉的意思，而市场发展主要是与更多客户建立关系，市场与产品多样协同是这些方面的综合。总体来说，这些都可以在已经形成的框架中得到进一步的翻译或解读。

策略的多种意象

研究者对事物的理解一般比较偏重对内涵的理解，容易忽略对事物的样态的把握。事物的内涵一般被认为是事物的实质特征，甚至是本质特征，进一步的前提推论就是，把握了事物的本质和实质，就更加确切地把握了事物。事实上，如果这样的前提成立，就必须具有一个更进一步的前提：研究者已经对事物的多种样态非常熟悉。比如，当人们把教育的内涵界定为培养人的社会活动时，认同这个内涵的人必须在脑子中浮现出各种各样的教育样态：有温情的有冷厉的、有松散的有严整的、有家庭的有学校的、有学识的有品德的，等等。只有具备了把握事物多种样态的前提条件，人们才能对概括性的事物内涵有充实的理解，才能做到能收能放。如果研究者对事物内涵的理解是为了观看，那掌握事物的多种样态就更加必要了，否则就会出现虽然知道事物的内涵表述，但就是不知道眼前的东西就是那个事物。这样的情况在今天很常见，因为今天的教育经常走在人们对事物本身的掌握之前，不少人在还不知道事物的真实样态是什么的时就已经学习了大量的有关这个事物的内涵知识。虽然说，这样做也是一种储备，但是这种储备的缺陷是客观存在的。

---

① Ansoff, H. I. Strategies for Diversification[J]. Harvard Business Review，1957，35(5).

策略在社会生活中有很多名字，每个名字都对应着一种比较典型的形象。明茨伯格和奎因在对策略的研究中，提出了策略的五个样态，分别是：计划(plan)，"如何达到那个目标"；模式(pattern)，长期一致的行动；手段(ploy)，为了击败竞争者而采用的计谋；定位(position)，特定市场提供特定产品或服务的决定；视野(perspective)，组织要变成什么样的远景。① 虽然，在具体表述中，这五个方面是作为内涵来表达的。但是，这五种方面的内涵明显存在着一些关系与交叉，而且相对现实生活更为直观，因此把它们当作策略的五种意象或表现更为合适。策略的核心内涵与实质虽然都集中在那些基本的内涵表达上，但是在应用的时候那些基本内涵的不同状态会因为应用场景的不同而表现出不同的样式。由此也可以说，这五个方面是策略最常见的五种典型的功能形象。这里可以结合对策略的已有理解进一步阐发这个观点。

策略可以作为计划而存在，策略性计划才是真正有必要执行的计划。对于一些人或机构来说，计划经常是形式化的，制定出来之后就放在那里，然后还是按照对事务的常规习惯和即时应对来运作。这样的一种状态是对计划的浪费，当然这种状态下的计划经常是没有花费太多心思的。如何提升计划的执行度，不少人提出的一个根本办法就是，计划要有针对性。计划要有针对性，就意味着要针对已有的状态和基础，要针对计划人的目标，要针对计划人的能力和实力。这些意思已经明显地反映出，真正具有针对性、可行性的计划就是一种策略，或者说真正需要执行的计划就是策略性计划。按照策略的内在要求确定执行人或主体在未来的一段时间内要达到什么目的以及采用什么方式方针，就是策略性计划的实质，也是制订值得坚持的计划的一个根本途径和做法。

基于策略可能具有的组合性，策略可以作为一种模式发挥系统作用。现实中的策略在复杂程度上是可以变化的，最为简单的策略就是单一行为作为基本内容的策略。虽然，单一行为策略看似简单，却可以完全具备策略的几个核心要素。需要注意的是，策略可不都是单一行为策略，更现实的状态是策略多为非单一行为策略。

---

① Mintzberg, H. The Strategy Concept I: Five Ps For Strategy[J]. California Management Review, 1987, 30(1).

非单一行为策略意味着在策略中要么是个人做出一个以上的行为才能完成策略目的，要么是很多人有组织地做出一个以上的行为来实现策略目的。由于策略主体既可以是个人也可以是群体机构，以群体机构为主体的策略经常是组合性的策略，即非单一行为策略。由于策略的制定和执行要努力实现目的，而且策略都是精心算计的结果，因此策略对行为的组合也是精心选择的结果，这意味着策略要求在执行的过程中是规范的。基于这种规范化组合的执行要求，策略可以看作一种模式，发挥着有机地规范和协调实施主体行为的作用。

从实现目标的角度来看，策略作为手段而存在。目的—手段是人类行动的一种基本思维模式，也是目的性行动的基本框架。只要个人具有明显的目的，然后根据这个目的来决定具体的做法，这些做法就已经成为手段了。虽然，人类有很多目的不明显、手段很自动的行为，但是策略本身体现的精心水平和目的针对性使自身更加明显地具有手段的色彩。从人类理性划分的框架来看，目的—手段模式是一种典型的工具理性思维，根据实现的目的而筹划的策略也明显的是应用人类工具理性思维的产物。从这个角度来看，人们经常因为被别人纳入策略而不快就是可以理解的了，毕竟被人当作手段来使用既可能损害了人应有的尊严又可能实实在在地被限制和束缚住。

从策略需要选择角度和手段来说，策略也是一种定位。人要实现自己的目的就需要介入自身所处的世界，只有让世界尽可能符合自身的目的才能让目的实现，这就是策略的基本思路。这里所谓介入，本身意味着人经常不具备全面设计世界或控制世界的能力，只能使用自己已有的力量来对世界施加或大或小的影响。这种以小博大的基本态势要求策略者不能一味蛮干，必须选择方式方法来实施自己的行动。世界在不同的时刻、领域和状态上受到影响的可能性是不同的，策略者必须选择最可行的方式去影响世界，以达到其按照自己的需求来变化的目的。因此可以说，介入世界的过程就是个人定位自身及其行动的过程，只有合理地定位自身和确定了行动方式才更可能实现目标。

从策略需要综合考虑实践世界和策略者的状况来看，策略也是一种视野。现实世界存在着很多策略，那些真正好的策略大都是在纵横捭阖地思考中最终确定下来的策略。虽然有些高质量的策略具有大道至简的特征，但是这种简单也是从复杂中选择的。在一定程度上可以说，高质量的策略来自广泛的思考，也都根源于广泛的选择范围。如果策略者每次确定策略时只有一种选择，那策略的质量就不受个人影响了，提升策略质量的可能空间也就没有了。策略的质量与策略者的视野有非常明显的联系，那些视野越大的策略者得到高质量策略的可能性也就越大，反之亦然。这一点为提高策略水平提供了启发，扩大视野，为策略的制定提供更多的选择，将更可能得到高质量的策略。

作为自主手段的策略

自主空间的存在是策略存在的一个基本条件，因此这决定了策略的核心特征之一就是自主性。在日常社会生活中，策略者在生产策略的过程中会显示出比较明显的心思投入，这就是策略自主性特征的直观反映。这个特征也是相对于完全自然选择或机械选择的习俗和技术而言的，人们在生产策略的过程中需要投入更多的注意力和才智，也更多体现出个体的决定权。人们在社会生活中，如果想较为省劲地解决问题就要尽量选择已经赖以为常的方式或者成套的设备技法。这两种选择最为突出的特点就是不用那么多花心思，当然这里的花心思实质上构成了它们本身是否成为策略的实际界限。如果一个人费尽思量，最后还是认为按照大家赖以为常的习俗是应该采用的方式，此时的习俗实质上已经进入了策略的范畴，只是这种特殊的策略结果和不由自主地进行选择的结果显得一致而已。人们使用自主手段的前提是有自主的机会，这意味着面对的问题和想要实现的目的没有被完全规范和限制，他们还有通过努力争取的空间。在必要性上，人们使用自主手段是因为所面对的问题和想要实现的目的不会自动解决和实现，但是这个问题确实需要去解决，这个目的也需要去追求。因此可以说，社会为个体和群体留下的自主空间既为策略的出现提供了条件，同时也把这种自主性特征印刻在策略之中。

在人类生活中，策略实际上是普遍存在的。不少人发现公开谈论策略是有危险的，其中最为严重的一个问题是别人会据此认为策略的谈论者不靠谱或道德有问题。在社会生活中，有不少人否认自己的行动是有策略的，一方面确实有不少行动是习以为常的，另一方面也有不少人否定自身策略的存在是因为顾忌别人因自己运行的策略而感到危险。人们认为策略谈论者不靠谱甚至道德有问题主要是因为策略必然包含了算计的过程，并认为一个愿意算计的人比不愿意算计的人更不靠谱，因为一个愿意算计的人很可能具有唯利是图的倾向。这样的逻辑细看起来也不必然，如果一个能算计或愿意算计的人有足够的道德水平作为保障，那他的可靠性就有了保障，而且唯利是图的倾向也不会明显提升。其实，好多时候唯利是图的人只顾眼前利益，如果人能够追求长远的利益也就会遵守道义，道义保护的是长远和整体的利益。所以，对策略的担心和防备是以不确信人的道德水平为前提的，如果人们确信了算计者的道德水平，这样的担心和防备就可以减少甚至可以放弃了。从根本上来说，策略的普遍存在来自人普遍具有算计的主观能动性，即人能够也愿意通过筹划过程去追求自己的目的。这样的主观能动性只要在外界没有严格的规范限制的时候就有发挥的空间和可能性，而社会生活的大部分领域和时期都没有对人进行严格的规范限制，大都或多或少地为人的主观能动性留下了空间。

　　策略存在比较密集的领域是争夺激烈的领域，也是自主性目标比较容易产生的领域。一般来说，政治、军事、商业都是策略特别集中的领域。这些领域的一个根本特点是利益攸关且互动频繁，从而造成牵涉其中的人不得不尽可能发挥自己的主观能动性保障或扩展自己的利益目的。当然，说这些并不意味着其他领域没有策略，这里只是说策略的密集程度和明显程度问题。其他社会生活领域也会不同程度地存在争夺现象和由此而来的"战争"，事实上凡是在没有绝对规范和机械分配的领域都具有这类现象的空间。在这样的背景下，只有人产生了明确的目的，策略生产的机制就启动了。可以说，目的是策略生产的开关，只要目的明确且策略生产的机制具有运行的环境，策略就开始生产了。所以，哪怕在日常生活中甚至在家庭生活中，只要个人产生了某个明显的目的，而达到这个目的所对应的事物没有受到绝对的规范和控制，策略就产生了。冷静来说，策略和温情也没有必然的抵触，个人完全可以通过更好的策略来表达自己的温情。

　　从策略的实质来说，对策略的观看和理解要抓住其作为特定目的行动方式的实质。目的是策略的出发点，算计是策略的过程，而策略的结果是行动方式。所谓行动方式，其实就是如何去行动的行为设计和组合。在策略的行动方式的设计和组合中，有两个关键点特别重要，一是介入行动选择的角度，二是介入行动的凭借基础。只有明确了策略介入实践世界的角度，并且确定了介入实践世界的凭借基础，我们才能最终确定作为行动方式的策略结果。在结果上，策略实质上就是对行动的精心安排，具体包括：有哪些核心行为以及这些行为如何编排。再进一步来说，这里的编排工作是更为紧要的工作，得主要从效果和内在的逻辑关系上考虑策略所包含的核心行为在时间和空间维度上的顺序和位置。

策略的要素在目前主要是就策略作用于实践世界的凭借基础来说的，主要有方向、资源、关系与人脉三个方面。策略可以通过方向的调整来改变所面对的实践世界，这就是方向能够成为策略要素的根本原因。从这个方面来说，不能一条路走到黑的话是有道理的，转变了方向就转变了格局。资源是策略中行动力量的具体来源，既包括自然物质层面也包括社会层面。社会层面的资源比较复杂一些，既有个人的维度也有社会的维度。包括身体、知识、经济、社会和符号在内的个人的核心资本是资源。社会的资源主要包括政策制度、人员结构、文化传统等很多方面。关系与人脉可以扩大策略的主体规模，它们通过联合进一步扩大实践世界的范围，也进一步壮大介入实践世界的主体力量。

打开教育实践策略的暗箱世界

教育世界是一个多元的世界，有些领域直白有些领域隐秘。一般来说，中小学校在场所设施、课程教学、德育活动等方面是非常敞开的，但是在另外一些领域就比较隐秘了。有一本社会学著作的名字是《生活的暗面》，这里的"暗面"用来形容那些不能拿出来示人的领域就非常合适了，当然原书中的"暗面"主要指内在的机理和世界。如果以道德的原则来评价学校不愿意示人的领域就有点简单了，有的领域学校不愿意示人并不是因为藏着什么见不得光的事物，有时仅仅是出于对做事效果的考虑。《孙子兵法》提出"知己知彼，百战不殆"，知道别人做什么是可以让自己占据主动地位的，而被人知道就可能居于被动地位了。其实，从确保做事效果的维度来说，不让更多的人知道一些事也是减少不确定性的措施，毕竟有些事情对于个体或团体来说还是不能有太多的闪失。无论是从道德还是从技术来考虑，教育实践者的策略都是需要隐秘的部分。经常作为互动方式的策略有时一旦被特别的人知道了也就没有作用了，那策略所指向的目的也就难以实现了。所以，观看教育实践策略是比较麻烦的事情，教育实践者刻意隐藏策略的"暗箱"现象阻挡了直接的观看和理解。这种情形特别像我们的教育政策研究的同行经常遇到的情形，他们也常常苦于政策过程处于"暗箱"中而不能被直接研究，当然这从政策有效性的保护来说也有合理之处。但是，观看和理解教育实践策略还是有途径的，并不是所有的人都不能观看到教育实践的策略。而且，还有一些教育实践者自己愿意敞开自己知道的策略。这里对策略的观看一方面来自其他研究者的研究，另一方面来自教育实践界朋友的敞开言说。

普遍化的学校政治策略

亚里士多德提出："人类在本性上，也是一个政治动物。"[①]这句话在深层上指出了人类对集体生活的取向：在集体事务治理的基础上过自己的生活。这句话同时也意味着我们的集体生活本身就是一种政治，无论它现在被不被称为政治。一直以来，确实有一部分人不愿意介入到政治事务之中，认为在专业组织内找份工作并过上日常生活就可以实现对政治生活的脱离，这只是表面上脱离了政治生活。当把政治的实质理解得再普遍一些之后，人们就会发现自己一直处于各种形式的政治生活中。对政治的实质有很多理解，其中，比较典型的理解既有"众人之事的治理"，又有"权力的应用"。如果这里把"众人"理解为不是一个人的时候，把"权力"理解为人际层面的影响力的时候，很多领域的政治性就显现出来了。身处教育实践领域的一些人原来也是抱着选择专业工作的心态来的，但是他们在入职后不久发现自身已经进入特定形式的政治生活中了。在此理解的基础上，人们可以发现教育实践领域也是一种政治领域，教育实践机构也是一个典型的政治场所。

学校的政治性不仅体现在教育的使命上，而且体现在集体事务的处理上。《学记》提出，"建国君民，教学为先""化民成俗，其必由学"，这已经非常鲜明地表达了教育工作的政治使命，政治取向是教育在根本层面上的一个取向。在教育理论的发展中，教育的政治性与自然性一直是争论的话题，持自然性教育观的教育理论一般通过人性的完善来培养人，持政治性教育观的教育思想坚持为国家培养人才。事实

---

① 亚里士多德. 政治学[M]. 吴寿彭，译. 北京：商务印书馆，1965：7.

上，这样的争论并不是绝对的，看似矛盾的观点可以在另一个视野中结合，卢梭教育思想中的自然人就是为他心目中的国家而培养的。虽然，教育理想的领域还在继续争论到底教育应该坚持哪种取向，但是现实的教育实践早已成为多种取向的复合体，而且是一种动态的复合体。现实教育实践包含了自然性与社会性、政治性与经济性、文化性、科技性都是同处其中的。当然，这些还是教育的发展取向和性质层面上的状况。从教育实践的现实情况来看，现代教育的典型组织形式——学校本身已经发展到非常系统化的程度了，学校教育实践的根本特征突出表现为专门和规范背景下的互动性生成。现代学校的组织非常专门化，不同的部门和角色担负不同的职责，分别负责整体运行下的不同功能。现代学校的规范化表现为各个部门和角色的职责是有规范的，而且他们之间的关系也是有规范的。当然，学校机构中的专门性和规范性没有达到绝对化的水平，为身处其中的个体和群体留下了自主的空间，这就是学校教育实践中很多事情的互动性生成的基础。所以，学校和政府机构的运作是一样的，都有职责不同的部门，都有管理的等级，都有各自的权力和责任，都有通过互动实现自己更大目的的可能性。

学校是一个具有自主空间的政治性机构，政治性策略存在于其中也是一个必然的事情了。政治性策略是指具有政治性目标和特征的策略，一般来说它们与政治生活强调的利益、权力、处罚、实施手段、责任分工等方面有关。在学校政治性策略的研究上，霍伊和米斯克尔在其他学者的启发下，总结了学校人员常用的七种政治策略：逢迎，这是一种通过关切、献殷勤和施恩等获取另一个人好感的策略；人际网络建构，是与富有影响力的人建立联系的过程；信息管理，是想要控制他人或巩固自己地位的人所使用的一种策略；印象管理，是大多数人有时用以塑造良好形象的简单策略；联盟建构，是个体为了实现共同目标而组合在一起的过程；抛出替罪羊，是当事情脱离正轨或变得更糟糕时责备和攻击他人的策略；强化不可或缺性，是一种个体或群体使自己在组织中变得不可或缺的策略。[①] 如果熟悉很多国家学校的情况，人们就会发现不同国家的学校在这些现象上好像没有什么区别，虽然一些人

---

① 韦恩·K. 霍伊，塞西尔·G. 米斯克尔. 教育管理学：理论·研究·实践[M]. 范国睿，主译. 北京：教育科学出版社，2007：217－218.

比较片面地认为这些事情应该是中国学校更突出的现象。这里结合平时观看的其他方面现实地对这些策略进行进一步的阐发。

逢迎的目的在于获得好感，更根本的追求在于得到对方能够给予的东西。在中国古代有阿谀奉承的说法，这就是逢迎的典型形象。逢迎作为策略，其主动做出的行动是关心或者按照对方的期待和需要做事。这个策略的客体一定是拥有策略者想得到的目标对象，这里的目标或许是精神的或许是物质的。逢迎之所以能够产生效果，一个更为根本的内在机制是人本身具有的本能倾向性，这是一种本能色彩的平等倾向性。逢迎在学校机构中的存在主要是以有权势的学校领导为对象的，说好话是最为常见的逢迎领导的一种方式。只是相对来说，学校里的逢迎会受到比一般社会领域更多的压力，因为学校这种机构对道德的强调程度比逢迎行为更高，拥有更多道德上的批判和审视。

人际网络建构在中国日常生活中的说法是拉关系，其根本目的是通过建立良好的关系而得到更多的配合。实际上，逢迎也可以算作拉关系的一种手段，而拉关系比逢迎更加综合和全面。拉关系作为一种策略，主要做出的行动是让对方感觉亲密和亲近，有时拉关系也叫攀关系。除了取得好感或实施更多陪伴之外，人际网络建构还会通过开发同学、亲戚、朋友的私人关系来拉近同有权势的人的距离。事实上，拉关系的策略在中国更加强调从开发同学、亲戚和朋友的私人关系入手，只有在没有这些关系开发可能的基础上才会通过逢迎、陪伴等手段开发目标中的人际关系。在当代中国的学校，人际网络建构策略更加普遍地存在，因为中国社会强调的同学关系、朋友关系在学校基本上没有更直接的限制，而亲戚关系虽然受到不少限制但是一旦存在就非常强烈。人际网络建构策略的主要对象是有权势的人，当然也包括普通的人员。结交有权势的人是为了应用权势，而结交普通人可能为了群体影响以及具体事务上的便利。

信息管理在中国常见的形式是隐瞒、透漏和撒谎，其根本目的是通过信息的收放和歪曲来得到他人更多的配合。在行动中，信息主要扮演着提供信号和指示现状的功能，个人的行动必须建立在认识现实之上，要对关键信息的信号做出准确的反应。信息管理的具体做法包括隐瞒与透漏、隐秘与公开、守真与歪曲、封闭与打听，这些做法的基本效用就是控制别人对特定信息知道与否、知道多少等。这种策略在学校被广泛采纳，基层人员可以透过保守秘密、传话、打报告、打听等方式进行信息管理。这里的管理可以分为管理别人和管理自己。学校上层的人员在信息管理上同样是有技巧的，什么信息在大会上传播，什么信息在私下向特定人传播，什么信息不能说，这些都会根据自身的目的做出精细的选择。

　　印象管理是一种典型的互动策略，其在根本上调用的原理是对不同的人采用不同的做法。人类对待静止和动态的事物在姿态上是不同的，一般会采取稳定的姿态对待静止的事物，而采用动态调整的姿态对待变化的事物。这是人类有机属性的基本表现和做法。在社会生活中，人都会在不同程度上敏感于其他人的状态，对他人的不同状态完全没有反应的人应该是可以被忽略的。利用这样的道理，个人想得到别人对自身的配合，就可以通过改变自身的状态来达到目标，这就是印象管理。由于印象管理调用的原理接近人的本能，所以印象管理策略在学校中基本上没有限制，有的只是效果好坏的区别。在学校日常的印象管理中，服饰、发型、表情、语态、专业水准、性格特征都是经常采用的途径，这些方面的塑造如果被对象接受，对方就可能做出一些可以想象的反应来。

　　联盟建构是一种特殊的人际关系建构，是一种长期的、有限范围的、目标精密的人际关系建构。管理学的一些研究表明，组织中存在一些相对固定的小圈子是常见的现象，在一定程度上也是组织分化发展的结果。这种小圈子在内部是紧密的关系，在外部会通过有筹划的方式协调行动。一般来说，学校之间建立联盟是受到很多压力和限制的，一个根本的原因是小圈子会给其他人带来威胁。所以，学校中的联盟建构经常是秘密的，或者伪装在正式的结构之中。

　　抛出替罪羊是一种危机管理的策略，在主动的层面是打击他人，在被动的层面是保护自身。抛出替罪羊的策略主要来自追责的压力，在组织结构中一些问题按照规范需要有人负责并受到惩罚。但是，组织规范的不严密性和问题的复杂性可能让追责成为具有一定不确定性的事情，此时可能被追责的对象就要尽可能为保护自身或打击他人而努力。在学校中，很多问题需要负责，如学校秩序问题、学生伤害问题、成绩下滑问题。从学校管理规范的角度来说，追责只是按照已有的原则来进行，但也需要结合具体的事情本身。具体的事情经常有模糊地带，所以这就成了抛出替罪羊策略的可能地带。代人受过是替罪羊的状态，而让人代为受过则是强势一方的策略努力的目标和结果。

强化不可或缺性的策略，一方面是故意缺席让事情恶化，另一方面是显示功劳。可以说，强化不可或缺性的策略既是弱者常用的策略，也是强者常用的策略，其根本目的是显示其地位。在组织中，地位通常代表着权力、资源和利益，占有了更高的地位就等于拥有了更多的权力、资源和利益。但是，地位需要他人认可和承认，这就要求那些处于模糊状态的人能够显示其地位。在学校机构中，显示地位的基本方式有正向地显示自己的功劳，突出表现出某个重大事务中自己的作用。但是，还有一种更为消极的方式，具体做法是反向通过缺席让事情恶化，通常这种做法还会在暗中破坏以加深恶化的程度。这种消极的选择也会受到规范和道德的严格监控，但在学校等社会机构还有存在的空间。

这七种政治性策略基本上是对常见策略的一种汇集，虽然并不是全部，尽管还不成体系，但是这些策略的揭示让人们打开对教育实践策略观看的眼界，有助于重建关于学校实践策略的世界观。

作为第二天性的教学机智

人们对教育认识理解的加深，带来的一个结果就是教育理论和教育操作方式很丰富，而教育理论和教育操作方式的出现和确定又带来对教育理解和实践的固化。相对于学生和教育情境的变化性来说，这种固化是危险的，经常导致教育者按照心中的"蓝图"来对学生进行教育，而不顾学生本身的状况和教育情境的独特性。从根本上说，教育对学生进行的是培养而不是建构，培养的实质要求教育实践者一定要尊重学生本身的有机状况，就需要对学生所处的情境敏感。因此，教育需要具有即时应对的智慧。这样的道理决定了策略在教育实践中在根本层面上被需要。

教育学是不是科学，教育实践要不要标准化，是教育界经常出现争议的两个问题。从今天学术发展的格局来看，教育学走上科学化的发展之路，是有足够诱惑的。科学意味着地位高，科学意味着清晰，科学意味着可以和各种高端领域建立互通渠道。但是，教育学的科学化也有非常内在的障碍，这就是不确定性的问题。科学追求的是对世界的确切把握，这是科学作为思维方式最为根本的一个含义。但是，确切地把握教育本身确实很难，教育总处在不断地生成中，最好的教育方式总处在出现的路上。教育领域的生成包含着教育对象的生成，学生从作为对象的开始就是复杂的存在，到其作为结果的离去也是复杂的存在。教育对象的复杂性在人没有被科学完全解读之前会继续保持着，这就是教育学没有办法成为完全确切之学的根源，教育学现在更算是不确切之学：有点清楚有点模糊，关照现实又关照到理想。教育实践要不要标准化的问题，更应该变成教育实践能否标准化的问题。如果说教育实践能标准化，那么这要求排除关于教育目的的争议，选择一种缺陷很明显的确切化的学生认识模式。事实上，今天宣称标准化的很多教育实践方式就是这么做的，它们不管教育目的以及关于人的认识中存在的争议，只根据自己倾向的教育目的和确切化的学生认识模式，发展出一套比较标准化的技术性操作模式。确实，这实现了教育实践的标准化，但这是副作用和危险性巨大的标准化，没有人能真正为这种副作用和危险性担保、负责。

在现象学精神和原则的启发下，范梅南开辟了对教学机智的探讨，从心向孩子的意向开始，解开教学机智的奥秘。他强调教育是时机性存在的基础，探讨如何通过情境理解、反思和行动取得教学机智，这种教学机智在表现上包括：克制，对孩子的体验的理解，尊重孩子的主体性，"润物细无声"，对情境的自信，临场的天赋。[①] 范梅南对教学机智的探索让很多人摆脱公开探讨策略的担心和危险，他的探讨特别能展示出策略为教育使命、理想、情操服务的现实可能性。没有策略的教育使命、理想、情操经常是无力和无真实效用的，学生的成长不能直接从教育使命、理想、情操中获得切实的帮助，所有的教育使命、理想、情操都要转化为直接推动学生成长的具体做法才可以具有意义。这里可以结合日常的教育现实对范梅南的教育策略理解框架做一些进一步的阐发。

时机是教育实践的存在现象，教育实践的行动必须对应时机。时机的基本意思是时间维度上的机会，时机在教育实践中的存在意味着不是每时每刻都是教育的机会。只有在特定的时候，教育对象和环境呈现出特定的形态时，教育实践才可能是更合适的。寻找教育时机的基本思路是分析和理解教育情境，具体包括教育对象、

---

① 马克斯·范梅南. 教学机智：教育智慧的意蕴[M]. 李树英，译. 北京：教育科学出版社，2001：197—209.

教育环境及其相互关系。当一个孩子被其他孩子欺负时，教育的时机在此时就可能出现了，勇敢、公正、人身安全保护这样的教育实践就可以得到比较得体的实施。在教育实践中，一个非常不好的问题就是没有在合适的时机进行教育，就像"硬把饭塞到不饥饿的孩子嘴里"，这样的教育实践难免受到抵制或者产生对孩子的摧残效果。为了找寻时机，就需要理解每个孩子，特别是在成长经历中理解孩子，这是非常重要的。当然，学会熟练地、近乎本能地理解教育情境也是非常重要的，不同的教育情境代表着孩子的不同状态，也代表着不同的环境配置，还代表着事情的不同发展状态。对于教育实践来说，"一切刚刚开始"的时机和"事已至此"的时机是完全不同的，教育实践的目标和方式也需要做出相应的调整。

教学机智要以孩子自身和发展为核心，并分别以此为起点和终点。在很多时候，一些人不喜欢在教育实践中谈论策略，确实存在着对教育实践者太过唯利是图的担心，一旦策略太过精巧，教育实践者存在的私心也可能变得更难发现和导致更大的恶果。策略确实可能具有非常大的威力，如果对策略的原出目的或意图不够确信，确实是让人担心的。真正的教学策略应该是以核心的教育目的为中心的策略，要从孩子自身的状态出发并最终回到孩子发展上的策略，这样的策略在教育实践中也是经常存在的。范梅南的研究并不是天马行空的想象，他是通过对教育实践本身的还原，才最终确认真正的教育机智应该从孩子自身和发展出发的基本原则。为了形成这样的策略，教育实践者必须不停地理解、行动和反思，理解教育情境是基础，行动与反思既是体验的积累又是机智不断生成的过程。

教学机智是有效教育策略的近乎本能的存在状态，让有效教育策略的产生尽可能变成自然的反应才会真正成为教学机智。教育实践对策略的要求经常也是非常紧迫的。一方面，这种紧迫性是因为孩子的很多问题没有时间等待，一旦等待过长孩子就可能受到永久伤害。另一方面，这种紧迫性是因为特定的教育情境在时间上会有变化，如果教育实践策略产生过慢，就会出现已经进行的教育情境理解早已过时的问题。"即时应对"是教育问题对教育实践策略的一个要求，这就要求教育实践者在策略上尽可能不要有过长的反应时间，遇到问题就能找到合理的策略才是高水平教育实践策略者的一个基本特征。这里所说的教学机智就是这样的一种即时智慧状态，这意味着教育实践策略的产生应该尽可能成为教育实践者的"第二天性"。

现象学的研究虽然在结论上看似是一种应然和规范，但是其来自对事物现象本质性还原的事实决定了这些结论实质上也是对现实的概括，现象学就是追求这种来自事物本身的自明认识。所以，范梅南对教学机智研究的核心观点既是一种可以作为应然的普遍认识，也是对教育实践现实的机理揭示。总体上，教学机智的研究意味着有效的教育实践策略会充分把握时机，会注重理解、行动和反思的过程，也会让产生过程接近于本能和天性。

日常化的教师策略

教师职业是一个高尚的职业，这既是很多教育思想家的主张和看法，又是特定社会赋予教师的荣誉。今天，存在着一类不良的对待教师职业高尚性的现象，个别教师使用教师职业的高尚性来展示自身工作的优越感。这种过多超出正常水平的职业优越感展示从根本上和"正当职业不分贵贱"的平等观念相违背，每个正当职业毕竟都有升华到高尚的可能性和现实案例。事实上，教师职业的高尚性既典型地体现在历史中的名师身上，又主要体现于教师们已经做出的巨大社会贡献之上。当然，教师职业具有高尚性也来自教育思想家和社会对教师职业的热切期望。但是，教育职业的高尚性并不必然包括任何教师个体及其工作的高尚性，这里的一个复杂情况是：每位教师可以享受先辈们挣来的整体荣誉，也可以通过个体贡献证明自身工作的高尚性，还可以去接受社会对教师职业高尚性的期望和要求，就是不能意味着一旦从事这个职业就被自然地认为具有了真实的个体高尚性。教师职业的高尚性主要是群体的，是历史贡献的评价，也是一种希望和要求。之所以教师个体不能自然地被认为具有高尚性，一个基本的原因是：教师个体从一开始工作就是一位普通的工作人员，本身从事着可能走向高尚性的现实教育实践工作，和其他职业人员一样的普通性是教师更为经常的状态。这样的状况概括起来就是一句话：很多教师的日常工作比较普通，很多教师在工作中的日常状态比较常人化。

教师的日常工作经常面临着很多琐碎的问题，也会追求那些常人化的目标，这是教师日常教育实践工作的基本基调。从日常的教师教育实践状况来看，教师们既可能会因为劳累而想轻松一些，也可能会因为无趣而想多彩一些，又可能会因为被生活的琐事纠缠而不想被工作更烦心。当然，这不是教师工作的全面，却可能是教师日常实践工作的一部分。作为教师工作高尚性的任劳任怨、呕心沥血、爱生崇教都是在常规工作之上的升华，也都是在解决日常问题和追求常人目标中的个人化超越。教育社会学是把日常教育实践生活研究作为主要研究领域的学科，很多学者在对教师日常生活的研究中关注并揭示了教师的策略现象及其背后的机理。

传统的教育社会学对日常生活的揭示比较倾向于从互动论或结构主义的单一思路来进行，但是过于互动论的取向会缺少整体观，而过于结构主义的取向又过于笼统。学者伍兹等人在这种背景下发现，对教师策略进行研究能比较好地避免单一思路的问题，他们在把策略当作实现目的的内在一致行为组合的基础上，对教师策略揭示出了一些重要观点：教师的目的很多样，有一般的教育、教学，也有"把一些感觉塞给学生"、教给学生生活的事务、打发时间；教师策略有个体、文化、前台、情境、结构和过程六个研究要素；环境比较稳定时，教师的策略不明显；"保持安静"策略有利于减轻教师缺少课堂控制的可能性；幽默策略被教师用来纠正或补充关于情境化自我的信息，功能是以改进学术表现为目的的"社会喜剧宽慰"。[①] 可以说，伍兹等人对教师策略的关注和解释是广泛而深刻的，既注意到了比较多样的教师策略样式，又深刻地提出了教师策略背后的要素与分析框架。这些发现都可以结合更为普遍的教师实践策略现象做出进一步的阐发。

教师的日常实践目的是多样性的，这也是多样性策略存在的内在基础。从社会学来看，教师职业对于从业者来说是一个角色，虽然教育工作中很高的道德情操期待会让教师更多地把精力放在核心的教育业务上，但是这并没有避免教师工作之外的目的向教育实践工作的渗透。即便在教育实践工作之内，教师也会因心理的调适、事务的变换、状态的起伏、情境的刺激等原因而指向多样化的目的。在新闻上，有个别的极端教师会在某一时刻带着伤害学生的目的，而高尚的教师会带着热爱教育的目的，这两者之间就可以成为多样化目的的区间。对一些教师来说，和学生交往就是打发时间，就是让自己的生活少一点单调而已。

分析教师策略的要素和一般策略的要素不同，其主要包括个体因素、文化因素、环境因素和内在结构等方面。由于教师的策略是教师个体的策略，它们会突出地反

---

① Woods, P. Teacher Strategies[M]. London: Croom Helm, 1980: 18-31.

映出教师的个性特征，这里既包括价值的倾向性，也包括能力、实力的水平特点。文化因素是教师策略的意义体系背景，更为宏观的文化背景会影响可供选择的策略资源和制约策略的准则，而比较基层的文化背景会调整宏观文化背景的具体指向，这些都为教师筹划和应用策略提供意义上的支撑和限制。前台和情境是教师策略的环境因素，在策略所处的不同前台上，教师可以应用的策略不同。比如，在讲台上教师不能随便使用交换甚至收买的策略。策略的内在结构就是策略的行为成分以及它们的组合方式，对这个方面的分析能确切考察出策略者的思路。比如，对通过学生的好朋友来说服某个学生服从教师的策略进行分析，就要包括分析选择哪位好朋友，具体让这位好朋友以什么方式说什么，如何对待目标学生的反应等环节。

教师会筹划和运用一些非常规的策略，这些策略在特定的工作领域中的作用很关键。如伍兹等人揭示的"保持安静"策略和"幽默"策略，都是不太寻常的策略，或者说是很少从策略的角度来考虑的策略。对一些教师来说，保持安静本身就是一个纪律要求，而幽默本身也只是一个语言的技巧。但是，如果教师的目的恰巧是不让课堂失控和不想被学生认为自己说的就是自己所想的话，教师就可以采用保持安静和幽默作为策略行为了。在当前的教师实践工作中，幽默是很常用的一种策略方式，可以起到调节课堂气氛、吸引学生注意和让学生不去较真的作用，这对于不少教师塑造期望中的自身工作形象非常重要。

教师策略是一个比较复杂的世界，它们以非常多样的方式存在于很多方面和领域。可以说，凡是教师可以设想的工作，都会有教师策略的存在。简言之，教师的思考所及之处就是教师策略所在的可能之处。

作为行为组合的师生交往策略

谈论和观看策略真的相当困难，因为策略实在太多太杂。传统上已经积淀了无数的策略，而新的策略还在不断地生成。从传统上看，对策略和教育实践策略的谈论与观看主要是个案性质的。尽管策略和教育策略的研究包括了一些归类式和系统式研究，但是少数的归类研究和系统研究也总呈现出不同的归类体系和系统维度。这个问题需要教育实践策略的更深入观看和理解加以解决，否则就不能形成对教育实践策略高位而有条理的把握。

师生交往是教育实践中一个比较特别的领域，也是策略丛生的一个领域。教育的温情传统一般不会支持用策略的视角来解读师生交往的实践，在常规的策略情感色彩下，这样做确实非常容易起到贬低师生交往情感和道德水平的效果。但是，如果不观看师生交往的策略就不能从行动的角度提升对师生交往实践的理解，也不能起到真正改进师生交往行动的作用。在当代的师生交往实践中，确实有一些教师很有方式方法。但是，师生交往策略研究附带的道德风险以及确保成果不被滥用的考虑，使这个主题很难进行宏观而高端的研究，从而使那些非常高质量的师生交往策略既不能实现更大范围的分享，也没有得到足够的尊重。在现实教育实践中，师生在交往中相互施加的策略是非常多样的。学生的多样性加上教师本身的多样性，会让教师在交往中对学生产生多样化的目的，这样多样化的目的只会催生更加多样的教师策略，一部《班主任兵法》作为代表足以成为这个方面的证明。事实上，这个领域有太多太多的经验分享活动，各种优秀教师报告、教师期刊、教师个人著作都经常包含着这个方面的内容。学生方面也是如此，他们口耳相传甚至在网络上传播着对付教师的各种策略。随着学生年龄的增大和思维能力的提升，他们到达中学阶段已经出现了明显可以和教师相抗衡的普遍现象，虽然有时稚嫩但不容小觑。

在接受策略是实现特定目的的行为组合这个定义之后，本人曾在《权力关系与师生交往》一书中对师生交往策略做了一个结构性的体系分析。在对师生交往策略的结构分析上，我认为，师生交往策略的内在成分是特定目的统领下的行为成分与组合思维；师生交往策略的基本行为成分有趋利性交往行为、避害性交往行为和维持性交往行为，信息控制的行为，"攻身"行为和"攻心"行为，环境控制的行为；师生交往策略中的行为组合思维有话语、实践、无意识三种意识水平，包括曲直、正奇、取与、虚实四种类型。[①] 这些观点是当时我对师生交往策略所做结构分析的主要观点，现在依然赞成把师生交往策略的构成分为行为成分与组合思维两个部分。但是，现在也有一些新的想法和观点，主要是：师生交往策略的行为成分更应该根据策略的介入角度或凭借基础来划分；师生交往策略的组合思维应该在因果、时间和空间三个维度上进行立体理解。这样应该更能清晰地对师生交往的内在结构进行理解。

---

① 余清臣. 权力关系与师生交往[M]. 北京：北京师范大学出版社，2009：89—112.

师生交往策略能够进行没有特别范围限制的结构分析，其根本原因在于师生在交往中的目的的广泛多样性。教师在现实中与学生交往的动机可以非常多样化，有正规的也有不正规的，有积极追求的也有自我保护的。虽然从理论来说，教师对学生交往的动机只能是教育教学方面的，但在现实中，如果教师不完全这样，既不会被及时监控，也不会被具体政策制度规范。何况，即使有政治制度去规范和惩罚不当行为，也会有人不守规矩，这些年发生的教师侵害学生案件也说明了这种情况个别化存在的可能性。对于学生来说，关于动机的限制就更少了，尽管学生守则也包括了一些关于动机方面的规定。近些年发生的学生侵害教师案件也证明了学生与教师交往动机上的极端个案存在，不那么极端的动机可能性在日常生活中更是常见：不愿受教师管束，不想做那么多作业，不喜欢特定教师都可能成为学生向教师实施交往策略的动机。为了更加系统地展示师生在交往中的动机和需要，这里可以引入马斯洛的需要层次理论的类型分类，把师生参与交往的动机分为生理、安全、爱与归属、尊重与自尊、认知、审美和自我成就七个方面。在参与交往的师生双方那里，这七个方面的动机能涵盖日常生活中对应的具体做法和现象。

师生交往策略最终表现为行动的方式方法，其基本的构成就是各种类型的行为成分。从师生交往策略的现实和研究来看，师生交往策略中的各种行为成分实在太多。如果把这些策略杂乱地堆放在一起，就不能达到清晰而高位地观看师生交往策略的根本目标。这里可以尝试从策略介入实践世界的角度或以凭借基础作为基本维度，尝试做一个比较通观的师生交往策略行为的成分分类。无论师生交往策略中的行为有多少种，其最终指向的目标就是师生交往实践世界的存在、能量和信息。师生交往实践世界的存在就是师生交往实践所涉及的人和物有哪些的问题，师生交往策略的行为成分就是选择对这个方面施加作用力，如拉入家长或选择交往的地方。师生交往实践世界的能量是师生交往实践所涉及各个主体的力量状态，有些师生交往策略行为就是指向力量状态的调整，如教师提升学识和练习口才。师生交往实践世界的信息就是师生交往实践世界所涉及的各种状态，有些师生交往策略行为也以这个方面为作用对象，如控制学生知道什么或不知道什么的策略行为。当然，以上只是从策略介入实践世界的角度来做出的师生交往策略行为分类。如果从策略介入实践世界的凭借基础来看，师生交往策略行为可以分为三个类型，它们分别依靠方向、资源、人脉与关系方面的动作来实施策略行动。

师生交往策略经常是多个个体行为组合而成的，组合思维是师生交往策略的另一个核心成分。这里先把单个行为成分的师生交往策略分成一类，这类师生交往策略可以看成具有最为简单直接的组合思维。不同的事物如何组合在一起？对这个问题，一个基本思路就是找出人类思维的基本结构。心理学者史蒂芬·平克在研究人类语言问题时提出了一个关于人类思维的重要观点，具体认为人的基础思维结构主要有时间、空间和因果三类。[①] 这个观点对分析师生交往策略中的组合思维具有重要的启发性，人类的这种基础思维结构也正是师生交往策略行为的成分组合性思维的基本结构。在师生交往策略中，不同的行为成分就是按照它们之间的时间、空间和因果三个方面来设计组合方式的，其结果就是分出不同行为成分的先后、并存秩序和内在必然性关系，并由此组合成系统的策略。例如，一个学生为了更加有效地欺骗老师，可以设计先欺骗家长和老实的同学，通过他们传达给老师，最终使之相信的策略。这个策略的组合行为就明显地反映了三种基本思维：确定实施先后顺序，确定同时分别实施的顺序，确定通过特定行为引发其他行为的因果顺序。

教育实践的策略逻辑

虽然一些追求自由的人经常批判今天的教育实践过于僵化，对身处其中的人明显实施了压抑和控制，但是从现实来看，这种说法太极端了。不可否认，当代教育实践领域越来越具有更多的规范，控制的力量由此相对历史来说也确实在总体上增强了。但是，这里还要看到，教育实践领域还存在着明显的结构弹性和自主空间，身处其中的人远没有到完全受摆布的境地。人是有机体，是比其他有机体更有欲望和能力的有机体，这决定着一个基本的总体状态：只要存在自主空间就很可能被人积极争取和利用。从根本上说，教育实践中广泛存在的结构弹性和自主空间催生了多样化的教育实践策略，教育实践策略在整体上已经形成了一个内容丰富、千姿百态的动态世界。

---

① 史蒂芬·平克. 思想本质：语言是洞察人类天性之窗[M]. 张旭红，梅德明，译. 杭州：浙江人民出版社，2015：181.

教育实践从根本上是行动的世界，其形态的直接塑造者就是策略。每个教育实践者在教育实践中肯定带有目的，但是目的并不能直接塑造教育实践的形态。一方面，不同的目的能不能实现还不知道，更谈不上能直接影响教育实践的最终表现了。另一方面，同一个目的能够与很多行为相对应，由此也决定了目的不是教育实践的最终塑造者。尽管目的不直接塑造教育实践形态，但是它可以借助和推动具体的手段直接塑造教育实践形态，这就是策略。策略是对教育目的的行为转化机制，是在比较充分地考虑个体状况和情境之后对如何做才能实现目的的筹划，是一个从意志到行为转化的核心环节。虽然最终教育实践的形态一定是各种行为交互汇集的结果，但是个体按照策略的行动已经是非常直接的形态上的参与塑造力量了。

教育实践策略在教育实践中广泛存在，用心的教育实践者到了具有自主空间的教育实践领域就可能生产策略。教育实践策略从根本上是教育实践者对自身行动的自主筹划，这样的筹划只要有必要就很可能产生。在教育实践领域，由于其结构框架之外还有很多自由的空间，甚至这个结构框架本身就有很大的弹性，这就为用心的教育实践者提供了能够有一番作为的前提条件。用心的教育实践者是那些能够实施主动追求的教育实践者，也是能够积极地把追求变成自身行为的教育实践者。这样的教育实践者一旦进入具有自主空间的教育实践中，就有可能产生出更多主动的追求，也会努力把这些追求向行动上转化，这就是教育实践策略广泛产生与存在的根本原因。自主空间存在，心思存在，教育实践策略也会存在。当然，并非每位教育实践者都是非常有心的人，但是教育实践策略的存在并不要求那么用心，哪怕动了一点心思也会让行动带有一点策略的印迹。

从策略的结果形态来说，教育实践策略是一种针对目的的较为完整的行动方式，这个行动方式的基本构成是行为成分和组合思维。教育实践策略的基本成分就是一个一个具体的个体行为，这些行为角度极为多样，方式和基础也非常不同，但是它们的共同点就是最终为实现教育实践者的目的服务。一旦加上了"最终"二字，这就表示这些行为成分与目的之间存在着非常大的距离多样性，有些非常直接和核心，有些非常间接和边缘。在一个教育实践目的对应了很多行为成分的时候，组合思维的重要性就体现出来了。组合思维的核心原则是让指向同一个教育实践目的的各种个体行为内在一致地构成体系，这就需要从时间、空间和因果关系的基本思路上加以设计和筹划。在时间上组合行为成分就是分清先后，在空间上组合行为成分就是分清变化的广度和位置，在因果关系上组合行为成分就是建立和明确必然的联系。有了时间、空间和因果关系上的组合，各种行为成分才能成为指向特定教育实践目的的有机策略整体。

教育实践策略的核心判定依据不是精巧，而是有效。虽然精巧的教育实践策略能够让人叹为观止，但是教育实践策略不能为了精巧而精巧，否则就会徒有形式。教育实践策略是为教育实践目的的实现服务的，这就构成了判定教育实践策略是否合理，是否有水平和是否有效果的标准。最好的教育实践策略是最有效果的教育实践策略，也是能够真正实现教育实践者目的的教育实践策略，教育实践策略不能片面地追逐思维上的精巧。

教育实践智慧的策略之本

行动力问题现在越来越成为教育实践者关注的核心问题，也是崇尚变革的整个社会普遍认可的核心能力。一次，一位校长朋友和我说："我对中层干部的核心要求是自身能够去想事情，别什么事情都问我，就像我的事情也不能老问局长该怎么干一样。每一次中层干部告诉我他们的负责领域出现了什么问题，我就让他们先别问我怎么干，先说自己想怎么干。也许他们说的不合适，但是一定要去想，只有这样才慢慢地具备真正解决问题的能力，才能学会把目标变成实践。我们学校需要的是有心的领导干部，而不是校长命令的机械执行者。"事实上，当代不少人也在追求着执行力。但是，如果严格来说，执行力与行动力存在着不同。执行力主要是执行某个命令、方案和计划的能力，其前提是命令、方案和计划都已经存在，机械性是执行力可能出现的最大问题。但是，具体命令、方案和计划都已经存在的情况并不是常见的情况，而且即使存在也不见得是合理的存在。让一位校长替中层领导得体地制定出每个事情的方案和计划，一方面，信息、时间、精力等客观条件不会允许这样做；另一方面，这样做也会让很多中层领导失去发展机会和深层的价值感。相较于可能比较机械的执行力，行动力在意思上就是更加完整地实施行动的能力。行动力不仅涵盖执行力的内容，而且还多出一个非常关键的环节：能够把目的转化成方案。把目的转化成行动方案，就需要筹划，就需要为目的找出若干行为成分并合理地组合起来。事实上，这个关键就是生产策略的能力。

教育实践者的策略意识

缺少策略意识在教育实践领域并不是极个别的现象，而是一种经常出现的现象。从大的背景来看，出现这种现象的原因是技术社会的发展态势。在今天，技术化的思维方式越来越成为支配整个社会运行的核心思维方式。当前，强大的技术能力推动了社会向标准化、规范化和绝对有效的方向发展，技术思维方式开始占据支配地位。不少学者批判现代社会的一个焦点问题就是现代社会太被技术合理性支配了，具有主体性的人在这样的情况下越来越感到受压抑，越来越失去人本性上的自由。当然，批判归批判，技术社会的趋势还是在现实中向纵深领域延展，原来不被规范化和标准化的领域现在被越来越深入地规范和控制。生活在这种社会的现代人确实越来越感觉到可以不动脑子就能生活，个人能做的、不能做的以及怎么去做都越来越被规范和控制。这就是策略意识淡薄的现代社会背景。

在教育实践领域中，策略意识并没有普遍深刻地存在，还有更多的具体原因。宏观上，教育实践策略意识不太高的原因是现代教育实践领域中的自主空间被挤压。与整个社会一样，今天的教育实践领域呈现出标准化、规范化和绝对有效的发展态势，课堂模式化的行动与教育监测的推行是体现这种态势的两个典型代表。课堂模式化运动的基本思路就是取消或限制教师在课堂设计中对环节设计的自主空间，让课程的环节设计标准化和规范化。更有甚者，一些学校在这个运动中甚至取消了教师在方法选择上的自主空间，让教师不能自主地选择教学方法了。当然，不能说教师的教学因为丧失了这些自主空间一定会变差，但是可以说教师的教学因为丧失了这些自主空间而可能失去了变得更好的可能性。教育监测的推行是另一方面的教育实践技术化的代表性趋势，它通过紧抓教育监测带来的反馈权力而让技术化的取向向其他教育工作环节蔓延，规范和标准化的监测从根本上要求规范和标准化的教育实践工作。教育实践向标准化、规范化和绝对有效的推进，一个基本的理由是避免不规范、不确定和低效的教育实践，但是其负面效果就是促成了教育实践的"封闭"。"封闭"之后的教育实践既减少了过于低效和不确定的可能，也减少了追求更高和更好的可能。

此外，教育实践领域的策略意识受到道德担忧的制约。虽然已经多次提出，这里还是再次谈论教育实践者因为道德担忧而抵制策略或者不敢公开言说策略的问题。这样的现象在教育实践中屡见不鲜，即便在社会生活中能够精明做事的人也会是人们更愿意使用道德原则来评论的对象。有教师就说："教师是一个光明正大的职业，用不着那些阴谋诡计。用兵法来收服学生，这是与学生为敌的心态。"这就是非常典型的一种教师策略道德观，也是一种制约策略在教育实践中公开言说和深度探讨的观点。

但是，技术规范性和人类主体性就是一对不断相互刺激的"冤家"，能力与道德需要在交互关系中提升，教育实践策略存在的可能性和必要性依然没有变化。确实，相比于传统，当代教育实践世界的技术规范性明显提升，但这并不是全部。教育实践中的不确定性、独特性和价值观争议，依然在制约着教育实践领域更高水平的技术规范性。虽然技术规范性的努力可以借用政治和经济力量取得进展，但是这个过程越向前越艰难。当然，教育实践对技术规范性努力的抵制本身也不会没有策略，技术规范性边缘之外的广阔区域，教育实践的新生领域和不同技术规范思路之间的较量都是可以利用的基础。道德是人类制定的行为原则，其本质是对善恶的区分和判断，这是人类社会取得长远发展的保证。但是，在道德对人的行为进行规范的时候，人的能力要素不能被压制，这是一个基本的原则。如果遵守道德的人都是能力不高的人，这肯定是道德的失败。教育实践策略主要是教育实践者的能力要素，由于关系到核心的人际关系而需要接受道德的规约。但是，如果教育实践者只是因为道德上的"担忧"而不去考虑策略，这就是对道德的曲解和"高级黑"了。策略与道德的关系应该在具体策略上谈论，而不是直接对策略使用本身做出道德上的否定。

教育实践者的策略意识事关教育实践者的能力，也从根本上支撑着教育实践智慧。教育实践从根本上是行为行动，教育实践智慧在根本上就是教育行为行动的智慧，其集中表现为筹划如何达到教育行动上的精通。在这个意义上说，没有教育实践策略就谈不上教育实践智慧，而教育实践智慧就需要在教育实践策略中得到集中展示。教育实践者的策略意识在根本上就是在教育实践的理解和实施中能够习惯性地、自然地得出高明策略的状态，这与想不到策略或需要进行很多努力才能想到一般策略的状态相对立。在具体的内容上，教育实践者的策略意识就是能够自然想到这些方面的意识：教育实践策略是联结教育实践目的与具体行动的桥梁；教育实践策略是实现特定教育实践日的的行动方式；教育实践策略的核心成分是若干行为成分以及行为成分的组合思维；教育实践策略事关教育实践者的主体地位，需要积极去拥有。

教育实践策略的理解与策划

智慧的教育实践者需要拥有高水平的策略能力，其具体包括眼力和策划力。教育实践的自然状态就是会出现不同程度的成败得失，拥有智慧的教育实践者能够看明白和看深刻不同教育实践成败得失的内在机理。如果一个号称"智慧"的教育实践者在别人的教育实践的成功或失败面前感到茫然，那么可以推断这里的"智慧"只是称号。但是，只有看明白教育实践策略如何影响教育实践的成败得失还不够，还必须能够自己策划出高质量的教育实践策略。如果像一些评论家一样只会评论别人而自己不会做，那么他们的教育实践智慧的程度也是大打折扣的。

看明白教育实践策略并不容易，因为看不明白教育实践策略的原因很多。教育实践策略的观看一般从教育实践的行为表现开始，在这个时候看不到教育实践者完整地做什么的人就可能看不明白教育实践策略。当然，这里的完整最终只能是不忽略那些关键和重要的行为，但是要做到这些就得尽可能先做到全面观看。由于教育实践策略在执行中可能走样，也可能因为客观原因没有执行完整，所以看不到教育实践者行动方案设计的人也不容易看明白教育实践策略。从根本上说，策略到达教育实践行动方式的程度就算存在了，不需要执行。而且，在执行中，很多行动方式可能被阻滞，也可能被调整，还可能因为执行方式的问题而偏离，但是这些情况严格来说已经不是纯粹策略的问题了。教育实践策略是算计式筹划的结果，不了解教育实践策略算计式筹划过程的人不容易看明白教育实践策略。对一个教育实践策略来说，为什么要选择这个行为成分而不选择那个行为成分，这样的问题经常是需要教育实践策略生产者做出个体性权衡的，这个权衡过程到底如何也事关对教育实践策略的观看。最后，不清楚教育实践者目的的人也不容易看清楚教育实践策略。教育实践策略是为教育实践目的服务的，只有看到了这个目的到底是什么才会拥有解开教育实践策略最基本的钥匙。如果连教育实践策略生产者到底追求什么都不清楚，那就无法观看和评价具体的教育实践策略如何构成以及效力如何了。

观看和理解教育实践策略分为这样的一些主要环节和要点，它们的顺序主要按照观看的方便程度。第一，了解和分析教育实践者的策略性行动，包括所有可能与特定教育实践主题相关的直接和间接行为；第二，了解和分析教育实践者的行动方案，包括粗略的想法、念头或详尽的计划、规划；第三，了解和分析教育实践者对行动方式的盘算过程，包括基于什么信息、按照什么价值导向以及如何具体权衡利弊得失并由此做出抉择；第四，了解和分析教育实践者的策略目的，包括目的指向、程度和强度。当然，从现实来说，这些环节经常并不完全具备，这就需要教育实践策略的观看和理解者紧抓完整的教育实践策略事例进行积淀，并对不完整的教育实践策略事例基于积淀进行合理的想象性补充。

教育实践策略的策划主要是工具理性思维运用的过程，当然，更高品质的教育实践策略的策划也会充分吸收价值理性的成分。按照工具理性的一般模式，教育实践策略的策划过程可以通过以下环节：第一，确定策略目的，包括明确目的指向、程度和强度，也包括这个目的是否合理以及是否可以替代；第二，分析策略所处的情境，既包括明确自然和人文情境状况，也包括情境的可变化性；第三，明确策略问题，主要是明确策略目的与情境现实的落差；第四，为解决问题而采集行为成分并组合。当然，人类社会在发展的历史中已经积累了很多成熟的策略模式，对这些模式的借鉴和修改就是更为简单便捷的教育实践策略策划模式。

教育实践策略的能力提升

教育实践策略方面存在着能够看明白和不能够看明白的区别，也有能够合理策划和不能够合理策划的差异，这就意味着教育实践策略还有一个能力及其提升的问题。虽然，从常规来看，那些在教育实践领域时间长和经验多的人在策略理解和策划上经常表现得更好，但这仅仅是一种常规的现象。如同不少单位招聘人才一定要限制若干年的工作经验一样，这样的限制有时只是关注了形式而已，经验的计量尺度不能只有时间。一个"多少年如一日"的人，即使在工作中经历了很多年，但是没有更多变化的状况只能让那个"一日模式"的经验不断叠加，而与这个工作相关的很多变化却不一定经历或具有经验。如果"多少年如一日"还包括多少年没有主动多想事情的话，那情况还会更糟。经历是否丰富一方面与环境、时间有关，另一方面也与内心的活跃度有关，内心活跃的人在特定环境中可以只需很短的时间就能获得很丰富的经验。智慧和策略这一类事情也比较类似，它们都与个人的心智有内在的关系，不能只靠外在环境影响和时间累加来提升能力。

从教育实践策略作为策略思维的结果来看，教育实践策略能力的提升与思维能力的提升有密切的关系。从思维模式来看，教育实践策略的思维具有反观思维的典型特征，这类思维经常被称为反思思维或反省思维。教育实践策略在主要的过程上是指向人的行动方式筹划，是指向与自身有关系的人或物的行动方式筹划。这样的情况意味着教育实践者在策略策划中一定要把自身考虑进入，而且还要学会对自身可能的状态和行动进行检视和调整。所以，在教育实践策略思维中，个人非常核心的心理能力是一种反省能力，这种反省能力借助的机制是主我(I)对客我(me)的检视、评判、调整和完善。美国社会学家米德把"主我"定义为"有机体对他人态度的反应"，把"客我"定义为"有机体自己采取的有组织的一组他人态度"①。从定义来看，主我和客我从根本上就是主体和客体的区别：当一个人把自己当作对象进行分析的时候，进行分析的主体就是主我，被分析的对象就是客我。基于这些认识，教育实践策略能力提升的一个根本要求就是教育实践者能够轻易进入反思状态，能够具有跳出自身看自身的能力。在这个方面甚至可以说，能够自嘲也是自我反思能力水平高的一个标志，自嘲本身就是跳出自身看自身的表现和结果。

从思维要素来说，教育实践策略能力的提升需要占有更多的行为种类和策略套路。高水平的教育实践策略策划者，虽然不一定其每个策略都展示出精巧的思路，但是可以发现他们在不同的教育实践问题那里总是有办法的，他们总是能够在自己占有的行为种类和策略套路中找到更适合、更对应特定教育实践问题的选择。由此表明，高水平的教育实践策略策划者是广泛占有行为种类和策略套路的人。占有内容广泛的行为种类和策略套路就如同拥有了一个包括广泛多样工具的"工具包"，它总能为不同教育实践问题的策略策划提供更加合适的选择。教育实践者如果想在这

---

① 乔治·H. 米德. 心灵、自我与社会[M]. 赵月瑟，译. 上海：上海译文出版社，1992：155.

个方面获得提升，比较可行的方式有：广泛阅读各个领域的策略经典图书文献，和各行各业的能人交流策略心得，广泛而深刻地观察不同类型的社会行为，等等。

从思维能力本身来说，教育实践策略能力的提升还要进行思维能力的训练。思维能力就是通过思考把握事物的能力，其训练比较适合从思维的要素和标准入手。在思维要素上，思维能力的提升要包括这些方面的提升：目的(思考时，总有一定的目的)、问题(回答或解决问题)、信息(使用数据、事实和经验)、解释和推理(做出推理和判断)、概念(依据概念和理论)、假设(基于一定的假设)、结果和意义(带来一定的意义和结果)、观点(有一定的观点)。① 从思维标准来说，有效的思维训练强调：清晰性(可理解的)、准确性(摆脱错误或扭曲)、精确性(精确到必要的详细程度)、相关性(与问题相关)、深度(包含复杂性和多样相互关联)、逻辑性(没有矛盾的)、重要性(聚焦于重要性；不琐碎的)、广度(包含多重的观点)、公正性(合理的；非自私或片面的)。② 这些内容都是比较基本的思维能力训练内容，对他们的训练需要结合对更多行为种类和策略套路的占有，这样才能达到教育实践策略能力提升的目的。

---

① 理查德·保罗，琳达·埃尔德. 批判性思维工具[M]. 侯玉波，姜佟琳，等，译. 北京：机械工业出版社，2013：50—52.

② 理查德·保罗，琳达·埃尔德. 批判性思维工具[M]. 侯玉波，姜佟琳，等，译. 北京：机械工业出版社，2013：73—77.

图书在版编目(CIP)数据

教育实践的哲学/余清臣著. —北京：北京师范大学出版社，
2018.10(2020.5 重印)
（教育原点丛书）
ISBN 978-7-303-24009-8

Ⅰ. ①教…　Ⅱ. ①余…　Ⅲ. ①教育哲学　Ⅳ. ①G40—02

中国版本图书馆 CIP 数据核字(2018)第 182452 号

营　销　中　心　电　话　010-58802135　58802786
北师大出版社教师教育分社微信公众号　京师教师教育

JIAOYU SHIJIAN DE ZHEXUE
出版发行：北京师范大学出版社　www.bnup.com
　　　　　北京市西城区新街口外大街 12-3 号
　　　　　邮政编码：100088
印　　刷：北京盛通印刷股份有限公司
经　　销：全国新华书店
开　　本：730 mm×980 mm　1/16
印　　张：20
字　　数：359 千字
版　　次：2018 年 10 月第 1 版
印　　次：2020 年 5 月第 2 次印刷
定　　价：48.00 元

策划编辑：郭兴举　　　　　责任编辑：张　爽
美术编辑：王齐云　　　　　装帧设计：王齐云
责任校对：段立超　陈　民　责任印制：马　洁